长白山学术文库
The Academic Library of
Changbai Mountain

第二辑

教育原理

柳海民 著

吉林人民出版社

出 品 人：常　宏
选题策划：吴文阁
统　　筹：孟广霞
责任编辑：葛　琳
装帧设计：尤　蕾

图书在版编目（CIP）数据

教育原理 / 柳海民著. -- 长春：吉林人民出版社，
2023.12

（长白山学术文库. 第二辑）

ISBN 978-7-206-20753-2

Ⅰ. ①教… Ⅱ. ①柳… Ⅲ. ①教育理论 Ⅳ. ①G40

中国国家版本馆CIP数据核字（2023）第232210号

教育原理

JIAOYU YUANLI

著　　者：柳海民

出版发行：吉林人民出版社

（长春市人民大街7548号 邮政编码：130022）

咨询电话：0431-85378007

印　　刷：吉林省吉广国际广告股份有限公司

开　　本：710mm × 1000mm　1/16

印　　张：33.5

字　　数：500千字

标准书号：ISBN 978-7-206-20753-2

版　　次：2023年12月第1版

印　　次：2023年12月第1次印刷

定　　价：135.80元

出版说明

习近平总书记在全国哲学社会科学工作座谈会上明确指出："一个没有发达的自然科学的国家不可能走在世界前列，一个没有繁荣的哲学社会科学的国家也不可能走在世界前列。"同时强调，"哲学社会科学具有不可替代的重要地位，哲学社会科学工作者具有不可替代的重要作用。"两个"不可替代"充分阐明了建立高水平学术队伍、出版高水平学术著作的重大意义，为新时期学术出版工作指明了前进方向。

吉林历史文化源远流长，学术研究亦早发轫。中华人民共和国成立以来，在党和政府的亲切关怀和指引下，吉林哲学社会科学研究队伍不断发展壮大，涌现出一大批具有理论高度、学理深度、学术厚度的专家学者，有些专家学者不但驰名全国，而且饮誉世界。这支生机勃勃的研究队伍，坚持以辩证唯物主义和历史唯物主义为指导，在哲学社会科学的各个领域孜孜矻矻，上下求索，推出了一大批填补历史空白、具有当代价值，亦能产生历史反响的学术著作。研究队伍为吉林文化大省、理论大省、学术大省建设做出了积极贡献，研究成果是吉林一笔宝贵的精神财富，是吉林人文化自信的一种重要凭倚。

多年来，吉林人民出版社一直以出版学术著作和理论著作为工作的主基调，出版了一大批具有创新性的学术著作，受到学术界的一致好评，尤其是主题出版更是可圈可点，受到社会的广泛赞誉。新时期，新使命，新担当，本社决定投入人力、物力和财力，编辑出版大型丛书《长

1

白山学术文库》（以下简称《文库》）。《文库》分辑推出，每辑收入哲学社会科学和人文学科等学术著作10—15部。通过《文库》出版，荟萃吉林学术经典，延续吉林文脉，弘扬创新精神，增强文化自信，为建设吉林文化高地和学术高地贡献力量，为以中国式现代化实现中华民族伟大复兴做出吉林出版的贡献。为保证《文库》的特色和质量，收入著作坚持如下原则：

——收入吉林籍专家学者的学术著作。

——收入具有正高级专业技术职称专家学者的学术著作。

——收入作者独立完成的学术著作。

——收入已由国内正式出版机构出版过的学术著作。

——收入各个学科有代表性的学术著作，优先收入国家哲学社会科学研究项目、教育部哲学社会科学研究项目以及入选《国家哲学社会科学成果文库》的学术著作。

——收入的学术著作一仍其旧，原则上不做修改。

——适当考虑收入学术著作的学科分布。

——收入的学术著作符合国家的出版规定和要求。

编辑出版一部大型学术丛书，是本社面临的一个全新课题。本社将秉持对历史负责、对人民负责的精神，认真听取各方面意见，不断优化编辑思路，努力编辑出版一部思想精深、学术精湛、做工精美的学术文库。

编 者

柳海民

　　教育学博士，国家级教学名师，东北师范大学教育学部教授、博士生导师。历任东北师范大学党委常委副书记、副校长，教育部幼儿园园长培训中心主任。教育部跨世纪优秀人才，教育部"马工程"重点教材《教育学原理》首席专家，中国教育学会学术委员会委员，教育部高等学校教育学类专业教学指导委员会副主任，学前教育与托育服务工作委员会理事长。主持研制教育部《幼儿园园长专业标准》、教育部等六部委《中小学校办学质量评价标准》。出版专著、主编教材 40 部，发表学术论文 220 余篇，获国家级教学成果等奖励 50 余项。

前　言

　　很早就想动笔写一本比较适合高师教育院、系本科生研读的《教育原理》。今天，心愿虽还，但也同时引发了我新的担忧。因为时代发展得太快，科学技术发展得太快，知识陈旧周期变得太快。

　　写一本好的《教育原理》著作的难度，不仅在于其理论的完善性、深刻性和前瞻性，更有其理论体系自身构建上的歧义和认同，或曰体系上的科学性。

　　严格地说，"教育原理"不是一门新的学科或课程，因为早在1693年洛克就写过《教育漫话》，后有沛西·能的《教育原理》，斯宾塞的《教育论》、波特的《教育原理》以及桑代克的《现代教育原理》等，这些都为我们今天建构它的体系提供了历史的参照。然而，教育原理，或说严格意义上的教育原理，在中国成形的历史却很短暂。中华人民共和国诞生前虽有少许专著问世，如孟宪承的《教育概论》、钱亦石的《现代教育原理》等，但真正从科学的角度对其理论体系加以深究，还是近20年的事。1977年国家恢复高师教育系统招生以后，陆续有些院校开始开设"教育原理"，随之也便产生了其理论体系和内容结构的构成问题及其研究，及至今天。

　　拙见认为，对教育原理体系结构的确定要从三个方面加以分析和确认。

第一，从横向，即把教育原理放在高等师范教育系教育学专业的课程结构中去看它应有的理论体系。目前，众多教育学专业本科课程开有"教育原理""教学原理""德育原理""学校管理学""教育测量与评价""教育科学研究方法"等。这些学科都是作为一门独立的课程而存在，因而彼此自然应当相互区别，相对独立，而不能相互包容和交叉。否则，则必然造成内容上的重复和导致侵犯别人领地的现象。作为教育原理，它的内容不可能不涉及教学、德育、教育管理等学校中必不可少的工作，但其主体内容，特别是篇、章性内容则不应在教育原理中出现。教育原理应该把主要精力和内容重心放在阐述学科自身的理论上，而不应去阐述已经作为一门独立的学科和课程存在的，如教学、德育等别的学科的理论。

　　第二，从纵向，历史上的教育原理，其内容可能包罗万象，这是学科发展中的一个必经阶段，即模糊不分化的阶段。历史上的哲学不也曾包括心理学、逻辑学、教育学、美学、伦理学等众多今天已分化为独立学科的内容吗？作为今天时代的教育原理的内容建构，是在教育学科已由最初的普通教育学分化成一个庞大的教育学科群的情况下进行的。为此，我们必须考虑各学科间的相对独立性。

　　第三，从教育原理自身的学科定位和逻辑结构看，所谓教育原理，即应是研究有关"教育"本体自身的原发性理论，或有关"教育"本身的最一般性的理论，故其内容应紧紧围绕"教育"展开，其理论体系亦应由"教育"构成。一切与"教育"有关的分支性、旁支性理论可以作为教育原理的内容，但不应是内容的主体。教育原理中不设单章讲授教学、德育、学校管理、教育评价等方面的内容，就跟教学论、德育原理、学校管理学、教育评价学、教育科学研究方法等学科课程里也从不设单章讲授教育原理一样，合乎学科自身的内容体系规范。

　　基于上述分析，本人认为，教育学原理可大致等同于普通教育学。普通教育学的分化产生教育学原理，教育学原理的再分化产生教育原理、教学原理、德育原理等。教育学原理是对普通教育学中最一般、最典型问题的研究，故不是普通教育学内容的全部。教育原理是对教育学原理中教育一般原理性问题的研究，故教育原理不能等同于教育学原理。

本书即是根据这样一种理解确定其内容体系的。至于这种理解是否科学，是个纯粹的学术问题，容待学术同仁们进一步研究探讨。

本书在写作中希求尽可能体现的特点是：

1. 体系与结构尽可能清晰。全书以教育与社会发展和教育与人的发展为两条主线，紧紧围绕这两个教育学的基本问题展开各章内容。

2. 理论与内容尽可能归之于基本，即全书内容尽可能抛开历史和阶级的局限，而从基本规律、共同规律的角度去说明各章的理论。换言之，即把全书要阐说的内容放入社会发展规律和人的身心规律中去认识它们各自的历史发展、社会作用、基本内涵、实践规范等。

3. 坚持学术性和时代性的统一。全书内容中融会着学术界和作者本人的研究成果，这些研究体现在全书各章之中。全书中引证的资料和提出的问题都尽可能是目前最新的，以使全书跳动着时代的脉搏。

集三年寒窗之苦著成此书，掩卷之时却不敢言好，踟蹰付梓。但我尽力了，稍有安慰。

本书在写作中参阅了学术同仁的研究成果，有的已在书中注明，有的可能未注。在此一并致以诚挚的感谢。

目 录

第一章 教育学的发展历程及其理论功能

第一节 教育学的研究对象

一、教育学的研究对象

每一门学科都有自己的研究对象，有自己特定的研究内容，学科区分的根据是学科对象所具有的特殊矛盾。毛泽东在其著作《矛盾论》中说："科学研究的区分，就是根据科学对象所具有的特殊的矛盾性。因此，对于某一现象的领域所特有的某一种矛盾的研究，就构成某一科学的对象。"任何一门学科因其对象的特殊性而与其他学科区别开来成为一门特定的学科。那么，什么是教育原理的研究对象呢？要弄清这一问题，当首先弄清什么是教育学及教育学的研究对象。

什么是教育学？日本的田浦武雄说："对教育进行学术性研究并综合成一个理论体系，这就是教育学。"①法国的贝斯特说："教育学……既是教育的科学，又是教育的艺术。但是，法国的语言通常不允许用一个词既表示一种艺术又表示与艺术相对应的科学，我们必须在两者之中做出

---

① 翟葆奎主编：《教育学文集·教育与教育学》，人民教育出版社1993年版，第320页。

选择。因此，我直接把教育学定义为教育的科学，为什么教育学是一门科学而不是一门艺术？因为……教育学的本质中更多的是理论分析，而不是活动过程本身，教育学通过理论分析来发现、评价和协调这些过程。"①苏联的斯皮库诺夫说："教育学是关于专门组织的、有目的的和系统的培养人的活动的科学，是关于教育、教养和教学的内容、方式和方法的科学。"②美国的亨德森说："教育学通常被理解为教的科学和艺术。"③

从语源上看，教育学（Pedagogy）一词是从希腊语Pedagogue，即教仆派生而来的。古希腊把照料、陪送年幼奴隶主子弟来往于学校，并帮助他们携带学习用品的奴隶称为教仆。可见，教育学就是如何照管儿童的学问。现在，在英语国家中，教育学已由过去使用Pedagogy逐渐转向了使用Education一词，教育（Education）和教育学（Pedagogy）几乎成了同义词，甚至已由Education取代了Pedagogy。不过，在欧洲地区，两词仍区别使用：把"教育"理解为对儿童的培养过程，把"教育学"理解为研究教育儿童的学问。

在中国，无论是教育工具书还是教科书，对教育学的定义几乎是一致的，即教育学（Pedagogy）是研究人类教育现象，揭示教育规律的一门科学。

教育现象指人类各种教育活动的外在表现形式。教育现象有三个规定性：①教育现象是一种可以感知、可以认识的古今中外已经存在或正存在于现实中的存在物；②教育现象是教育实践的表现物，或正从事着的教育实践，它包括各种形式、各种类型、各种模式的教育事实、教育活动、教育问题、教育理论研究等；③教育现象是以教与学为主体形式的客观存在，不以教与学为主体形式的活动便不能称之为教育活动，与之相应，也

---

① 瞿葆奎主编：《教育学文集·教育与教育学》，人民教育出版社1993年版，第334页。

② 同上书，第308页。

③ 同上书，第295页。

就不能称其为教育现象。

人类的教育活动发展至今，有各种各样的外在形式。概括地说，可从两个维度加以说明。从纵向上看，有落后原始的原始教育现象，有以四大文明古国为核心的古代教育现象，1640年英国兴起第一次产业革命之后，人类生产由过去的手工操作飞跃为采用半机械化的形式进行生产，继而便产生了近代社会、近代教育，现代社会、现代教育乃至今天的当代教育现象。从横向上看，其形式有：①学校教育（School Education），即在学校中进行的各级各类教育。特点是：有固定的场所，专门的教师和一定数量的学生，有一定的培养目标、管理制度和规定的教育内容。②家庭教育（Family Education），即家庭成员之间的相互教育，通常多指父母或其他年长者对家庭成员进行的教育。家庭教育是社会整个教育事业的重要组成部分，具有不可替代的特点和作用：奠基性，感染性，针对性，长期性，灵活性，社会性。③社会教育（Social Education），广义的社会教育指旨在有意识地培养人、有益于人的身心发展的社会活动。狭义的社会教育指家庭和学校以外的社会文化教育机构实施的教育。现代社会教育有两大类，一是校外儿童教育机构，二是校外成人文化教育机构。④自我教育，指人们自我组织的自学活动和设施以及自省、自修行为。⑤自然形态的教育，指渗透在生产、生活过程中的口授心传生产、生活经验的现象。①

教育规律是教育现象与其他社会现象及教育现象内部各个要素之间本质的、内在的、必然的联系或关系。列宁说："规律就是关系。……本质的关系或本质之间的关系。"②人类的教育活动不仅有其历史性，而且是遵循着一定的规律进行的。教育中有很多矛盾、很多规律。但从根本上看，贯穿教育活动的基本矛盾、基本规律是：教育与社会发展之间的矛盾或关系，教育与人的身心发展之间的矛盾或关系。教育中方方面面的矛盾或关系都是由此派生出去，最终又复归到这两个基本规律中的。派生的规

---

① 顾明远主编：《教育大辞典》第1卷，上海教育出版社1990年版，第16页。

② 列宁：《哲学笔记》，载《列宁全集》第38卷，人民出版社1959年版，第161页。

律是具体的规律、微观的规律。

人类社会最早诞生的教育学如同人类社会最早诞生的学校教育一样，是以普通中小学教育作为自己的研究对象的，它集中研究了中小学教育中的学校制度、课程设置、教学过程、教学原则、教学方法、教学形式以及教育者和受教育者等。今天，由历史上仅有的教育学发展成的普通教育学依然保持了它既有的研究对象，把普通中小学的教育现象、教育问题、教育规律作为自己的研究对象。通过其理论自身的深入研究，以指导教师更好地从事中小学教育教学活动，促进中小学教育符合规律的健康发展。

教育原理是普通教育学理论体系历史发展中渐次形成的分支学科，它以教育中最一般的问题作为自己的研究对象，或者说是研究教育中最一般性问题的科学。它的研究内容主要集中在对教育基本规律的揭示和阐明上，它的研究任务是为具体学科提供最一般的理论指导，在教育科学体系中处于基本理论学科地位。

二、教育科学及其体系

教育科学是以教育现象和教育规律为共同研究对象的各门教育学科的总称，是若干个教育类学科构成的学科总体。

教育是个人发展和社会生产延续的手段，它通过培养人为社会生产和社会生活服务。它是同生产力、生产关系、政治制度、社会意识形态，以及各种社会实践有密切联系的一种综合性的社会现象。因而，在教育科学的孕育、形成和发展的过程中，既有研究教育一般规律的普通教育学，又出现了研究教育领域某一方面规律的各门教育学科。

普通教育学所以会成为教育科学体系中最早诞生的研究人类教育现象的学科，其原因主要是由当时社会普遍存在的教育现象决定的。人类教育自其产生直到近代社会以前，社会中普遍存在的教育活动主要是教人读、写、算基本知识技能的普通基础教育，与之相应诞生的教育学自然也主要是普通教育学。近现代社会以后，由于文化科学的长足进步和学科的快速发展，特别是当代社会横断学科、交叉学科和边缘学科的出现，促使教育学科构成了一个庞大的学科体系。

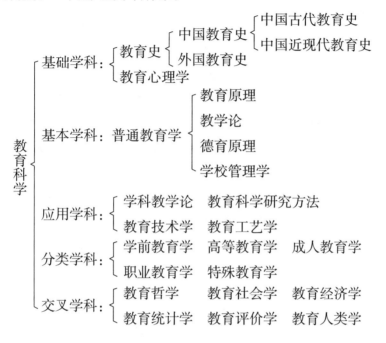

教育科学体系中的基本学科是普通教育学。对普通教育学的内容进行深入学习与专门研究时又分为教育原理、教学论、德育论和学校教育管理。普通教育学则提取了这几门学科的基本内容。在普通教育学的基础上渐次出现了研究特定领域教育现象及其规律的学前教育学、高等教育学、职业技术教育学、成人教育学、特殊教育学等各种教育学。在高等师范学校开设的共同课教育学是普通教育学。

在教育科学的基本学科——普通教育学的形成过程中，从19世纪末20世纪初开始，教育学一方面逐步与其他学科相结合，产生了一系列新的教育学科；另一方面，它本身又逐步分化为许多相互联系的交叉与边缘教育学科。

教育哲学：用哲学的基本原理、观点和方法研究教育中的一些根本问题，以指导教育理论和实践的一门学科。"教育哲学"一词最早于19世纪出现在美国。美国布雷克特把德国教育家罗森克兰茨著的《教育学体系》一书译成英文，书名改为《教育哲学》。杜威于1916年出版的《民主主义与教育》一书的副标题即为"教育哲学导论"，它是当时最为完整和系统的教育哲学著作。现代西方教育哲学流派众多，有实用主义、实在主义、社会学、存在主义、分析主义等。中国的教育哲学是以马克思主义哲学观点为主导来探讨、分析教育的根本问题，如教育的本质、目的、价值等，从中找出规律，为理论和实际工作服务。

教育社会学：是将教育纳入社会的总系统中，研究教育制度与整个社会结构、学校与社会、个人与社会的基本关系。美国的沃德于1883年在《动态社会学》中最早使用"教育社会学"一词，苏则罗在1907年最早开设教育社会学课程，史密斯在1917年出版第一本教育社会学教科书。以1950年左右为界，先后经历了"传统教育社会学"和"新兴教育社会学"两个阶段。

教育经济学：研究教育与经济的相互关系及教育领域中经济运动过程及其规律的科学。苏联学者斯特鲁米林于1924年发表了《国民教育的经济意义》一文，标志教育经济学研究的开始。1962年，英国的J.E.韦锥出版了《教育经济学》，标志教育经济学的正式诞生。教育经济学的研究内容包括：教育与经济的相互关系、教育投入、教育的产出、教师劳动及其供求调节、教育经济的运行机制和管理体制、教育经济的预测和计划等。

教育统计学：是运用统计方法来研究教育问题的一门应用学科。它是用数理统计方法来处理和研究教育问题（包括掌握教育情况、探索教育规律、制订教育方案、检查教育效率等），可分为描述统计学和推断统计学两种。1904年桑代克出版《心理与社会的测量》一书，是有关教育统计学的最早著作。1917年，拉格出版了《应用于教育问题的统计方法》。20世纪20年代，教育统计学开始发展成一门独立的学科。

教育政治学：是一门研究教育与政治的辩证关系及其运动发展规律

的学科，着重探讨教育与政治的区别和联系及二者协调发展的客观规律。它酝酿于20世纪初到二战期间，英国学者F.克拉克于1923年出版了《教育政治学文集》；我国的杨贤江出版了《新教育大纲》。学科正式形成于50年代末、60年代初，美国伊士顿于1957年发表了《政治系统中合法教育的功能》，D.曼纳也参与了教育政治学的研究。现在国内的研究一般包括：教育与政治的基本关系、教育与政治主体及其行为的各种关系、教育民主化、教育的国际化与国际政治的关系等。

教育评价学：研究根据一定的教育目标，系统收集资料，运用现代数学和管理科学的理论和方法，判断对象的系统状态与功能属性及其转化的一门学科。19世纪末20世纪初形成于美国，泰勒的"八年研究"确立了现代教育评价学的理论和方法。现在研究的内容包括教育评价的理论依据、系列标准、原则、方法、手段等。

教育人类学：用人类学特别是文化人类学和哲学人类学的概念、理论、观点和方法，描述、解释教育现象的应用性学科，旨在揭示教育与人、教育与社会文化、社会文化与人之间的相互影响和作用。萌芽于19世纪末20世纪初，学科制度化和专业化开始于50—60年代，成熟于70—80年代。1867年，乌申斯基出版《人是教育的对象》，其副标题即为"教育人类学初探"，最早提出这门学科。60年代末，它正式成为一门新的人类学应用性学科。

教育技术学：是应用现代科技成果和系统科学的观点与方法，在既定的教育目标下探求提高教学效果的技术手段和教学过程优化的理论、规律和方法的一门学科，又称教育工艺学。其基本内容是：教学中应用的技术手段，即各种教学媒体（软件和硬件）及其理论、设计制作技术、开发应用；研究教学过程及其管理过程优化的系统方法，其核心内容是教学设计、实施与控制和评价技术。北美的印第安纳大学于1946年开设了视听教育课程，教育技术学首次被认可为一个研究领域。名称始用于60年代，1961年，芬恩第一个把其研究领域标明为"教育技术学"，英国于1962年成立程序学习（与教育技术学）协会。

教育未来学：运用未来学的基本理论和方法研究教育发展趋势、预测教育发展未来，并在研究和预测过程中探索和发展适合于教育未来研究的理论、方法及其应用和评估的科学。它形成于20世纪60年代，后不断得到发展，如1978年联合国教科文组织就批准了题为"教育未来发展问题研究"的计划活动。其研究内容主要是未来教育的规模、结构、管理、职能、内容、方法、技术及其实现途径等。

总之，新兴交叉学科都是两个或两个以上学科的相互渗透与结合，并为科学发展做出新的贡献。这种新学科随着科学发展还会不断地产生。

教育原理是教育科学体系中的基本理论学科。它既为各分支学科的研究提供理论依据，同时又从各分支学科的发展中吸收新的材料，充实其内容，提高其科学水平。

第二节　教育学的发展历程

任何一门学科都有自己产生、发展和完善的过程，教育学亦不例外。从原始教育的产生到教育学的萌芽，从教育学独立体系的形成到科学教育学的发展，其间从孕育到产生和发展，经历了一个漫长的历史过程。对中国来说，教育学建立的历史十分短暂。

一、教育学的产生与发展

关于教育学的产生和发展历程，近几年国内学术界有各种各样的划分方法①。这里我们选择国内较为流行的观点，把教育学的产生发展历程相对划分成三个大的历史阶段。

（一）教育学的萌芽

教育学的萌芽阶段是指自从教育成为人类独立的社会活动之后，伴随教育实践的不断发展和教育经验的日益增多，一些哲学家、思想家开始对教育实践经验进行总结和概括，对教育问题进行研究，并在他们的政治、哲学等思想中有了对教育问题的论述和说明。如中国古代的孔子、孟子、荀子、朱熹，西方古代的柏拉图、亚里士多德、昆体良等人，他们在阐述各种社会现象时同时阐述了教育现象，他们在提出其哲学、政治观点的同时，也提出了一些教育观点。

在中国，这个时期大致有三四千年。在漫长的历史发展中，我们的祖先创造了灿烂的古代文化，在教育上也积累了丰富的经验。除《尚书》《周易》等古籍中保留了一些上古时期的教育思想外，从春秋战国诸子峰起，一直到明末清初的颜元、王夫之等，均有不少有关教育的思想言论留于后世，成为中国传统精神文明宝库中一笔宝贵财富。

反映古代教育思想的代表性著作，首先是记述孔子教育思想观点的《论语》。《论语》是孔子弟子对孔子与其弟子相与问答的记录，对孔子教育思想有很具体的记载。如"不愤不启，不悱不发"的启发教学，"学而不思则罔，思而不学则殆"的学思结合，"学而时习之"的学习结合，"君子耻其言而过其行"的学行结合，"其身正，不令而行，其身不正，虽令不从"的以身作则以及因材施教等。这些教育思想对后世的教育都有很大影响。特别值得一提的是中国先秦时期的《学记》，它是中国乃至世

---

① 南京师范大学教育系《教育学》：教育学萌芽的阶段，独立形态的教育学开始产生，科学教育学的建立。孙喜亭的《教育原理》：萌芽期，雏形期，发展期，科学化期。罗正华、雷尧珠的《教育学》：形式上的混合—独立—发展阶段，内容上的不完善不科学—科学发展的阶段。华中师范大学《教育学原理》：经验—总结阶段，哲学—思辨阶段，科学—实证阶段，规范—综合阶段。

界上最早的一部教育专著。它系统地总结了中国先秦的教育经验，比较全面地论述了教育与政治的关系，教师的地位、作用和师生关系，教育内容及其开设顺序，并总结了教育成败的经验和教训，提出了一些教学原则和方法，对教育规律的认识达到了较高的水平。

　　总之，中国古代的教育思想是一个极其丰富的理论宝库，批判地加以吸取，对于建立具有中国特色的教育学有着极其重要的意义。当然，这些思想也不能不带有历史的和阶级的局限性，而且大多数还属于经验的性质，并散见于各类著作之中，尚未成为一门独立的科学系统。对待这些教育遗产的正确态度，就是取其精华、去其糟粕，并用现代的科学成果对它进行改造和发展，使其为建立马克思主义教育科学服务。恩格斯在评价古希腊的哲学思想时曾经这样说过："在古希腊哲学的多种多样的形式中，差不多可以找到以后各种观点的胚胎、萌芽。"[1]对中国古代的教育思想，特别是先秦时期的教育思想，也可作如是观。

　　在欧洲，古希腊和古罗马的文化遗产中，也有着丰富的教育思想和教育经验，如柏拉图的《理想国》，昆体良的《雄辩术原理》，都是欧洲古代教育思想的代表作。柏拉图在《理想国》中，总结了当时的雅典和斯巴达的教育经验，提出了一个比较系统的教育制度，规定了不同阶级的人的不同的教育内容。亚里士多德是最早提出教育要适应儿童的年龄阶段，进行德、智、体多方面和谐发展教育的思想家。昆体良的《雄辩术原理》，更是比较系统地论述了有关儿童教育的问题，被称为世界上第一本研究教学法的书。

　　综上所述，无论中国还是外国，古代的思想家、教育家们的教育思想，均是作为他们的哲学思想或政治思想中的组成部分而存在的，反映其教育思想的理论观点多混杂在他们的政治、伦理、哲学等著作当中，对教育经验的大量论述，多是现象的描述和自我经验的概括总结，缺少独立的

---

[1]　《马克思恩格斯选集》第3卷，中共中央马克思恩格斯列宁斯大林著作编译局编译，人民出版社1972年版，第468页。

科学命题和理论范畴。

这些历史事实都说明，当时的教育学还没有从哲学、政治等其他学科中分化出来，形成自己独立的学科体系，因而在科学分类中也就没有它的位置。

（二）独立形态教育学的产生

教育学在科学分类中没有独立地位的历史状态一直延续到17世纪才宣告结束。1623年英国哲学家培根首次在科学分类中将教育学作为一门独立的学科划分了出来，从此标志着教育学在科学体系中有了自己独立的学科地位。

从14—17世纪欧洲文艺复兴开始，教育学的发展进入了一个新的历史阶段。

当时的人文主义思想家与教育家，如意大利的维多利诺（1378—1466）、法国的拉伯雷（1483—1553）等都是当时的代表人物。他们对封建教育进行了猛烈的抨击，批判经院学派那种脱离实际、摧残儿童的教育内容和方法，他们主张热爱学生和尊重学生、提倡采用能够引起学生兴趣和积极性的教育内容和方法，这些都为新兴资产阶级教育的发展开辟了道路。比如拉伯雷在他的小说《巨人传》中，描述了在经院哲学者和新式教师两种不同的教育下，把伽刚丘培养成为前后两种截然不同的人物，以此来批判经院式的旧教育和赞美具有人文主义思想的新教育，对新兴资产阶级教育的发展起了启蒙的鼓动作用。

这里需要特别提出的是捷克的民主主义教育家夸美纽斯（1592—1670），他首先提出让一切男女儿童都受教育的普及教育思想，并在自然适应性原则基础上对人的本质和教育的本质做了新的探索，根据年龄分期确立了学校教育制度和教学内容，较详细地论述了班级上课制，确立了教学的基本原则，还对教师的职业做了很高的评价，等等。这些主张虽然有的不尽科学（如自然适应性原则，把人混同于动物），但在反对封建教育、建立比较完整的教育理论体系方面，却奠定了重要基础。他写的《大教学论》（1632），一般认为是教育学成为一门独立学科的开始。

嗣后，在资产阶级教育思想的发展过程中，有英国洛克（1632—1704）的《教育漫话》，法国卢梭（1712—1778）的《爱弥儿》，法国爱尔维修（1715—1771）的《论人及其智力和教育》，瑞士裴斯泰洛齐（1746—1827）的《林哈德与葛笃德》，德国福录倍尔（1782—1852）的《人的教育》，英国斯宾塞（1820—1903）的《教育论》等，都可以算作教育学形成时期的一些重要著作。这里需要特别提出的是德国赫尔巴特（1776—1841）的《普通教育学》，是教育学成为独立学科的代表作。因为在这本书中，不仅包括了管理、教学和训练等几个部分，较全面地论述了教育中德、智、体的一些根本问题，体系比较完整；而且从其理论基础来看，包括了心理学和伦理学，基础较为殷实，并以心理学为基础论述了教学过程及其方法等问题。教育学作为一门学科在大学里讲授，最早始于德国哲学家康德。他于1776年在德国柯尼斯堡大学的哲学讲座中讲授了教育学。继康德之后，对教育学做出重大贡献的便是赫尔巴特。赫尔巴特是继康德开设教育学讲座之后，最早系统讲授教育学这门学科的。为此，在西方把赫尔巴特的《普通教育学》看作是系统的教育学专著，把赫尔巴特的教育思想视为传统教育派的代表。

19世纪末，20世纪初，欧洲出现了新教育思潮，美国出现了进步教育运动。这些教育理论和主张作为资产阶级教育革新运动的一股思潮，其共同特点是反对传统教育的教师中心、教材中心、课堂中心，主张学生中心，强调儿童学习的独立性和创造性，教育与社会生活的联系，等等。当时，由于达尔文进化论的影响和自然科学的发展，促进了实验方法在心理学和教育学中的广泛应用，于是出现了实验教育学。其代表人物在德国有赖依（1862—1926）、梅伊曼（1862—1915），在美国有杜威（1859—1952）、桑代克（1874—1949）等，成为19世纪末和20世纪初教育科学发展的一种新的趋势和倾向。在这时期内，影响较大的是杜威为代表的实用主义教育学。实用主义教育思想与西欧的"进步教育"结合为一

体，以反对传统教育为名，组成了一个新的教育流派。他们主张以儿童
中心代替教师中心，以活动课程代替分科教学，他们批判传统教育脱离学
生生活实际，不顾学生兴趣和需要等问题，提出"教育即生活""学校即
社会""从做中学"等口号，构成了实用主义教育思想的完整体系，成为
"现代教育派"的代表。资产阶级教育革新运动代表了教育学发展的一个
特定历史时期。在这个时期中，瑞典教育家爱伦·凯的《儿童的世纪》
（1909），法国E.德莫林的《新教育》（1898），美国教育家J.杜威的
《民主主义与教育》（1916）以及意大利教育家M.蒙台梭利的《童年的秘
密》（1936）等，都是这个教育思潮的代表作。

在这个时期里，欧美还出现了一种新教育学理论，主张以社会的观点
来研究教育问题。首先提出这种主张的是德国哲学家P.纳托尔普，他的代
表作是《社会教育学》（1899），还有德国的G.凯兴斯泰纳及法国的E.迪
尔凯姆的《教育与社会学》（1922）等。

资产阶级教育家经过长达三四百年的努力，把教育学建成为一门独立
学科，而且这门学科还在不断地发展和分化，新的教育学科也在不断地出
现。对他们的贡献应当予以充分肯定。但是，由于阶级和历史的局限，以
及他们的世界观和方法论方面的局限，在资产阶级教育科学领域内，始终
不免存在有唯心主义和形而上学的缺点。因而，资产阶级的教育学从其整
体来说，从其思想体系来看，始终没有达到真正科学化的地步。

（三）科学教育学的建立

马克思主义的诞生是人类思想史上的革命性变革，特别是在社会科
学方面，开创了人类思想发展史上的新纪元。对于教育科学来说，同样
是一个新的开端——使教育学走向科学化发展的新阶段。这是因为马克
思和恩格斯创立的辩证唯物主义和历史唯物主义，为科学教育学的建立
奠定了科学的世界观和方法论基础，使教育上的一系列根本问题，诸如教
育的本质、作用，教育的目的、任务，教育、环境与人的发展等得到了科
学的解释和论证，使教育学建立在科学的世界观和方法论基础上。不仅如

此，马克思主义创始人还亲自对教育学的基本理论，如教育和生产力、生产关系的关系，人的全面发展，教育与生产劳动相结合，综合技术教育等问题进行了深刻的论述；对资产阶级教育观念和理论，给予了深刻地揭露和批判。为工人阶级子弟争取受教育权进行斗争，以及对社会主义、共产主义教育的设想和预见等，给无产阶级教育事业指明了方向和道路，保证了教育内容的高度科学性。列宁在领导苏联进行社会主义建设中，草拟的《俄共（布）党纲草案》中有关教育的条文和《青年团的任务》等著名演说，进一步丰富发展了马克思主义的教育思想，苏联后期出版的教育学论著成为马克思主义的教育学的宝贵财富。这些论著有：克鲁普斯卡娅的《国民教育与民主主义》（1917），加里宁的《论共产主义教育和教学》（1948），马卡连柯的《教育诗》（1935），凯洛夫的《教育学》（1939）等。

克鲁普斯卡娅，列宁的夫人和战友，根据列宁的指示编著的《国民教育与民主主义》（1917），被认为是运用马克思主义观点阐述教育学和教育史的第一本书。

加里宁，苏联共产党和国家领导人之一，对共产主义教育问题发表过许多演讲和论述，汇编成《论共产主义教育》。他从马克思列宁主义的基本理论出发，揭示了教育的本质和目的，重视共产主义道德教育，对教师的作用进行了深刻的分析。

马卡连柯，苏联教育家。十月革命后创办"工学团"，对流浪儿和少年违法者进行了成功的教育改造工作。他的教育文艺名著《教育诗》（1933—1935）总结了"工学团"的教育经验。他以共产主义思想为指导，重点总结了集体教育、劳动教育和纪律教育的实践经验，提出了"平等影响"原则，与资产阶级"自由教育"的错误理论进行了不懈的斗争，形成了自己的教育理论体系，推进了教育科学化的进程。

凯洛夫，苏联教育家。30年代联共中央做出决议批判实用主义教育思想，要求以系统文化科学知识武装青少年，充分发挥教师主导作用。为此，他主编了《教育学》（1939）。该书以马克思列宁主义为指导，总结当时苏联社会主义学校教育经验，并吸收了历史上进步教育家的思想，对教育基本原理、教学论、德育论、学校管理四方面进行了全面的论述，成为社会主义国家培养人民教师的基本教材。他在教育学科学化的历史上做出了可贵的贡献。

毛泽东在领导中国人民进行革命斗争中，把马克思主义原理同中国实践相结合，批判旧中国封建、买办、法西斯主义的教育，提出教育为革命战争服务，为阶级斗争服务，教育与生产劳动相结合的方针，坚持教育为人民服务，使工农劳苦大众成为享受文明幸福的主人。他在《新民主主义论》中，系统阐发了中国新民主主义革命时期的教育理论、路线和方针。

与此同时，在中国近现代教育史上，一些著名教育家的理论建树，在推进教育学向科学化的进程中也做出了重要贡献。

蔡元培，近代民主革命家，教育家。毛泽东称颂他为"学界泰斗，人世楷模"，对其给予了极高评价。他早年投身于孙中山领导的旧民主主义革命，曾任南京临时政府教育总长。1915年他与吴玉章等组织留法勤工俭学会。1917—1926年蔡元培任北京大学校长，提倡"思想自由，兼容并包"，使北京大学成为著名的高等学府。他写有《对教育方针的意见》，主张以军国民教育、实利主义教育为急务，以道德教育为中心，以世界观教育为终极目的，以美育为桥梁，使学生体、智、德、美和谐发展。

陶行知，人民教育家，民主战士。1914年到美国留学，是杜威的学生。1917年回国后，先后任南京高等师范学校、东南大学教授、教务主任、教育系主任等职。20年代他抱着教育救国的思想，从事平民教育、乡村教育运动。1927年创办晓庄师范，实践其生活教育理论。1930年国民党政府下令封闭晓庄师范，同时也下令通缉陶行知。他不得不去日本避难。1931年回国后，他参加抗日民主运动。1939年在重庆创办育才学校。抗日战争胜利后陶行知与李公朴等创办社会大学，投身于反内战、反独裁的和平民主运动中，进行了勇敢的斗争。1946年在国民党反动政府的迫害下猝然病逝。周恩来称赞他是"一个无保留追随党的党外布尔什维克"。陶行知有《中国教育改造》等大量著作。他主张"生活教育"，基本观点是"生活即教育""社会即学校""教学做合一"，对改造中国的旧教育进行了伟大的尝试。他所创造的经验是建设具有中国特色的教育理论的宝贵精神财富。

杨贤江，笔名李浩吾，中国现代教育理论家。早年他同李大钊、恽代英等人被选为中国学会评议员，1923年加入中国共产党，是当时青年运动杰出领导人之一。他著有《新教育大纲》，这是中国最早以马克思主义观点拟定的教育著作，论述了教育与政治、经济的关系，批判了"教育清高说""神圣说""教育独立说"等观点。他认为要改变当时不合理的社会制度，只有进行革命，在革命中，教育应当作为革命的武器之一；革命胜利后，教育便应当促进建设社会主义社会。这一根本观点对教育理论发展具有全面的指导意义。

徐特立，无产阶级教育家，他早年创办新式小学，曾到日本考察小学教育，回国后创办湖南第一个教育刊物《湖南教育》。五四运动后，他去法国勤工俭学。1924年回国，创办了长沙女子师范学校，担任校长。1927年投身伟大的农民运动，在革命困难的严峻时期，毅然加入中国共产党。1928年徐特立受党的派遣到苏联中山大学学习。1930年回国到中央苏区，曾担任中央教育人民委员部副部长、代理部长等职。在抗日战争、解放战争期间，他一直从事教育领导工作。新中国成立后，他继续担任中共中央宣传部副部长，晚年潜心研究学术。他的著作汇编成《徐特立教育文集》等。他在长期的领导工作中，努力把马克思列宁主义基本原理与中国的具体实践结合起来，为中国教育理论的发展做出了宝贵的贡献。

二次世界大战后，科学技术迅猛发展，世界进入新的技术革命的时代。适应经济与科技发展的要求，教育改革的浪潮不断兴起，有力推动着教育科学的发展。同时，心理科学与其他相关科学的巨大进步给教育科学的发展以有力支持。在新的历史阶段，教育科学研究日益深入。布鲁纳、赞科夫、瓦·根舍因等人提出的教学理论，充实了教育学的内容，提高了教育学的科学化水平，被视为现代教学理论的三大流派。

布鲁纳，美国心理学家，教育家。在50年代科技激烈竞争的背景下，1957年苏联发射第一颗人造地球卫星，美国为之震动。1958年美国制定《国防教育法》，大量增加教育投资，进行教育改革。60年代兴起教学改革的浪潮。与此同时，布鲁纳所著《教育过程》（1960）提出"结构教学论"，强调"无论我们选教何种学科，务必使学生理解该学科的基本结构"；倡导发现法，培养学生的科学探索精神、科学兴趣和创造能力。这些主张在各国的教学改革中普遍受到重视。

赞科夫，苏联心理学家，教育家。自1957年起进行了长期的教学改革实验。反映其研究成果的著作是《教学与发展》（1975），提出了适应时代要求的"发展教学论"。理论核心是"以最好的教学效果来达到学生最理想的发展水平"；强调学生的一般发展与特殊发展的结合，提出了五条新的教学原则，推动了苏联60年代的教学改革。"发展教学论"发展了凯洛夫主编《教育学》中的思想观点，在社会主义国家教育学科学化的进程中做出了新的贡献。

瓦·根舍因，德国教育家。在二次世界大战后，联邦德国在"跟上世界科学技术发展步伐"的口号下，进行了百科全书式的教学。过重的负担，压抑了学生的发展。在1951年召开的图宾根会议上，瓦·根舍因等人倡导"范例教学"理论，提出改革教学内容，加强教材的基本性、基础性，并通过对范例的接触，培养学生独立思考、独立判断与独立工作的能力。

保罗·朗格朗，联合国教科文组织成人教育局局长。1970年，他出版了《终身教育引论》，提出了终身教育的思想。终身教育思想的主要观点是要求把教育扩展到人的一生，将社会各部分都变成教育场所。如保罗·朗格朗所说："我们所说的终身教育是一系列很具体的思想、实验和成就，换言之，是完全意义上的教育，它包括了教育的所有各个方面、各项内容，从一个人出生的那一刻起一直到生命终结时为止的不间断的发展，包括了教育各发展阶段各个关头之间的有机联系。"①朗格朗认为，几百年来社会把人的前半期作为教育期，后半期作为工作期是不科学的，教育应当是贯穿于人的一生连续不断的学习过程。

瓦·阿·苏霍姆林斯基，苏联当代杰出的教育理论家与实践家，其教育思想核心内容是提出全面发展的教育理论。他根据苏联社会的要求和多年的实践经验提出，苏联学校的主要任务是培养"全面和谐发展的人，社会进步的积极参与者"②。他认为"全面"与"和谐"是儿童个性发展不可缺少的两个方面。作为全面发展的教育应使"智育、体育、德育、劳动教育和审美教育深入地相互渗透和互相交织，使这几个方面的教育呈现为一个统一的完整的过程"③。所谓和谐教育，"就是如何把人的活动的两种职能配合起来，使两者得到平衡：一种职能就是认识和理解客观世界，另一种就是人的自我表现，自己内在本质的表现"④。他认为，教育工作许多弊端就在于人的活动的两种职能不和谐，在于人的表现的片面性，在于把人的表现局限在知识的评分上，完全用分数评价人。

苏霍姆林斯基的教育理论丰富全面，受到很多国家的欢迎。他的观点引入我国后，对于我国的教育实践和教育理论发展都起到了积极的推动作用。

布卢姆，美国当代著名教育家，心理学家。1956年他出版了《教育目标分类学》（第一分册认知领域）。1971年出版了《学生学习的形成性和

---

① 保罗·朗格朗：《终身教育引论》，中国对外翻译出版公司1985年版，第15页。
② 苏霍姆林斯基：《给教师的建议》（下），教育科学出版社1980年版，第226页。
③ 苏霍姆林斯基：《帕夫雷什中学》，教育科学出版社1983年版，第9页。
④ 苏霍姆林斯基：《给教师的建议》（下），教育科学出版社1980年版，第150页。

终结性评价分册》，在美国和世界许多国家受到重视，他还在1986年应邀来我国华东师范大学讲学。

关于目标分类的领域，布卢姆认为完整的教育目标分类学应当包括三个主要部分：一是认知领域，包括有关知识的回忆或再认，以及理智能力和技能的形成等目标；二是情感领域，包括描述兴趣、态度和价值等方面的变化，以及鉴赏和令人满意的顺应的形成；三是动作技能领域，强调肌肉或运动技能，对材料和客体的某种操作或需要神经肌肉协调的活动等目标。

怎样编制教育目标呢？布卢姆提出同事间合作制订目标是最好的途径，这不仅可以最大限度地减少每个教师所花的时间和精力，而且能够集思广益，在有效的讨论中达成共识。布卢姆在这里强调指出：共同目标并不是硬求采用同样的方法，教师仍有充分的余地发挥自己的创造力。制定目标应从分析学科领域内的重要观点及教材着手，从而确定较为重要、最有助于学生发展的目标。

二、教育学在中国的成长

教育学在我国成为一门独立的学科，是从清末"废科举，兴学校"、西方资产阶级教育学输入以后才开始的。其沿革过程，大体可概括为：先学日本，后袭美欧，新中国成立后又学苏联，直到粉碎"四人帮"后，才逐渐走上教育学中国化的道路。

（一）19世纪末20世纪初，译介日本教育学阶段

中国教育学的起步，首先始自对日本教育学的学习。正如著名历史学家费正清教授指出："从1898年到1914年这段时期，人们可以看到日本在中国的历史进程中的重大影响。"[①]当时，从大量日本教育类图书、期刊涌入中国的历史事实中可看到这种影响的清晰印痕。据实藤惠秀监修、谭汝谦主编的《中国译日本书综合目录》统计，从1896年到1911年，中国共

---

① 费正清主编：《剑桥中国晚清史》下卷第6章，中国社会科学出版社1983年版。

译日本教育类书76种。其中流行面广、影响面大的是1901年刊载于《教育世界》上，由日本立花铣三郎讲述、王国维译的《教育学》。嗣后，日本其他著名的教育学也相继经《教育世界》《直隶教育杂志》及译书局等介绍到中国来，如《实用新教育学》（加纳布市，上由仲之助）、《教育学教科书》（汝濑五一郎）、《新教育学》（冯世德）、《新教育学释文》（吉田熊次）、《实用教育学》（大濑甚太郎）等。[①]其时，我国的一些学者也编写了一些教育专著，如1913年蒋维乔著的《教授法讲义》，1914年张子和编著的《大教育学》，同年张毓聪编著的《教育学》等，尽管这些著作不可避免地有对外国教育学内容的迁移，但在编著自己的教育学方面，毕竟迈出了第一步，我国开始有了自己的教育科学。

从形式上看，此时介绍过来的教育学，基本上是赫尔巴特的教育学体系。除此之外，卢梭的《爱弥儿》、裴斯泰洛齐的教育学说、尼采的教育学说等也在我国开始流传。

（二）1920—1949年是西方教育学说在我国广泛传播的阶段

西方教育学说在中国的广泛传播是以杜威来华讲学作为契机的，从此，中国把学习的对象由日本转向美国。

杜威于1919年经日本来华讲学，前后有两年多时间，足迹遍及沿海11省市。他在演讲中，着重宣传他的实用主义哲学和教育学。由于他的教育观点与赫尔巴特有明显不同，顿时在我国教育界呈现出一种活跃的气氛。"教育即生活""学校即社会"成了当时教育界的口头禅。杜威离华后，介绍和传播杜威教育思想的学术机构、期刊、专著、小册子如雨后春笋。杜威的代表作《民主主义教育》，开始直接作为教育学或教育哲学教材使用。此外，与它相近的波特的《教育原理》和《现代教育学说》、克伯屈的《教育方法原理》、桑代克和盖茨的《教育基本原理》，也都成为我国大学教育系的教育学教学参考书。除了美国的译本之外，西方其他各派的

---

① 周谷平：《近代西方教育学在中国的传播及其影响》，《华东师大学报》（教育科学版）1991年第3期，第80页。

教育专著也开始全书翻译过来，如夸美纽斯的《大教学论》、洛克的《教育漫话》、卢梭的《爱弥儿》、裴斯泰洛齐的《贤伉俪》、赫尔巴特的《普通教育学》等。当时我国学者自编的教育概论、教育哲学、教育原理等专著也日益增多。比较早期出版的有王炽昌的《教育学》（1922）及后来的孟宪承的《教育概论》，吴俊升的《教育哲学大纲》，钱亦石的《现代教育原理》等，从体系到内容都比较完整、系统、充实，是比较好的教育专著。

（三）新中国成立后到"文革"前，教育学的介绍和学习全面转向苏联的阶段

当时的中国教育，要以马克思列宁主义为指导批判和改造旧的教育理论，建立社会主义教育学的新体系，迫切希望了解第一个社会主义国家苏联的教育经验和理论。从1949年11月开始，在《人民日报》上陆续发表凯洛夫主编《教育学》的部分章节。[①]到1950年，新华书店，人民教育出版社等部门陆续组织翻译和出版了一些苏联的教育学教材，如凯洛夫著的《教育学》（上、下册），叶希波夫·冈察洛夫合著的《教育学》（上、下册），斯米尔诺夫著的《教育学初级读本》，申比寥夫等著的《教育学》，奥戈罗德尼柯夫等著的《教育学》以及由凯洛夫任总编的《教育学》。在这些教育学教材中，以1950—1951年出版的凯洛夫著《教育学》（上、下册）影响最大，流传最广。第一个五年计划期间，一度形成了学习凯洛夫《教育学》的热潮。凯洛夫本人也曾于1956年亲自来华做过短期讲学。凯洛夫《教育学》成为许多高等师范院校学生学习的教材或主要教学参考书，一些教育行政干部和中学教师，也以此为业务进修读物。苏联的教育理论和实际，对于我国社会主义教育和教育科学的建立起了重要的作用。尤其是1953年以后，对于稳定我国学校的教学秩序，提高教育质量

---

① 《人民日报》1949年11月14日刊登了凯洛夫主编的《教育学》第21章《国民教育制度》，1950年3月29日节译登载了第12章《劳动教育》，1950年4月3日登第1章第5节《教育学是科学》。

和教师业务水平发挥了积极的作用。但这些教育学又有各自的缺点和不足，我们学习时没有进行科学的分析，采取教条主义态度，生搬硬套，从而使我国教育界长期思想僵化，凯洛夫教育学体系成为我国教育学的固定模式，不良影响很大。从1958年起，在党的教育方针指引下，我们开始总结自己的教育经验，进行教改实验，试图走自己的路，但在"左"的思想影响下，在教育理论和实践中出现过不少失误。

（四）从1977年至现在，教育学中国化的探索和努力阶段

"文革"十年，教育学教材建设的指导思想是批判"封、资、修"，教育学的内容组成是语录汇编。这十年，是教育学发展的困难时期。

粉碎"四人帮"后，教育学教材建设迎来了蓬勃发展的春天。广大教育工作者迅速根据形势的发展和教学的需要，出版各类教育学讲座和教材。从1979—1990年，各个类别、各个层次公开出版的教育学教材可谓风起云涌，共有111个版本之多[①]。近年来，陆续出版的仅是属于教育学原理性质的专著就有：厉以贤的《现代教育原理》、孙喜亭的《教育原理》、陈桂生的《教育原理》、叶澜的《教育概论》、成有信的《现代教育引论》和东北师范大学的《教育学基础理论》、华中师范大学的《教育学原理》。这些著作，无论其体系还是内容都达到了较高的水平，较之以往同类教材有着明显的历史进步。

与此同时，这一阶段也注意了译介苏联、西方的教育学教材和属于教材性质的著作。如巴拉诺夫等编的《教育学》，哈尔拉莫夫著的《教育学教程》，奥恩斯坦著的《美国教育学基础》，大河内一男等著的《教育学的理论问题》，日本筑波大学教育学研究会编的《现代教育学基础》，范斯科德著的《美国教育基础——社会展望》，巴班斯基主编的《教育学》，布鲁纳著的《教育过程》，赞科夫著的《教学与发展》等。

今日中国的教育学教材建设正在继承传统、改革创新的道路上不断地

---

① 瞿葆奎：《建国以来教育学教材事略》，《华东师大学报》（教）1991年第3期，第74页。

进行改造和完善，同时通过学科内部分化，将其研究推向更深入的程度。

第三节 教育理论及其功能

一、教育学的若干基本理论范畴

教育学是由若干基本理论范畴和体系构成的。在学习本书的后续内容之前，首先明确在未来的学习中将经常遇到的一些基本概念，十分必要。因为只有概念明确了，我们才能站在同一的立脚点上去分析和思考问题，以免发生理论思维上的矛盾。

（一）教育与教育学

教育是一种活动，教育学是一门科学。

教育的概念有广义与狭义之分。广泛地说，凡是有目的地增进人的知识技能，影响人的思想品德的活动，不论是有组织的或是无组织的、系统的或零碎的，都是教育；狭义的教育指学校教育，是教育者根据一定社会需要和年轻一代的身心发展特点，对受教育者所进行的一种传授知识技能、培养思想品德、发展智力和体力，把受教育者培养成一定社会所需要的人的活动。简略地说，即教育是一种培养人的社会实践活动。广义的教育自原始社会人类的产生而一道产生，弥散在社会的各种场合和各种活动之中。到奴隶社会学校教育诞生以后，教育与其他社会活动的功能便有了明显的划分，从此把教育的本质定位在培养人的活动上。教育因其培养人的作用而成为培养人的专门机构和专门场所，也因其培养人的活动而与社会的政治活动、生产活动、军事活动等相区别。

教育学是研究教育现象、揭示教育规律的一门科学。教育学是在人类教育诞生了一段时间以后，伴随人类认识的提高和对教育经验的总结概括提炼，才渐渐有了专门研究如何培养人的教育学。因此，从时限上看，教育在先，教育学在后。从内容上看，教育是一种培养人的社会实践活动，教育学是研究如何培养人的一门科学。

（二）教育科学与教育学科

教育科学是以教育现象为其共同研究对象的相关学科的总称，是若干门教育学构成的学科总体。它包括属于基础学科的中国古代教育史、中国近现代教育史；属于基本学科的教育学原理、德育原理、教学原理、教育管理学原理；属于分类学科的学前教育学、普通教育学、中等教育学、高等教育学、成人教育学、特殊教育学、比较教育学、职业教育学；属于交叉学科的教育人类学、教育经济学、教育政治学、教育社会学等；属于应用学科的各科教学论等。

教育学科：狭义的教育学科指我国师范和教育院校开设的教育课程的总称，目前一般包括教育学、心理学、各学科教材教法三门课程。广义的教育学科则泛指教育科学体系中所列的各类教育学。

（三）教育现象与教育问题

教育现象是以培养人为主体内容的社会实践活动的外在表现形式。从哲学的观点看，现象是通过感官可以认识到的事物的外部特性或特征，也可以说，现象是事物的外部联系，是事物本质的外部表现。

教育现象有三个内涵：

①教育现象是一种客观存在，它是古今中外已经存在或正存在于现实中的存在物，它是可感知到的、可认识的。

②教育现象是教育实践的表现物，或正从事着的教育实践。它包括各种形式、各种类型、各种模式的教育事实。

③构成教育现象的一个重要规定性是：以教与学为主体形式的客观存在，社会中的观察模仿等学习形式，虽可获得零星的知识技能，但亦不属

于教育现象的范畴。

教育问题：当某种教育现象成为人们关注的焦点，被人们广泛地议论、评说或要求予以解决时，这种教育便成了教育问题。有些教育现象可能永远停留在现象的性质上，有的则可能由现象发展成问题，如缴费上学。

（四）教育活动与教育事业

教育活动有广义与狭义之分。教育本身就是一种活动。广义的教育活动泛指影响人的身心发展的各种教育活动，狭义的教育活动主要指学校教育活动。学校教育活动有各种类别。从形式上看，有教学活动、课外活动、实践活动；从活动主体看，有管理者的活动、教师的活动、学生的活动；从内容上看，有课内外进行的德育、智育、体育、美育、劳动技术教育，发展个性特长等各种活动。

教育事业：教育活动，不论广义与狭义，其宗旨都是进行人的培养和训练。当人们摆脱进行该活动的无计划、无组织状态，把教育活动从其他的社会活动中分离出来，划分成一个独立的社会部门，并经由专人去进行时，这种活动便成了一种事业，即教育事业。当教育活动成为一种事业以后，它便有了完善的组织机构、活动规章、各项制度规则、人员责任等等，从而使其具有组织的严密性、活动的系统性、人员的规范性、评价的制度性、时间的秩序性等。

（五）教育经验与教育规律

教育经验是指符合教育规律的有效做法。经验既是一种做法，它便带有着工作的程序性、作用的有限性、产生的偶然性。教育经验是对教育实践的较低层次的反映。

教育规律是在众多教育经验的基础上，通过抽象概括总结出来地反映了事物本质特点的东西。教育规律是对教育实践的深层次和本质联系的反映。它摆脱了教育实践的具体形式、地点、时间、类别的种种限制，而使其概括具有普遍性、客观性、永恒性。

（六）教育思想与教育理论

教育思想泛指人们对教育现象的认识，是指人们通过直接或间接的教育实践而形成的对教育现象和教育问题的认识、观点和看法。教育思想的核心内容集中在三个方面：培养什么人，为什么培养这样的人，怎样培养人。围绕这三个方面形成了关于培养目标、教育的性质和方向、教育的内容和方法等等一系列观点和看法。在这三方面的问题上，看法、主张、观点不同，便有了不同的教育思想。如主张以传授系统的科学知识为主的传统教育思想和主张以学生的活动为主的"进步教育"思想。

教育思想具体包括教育指导思想、教育观念和教育理论三个部分，这三者既相互渗透又各有区别。同时，它们又具有相容并列的关系。

教育指导思想指直接指导教育工作实践的带有方向性、指针性、政策性的教育思想。教育工作的指导思想是一个国家、一个社会占主导地位的教育思想的集中表现，它集中地反映了社会和国家办教育的根本方向、性质、目的和根本任务。教育指导思想又可分为四个层次：一是关于国家教育发展与改革总体走向与导向，指导着国家教育发展全局和总体态势的纲领性思想，它带有方向性、全局性、长远性，如战略重点、优先发展和三个面向的思想等。二是教育工作的基本指导思想，即对全国各级各类教育工作的总体指导思想，其表现形态是国家教育总任务、总目的及某一时期党对教育工作的重大决策。三是某一类或某一方面教育工作的指导思想，如小学、中学及各级各类职业、成人、高等教育的培养目标和任务，九年义务教育、师范教育、教材编写的方针等。四是学校工作的指导思想，主要表现为一所学校实际奉行的办学指导思想和学校各项具体工作实际坚持的指导思想。

教育观念指以观念的形式存在于教育工作者和其他社会成员头脑中的，直接影响人们的教育行为的教育主张、教育观点和教育评价标准等，如人才观、质量观、教师观、学生观、方法观、主体观等。

教育理论是指人们在教育实践经验基础上抽象概括出来、由感性上升为理性、由一系列理论范畴所构成的较为系统和严密的教育思想，如我国人民教育家陶行知先生提出的生活即教育、社会即学校、教学做合一的生活教育理论。教育理论是教育思想这个属概念中的一个种概念，而不是教育思想的全部。教育理论是对教育实践的较高层次的反映，具有间接性、深刻性、全面性、稳定性，在形式上表现为一系列具有逻辑联系的概念、命题和推论等，教育理论不仅要回答"是什么"，更要回答"为什么"。

教育理论、教育指导思想、教育观念都属于教育思想的范畴，它们有共同的本质属性，这就是它们都是来源于一定社会的教育实践，都是表明对于教育的认识和看法，都要指导教育实践。但它们各自的表现形式如上所述是不同的。此外，它们各自形成的途径也是不同的。教育指导思想主要是通过国家教育行政部门及教育决策机构按规定的程序来形成或制订，可以适时地加以调整；教育观念则是人们在长期的教育实践中和在制约教育的各种社会因素的影响下逐步形成的，非一日之功；至于教育理论，只有通过长期的教育实践经验和进行系统的教育科学研究才可能形成和发展。

（七）教育流派与教育思潮

教育流派：指各种教育理论的派别，产生于教育理论的发展过程之中。在教育实践中，人们提出了关于教育的不同看法和主张，逐渐形成各自的体系，发展为不同的教育流派。教育流派之间的学术争鸣，学派内的新陈代谢，对繁荣教育科学研究，发展与完善教育理论起积极作用。构成一种教育流派一般具有下述特点：（1）有独特的教育主张、教育思想和理论体系；（2）有创始人或代表人物及其代表作；（3）有产生的社会根源，发展、演变的过程；（4）有它的实际成效和思想影响。[1]

教育思潮：指在一定历史时期内，集中反映社会群体教育意愿、教育要求和教育思想，流传较广、影响较大的一种思想倾向或思想潮流。在一定的历史时期内，由于政治、经济、科技、文化等原因，某种教育主张

---

[1] 张人杰主编：《大教育学》，广东高等教育出版社1995年版，第26页。

或教育理论在人们的思想上引起广泛的共鸣，得以普遍流行。教育思潮作为一种社会意识，具有鲜明的时代性、流行的普遍性、明确的倾向性和迅速的演变性等多种特征，其中，有一定的见解和主张，有较大的声势和影响，有盛衰的社会原因是其主要特征。

（八）教育方针与教育政策

教育方针是一个国家教育政策的总概括，是全国各级各类教育活动必须遵循的准则和宗旨。所以，确切地说，教育方针是由国家或政党根据一定社会的政治经济要求提出的，带有法律效力的，关于教育工作的方向、目的、道路的总体规定。教育方针作为国家教育发展的总政策，它具有阶级性、法令性、历史性、实践性的特点。教育方针的结构通常由三个部分构成：教育性质与教育方向，如教育必须为社会主义现代化建设服务，必须与生产劳动相结合；培养人的质量规格和标准，如1995年的《中华人民共和国教育法》中规定，"培养德智体等方面全面发展的社会主义事业的建设者和接班人"；培养人的根本途径和根本原则，如1993年《中国教育改革和发展纲要》提出的"教育必须与生产劳动相结合"。

教育政策是一个国家的政府或政党制定的有关教育工作的指导方针和行政措施，是人们为了规范教育行为而以国家或政党、政府的名义颁布的教育行为指南。教育政策带有很强的现实指导性、行政效力和法律效力。在未确立教育立法的历史阶段，它代行着教育法的职能。教育政策是人的主观意志的产物。教育政策是教育科学研究的重要内容。教育科学对教育政策，一是给予科学的论证，使反映客观需要的而又有科学依据的政策得到科学的解释，以推动教育实践坚定地贯彻执行；二是使错误的政策能够及时得以纠正，以使教育实践避免弯路和失误，给社会和人的发展造成不必要的损失。

二、教育理论的功能

教育理论是教育实践的概括反映。它来自教育实践，又能够返回到实践中，指导人们的教育实践，推动教育实践的发展。

（一）解释教育实践

教育理论是对人类从事的各种各样的教育实践的理性陈述。从人类诞生开始，人们虽一直从事着教育活动，但在一段相当长的历史时间以后，特别是诞生了教育学以后，人们才真正知道了什么是教育，教育活动该遵循怎样的规律和制度进行等。教育理论对教育实践的解释和说明集中体现在：它可以回答或者说它应该能够回答三个方面基本的问题，即是什么、为什么和怎么样。如我国当前正在进行的素质教育，作为教育理论，它应该能够告诉人们什么是素质教育，为什么要实施素质教育，素质教育的实质是什么，怎样实施素质教育等一系列理论认识问题。一个科学的教育理论，在各种各样的教育现象、教育问题、教育活动面前，都能对其定义、内涵、依据、对策等给予全面的理性回答。科学的教育理论追求的是真理，反映的是规律，它以客观的身份对实践说话。对符合教育规律的教育实践它会助其内容更丰富，方向更明确，效果更理想，从而增强其科学性和应用的普遍性。对不符合教育规律的理性（主观意志）产物和实践行为，它会勇敢地站在其对立面，直陈利弊，阐说道理，批评盲目行为，鞭笞违背教育规律的言行，从而保证教育健康发展。

教育理论主要的不是让人们认识教育现象，而是借助其理论挖掘功能，帮助人们透过现象认识教育的本质和规律，或某种教育行为是否符合教育规律。

（二）指导教育实践

教育理论不仅应能从理性上告诉人们教育是什么，而且亦能返回到实践中指导人们怎样去做。教育理论对实践的指导主要表现在：

在教育决策领域，它可以指导决策者借助理性的规范，遵循教育发展的客观规律去完成各种正确的决策，使决策过程按教育规律办事而不是按主观愿望、长官意志办事，从而避免决策的失误，提高决策的科学性；在学校教育过程中，教育理论可以帮助教师按照教育和教学规律及学生的身心发展特点去完成教育和教学的任务。认真研究教学过程的本质和特点，研究学生的智力和非智力状况，研究教学方法和教学原则，吸收古今中外优秀的教育遗产，从而提高教育和教学的效果与质量。在学校教育管理领域，教育理论可以提高校长的教育理论水平和管理能力，指导校长和学校各方面管理者善于协调学校各方面的力量，以人为本，确定制度，加强监督，提高管理的科学化和效率化水平。

教育理论的真正价值在于它能告诉人们是什么与为什么，还能从宏观与微观的不同维度给教育实践以有效的指导。

（三）推动教育改革

教育改革是人们有计划有目的地变革现存教育的活动，它是一种特殊的教育实践。教育改革是教育领域里的创新。进行教育改革既需要改革的勇气和魄力，又需要相应理论的理性指导。毛泽东说，没有理论指导的实践是盲目的实践，而盲目的实践是注定要失败的。教育理论作为教育实践的研究成果，它既来自教育实践，又高于教育实践。它是在若干教育实践和教育经验的基础上，经过理性的抽象概括而总结出来的带有普遍指导意义的理性精华。同样，由于教育改革理论经过了理性的加工制作，因而它便能摆脱具体经验的局限而对所有的教育改革实践起指导作用。它可以根据社会发展的必然趋势和对教育的需求，提出教育改革的理论框架，并对教育改革的背景、动因、目的、条件、过程、模式、策略、方法、保证或效应机制等给予系统化的说明，从而使得教育能够在理性的指导下进行，避免摸石头过河，跟着感觉走带来的种种失误和弯路。

教育理论对教育改革的推动作用，主要体现在三个方面：第一，用"理性尺度"评价现实，揭露现存教育中的种种弊端，使人们认清现存教育中存在的不合理因素；第二，对未来教育进行预测、设计、规划，从对现存教育的评价中和对未来社会发展的分析中提出来教育的目标、内容、方法、制度、形式等，指明教育改革的方向；第三，靠理论创造的社会舆论力量呼唤社会，尤其是教育界投身教育改革，使教育工作者具有参与教育改革的自觉性、积极的热情和必胜的信心。

第四节　价值论与方法论

一、价值论

（一）教育原理在社会发展中的价值

教育原理的研究有助于社会认识教育的作用和意义，提高教育的社会价值和社会对教育的关心，从而推动社会的加速发展和教育的良性运行。教育原理是对若干教育现象和教育问题的一般研究。它集中阐明教育是如何通过发挥自身的独到作用，促进人的身心发展，提高人口质量，并进而推动社会的全面发展。与教学原理、德育原理和学校教育管理学相比，教育原理的研究内容与社会发展的联系更直接、更广泛。在教育学发展史上，教育原理的研究，在社会变革的历史时代里，它直接服务于社会变革，为社会变革制约教育的舆论和依据，从而推动社会的前进。如夸美纽斯、卢梭、裴斯泰洛齐的自然教育，斯宾塞的科学教育，杜威的做中学，蔡元培的"思想自由、兼容并包"，陶行知的"教学做合一"等都是适应当时的时代需要、社会改革需要而出现的。这些研究成果不仅具有鲜明的时代特色和社会针对性，而且历史已经证明，它们在当时的社会发展中都起到了巨大的作用。历史发展到今天，终身教育、学会学习、学会生存、教育先行等理论同样在各国的社会发展中发挥着不可估量的社会作用。把教育确定为社会发展的战略重点，党的十三大提出把教育放在社会发展的首要位置，党的十四大决定把教育摆在优先发展的战略地位。中国的教育由历史上的后行变成今天的先行，这一历史性的变化正是教育原理对教育本质、功能研究推动、呼唤的结果。因此，教育原理对教育中一些重大问题的研究，对于社会认清教育的作用有着不可估量的澄清和判断作用。

（二）教育原理在教育科学体系中的价值

教育学的成熟与发展是与人类的教育实践活动密切相关的。不论中国还是欧洲，在整个古代社会里，人类的教育主要以单一的普通教育为主。中国古代教育中，虽出现过书学、算学、律学、医学等专科形式，但也仅限于官学中的极小一部分，就中国教育的主流形式来说，行于国家官学和民间私学的主体教育则是以培养国家官吏或试图进身国家"仕"的阶层为主的普通教育。因而反映当时这一教育现实的教育研究，如孔子的《论语》，也就自然要以普通教育为主。进入资本主义社会以后，社会生产的分化带来了教育形式的分化。除普通中小学教育继续存在外，社会上陆续出现了分科学校，如职业学校、师范学校乃至我们今天所见到的各种新的教育形式。与教育实践的分化发展相适应，教育学也由以往单一研究普通教育的普通教育学分化发展成一个庞大的学科家族，形成了以各种教育现象为其研究对象的教育科学体系。普通教育学作为教育学中一切后续学科的基础学科，伴随其自身研究的深入和整个教育科学研究的发展，其自身内容的构成也越来越丰富和充实，并渐次形成了内容相对集中、彼此既相对区别又密切联系，由此而使得普通教育学又发生分化，形成今天普通教育学的内容结构：教育原理、教学原理、德育原理、学校教育管理原理。这种结构形成以后，教育原理既是普通教育学的一个有机组成部分，同时亦是一门相对独立的学科。作为一门相对独立的学科，一门以研究最一般的教育现象和教育基本规律为其研究对象的学科，它的学科地位自然成为一切其他教育学科的基础，它的理论成为最基础的原发理论。任何其他教育学科的理论都要从这里获得最初、最基本的理论指导。

（三）教育原理对教师的价值

教育原理可以帮助教师充分认识教育的意义、作用和未来，提高其工作的使命感和自豪感。教育原理从历史和现实、成功和失误等多个角度论述教育之于社会发展、之于人的发展的伟大作用。社会是由人构成的群体。但由不同教育质量的人构成的社会质量是不同的，由不同的教育构成的人的质量也是不同的。没有接受教育的人是自然人。教师的一个突出贡献是可以通过自己的教育劳动，把自然人变成社会人、文化人、有创造能力的人、有丰富智慧的人。这样的人不仅可以推动社会的发展和进步，实现科技的飞跃和生产力的提高，而且亦可丰富人类的知识财富和实现人类潜能的开发。

（四）教育原理对教育管理人员的价值

教育原理可以帮助教育管理人员认识教育规律，按教育规律指导教育发展，提高教育决策的科学性和指导教育实践的有效性。教育管理学是一门科学。不论是国家还是学校，要确保教育活动的质量和效率，不能靠经验管理，靠意志决策，而要靠对教育自身规律的把握，实行科学决策、科学管理。教育规律的客观性决定了一切教育行为，只有遵循了教育规律，教育实践才能健康发展，教育活动才能顺利进行。一切违反教育规律的决策和做法，都将受到教育规律的惩罚，从而影响社会发展。只不过这种惩罚出现的或早或晚而已。教育中有很多规律，有基本规律、具体规律，宏观规律、微观规律。教育原理通过研究教育外部现象，揭示教育的本质和规律，为教育管理人员提供科学的理论武器，以提高管理工作的科学性，减少盲目性。

二、方法论

完整的教育科学研究方法应是方法论与具体方法的统一。方法论是教育科学研究中应予遵循的指导思想和应予把握的思想方法，它决定着研究的方向和思维路线，决定着研究成果与社会需求取向的关系。方法侧重教育研究的技术与策略。它主要指导教育研究者怎样开展教育科研，应用什么方法和技术完成教育科研。它从微观的角度详细具体地指导人们展开教育科研的方方面面工作怎样去做，从课题设计、方法选择、进行步骤到结果成形、鉴定评价等无所不包。科学研究的进行不单要有科学的方法论做指导，而且需具体方法的帮助。要学好教育原理，要展开教育原理方面的研究，同样必须把宏观方法论的把握和微观研究技术的掌握两者统一在一起，才有可能保证我们的研究成果既符合方向性又具有科学性。

（一）以马克思主义、毛泽东思想和邓小平理论为指导

以马克思主义为指导，首先要以马克思主义哲学作为教育原理研究的科学世界观和方法论。教育原理研究的许多重大教育问题与社会发展和人的发展息息相关，带有很大的思辨性和哲理性，对许多问题的阐明需要辩证的思维。因此，教育原理研究需要深厚的哲学功底。没有广博深厚的哲学基础做支撑，许多教育理论问题研究就难以深入进行下去。如教育的起源、教育的本质、教育的规律、教育的目的等等都与哲学基本原理有着密切的联系。马克思主义哲学是社会科学研究的科学世界观和方法论，它的辩证唯物主义和历史唯物主义思想为我们探讨教育问题提供了理论武器。有了它，教育原理中的许多问题才能得到科学的说明与解决。

以马克思主义为指导，重要的是以马克思主义的观点和方法具体分析和解决教育中的问题。具体问题具体分析是马克思主义的灵魂。它告诉我们看一切问题都必须以时间条件为转移，切忌思想僵化。如对教育社会本质的分析，人的全面发展教育的构成，人的全面发展和教育与生产劳动相结合的问题的论述，其基本观点仍是我们社会主义教育和教育学建立的指导思想，但对这些思想的贯彻，必须从实际出发，做到实事求是。具体问题具体分析，实事求是的思想方法既反对简单地把马克思主义创始人的语录与复杂的现实教育问题一一对应，生搬硬套，把马克思主义活的灵魂变成僵死的教条，不从实际出发加以创造性地运用，也反对从一个极端走上另一个极端，对马克思主义的基本原理产生怀疑，或当作过时的东西加以否定。这两种倾向都是不足取的。

以马克思主义为指导，还要求我们认真学习马克思主义创始人的教育思想。马克思、恩格斯、列宁等在领导无产阶级同资产阶级进行斗争的过程中，不仅一直关注无产阶级的历史命运，也十分关注工人及其子弟的教育问题，在众多的历史篇章里都把教育问题作为一个很重要的侧面加以论述，由此而形成了教育的共同思想、观点和学说体系，如教育与社会生产、教育与社会关系、人的全面发展问题、全面发展教育问题等等。这些闪耀着历史和时代光辉的伟大思想，对我们研究现实教育问题仍有巨大的指导作用。

毛泽东思想是马克思主义在当代中国的继承和发展。毛泽东在领导中国人民进行革命的斗争中及社会主义建设中，一直关注中国的教育，把教育看成是中国取得革命和社会主义建设的重要手段。在新民主主义革命阶段，毛泽东提出的新民主主义教育的方针，开办革命学校培养人才的思想；社会主义阶段提出的教育方针、尊重知识分子、减轻学生负担等思想都是我们今天研究社会主义教育的宝贵财富。

邓小平理论是当代中国的马克思主义，是马克思主义在中国发展的新阶段。邓小平在领导中国人民进行改革开放和现代化建设的伟大实践中，在总结我国社会主义胜利和挫折的历史经验并借鉴其他社会主义国家兴衰成败历史经验的基础上，第一次系统回答了中国社会主义的发展道路、发展阶段、根本任务、发展动力、外部条件、政治保证、战略步骤、党的领导等一系列基本问题。在教育问题上，邓小平花费了大量的心血反复论述发展教育与建设社会主义现代化的关系。他的教育先行、德育为首、增加投入、全面发展、尊重教师、加强管理、三个面向等教育思想将成为发展社会主义教育的重要指针，成为我们进行教育原理研究的重要内容和指导思想。

（二）实行古今中外法，做到古为今用，洋为中用

科学研究绝不能割断历史，也不能闭门造车，要实行古今中外法，博采百家之长，为我所用。

中国是一个历史悠久、文化遗产非常丰富的国家，教育遗产尤其丰富。在近现代的历史上，还有革命教育的传统。在西方，在近代教育上，资产阶级思想家和教育家科学的贡献，也是应当重视和肯定的。第二次世界大战以后，无论是社会主义国家，还是资本主义国家，或是民族独立国家，尽管社会制度不同，意识形态不同，但在生产和科技飞速发展的今天，都非常重视发展教育事业，因而也就非常重视教育科学研究工作；设立教育科研机构，增加教育经费，组织、培养教育科研队伍，学习外国的教育科研成果和经验；等等。总之，都把教育科学研究工作提到了相当重要的地位上。联合国教科文组织多次举行教育问题讨论会，地区性的教育会议也多次举行，对当前的教育设施和未来的教育预测，进行过广泛的讨论。

（三）贯彻理论联系实际原则，加强基础教育研究

教育理论的真正源泉在教育实践，教育理论的生命力也在教育实践。学习马克思主义教育理论，吸收借鉴古今中外的优秀教育理论和经验，目的还在于建立和发展我们的社会主义教育学，为指导现实和未来的教育实践服务。对教育原理研究来说，坚持理论联系实际，就是要求我们的研究面向中国教育实际、面向基础教育实际，把理论研究与中国特色社会主义建设需要、与中国基础教育存在的现实问题和现实需要联系起来，有的放矢。理论联系实际除要求我们的理论研究和理论研究工作者加强与中国及基础教育实际的紧密联系外，也包括我们的理论研究工作者要善于发挥理论成果的魅力，使实践工作者与理论学习相联系，主动寻求理论的指导和武装。因此，理论联系实际是与教育原理有关的理论工作者和实践工作者应共同遵守的原则，而不应是某个方面的任务。实践证明，只有实现二者的有机结合才能创造出富于生命力的教育理论。

要进行教育科学研究，不但要有正确的方法论做指导，还要有具体的科学研究方法。每门科学不但有自己特有的研究对象，还有自己独特的研

究方法。在教育原理的有关课题或问题的研究中，可供我们运用的研究方法有：观察法、调查法、实验法、统计法、个案研究、文献研究、行动研究等。

第二章　教育的历史变迁

　　教育学作为研究教育现象及其规律的一门科学，要科学、透彻地阐明有关教育的一系列问题，就必须对教育产生的源流脉络有个清晰的了解和把握。诚如列宁所说：“为了解决社会科学问题……为了用科学眼光观察这个问题，最可靠、最必需、最重要的就是不要忘记基本的历史联系，考察每个问题都要看某种现象在历史上怎样产生，在发展中经过了哪些主要阶段，并根据它的这种发展去考察这一事物现在是怎样的。”①同理，我们要解决好有关教育现象及其规律方面的若干问题，也有必要对教育的产生和发展情况做一次历史的考察。

---

① 《列宁选集》第4卷，中共中央马克思恩格斯列宁斯大林著作编译局编译，人民出版社1972年版，第43页。

第一节　教育的起源

一、生物起源论

生物起源论者认为，人类教育发源于动物界中各类动物的生存本能活动。主张生物起源的代表人物有利托尔诺、沛西·能等。

法国社会学家利托尔诺（Charls Letourneau，1831—1902）在其所著《动物界的教育》一书中认为，教育是一种生物现象，教育起源于一般的生物活动。他说："动物尤其是略为高等的动物，完全同人一样，生来就有一种由遗传而得到的潜在的教育。"[①]他根据对各种动物生活的观察，认为在动物世界里存在着如母隼教幼隼，母鸭带雏鸭，燕雀、欧椋鸟等各种禽类的示范与学习；兽类中的母熊教幼熊、雌象教幼象以及老兔教小兔等。他甚至说，"在脊椎动物中，人们已经可以确认存在着有意识的教育"[②]，如小鸡、狗、猴等。利托尔诺由这些观察坚定地得出结论："从观察得到的，互相有联系的许多事实已无可争辩地向我证实：兽类教育和人类教育在根本上有同样的基础；由人强加的人为的教育，可以动摇甚至改变动物的、被称为本能的倾向，并反复教它们具有一些新的倾向；为取得这一结果，通常只要让年幼动物反复地练习并恰当地利用奖励也就够了。由此不难看出，人类教育的进行与动物的教育差别不大，在低等人种中进行的教育，与许多动物对其孩子进行的教育甚至相差无几。"

利托尔诺从生物学的观点出发，把动物界生存竞争和天性本能看成是教育的基础。按照他的看法，动物是基于生存与繁衍的天性本能而产生了把"经验""技巧"传给小动物的行为，这种行为便是教育的最初形式与发端。

英国教育家沛西·能（Sir Thomas Perey Nunn，1870—1944）1923年在

---

① 瞿葆奎主编：《教育学文集·教育与教育学》，人民教育出版社1993年版，第159页。

② 同上书，第162、177页。

不列颠协会教育科学组大会上的主席演说词《人民的教育》中指出："教育从它的起源来说是一个生物学的过程，不仅一切人类社会有教育，不管这个社会如何原始，甚至在高等动物中也有低级形式的教育。我之所以把教育称之为生物学的过程，意思就是说，教育是与种族需要、种族生活相应的、天生的，而不是获得的表现形式；教育既无待周密的考虑使它产生，也无须科学予以指导，它是扎根于本能的不可避免的行为。"

教育的生物起源论者把教育的起源归之于动物的本能行为，归之于天生的、像动物本能那样原本具有的生物行为，教育过程即按生物学规律进行的本能过程，这就完全否认了人与动物的区别，否认了教育的社会性。

二、心理起源论

心理起源论者认为教育起源于儿童对成人无意识的模仿。

心理起源论的主要代表人物是美国教育家孟禄（Paul Monroe，1869—1947）。孟禄在其所著《教育史教科书》中，从心理学的观点出发，根据原始社会没有学校、没有教师、没有教材的原始史实，判定教育应起源于儿童对成人无意识的模仿。他在其著作《教育史教科书》中写道：原始社会的教育"普遍采用的方法是简单的无意识的模仿"。这种原始共同体中儿童对年长成员的无意识模仿就是最初的教育的发展。

教育的心理起源论者避免了生物起源论的错误所在，提出模仿是教育起源的新说，有其合理的一面。模仿作为一种心理现象，作为一种学习方式，可视之为教育的诸种途径之一。但孟禄的错误在于他把全部教育都归之于无意识状态下产生的模仿行为，不懂得人之所以成为人是有意识的本质规定，不懂得人的一切活动都是在意识支配下产生的目的性行为，因而，他的这种观点仍然是错误的。

教育的生物起源论和心理起源论从不同角度揭示了教育的起源，但他们的共同缺陷是都否认了教育的社会属性，否认了教育是一种自觉有意识的活动，把动物本能和儿童无意识的模仿同有意识的教育混为一谈，因而都是不正确的。

三、劳动起源论

马克思主义教育学在关于教育起源问题上，不是武断地判定上述两种观点的错误，而是在肯定他们这种有益的尝试和提出问题的贡献的基础上，通过科学分析人类祖先的产生及开始制造工具前后的历史，认为教育起源于劳动，具体之，起源于劳动过程中社会生产需要和人的发展需要的辩证统一。

恩格斯说："劳动是从制造工具开始的。"[①]在开始制造工具以前，人类的祖先是类人猿（古猿），属动物的范畴。开始制造工具以后，人类的祖先已是猿人，是属于人类的范畴。猿人是人类刚刚从动物界脱离出来的最初的始祖。

在人类社会的最初形态——原始社会里，所谓社会需要是指物质资料生产的需要。马克思曾说："任何一个民族，如果停止劳动，不用说一年，就是几个星期，也要灭亡。"[②]这句话说尽了物质资料的生产活动是人类社会最基本的活动，是人类社会赖以存在和发展的基础这个历史唯物主义的基本原理。而对于人类社会初始阶段，刚刚完成由古猿到人的转变的人类来说，则尤其如此。这是因为，在人类社会的最初阶段，生产力发展水平极为低下，生产没有剩余。在这种情况下，维持自身生存的首要问题就是解决使得生命得以延续的必需的物质生活资料问题。然而，人所以为人，至为关键的是人对物质生活资料的获取，依靠的不是动物式的本能，而是人所独有的全新形式——劳动。人类的劳动与动物的本能完全不同：人类劳动的根本标志是制造工具；人类劳动是一种有目的有计划

---

① 恩格斯：《自然辩证法》，载《马克思恩格斯选集》第3卷，人民出版社1972年版，第513页。

② 《马克思恩格斯选集》第4卷，中共中央马克思恩格斯列宁斯大林著作编译局编译，人民出版社1972年版，第368页。

的自觉行为；人类劳动从一开始就是在一定的社会关系中进行的，是一种社会性的活动；人类劳动不是对自然界的消极被动的适应，而是对自然界的积极改造。劳动把人从动物界中提升出来，促使人猿揖别的最终完成。为此，恩格斯在《劳动在从猿到人转变过程中的作用》一文中概括指出：劳动"是整个人类生活的第一个基本条件，而且达到这样的程度，以致我们在某种意义上不得不说：劳动创造了人本身"。①恩格斯进一步指出："有了人，我们就开始了历史。"这些论述说明，人类社会的历史是和人类的产生一道开始的，即人类和人类社会是同时起源的。马克思主义关于人类和人类社会起源的原理不仅适用，而且也有助于我们说明教育的起源问题。

首先，人类的教育是伴随人类社会的产生而一道产生的，推动人类教育起源的直接动因是劳动过程中人们传递生产经验和生活经验的实际社会需要。传递社会生产与生活经验的教育对当时的人类所以必要，是因为：①当人类祖先已经开始制造劳动工具，尽管工具极为简单粗糙，经验也极为有限，但要把这点滴经验和制造方法传递给集体成员和后代，也要由年长者对年轻一代进行指点和传授。否则，制造和使用工具的经验和方法不久即可消失，人类又恢复到不会制造工具的动物状态中去。②劳动从一开始就是一个复杂的过程，干什么，怎么干，用什么工具，什么时间，在什么场所等，都要求参与劳动的成员知晓才能进行劳动。为此，掌握必要的有关知识是进行劳动的前提。劳动活动从一开始就产生了实施教育的必要。③劳动从一开始就不是人与人之间互不相干的活动，而是一种社会性的活动，需要互相帮助，共同协作，符合集体的利益和要求。这些合作和尊重集体利益的社会性要求不是天赋的，而是通过教育培养出来的。所以，有了劳动，有了人类社会及其社会生活中的各种规则和要求，就得有教育。④劳动从一开始就是一种有意识、有计划、有创造的活动，是对环

---

① 《马克思恩格斯选集》第3卷，中共中央马克思恩格斯列宁斯大林著作编译局编译，人民出版社1972年版，第508页。

境的一种改造，而不是盲目的发现和适应。这一点正是人与动物的根本区别。人由古猿的无意识状态发展到猿人的有意识状态，提供了进行教育的一项最基本条件。

与此同时，伴随劳动产生的语言，可使经验积累和传递借助于第二信号系统去完成。语言使进行教育的另一个基本条件也已具备，故进行教育成为可能了。据人类学者的报告，在原始社会，儿童自幼就生活在父辈经验的陶冶中。成年人在制造器具时，在设陷阱捕兽时，在养护动物时，在播种收割时，儿童即由观察而充当帮手，积累制造工具、狩猎捕鱼、种植采集、畜养、筑房等知识和经验，慢慢变成独立的劳动者。不仅如此，从孩提时候起也对他们进行社会方面的训练，以使他们适应社会生活，如互助互援、服从禁忌、遵守部落成训、习惯风俗、个人的责任和义务等。通过上述这些方面的训练，以使他们能够适应所处的社会和自然环境。

其次，教育也起源于人的自身发展的需要。恩格斯说："根据唯物主义观点，历史中的决定性因素，归根结蒂是直接生活的生产和再生产。但是，生产本身又有两种。一方面是生活资料即食物、衣服、住房以及为此所必需的工具的生产；另一方面是人自身的生产，即种的繁衍。"① 人类自身的生产一方面需要以物质资料的生产为基础才能使人类自身得以生活下去和繁衍开来，因此，生产经验的传授与学习是第一位的。但是，一个不容忽视的客观事实是：儿童出生来到人类世界，他们最早接触的是社会环境，而后接触的才是生产斗争。年轻一代如果不经历人类社会有意识有目的的教育过程，如果没有长者对他们的传授和影响，他们就不可能具有社会性这个人的本质规定，他们就难以适应人类社会特有的正常生活。人类世代积累起来的经验、知识、技能、生活规范等精神文明就会因此而终止。

特别是因为人的成长是一个过程。儿童从出生到成为一个具有劳动能

① 恩格斯：《家庭、私有制和国家的起源》，载《马克思恩格斯选集》第4卷，人民出版社1972年版，第2页。

力的社会成员，至少要经历十几年的时间。在此期间，儿童从成人那里得到的知识、经验、技能、社会规范等，虽从最终目标看是为了将来从事社会的物质生产劳动，在宏观上是促进了社会生活的延续和发展，适应了社会方面的需要；但从直接结果看则是发展了儿童的身心，实现了精神成长，在微观上促使人远离动物界，趋于社会化与文明化。基于此，我们认为，教育的起源就不仅有与其他社会现象的共同之处：随人类社会的出现而出现，出于人类谋求社会生活的需要；而且有其自身的独有特质：教育也起源于个体发展的需要，是人的社会需要和人的自身发展需要的辩证统一。

在儿童成为具有劳动能力的社会成员之前这段漫长的儿童期里，儿童首先面临的是社会环境，再以后才是自然环境。这时儿童的主要任务是学习社会的礼仪规范，掌握各种生产知识经验，发展他们运用这些经验的能力和本领。他们跟随着家庭、公社、部落中的长者和有经验的人，在他们的示范和口授之下学习打猎、捕鱼、准备食物、建筑房屋、宗教信仰、语言、艺术及原始的种种习俗等适应社会、适应自然、维护群体关系所必需的内容。儿童在其发展过程中学会了祖先缔造的文化，掌握了各种生产经验。他们学习使用他们周围的物质，运用学习得来的各种生产方法，走向社会。在他们的经验中社会需要逐渐占据主导地位，在他们的思想中社会规范逐渐成为主导观念，在他们的道德中社会道德逐渐成为主导内容。他们学会了语言，学会了生产，学会了处理人与人之间的关系。直到此时，他们才完成个体身心的发展而转向服务于社会需要的劳动战场。此后，满足社会生活需要与实现个体身心的发展，两者便密切地交织在一起，始终同步进行着。所以说，教育是起源于人的社会需要和人的自身发展需要的辩证统一。

第二节　教育的发展

　　教育的历史发展是教育史学科的基本内容。教育原理所以要简述教育的历史沿革过程，其目的主要是从教育与社会的联系中，洞察社会发展对教育发展的影响和制约，洞察教育发展的时代特点和变化，为阐明教育的基本规律奠定基础。

　　美国人类学家摩尔根在《古代社会》中把人类历史的发展分为蒙昧、野蛮、文明三个时代。文明时代包括奴隶社会、封建社会和资本主义社会三个历史发展阶段。空想社会主义者傅立叶把整个人类社会划分为蒙昧、宗法、野蛮、文明四个发展时期，其中文明时期的三、四阶段相当于资本主义社会。历史证明，各个不同历史阶段，由于各自的社会生产方式不同，因而其社会面貌，当然也包括教育都各有其不同的特点。

一、原始社会的教育

　　原始社会是人类历史中的最初形态，也是一个漫长的历史阶段，它大约经历了百万年之久。恩格斯在《家庭、私有制和国家的起源》中肯定了摩尔根"提出的分期法，在没有大量增加的资料认为需要改变以前，无疑依旧是有效的"[1]。根据摩尔根的划分，原始社会包括蒙昧和野蛮两个时代。恩格斯把蒙昧时代概括为是"以采集现成的天然产物为主的时期；人类的制造品主要是用作这种采集的辅助工具"[2]。人类始初的教育活动就是从"原始人群"的生产和生活开始的。蒙昧时代的人类从打制第一个石器开始，到火的使用、制造弓箭、编织木品、采集野果等各种劳动，不仅是为了自身的生存，也同时在从事某种劳动的过程中，对自己的后代进行

---

[1]　《马克思恩格斯选集》第4卷，中共中央马克思恩格斯列宁斯大林著作编译局编译，人民出版社1972年版，第17页。

[2]　《马克思恩格斯选集》第4卷，中共中央马克思恩格斯列宁斯大林著作编译局编译，人民出版社1972年版，第23页。

着劳动技能的传递，这就是最初教育的开始。原始人劳动经验和劳动技能的相互传递过程，不仅是促使生产技术进步的过程，也是人类的思维产生与发展过程，是人类语言的产生和运用过程。

到原始社会晚期，即考古学上所称谓的新石器时代，人类进入野蛮时代。恩格斯把这一时期概括为"是学会经营畜牧业和农业的时期，是学会靠人类的活动来增加天然产物生产的方法的时期"[①]。

随着生产力的提高和社会经济的发展，人们的劳动技能和劳动经验越来越丰富，人们的社会生活领域也越来越广阔，这就愈加需要年长一代把积累起来的生产劳动和社会生活的经验自觉地传授给广大青少年一代。我国古籍中有关神农氏"教民农耕"的各种传说，充分说明了这一点。如："至于神农，以为行虫走兽，难以养民，乃求可食之物，尝百草之实，察酸苦之味，教民食五谷。""至于神农，人民众多，禽兽不足，于是神农因天之时，分地之利，制耒耜，教民农作。"

马克思主义认为，一定社会的教育是受一定社会的物质生活条件所决定的。同时，它又对一定社会的物质生活条件给予重要的影响。我国原始社会的教育是受原始社会的物质生活条件决定的，并对原始社会的物质生活条件给予伟大的影响。从这一基本观点出发，可以清楚地看到，原始社会的教育有以下几个鲜明的特点：

第一，原始社会的教育没有阶级性，原始社会是没有私有制的社会，是没有阶级压迫与阶级剥削的社会。这就决定了原始社会的教育是没有阶级性的。所谓没有阶级性，主要表现在两个方面：一是不管什么人都有享受教育的权利，即每一个社会成员都可以受到平等的教育；二是用平等的精神教育广大青少年一代，即教育的内容充分体现了平等互助和团结友爱的精神。

第二，原始社会的教育主要是为生产劳动服务的。原始社会的生产力

[①] 《马克思恩格斯选集》第4卷，中共中央马克思恩格斯列宁斯大林著作编译局编译，人民出版社1972年版，第23页。

发展水平很低。人们为了满足最低限度的物质生活，不得不把全部精力用在生产劳动上。这就决定了原始社会的教育活动只能围绕生产劳动进行，把传授制造和使用生产工具的技能，以及从事渔猎、采集和原始手工业劳动的经验作为基本的教育内容。

第三，原始社会的教育是在整个社会生产和生活中进行的。原始社会的教育不仅没有从生产实践中分化出来，而且同其他上层建筑如政事、宗教、艺术等活动也是紧密结合在一起的。因此，年长一代对广大青少年的教育主要是在生产实践中和在政事、宗教和艺术等活动中进行的。

第四，原始社会的教育手段是极端原始的。在原始社会里，由于生产力发展水平低下、文化科学知识落后，教育还处在萌芽状态。这一时期的教育既没有专门的教育机构，也没有专门的教师和书本教材，主要是靠年长一代的言传身教。

随着社会生产和思想文化的发展，原始社会晚期的教育活动进入了一种新的状态。其主要表现有如下几点：首先，教育的目的更加明确了，主要是把整个青少年一代培养成为合格的氏族成员。他们的基本条件是：能够根据社会分工在某一生产部门内从事一定的劳动；能严格遵守氏族内部的道德规范和风俗习惯；能积极参加族内举行的各种活动和对外的"军事"行动。其次，教育内容更加丰富了。由于生产领域的扩大和生产技术的进步，烧制陶器、玉器、纺织和编织等方面的工艺都达到了一定水平。因此，对生产技术的学习必然成为当时的重要教育内容之一。由于社会生活的进一步复杂化，宗教、道德和艺术等活动更加丰富多彩。因此，广大青少年一代除向成年人学习生产劳动技能外，还必须熟悉氏族内部的信仰和风俗习惯，并积极参加这些方面的活动。另外，由于部落联盟之间经常发生战争，军事训练也已成为当时的主要教育内容。最后，教育形式更加多样化。年长一代对广大青少年的教育，除在各种社会活动实践中进行外，随着语言、思维的发达，口头传授的方式越来越广泛，如通过各种谚语、歌谣、故事、神话等向广大青少年传授生产劳动知识、宗教知识及道德知识。

二、古代社会的教育

古代社会的教育包括奴隶社会和封建社会两个历史阶段的教育，这两个社会历史阶段的生产力发展水平和政治经济状况虽各不相同，但相同的剥削阶级社会形态，类似的落后生产工具，手工操作的劳动方式，自给自足的自然经济形态，使两个社会的教育存在着一些共同的特征。

奴隶制生产方式是以奴隶主占有生产资料并占有生产者——奴隶为基础的社会物质资料的谋取方式。以这种生产方式为基础的社会称为奴隶社会，它是人类历史上第一个人剥削人的社会。

在中国，历史发展到公元前221年，秦统一了六国，建立了历史上第一个君主专制的高度中央集权的封建国家。中国的封建文明是东方封建社会的代表，它的基本特征是：中国古代社会封建地主阶级分散的小农经济占主导地位，土地归地主所有；高度强化的专制主义君主集权制，皇权至高无上，并实现了多民族的大一统；严格的宗法家长制度与皇权紧密结合，使封建中国的家庭、宗族观念极强；重伦理、重政务的文化，与欧洲追求个性发展，追求人的价值，提倡科学、民主、自由、平等、博爱的资产阶级启蒙思想有明显差异。

在世界史上，一般以公元5世纪西罗马帝国灭亡至17世纪中叶英国资产阶级革命为止的一千余年间为封建社会时期。其中，从5世纪末到14世纪上半叶，为封建社会形成和发展的时期，史称中世纪；14世纪下半叶以后，资本主义开始萌芽，资本主义关系在封建社会内部逐步孕育形成，封建社会趋于解体，这是从封建社会向资本主义社会过渡的时期，在历史上又称"文艺复兴"时期。

封建社会的基础是封建的土地所有制，封建主和农奴是两大基本社会阶级。封建统治阶级占有主要生产资料土地和不完全占有生产者农奴。在封建主阶级内部，以分封土地为基础有着严格而分明的主从关系，从而形成鲜明的等级。教会不仅是社会政治、经济的主要统治力量，宗教神学思想在上层建筑和思想领域也居于主导地位。

中国和西方古代社会政治、经济、文化上的特征为我们思考古代教育提供了总体背景。尽管世界各国古代社会起讫年代不同，但总的看，古代社会教育的性质、特点大体一致。

1．专门的教育机构和执教人员

奴隶社会取代原始社会是生产力发展的必然结果，是社会历史的进步现象。伴随生产力的发展和社会分工的实现，社会上出现了专事知识传授活动的知识分子和专门对儿童进行教育的场所——学校，学校的产生标志着教育在历史发展中步入了一个新的阶段。学校是奴隶社会政治经济交叉作用、脑体分离、文化知识发展的共同产物。因为学校是专门的教育场所，须有固定的场地，专职的教育人员，专力于学习的教育对象，有计划、有组织的教育活动，比较丰富和系统的教学内容，从而使教育从一般的生产和生活过程中分化出来成为一种独立存在的社会活动形式。人类社会发展史中，巴比伦、埃及、印度、希伯来、中国等东方国家，先于西方的希腊、罗马在奴隶社会诞生之后最早产生了学校。

学校教育的产生是人类社会发展到一定历史阶段的产物，也是人类教育发展过程中的重大飞跃。一般认为，在原始社会末期就有了学校的萌芽，但是，作为独立存在的社会实践部门的学校教育，则是在奴隶制社会才出现的。学校教育的产生需要具备以下几个条件：

（1）社会生产水平的提高，为学校的产生提供了必要的物质基础。由于生产力的发展，能为社会提供相当数量的剩余生产品，才使社会上有一部分人可以脱离生产劳动而专门从事教与学的活动。

（2）脑力劳动与体力劳动的分离，为学校的产生提供了专门从事教育活动的知识分子。巫、史、卜、贞人等就是我国最早脱离生产的知识分子。脑力劳动与体力劳动的分离在相当长的历史时期内，具有推动文化教育发展与社会进步作用，并且是学校产生的必要条件。

（3）文字的产生和知识的记载与整理达到了一定程度，使人类的间接经验传递成为可能。文字是记载人类总结出来的文化知识经验的唯一工具，所以，只有文字产生以后，才有可能建立起专门进行教育、组织教学的主要场所——学校。在文明古国中，中国是最早产生文字的国家之一。在国外，巴比伦和亚述在公元前3000年左右产生最古的象形文字（楔形文字的前身）。埃及在公元前2000年左右也产生文字（最初也是象形文字）。印度也在公元前2000年左右产生了一种图画文字。学校正是在这些最古老的文字产生的地方相继出现。同时，知识积累到一定程度，也会强化设置专门机构传授文化知识的社会需求。

（4）国家机器的产生，需要专门的教育机构来培养官吏和知识分子。国家的建立，意味着阶级对立比原始社会解体时期更为深化，统治者迫切需要培养自己的继承人和强化对被统治者的思想统治。也就是说，不论是"建国君民"，还是"化民成俗"，都要创建学校。

学校的产生，一般地说是在奴隶社会。有了学校，便使教育成为人类社会实践活动中的一个相对独立的专门领域，从而大大提高了教育实施的专门程度，具备了独立的社会职能。据中国古籍记载，中国奴隶社会已有庠、序、校、瞽宗等，后期还发展了政治与教育合一的国学、乡学体系。到封建社会，学校体制趋于完备。如唐代已有相当完备的学校体系，京都的儒学有弘文馆、崇文馆、国子学、太学、四门学，京都的专门学校有律学、书学、算学、医学、天文学以及音乐学校、工艺学校。地方学校有按行政区划分的府、州、县学和由私人办的乡学。在西方，古希腊的斯巴达、雅典产生了文法学校、弦琴学校、体操学校以及青年军训团等教育机构。古埃及的王朝末期产生了宫廷学校。中世纪时期虽闭塞落后，但也出现了教会学校、世俗封建主的宫廷学校以及后来的城市大学和行会学校。

2. 鲜明的阶级性与严格的等级性

在阶级社会里，受教育是统治阶级的特权，被统治阶级只能在民间接受家庭教育。即使在统治阶级内部，统治阶级的子弟入何种学校也有严格的等级规定。

奴隶社会重教育的阶级性，非统治阶级的子弟不能或无权入学校接受正规的教育。夏、商、西周"学在官府"，限定只招收王太子、王子、诸侯之子、公卿大夫元士之嫡子入学，乡学也只收奴隶主贵族子弟学习"六艺"，以养成国家大大小小的官吏。西方古希腊斯巴达和雅典的学校专为贵族阶级而设。古埃及的宫廷学校只收王子、王孙和贵族子弟入学。劳动人民只能在生产和生活中，通过长者和师傅的言传身教，接受自然形态的教育。到封建社会，各国教育在阶级性的基础上又加上了鲜明的等级性和宗教性。等级性表现为统治阶级子弟也要按家庭出身、父兄官职品阶进入不同等级的学校。学校的等级与出仕授官、权利分配紧紧联系在一起。宗教性主要指在西方中世纪时期，教育为教会所垄断，世俗教育被扼杀，学校附设在教堂，教育目的是培养僧侣及为宗教服务的专门人才。

3．文字的发展和典籍的出现丰富了教育内容，扩大了教育职能

文字、典籍使人类的生产和生活经验不只物化在生产工具和生活工具上，而且开始了知识形态的积累并将知识传给下一代。但教育内容重社会的典章制度，轻视生产知识传授。如古希腊、雅典的统治者崇尚文化学习，斯巴达统治者崇尚军事训练，古代印度职司宗教统治的婆罗门种姓注重神学学习，古代中国一向把儒家经典奉为学生必读教材，从奴隶社会的"六艺"，到封建社会的"四书""五经"。

4．教育与生产劳动分离，学校轻视体力劳动，形成"劳心者治人，劳力者治于人"的对立

教育一经从生产实践中分离出来成为统治阶级的特权后，两者便由分离走向对立。读书者把脱离劳动作为他们学习的基本追求，因而倡导"两耳不闻窗外事，一心只读圣贤书"。劳动者由于生活所迫，失去了进入学校的权利，便与读书无缘。整个古代社会，脑体的分离，不仅是一种统治阶级倡行的思想和舆论，而且是一种社会制度上的规定。

5．教育方法崇尚书本、呆读死记、强迫体罚、棍棒纪律

中国古代社会的教育以读书死、死读书为学校、私塾先生的基本教学

方法，这是与当时的社会人才选拔形式直接相关的。不能按时完成学业任务或不听从教师训示者则课以体罚，"夏楚二物，收其威也"。

6. 官学和私学并行的教育体制

古代官学分中央和地方两个层次。地方官学指由地方官府所办的学校，学校经费源于官费。西周时期的"乡学"即是地方官学。由封建王朝直接举办和管理、旨在培养各种高级统治人才的学校系统则是中央官学。中央官学创于汉，盛于唐，衰于清末。与官学并行、行于民间的教育则为私学。私学起于春秋，孔子、少正卯都是私学的创始者。中国的私学伴随了中国古代社会的整个历史行程。

7. 个别施教或集体个别施教的教学组织形式

古代社会生产的手工业方式决定了教育上的个别施教形式。中国古代孔子的私学和众多的官学、私塾，其教学形态大都是个别施教，充其量是集体个别施教。至于西方的宫廷学校、职官学校等亦同样如此。

三、现代社会的教育

现代教育是与资本主义的兴起联系在一起的。从16世纪开始，人类进入资本主义时代，人类社会也进入了一个新的历史阶段——现代社会。与之相应，现代教育也随之产生。但由于现代社会是一个资本主义与社会主义两种不同社会制度并存的时代，因而便出现了两种不同社会制度下的两种现代教育体系。这两种教育体系，由于各自社会性质的规定性不同，因此也就有着自身不同的特点。

（一）资本主义教育的特点

自1640年英国爆发资产阶级革命开始，到1789年法国资产阶级革命以前的100多年，是欧洲资产阶级（主要是西欧）上升，资产阶级革命的酝酿发动时期。这个时期，在经济上，资本主义原始积累过程在继续，农民、城市小手工业者与生产资料分离的现象已经发生。残酷的殖民掠夺和奴隶贸易，为资本主义经济的发展提供了大量生产资料、大批劳动力和广阔的市场，资本主义工商业得到迅速的发展，手工工场也有了较广泛的发展，资产阶级的力量迅速成长。

在政治上，这个时期的欧洲绝大多数国家还处于封建专制制度统治下。但资产阶级为了摆脱封建王权对资本主义经济发展的束缚，带领广大的人民群众向封建专制制度展开了夺权斗争。1640—1688年英国资产阶级革命的胜利，在欧洲的一国里首先推翻了封建制度，第一次公开宣告资产阶级社会和国家的原则，确立了资本主义制度。英国资产阶级革命的胜利，是一个划时代的里程碑，它为资本主义的迅速发展开辟了广阔的道路；它推动了法国以及其他欧洲国家的资产阶级革命运动的发展，加深了欧洲封建制度的危机。

在这个时期里，各门近代科学相继从哲学中分化出来，成为独立的科学，并且被应用到崭新的领域里来。从17世纪中期开始，西欧各国纷纷建立科学院和各种学会，如1660年英国成立的皇家学会，1666年法国成立的巴黎科学院，17世纪初意大利罗马的猞猁学院以及稍后一点的科学团体齐曼托学社即实验学社等，科学活动很活跃。[1]

上述这些经济、政治、思想文化、科学的发展状况也反映到教育领域中来，引起各国的教育制度、学校体制、教学内容和教学方法等方面的变化和发展。虽然各国因其文化传统的不同而有所区别，但其相同之处还是众多的。

1. 从法律上废除了封建教育的等级制，扩大了学校教育面，实行了广泛的教育普及

资本主义建立初期，资产阶级竭力反对给普通劳动人民以教育，但资本主义生产和他们赚取利润的需要又使他们改变了原来的主张，从而扩大教育对象，实施普及义务教育。普及教育既是资本主义生产发展的要求，也是工人阶级争取民主、争取受教育权斗争胜利的结果。普及教育打破了历史上剥削阶级独占教育的传统状态。

---

[1] 斯蒂芬·F.梅森：《自然科学史》，上海人民出版社，1977年版。

世界上最早颁布义务教育法的国家是德国。早在16世纪后半期，少数公国就颁布了强迫教育法令，如1559年和1580年威登堡和萨克森先后公布了这样的法令。从17世纪开始，魏玛在1619年，法兰克福在1654年，威登堡在1649年又颁布新的法令，对儿童实行普及教育。魏玛1619年颁布的学校法令规定八至十二岁儿童都要到学校读书。到18世纪，普鲁士邦于1717年和1763年先后两次颁布实施强迫教育的法令，规定五至十二岁儿童必须到学校接受教育，否则对家长要课以罚金。①

英国于1870年颁布"初等教育法"，规定"各学区有权实施五至十二岁儿童的强迫教育"。1876年又在修正后的法令中规定，家长送孩子入初等学校是一种义务，凡十岁以下儿童未受过教育不能当童工。1880年正式规定初等教育免费就学，1893年规定凡十一岁以下儿童必须入学等。②

法国于1833年颁布基佐法案，规定每市镇设小学一所。1881年再颁布法令，规定实施普及义务初等教育。1881年和1882年费里出任教育部部长后又主持制定了1881—1882年的教育法令，规定初等教育为义务教育，实施初等义务教育的小学实行免费。③

美国在1852年由马萨诸塞州率先颁布强迫义务教育法令，规定该州八至十四岁儿童每年上课12周，违者罚款。到1898年，全国已有32个州实施强迫义务教育。在美国各州中，宾夕法尼亚州最早于1834年开始实施初等教育免费制度④，康涅狄格州于1890年实施全日制义务入学的规定。到1920年密西西比州颁布义务教育法令，全美各州都实行了义务教育。⑤

日本从1872年颁布"学制令"开始教育的普及，规定儿童6岁入学，

① 王天一等编著：《外国教育史》（上），北京师范大学出版社1984年版，第183—184页。
② 同上书，第154页。
③ 王天一等编著：《外国教育史》（上），北京师范大学出版社1984年版，第177页。
④ 成有信编：《九国普及义务教育》，人民教育出版社1986年版，第231、233页。
⑤ 王承绪等：《比较教育》，人民教育出版社1982年版，第107页。

接受8年的普及义务教育。1880年颁布"教育令"，将义务教育年限缩短到4年。

2. 学校教育系统逐步完善

资本主义社会前，各国的教育基本是单一的普通教育，专门学校虽有产生但规模很小，类型单一。进入资本主义社会以后，由于初等教育的普及和高等教育的发展，各级各类学校连成了一个统一的教育体系。纵向上，有学前教育、初等教育、中等教育、高等教育。横向上，有普通教育、成人教育、职业教育、特殊教育、继续教育、远距离教育等各种各样的教育形式。

3. 创立了新的教学组织形式——班级授课制

班级授课制首行于16世纪的欧洲。16世纪初，在大西洋沿岸的北欧国家尼德兰，有一些由新教团体"平民生活兄弟会"主办的学校，"这类学校在16世纪初最先按照人文主义教育的原则改革了自己的教育工作。它的特点是数量多，学生人数多，有固定的分班制度，与意大利学校之各自为政，并无严密的组织形式的情况不相同"[①]。到1529年，德国的宗教改革领袖马丁·路德的助手梅兰克吞（P.Melanchton，1497—1560）在一份《考察报告》中建议各级学校"必须把儿童划分成不同的班级"进行教学。1538年，德国教育家斯图谟（J.Sturm，1507—1589），在斯特拉斯堡古典文科中学里，"采用了比较严格的分级教学制度，全部中学分为十个年级，每级按固定的课程、固定的教科书进行教学"[②]。从这些记载中可以断定，到16世纪，班级授课制的教学形式已经出现并开始在实践中采用。17世纪捷克教育家夸美纽斯在《大教学论》（1632年出版）中对班级授课制给予了系统的理论描述和概括，从而奠定了它的理论基础，并伴随该书的出版流行，开始为世界各国所了解和采用。18世纪，以德国赫尔巴特为代表提出的教学过程形式阶段论和后来苏联学者提出的课的类型和结构的

---

① 曹孚等编：《外国古代教育史》，人民教育出版社1981年版，第166页。

② 曹孚等编：《外国古代教育史》，人民教育出版社1981年版，第166页。

理论，使之在体系上进一步完善。中国最早于1862年在北京的京师同文馆试用，1901年清政府宣布废科举、兴学堂，逐步在全国各地实施。班级授课制创立以来，陆续成为世界各国学校教学的基本形式，大大提高了教学效率。

4．教学内容日益丰富

进入近代社会以后，由于生产力的发展和科学技术的进步，学校教育内容开始逐渐摆脱过去那种以人文科学为主的局面，自然科学知识陆续进入学校的课堂之中，特别是由于科学进步而引起的学科分化为学校课程的丰富提供了条件。数学、物理、化学、生物、天文学、地理学等自然科学成为学校的重要课程。同时，人文科学的内容也开始分化成各种学科，使知识更加系统化和富于人类学习的逻辑性。

5．教学设备和手段更新和发展

古代社会的教育活动，有黑板、书籍就是最好的条件。进入资本主义社会以后，由于科学技术的进步和发展以及社会对教育作用的认识逐渐提高，人们开始研究新的教育手段，国家也开始改善教育的硬件条件以提高人才培养质量。于是，一些新的教学设备和手段开始出现并进入教学领域，如无尘粉笔、移动黑板、各种实验演示仪器、直观教具以及现代化的声像设备、卫星电视教学等。

6．教育的阶级性依然存在

资本主义社会虽是对落后、愚昧的封建社会的否定，但并未改变其社会制度的剥削性质。资产阶级在教育机会人人均等的旗帜下实行的实际是双轨学制。每一个社会成员由于其社会经济地位的不同，便实际决定了他们所受教育和教育机会、程度的不同。因此，资产阶级自我标榜的教育民主在教育实践中则是受教育权形式上的平等而实际上的不平等。

7．宗教教育在学校中还占有一定的地位

资本主义社会是从封建宗教的垄断下挣脱出来的，它虽然在社会总体上摆脱了宗教与政治合一的历史局面，但宗教在这些社会里还一直具有相当的势力和市场。资产阶级登上政治舞台以后，虽把教育权收归了国家，但由教会开办的学校依然广泛存在。所有这一切都必然决定了资本主义教育中宗教内容存在的合理性。

8. 民族和种族歧视在移民人口较多的国家里变成一个重要的教育问题

国家是依靠占社会主流人口的民族建立起来的。国家在形成中不断发生人口的流动，外来人口进入这些社会后成为移民。移民与当地居民之间因长久存在的歧视与隔离问题反映到教育上，也必然存在教育上的民族与种族歧视。这种现象在那些曾实行种族隔离政策和存在种族历史恩怨的国家尤其如此。

（二）社会主义教育的特点

进入现代社会以后，人类社会分解成两大并存的社会制度——资本主义和社会主义。

社会主义作为一种社会制度是指以马克思主义为指导，由共产党领导，实行无产阶级专政的社会。它建立了以公有制为主体的生产资料所有制，人与人之间平等、互助的合作关系，实行各尽所能，按劳分配的原则。社会主义作为一种全新的社会制度，由于其社会政治、经济、文化各个方面的不同，由此也给社会主义教育带来了许多新的特点。

1. 社会主义教育以马克思主义作为指导思想，在代表全体人民利益的政党——共产党的领导下进行

马克思主义是无产阶级及其政党的共产主义世界观最完整的理论形态，是全世界无产者、被压迫人民和被压迫民族的战斗旗帜和行为指南。马克思主义包括辩证唯物主义和历史唯物主义、政治经济学和科学社会主义学说，它为全世界无产阶级及其政党提供了完整而彻底的世界观，科学地阐明了自然、社会和人类思维的基本规律，为我们指明了社会发展的正确道路。

毛泽东思想是马克思主义在中国的运用和发展，是被实践证明了的关于中国革命和建设的正确的理论原则和经验总结，是中国共产党集体智慧

的结晶。毛泽东在领导中国人民进行革命和建设的斗争中，根据中国的实际，为我们指出了一条发展社会主义教育的正确道路。在毛泽东思想中，其教育思想亦是十分丰富的。他所提出的教育方针、教育内容、教育制度、教育方法等思想至今仍是指导我们教育发展的重要财富。

邓小平理论是当代中国的马克思主义，是马克思主义在中国发展的新阶段。改革开放以来的社会发展实践证明，邓小平理论是指导中国在改革开放中胜利实现社会主义现代化的正确理论。邓小平理论涵盖经济、政治、科技、教育、文化、民族、军事、外交、统一战线、党的建设等各个方面，具体包括中国社会主义的发展道路、发展阶段、根本任务、外部条件、政治保证、战略步骤、党的领导、依靠力量、祖国统一等内容。在邓小平理论中，教育理论占有重要位置。邓小平从世界主要发达国家走过的成功道路中，从社会发展规律中深刻论述了教育先行、保证投入、提高质量、重视德育、尊重教师、依法治教、加强国际交流等问题，号召全党把教育发展放在实现国家现代化根本大计的位置上来加以重视。当代中国的教育因为有了邓小平，其社会地位才逐渐提高，发展方向才更加明确，未来使命才更加清楚。邓小平的教育理论不仅是今天，也将是中国21世纪教育发展的根本指导思想。

2. 社会主义教育以人类的先进思想、健康向上的教育内容、科学的文化知识和优秀的精神文明教育年轻一代，使他们成为德、智、体等方面全面发展的社会主义事业的建设者和接班人

社会主义教育的一个根本主导思想是教育每一个受教育者向积极、向上、有利于社会发展需要的方向发展，有意识地利用科学、健康的教育内容去塑造每一个学生良好的精神境界。为了实现这一目标，社会主义教育对各级学校的教育内容及其教师的课程讲授有着基本的要求，并对社会上流行的不利于学生良好品质形成的各种消极影响给予坚决的抵制，严禁其进入学校课堂。与此同时，社会主义教育还积极协调社会和家庭的各种教育因素，以期形成教育的合力，共同促使学生健康的成长。

3．社会主义教育正在创造条件更好地实现教育公平

在社会主义中国，教育再不是属于阶级的特权，每一个社会公民都享有着同等的受教育权。新中国成立以来，国家为了实现人人受教育的目标，不断采取各种措施为适龄儿童创造受教育的条件，如调整学校布局，考虑学校布点，改善办学条件，增加教育投入，创设灵活的教学形式，加强教育督导，保证入学率，控制流失率，设立助学金等，这些措施对推进中国教育民主化的进程起到了积极作用。改革开放的中国走上市场经济，高校招生并轨以后，由于人民生活水平的不断提高和国家相应配套政策的出台，依然保证了求学者的学习需求，不论是生活在大城市的学生还是地处穷乡僻壤的农家子弟，他们都可走进同等的大学共同学习。

4．社会主义消除了民族和种族歧视，国家尤其重视少数民族教育的发展

中国是一个民族众多的国家，是一个多民族融合、聚居的大家庭。千百年来，各民族之间形成了互相友爱、平等协作、共同发展的良好传统。中华人民共和国成立后，为了促进各民族之间的团结，共同完成建设祖国的伟大事业，国家颁布了许多政策，采取了许多切实可行的措施，帮助少数民族人民共同走上繁荣富强的道路，教育是其中之一。多年来，国家对少数民族的教育发展给予格外的关注，在教育投入、招生标准、教师培训、工资待遇等方面都给予了倾斜、支持的政策，甚至派出教师直接进入课堂。这与资本主义国家的民族和种族歧视形成了鲜明的对比。

5．教育与宗教分离，不受宗教影响

社会主义教育的一大特点是彻底实行了教育与宗教的分离，教育不受宗教左右。中国的土地上有多种宗教存在。每一个社会公民都有信仰宗教的自由。但教育作为传授科学知识的阵地，国家不允许科学与迷信同时占领课堂，除极少数以研究为目的的专业外，任何学校均不开设宗教课，这是中国社会主义教育的一个突出特色。共产党人是无神论者。社会主义教育与宗教分离是与社会主义政治与宗教分离一致的。脱离宗教左右的社会

主义教育可以使我们的教育内容更科学，更纯净，更有利于学生形成科学正确的人生观和世界观。

（三）现代教育的共同特点

在近现代社会里，资本主义社会的教育与社会主义社会的教育除各自具有彼此独有的特点外，还有许多共同之处。这是因为任何一个社会教育的发展，都必须遵循教育要适应社会发展的规律和教育自身的规律。不同的社会之间正是基于对规律的遵循而形成了一些共同的特点：

1. 培养全面发展的个人正在走向实践

实现人的全面发展是教育的最高目的，也是一代又一代教育先哲期盼的共同理想。从两千多年前古希腊哲学家亚里士多德提出的身体、德行、智慧的和谐发展，17世纪意大利人文主义教育家维多利诺主张智、德、体、美诸育普遍实施的主张，法国启蒙思想家卢梭、狄德罗和爱尔维修以"健全的教育"培养"健全的人格"，到早期空想社会主义者莫尔、康帕内拉、傅立叶、欧文等的全面发展设想，分别从不同的角度、不同的需要阐述了他们实现人的全面发展的思想，但在很长的历史时期里这些思想只不过是一种美好的期望而已，由于社会生产力发展水平和社会制度的制约，这种期盼无法变成现实。直到马克思主义诞生之后，马克思恩格斯对人的全面发展进行了科学的论证，才逐渐使全面发展由理想走向现实。尽管距马克思恩格斯所论述人的全面发展的标准还有相当的距离，但总的方向正向这个理想目标逼近。特别是资本主义大工业兴起之后，不论是社会生产领域还是社会工作部门，对人的要求都带有着全面的性质。或曰一个人发展得越全面才越能适应不同社会工作的需求，否则便会在工作过程中遇到种种困难。进入社会主义社会之后，社会主义教育把马克思主义作为自己的指导思想，把培养全面发展的人作为社会主义教育的最终目标，因而在各级各类教育中都要求贯彻德、智、体诸方面全面发展的方针，以使受教育者成为德才兼备的人才。社会的用人部门在考核录用人员时也把德、智、体的全面发展作为一个基本的标准，这样便在整个社会形成了一种氛围，促进个人向德、智、体全面发展的方向努力。总之，在社会主义条件下，从社会制度、教育目标、生产第一线、工作部门等等都协同统一，把造就全面发展的个人作为培养社会合格人才的共同目标，这样就使得马克思主义的全面发展学说不再是理论上的说明和要求。在现代知识经济的社会里，人的全面发展正在实践中。

2. 教育与生产劳动相结合成为现代教育规律之一

教育与生产劳动相结合是现代社会发展和教育自身发展的必然趋势、必然规律。整个近现代社会的发展历史已经证明，实现教育与生产劳动的结合是社会生产、社会政治发展进步使然。

①社会生产、社会经济的发展客观要求教育与生产劳动相结合。马克思恩格斯当年就曾指出："教育与生产劳动相结合是提高社会生产的一种方法。"革命导师们曾从不同的方面论述了教育与生产劳动相结合的巨大作用。马克思恩格斯指出："大工业的本性决定了劳动的变换、职能的更动和工人的全面流动性"，因而迫切要求"用那种把不同社会职能当作相互交替的活动方式的全面发展的个人，来代替只是承担一种社会局部职能的局部个人"。这种能适应不断变换的劳动需求，又可以随意支配的人员的劳动只有通过相应的教育才能形成。正如恩格斯所说："教育可以使年轻人很快就熟悉整个生产系统。"同时，马克思还指出，现代大工业的突出特点之一是"生产过程成了科学的应用，而科学反过来成了生产过程的因素即所谓职能"。这一现代大工业的特点就决定了生产力的提高已不再取决于劳动时间的延长和劳动数量的增加，而取决于生产过程中的科学与技术的应用程度，取决于劳动者的教育程度是否符合生产过程的需要。现代生产结果证明，参与生产过程的劳动者教育程度越高，其劳动熟练程度和工艺水平越高，劳动生产率越高，为社会创造的剩余价值就越高。进入现代社会的许多发达国家正是由于看到了教育与社会生产力提高两者之间的必然联系，因而重视教育的发展，创造了教育与生产劳动相结合的宏观结合形式——教育要适应社会生产力发展的需要。教育与社会之间保持了

这种适应，满足了需要，教育与生产劳动的结合就可极大促进社会生产的发展，提高社会生产水平。这种宏观结合给社会生产带来的巨大利益已为发达国家的成功经验所证明。

②社会政治也需要教育与生产劳动相结合。马克思恩格斯指出，教育与生产劳动相结合是"改造旧社会最强有力的手段之一"。在资本主义时代，教育与生产劳动相结合既可保护工人阶级的后代免遭资本主义制度的摧残和毒害，同时，"把有报酬的生产劳动、智育、体育和综合技术教育结合起来，就会把工人阶级提高到比贵族和资产阶级高得多的水平"①。因此，教育与生产劳动相结合对资本主义社会的改造，不单包括对抗资本主义对工人后代的摧残，而且也包括改造资本主义的生产方式和消灭旧分工以及旧的传统思想意识。在社会主义社会，教育与生产劳动相结合是实现社会提高劳动者素质、改造知识分子世界观的需要。中国儒学"劳心者治人，劳力者治于人"的传统思想在中国根深蒂固。而社会主义制度是一个追求民主的制度，是实现人人平等的制度。要实现这样的理想，使全体国民既有一定的文化水平，又有相当的劳动技能、劳动习惯和劳动人民的思想感情，就需要通过教育与生产劳动相结合的形式去培养。

③实现人的全面发展也需要教育与生产劳动相结合。马克思在《资本论》中指出："……未来教育对所有已满一定年龄的儿童来说，就是生产劳动同智育和体育相结合，它不仅是提高社会生产的一种方法，而且是造就全面发展的人的唯一方法。"②在马克思主义时代，他们所说的个人全面发展是指个人智力和体力的广泛、充分、自由、统一的发展。但生产劳动在资本主义条件下，不仅不是劳动者智力与体力充分发展的手段，反而是奴役工人的一种异己力量，它使工人变成畸形，变成文盲。基于这样

① 《马克思恩格斯全集》第16卷，中共中央马克思恩格斯列宁斯大林著作编译局编译，人民出版社1964年版，第218页。

② 《马克思恩格斯全集》第23卷，中共中央马克思恩格斯列宁斯大林著作编译局编译，人民出版社1972年版，第530页。

的现实，马克思号召工人，要争夺受教育权，并要求只有把生产劳动同智育、体育和综合技术教育结合起来，才可能实现个人的全面发展，避免单纯的机械劳动给人的体力、智力造成的损害。在社会主义条件下，个人的全面发展包括德、智、体、美、劳等多方面的和谐统一发展。要实现这样的发展目标，教育与生产劳动相结合依然是一条重要的途径。通过教育与生产劳动相结合，不仅可以促进人的智力与体力的发展，亦可提高学生的思想道德觉悟和运用所学知识于生产实际的能力。在当代，国际上和平稳定的社会环境和都市化生活，更需要通过教育与生产劳动的结合，培养学生的劳动技能、劳动习惯和劳动人民的思想感情及珍惜劳动成果的美德。因此，培养全面发展的人离不开教育与生产劳动相结合的实施。

3. 教育平等向纵深发展

在奴隶社会和封建社会，教育，特别是官学始终是统治阶级的特权，为社会统治阶级所垄断。即使是行于民间的私学，也非一般的普通劳动群众子弟所能享受。

人类社会发展到资本主义社会以后，伴随社会政治民主化进程的推进，教育上也开始逐步打破为少数人，特别是社会统治者垄断、主宰、专制的局面，为越来越多的人享受、掌握和利用。

在整个近现代社会里，教育民主化从开始产生到逐渐深化，经历了一个历史过程，它是伴随社会政治的改善、民众的觉悟、被统治阶级的不懈斗争而逐渐进步的。具体表现是：

教育普及化的开始。在现代教育孕育初期，西欧许多国家的教育权垄断在教会手中，不少的初等学校、城市学校、文科中学、实科中学等都为教会所开办。但资产阶级登上政治舞台以后，先进的资产阶级从培养本阶级所需要的人才利益出发，要求把教育权收归国家，从此便有了国家开办的学校和以国家法令的形式推行的初等教育的普及。到18世纪后半期，一些先进的资本主义国家先后通过了向全体民众普及初等教育的法令。普鲁士在1763年，奥地利在1774年，法国在1793年颁布了普及高等教育的法令。进入19世纪后，美国在19世纪中，英国在1870年，日本在1872年也都先后颁布了这种法令。普及教育是教育发展史上的一个大转折，它第一次把只面向统治阶级的教育变成面向全体国民，承认劳动人民可以接受学校教育并将其付诸实践。虽然，这种教育从根本上说是出于资产阶级生产的需要和国家整个社会发展的需要，带有着利用教育实现他们各自不同目的的色彩，但它毕竟是人类教育发展史上的一大进步。

进入现代社会以后，伴随社会民主进程的加快和社会民主制度的逐渐完善，原本由少数资产阶级经济利益主导的普及教育开始演变成提高全体国民素质的国家行为。特别是由于生产力和科学技术的发展，一些发达的资本主义国家的普及教育年限逐渐延长，由开始的普及小学向普及初中阶段发展，年限达8至9年。[①]有些国家在普及初中教育的同时，又发展起职业教育系统。到20世纪50年代后，一些发达国家又把普及教育的年限延长到11或12年不等。[②]

"教育机会均等"口号的提出。社会进入18世纪以后，不仅有实践上义务教育的实施，亦有理论上要求"教育平等"的呼声。从18世纪启蒙思想家基于"天赋人权"思想赋予"教育平等"以人权意义，经过美国独立战争和法国大革命，终于在法律上否定教育特权，确认人人都应有受教育的权利和机会。《联合国人权宣言》第26款对此做了很好的概括。它宣称，不论社会阶层，不论经济条件，也不论父母的居住地，一切儿童都有受教育的权利。[③]20世纪中期以来，教育机会均等的呼声日益强烈。教育机会均等已由一个教育问题演变成一个社会政治问题，迫使各国政府必须给予高度重视。这也是许多教育先驱推进教育民主文化进程的一个重要成果。

教育法制化的形成。教育民主化的推展与深化是与教育法制化的形成密切相连的。世界进入18世纪以后，英、法、德等一些发达的资本主义

① 成有信：《比较教育教程》，北京师范大学出版社1987年版，第36—39页。

② 同上书。

③ 《国际教育百科全书》第3卷，贵州教育出版社1991年版，第432页。

国家开始陆续把义务教育的实施建立在教育立法的基础上。在立法条文要求的范围里，落实义务教育不仅是国家的责任和义务，统治者的责任和义务，也是每一个社会公民平等享受的权利和义务。在人类教育发展史上，平等受教育的权利和机会只有在教育立法确立之后，才有可能把许多教育先驱为之奋斗的目标和广大社会公民的美好理想真正变成现实。从历史上看，西方各主要发达国家，教育法制化的进程多是首先从基础教育的立法开始的，进而才引发出基本法、单项法的诞生。教育立法是现代教育的重要标志，是教育民主化的根本保证，是国家干预和管理教育的一种重要手段。社会主义的教育立法虽然起步较晚，但社会主义民主制度本身就是一个优于资本主义的制度，因而它一经确立就已实际带来了真正的教育民主。今天，社会主义的教育法正发挥着对教育民主的保驾护航的作用。

教育民主化的质量与水平不断提高。教育民主化是个历史过程。人类的教育从无民主到有民主，从不民主到比较民主经历了一个漫长的历史发展和进步过程。资本主义兴起之后，教育民主化进程总的发展态势是：从起点的平等，到过程的平等，再到结果的平等；或从外部民主的争取到内部民主的发展。推展的进程比较缓慢，实现的程度不够彻底。这是由资本主义制度决定的。在社会主义制度下，教育民主化的质量和水平特点是：起点、过程、结果平等一以贯之，外部、内部民主协调统一，在教育民主的实现程度上更彻底、更完善，这是经济比我们发达的资本主义国家不能比的。

4. 人文教育与科学教育携手并进

科学教育是以传授科学知识，培养科学精神为主的教育。它以发展学生认识与改造物质世界的能力为目的，通过开发人的智力、学习自然科学知识，促进社会物质财富增长和社会发展。与科学教育对立的是宗教教育。科学教育要求学生系统学习科学知识，包括基础学科和各有关的专业科学知识，学习和掌握综合技术和有关的专门技术，进行动手和实践能力训练，培养追求真理、探索、创新、献身科学、为人类造福的科学精神。

教育方法遵循科学的认识论路线，理论联系实际，重视理论、观察、实验、操作和社会实践。科学教育的学科表现形态主要为：数学、物理、天文、化学、地理、生物等。

人文教育是以传授人文知识、培养人文精神为主的教育。它通过人文知识的传授，发展学生认识与处理社会关系、人己关系、物我关系的能力，帮助学生运用一定的价值标准洞察人生，完善心智，净化灵魂，理解人生意义，确立正确的人生观、道德观、价值观，形成一定的道德情感、审美能力、合作精神等，并指导自己的行为和约束他人的行为向合人道、合规律、合人类共同利益的方向发展。人文教育的学科表现形态主要为：政治、哲学、伦理、文学、艺术、历史等。

在人类教育发展史上，人文教育与科学教育经历了一个由分离到结合的漫长过程。19世纪前，世界各国的教育基本上是以人文教育为主的教育。19世纪后，由于科学技术在生产中的广泛应用，科学教育开始上升到主导地位。20世纪50年代以来，由于人文教育的勃兴，使人们开始能够更加理性地认识科学技术所具有的正功能与副作用，从而使得人文教育与科学教育不再互相排斥而走向融合。

在中国，漫长的古代社会所施行的是以儒学为鲜明特色的人文教育，其中虽不乏自然科学常识性的内容，但所占比例极小，且地位卑微。儒家文化是中国传统文化的主流，它从人的道德属性来诠释人性，通过格物致知掌握统治之术，通过正心、诚意、修身完成道德修养。因此，中国古代的人文教育表现出强烈的伦理教育的色彩。反映在学科内容上，"四书""五经""六艺"一直是封建官学和私学共行的课程。封建的人文教育是与当时低下的生产力和社会上自给自足的自然经济状态相适应的，是与当时统治阶级的需要相吻合的。

西方的人文教育经历了古典人文教育、人文主义教育、新人文主义教育，再到现代新人文主义教育的发展阶段。古典人文教育强调把理智的发展当作教育的最终目的，教育的主要任务是进行理性训练和情感陶冶。

人文主义教育是针对中世纪崇尚神性泯灭人性、倡行神学遏制人学而出现的。它为之奋斗的目标是恢复人的社会地位和尊严，强调个性自由和个性发展，主张用古希腊、古罗马的文学艺术陶冶人的心性，启迪人的智慧，对自然科学态度漠然。新人文主义教育的最高原则是发展个体的自由，强调用人类文明的一切成果来陶冶人、教育人。现代新人文主义教育是在现代科学技术给人类社会发展带来的负效应和现代生产造成人的片面发展的背景下出现的，它主张通过科学精神与人文精神的融合、人文教育与科学教育的携手使社会实现和谐发展，使人获得全面发展。

在教育实践上，西欧封建社会亦走着一条以人文教育为主的道路。不论是亚里士多德的哲学王培养，古希腊的智者派训练，古罗马的骑士教育，还是绅士、贵族子弟的言行规范，都是依靠人文教育完成的。

在高等教育里，从中世纪的大学开始到英国的牛津和剑桥大学都一直固守着人文教育的传统，偏执地把探求真理、完善人格、培养有教养的人视为学校的唯一目的。及至19世纪初，虽然科学技术已渗透到工业生产的各个领域，学校中的课程依然是人文教育色彩不减。

但教育毕竟是受生产力和科学技术影响和制约的。到19世纪后，由于科学技术的冲击和现代生产对人才规格新的需求，科学教育开始冲破人文教育对教育的独占，进入学校课程体系之中，并逐步取代了人文教育，在教育中获得了统治地位。原因是：科学教育具有巨大的经济功能，它适应了工业革命和生产力发展的需要，即工业化进程迫切需要教育培养具有一定实用知识的人才；自然科学的发展为科学教育提供了丰富的教育内容；国家对科学技术的需要加速了科学教育的普及进程及其统治地位的确立；人文教育与客观物质世界的脱离、对改造物质世界的无能为力等自身局限性。

在科学教育占据了学校教育主导地位，加速了科学技术的发展并为社会带来巨大财富的同时，人们又逐渐发现，片面的科学追求和利用虽可加速社会生产力的发展和人民生活水平的提高，但同时也带来了严重的负效应：环境污染、资源枯竭、生态失衡、战争灾难、人口危机等等。当人们面对这些科学技术的副产品时，愈发感到对科学技术不仅有利用问题，还有限制问题；不仅有发展问题，还有遏制问题。由此进入20世纪50年代后，科学教育与人文教育的结合便成了西方主要发达国家教育的一个共识和追求，因而也成为现代教育研究的一个共同课题。

5. 教育普及制度化，教育形式多样化

进入现代社会以来，世界各主要发达国家均把提高国民素质看成是国家发展的重要前提条件，因而把普及教育纳入法制的轨道加以实施。教育普及制度化的具体表现有三：①通过颁布专门的教育法令规定国家、家庭和学生个人各自必须履行的义务，从而保证义务教育的普及真正落到教育实践之中；②形成一系列具体的行为规范来督促普及教育的落实，如对不履行义务教育令的家长的惩戒措施；③义务教育的年限确定和延长亦由新的法令去规定和推行。总的看，社会根据生产力发展的需要和整体实力的提高，义务教育年限正在向高中阶段伸展。

现代社会在致力于义务教育普及的同时，亦在不断发展新的教育形式，以弥补教育结构的不足，满足不同求学者的需要。在漫长的古代社会，不论中国还是西欧，单一的普通教育是当时社会中的唯一教育形式。中国古代官学中，虽有书学、算学、律学、医学的存在，但不仅规模极小，数量亦极为有限，仅见于宫廷教育中。而在社会中广泛流行的则是为实现青年的仕途梦想施行的普通教育。进入现代社会以后，情形大为改观。生产力和科学技术的进步既为多种形式教育的产生提供了条件，也向各类人才的培养提出了需求，由此，各种各样的教育形式便应运而生。今天，我们从纵向看，有胎教、学前教育、初等教育、中等教育、高等教育及研究生教育与博士后教育；从横向看，有普通教育、职业教育、特殊教育、成人教育、远距离教育、卫星电视教育、在职学习、继续教育、各种分类的专业教育等等，呈现出一个纵横交错、形式繁多的教育系统。

6. 终身教育成为现代教育中一个富有生命力和感召力的教育思潮

终身教育是把教育看成是一个持续不断的过程。学校教育的结束不是学习的终止，每一个社会成员都应在他们的工作中不断追求新的学习以满足不断变化的社会对他们的新的需求。因此，终身教育主张教育是一个从出生到生命终止不断进行的过程。

终身教育的思想是20世纪60年代联合国教科文组织成人教育局局长、法国的保罗·朗格朗提出的。朗格朗（P.Lengrand，1910— ）在其1965年出版的《终身教育导论》（An Introduction to Lifelong Education，1965》中提出，数百年来，把人生分成两半，前半生用于受教育，后半生用于工作是毫无科学根据的。接受教育应当是一个人从生到死永无休止的事情，教育应当在每个人需要的时刻以最好的方式提供必要的知识和技能。

终身教育思想提出以后，在世界各国引起了广泛的反响，并日益成为各国开展继续教育的理念和依据。1972年，经埃德加·富尔在其主持的国际教育发展会议上以《学会生存》加以论证与确认以后，更使其成为人们普遍认同的一种教育思潮。富尔在这本书的开篇之首就指出："唯有全面的终身教育才能够培养完善的人。我们再也不能刻苦地一劳永逸地获取知识了，而需要终身学习如何去建立一个不断演进的知识体系——'学会生存'。"①

在《终身教育导论》这部著作里，朗格朗提出：终身教育这个词包含了教育所能包含的所有意义，包括了教育的各个方面、各种范围，包括从生命运动一开始到最后结束期间的不断发展。

终身教育提出以后所以会得到人们的认同，其原因主要是：科学技术的飞速发展迫切要求知识的不断更新；人口增多使求学者渴望通过不同的途径寻求知识的获得；现行学校的种种限制使终身教育成为一个有效的补充形式；发展中国家致力于智力投资、改变人口素质的需求，使终身教育具有广泛的生长土壤；大众传播媒介的飞速发展和人们闲暇时间的增多使终身教育成为可能。

今天，终身教育正在实践中。它对各种教育的统合性，本身的灵活

---

① 联合国教科文组织国际教育发展委员会编著：《学会生存》，教育科学出版社1996年版，第2页。

性，方法的机动性等与众不同的要求，使它适合了不同年龄、不同程度、不同条件、不同需要的人，使之可以在不同的形式下展开学习，因而便成了世界各国普遍倡导的一种教育理念。

7. 实现教育现代化是各国教育的共同追求

1640年的第一次资产阶级革命导致欧洲接连发生政治革命和工业革命，建立起以机器大工业生产技术为基础的资本主义工厂制度，由此开始了社会现代化的历史进程。社会现代化指人们利用近现代的科学技术，全面改造自己生存的物质条件和精神条件的社会变迁过程。社会现代化的发展，不仅在不断地改变社会物质生产的面貌，而且也在不断地改变着人们的价值观念、思想意识、生活方式等等。特别是20世纪50年代后，由于世界科学技术的飞速发展、社会的产业结构、人们的生活条件、全球的信息交流、社会的经济体系、政治制度和人们的生活方式都发生了全方位的变化，社会现代化的程度日益提高。表现有：①较高程度的都市化；②较高程度的识字率；③较高的国民收入；④较高的商品化和工业化；⑤较广泛的地域和社会流动；⑥较发达的大众传媒体系；⑦较高程度的国民参政等。

社会现代化的总体背景必然带来教育现代化的发展。这是因为社会现代化的根本因素是人的现代化，社会若想实现现代化的目标首先要有人的现代化，而人的现代化则需通过现代化的教育去完成。为此，世界众多国家在这场社会现代化的发展中，把实现教育的现代化看成是实现社会现代化的一个重要组成部分和必要前提给予格外的关注。尤其在21世纪到来之前，各国更把实现教育现代化作为迎接21世纪的重要内容。在中国，邓小平高瞻远瞩，向全国发出"教育要面向现代化"的口号。此后，教育现代化便成了中国教育发展的一个重要指导思想和奋斗目标。

从世界各国教育表现的总特征看，教育现代化有两大基本表现。一是教育要尽可能适应现代社会发展对人才的需求；二是要实现教育自身的现代化，包括教育观念、教育内容、教育方法、教育手段、教师素质、教育管理、教育体制机制等。

第三节 新中国的教育

作为一个在社会主义教育下成长起来的人，应该了解身处其中的社会主义教育的历史，应该鉴古知今，了解它的过去、现在乃至未来。

一、对旧教育的接管改造（1949—1956年）

（一）改造旧教育的基本方针、政策

1949年9月下旬，中国人民政治协商会议第一届全体会议在北京举行，会议一致通过了《中国人民政治协商会议共同纲领》。它是新中国成立初期的根本法、具有临时宪法的性质，是当代中国史上的重要文献。

在《共同纲领》第五章"文化教育政策"中规定了新中国教育的性质与任务："中华人民共和国的文化教育为新民主主义的，即民族的、科学的、大众的文化教育。人民政府的文化教育工作，应以提高人民文化水平，培养国家建设人才，肃清封建的、买办的、法西斯主义的思想，发展为人民服务的思想为主要任务。"

1949年12月23日至12月31日，中央人民政府教育部在北京召开第一次全国教育工作会议，讨论全国性的教育问题，决定对老区教育以巩固与提高为主，新区则在维持原有学校的基础上逐步改善。教育部部长马叙伦在开幕词中依据《共同纲领》的精神，提出对旧教育采取"坚决改造，逐步实现"的方针。

会议确定的建设中华人民共和国新教育的总的方针是："以老解放区新教育经验为基础，吸收旧教育有用经验，借助苏联经验，建设新民主主义教育。"

（二）对旧教育体系的改造

1. 接管、整顿旧学校

首先接管的是原"公立"学校，这些学校随着国民党政府的垮台，已无经费来源和主管领导部门，必须立即接管。

我国政府接办私立高等学校，开始于接办"教会大学"，而在1951—1952年的院系调整中最后完成。在这一调整中，"教会大学"的校名均被撤销，所有私立大学，或并入公立大学，或改为公立大学。私立中小学的接办紧随私立高等学校的接办之后进行。1952年9月，教育部发出指示，决定自1952年下半年起，全国私立中小学全部由政府接办，改为公立，到1956年，接办私立中小学的工作基本完成，除一些私立补习学校外，所有全日制正式学校完全实现了国有化。

2. 收回教育主权

帝国主义国家在中国开办的各类学校，因大多由宗教团体主持或资助，故又泛称"教会学校"。它是鸦片战争以来中国沦为半殖民地后的产物。新中国成立后，教育部经中央人民政府政务院批准，先期于1950年10月12日明令将辅仁大学接收自办。继而在1950年底开始着手全面进行。1950年12月29日，中央人民政府政务院发布了《关于处理接受美国津贴的文化教育救济机关及宗教团体的方针决定》，中央教育部根据这个"决定"的精神，于1951年1月11日发出了《关于处理接受美国津贴的教会学校及其他教育机关的指示》，总的精神是要"将这一接收国家教育主权的重大工作做好"。至1951年底，所有教会大学都已由政府接办，或改为公立，或由中国人民自己办理仍维持私立，政府予以补助。接受外资津贴的中小学则在以后接办私立中小学过程中全部改为公办。这一行动最终结束了帝国主义对中国长达一个多世纪的文化侵略。坚决、彻底、全部收回教育主权，是一件在中国教育史上具有划时代意义的大事。

3. 学制改革

1951年5月下旬，政务院文教委员会开会研讨教育部草拟的学制方案，10月1日正式颁布《政务院关于改革学制的决定》，产生了新中国第一个学制（详细内容请参看第九章）。

4. 院系调整

1950年6月1日，在第一次全国高等教育会议上，马叙伦部长明确指出："要在统一的方针下，按照必要和可能，初步地调整全国公私立高等学校或其某些院系，以便更好地配合国家建设的需要。"①正式确定了院系调整的任务。此后陆续对某些大专院校做了一些调整。

从1951年起，特别是从1951年下半年起，逐渐在全国范围内开展了有计划、有重点的院系调整。院系调整均是跨校进行，以院系的迁移为主要形式，原有高校经调整后有以下几种结果：一是保持原有校名，但学校性质和结构发生变化，这类学校多为综合大学；二是原有学校建制撤销，这类学校多为原私立大学；三是另行建立新校，这类学校主要是专门学院。此外，还有一些专科学校或升格为专门学院，或降格为中等专业学校。

经过从新中国成立伊始到1953年的院系调整，奠定了新中国高等学校的基本格局，即分为综合大学和专门学院、专门学校两大类。

总之，新中国成立后的前七年，在完成了经济上的社会主义改造的同时，也基本上完成了教育上的社会主义改造。

二、教育事业的改革调整（1956—1966年）

从1956年党的第八次全国代表大会召开到1966年"文化大革命"开始这十年，是我国开始全面建设社会主义的十年。全国经济文化建设等方面的骨干力量大部分是在这个时期培养起来的，文化教育有了很大发展。

这十年也是曲折发展的十年。虽然1960年冬按照"调整、巩固、充实、提高"的方针，对教育中的一些问题进行整顿，1961年9月制定了《中华人民共和国教育部直属高等学校暂行工作条例（草案）》，1963年3月制定了《全日制小学暂行工作条例（草案）》《全日制中学暂行工作条例（草案）》，稳定了学校秩序，提高了教学质量，但"左"的错误在政治和思想文化方面还有发展。

---

① 马叙伦：《在第一次全国高等教育会议上的开幕词》，载《高等教育文献法令汇编》（1949—1952），高等教育部办公厅1958年版，第14页。

（一）社会主义教育方针的提出

1957年2月，毛泽东在全国最高国务会议第十一次（扩大）会议上，做了《关于正确处理人民内部矛盾的问题》的讲话，在谈到知识分子问题时说："我们的教育方针，应该使受教育者在德育、智育、体育几方面都得到发展，成为有社会主义觉悟的有文化的劳动者。"[1]这是新中国成立后第一次提出的教育方针。

（二）教育改革

1. 实验推行半工半读

（1）提倡学校办工厂、农场，工厂、农场办学校

1958年1月，毛泽东在《工作方法（草案）》中提出一切学校凡是可能的，一律试办工厂或农场，学生实行半工半读。同年8月又提出："以后要学校办工厂，工厂办学校。"[2]

（2）实验推行两种劳动制度、两种教育制度

刘少奇关于两种教育制度、两种劳动制度的设想，是在1958年提出来的。1958年5月30日，刘少奇在中共中央政治局扩大会议上提出：我国应该实行两种教育制度和两种劳动制度。他说："我们国家应该有两种主要的学校教育制度和工厂的劳动制度：一种是现在的全日制的学校教育制度和现在工厂里、机关里面八小时工作的劳动制度。这是主要的。"此外，"还可以采取一种制度，跟这种制度相辅而行，也成为主要制度之一，就是一种半工半读的学校教育制度和一种半工半读的工厂劳动制度"。

1964年7月到8月间，刘少奇再次提出这个问题。他认为：两种劳动制度，两种教育制度，从当前看，既能够办学校，有希望普及教育，又能减轻国家和家庭负担；从长远看，能够培养新人，培养既能从事脑力劳动又能从事体力劳动的人。建议各省、市、自治区和每个大城市着手试验和试

---

① 毛泽东：《毛泽东选集》第5卷，人民出版社1977年版，第385页。

② 中央教育科学研究所编著：《中华人民共和国教育大事记》，教育科学出版社1984年版，第229页。

办。这样，从1964年下半年起，京、津、沪等大城市又开始举办各种形式的半工半读学校。

2. 学制改革试验

我国学制自新中国成立后到1957年，一直沿用1922年确定下来的6—3—3—4制。1964年中共中央决定成立学制问题研究小组。同年7月，在调查研究和广泛听取意见的基础上，草拟了《学制改革初步方案（征求意见稿）》（以下称《方案》）。《方案》草拟的新学制中将有全日制、半工（农）半读、业余三类学校。在全日制学校中，小学的基本学制为5年，不分段；中学基本学制为4年，不分段；设立由高等学校办的二年制预科和由地方办的二年制的分科预备学校。但此《方案》因情况变化后来未正式形成文件。

（三）各级学校暂行工作条例

1958年开始的教育革命，受"左"的路线的影响，在"大跃进"的形势下，使教育教学质量难以保证。为总结经验，纠正偏差，国家从60年代起陆续制定了各级学校的暂行工作条例。

1. 高等学校暂行工作条例

1961年9月，中共中央批准试行教育部组织起草的《教育部直属高等学校暂行工作条例（草案）》（共六十条，简称《高教六十条》）。

《高教六十条》共分总则、教学工作、生产劳动、研究生培养工作、科学研究工作、教师和学生等十章。主要阐述和明确了高等学校要保证以教学为主，提高教学质量，正确执行党的知识分子政策，团结一切可以团结的知识分子，为社会主义高等教育事业服务，正确执行"百花齐放，百家争鸣"方针，提高学术水平等。

2. 全日制中学暂行工作条例

1963年3月，中共中央批准试行《全日制中学暂行条例（草案）》（以下简称《条例》），对中学教育做了原则性的规定。《条例》分为总则、教学工作、思想政治教育、生产劳动等八章。

《条例》规定了全日制中学的培养目标，全日制中学必须根据教育部统一规定的教学计划、教学大纲和教科书进行教学，必须以教学为主，加强基础知识的教学和基本技能的训练等。

3. 全日制小学暂行工作条例

《全日制小学暂行工作条例》（以下简称《条例》）从1961年7月开始起草，经过广泛讨论和多次修改，1963年3月由中共中央批转试行。《条例》共分总则、教学工作、思想品德教育、生产劳动等八章。《条例》规定了小学教育的任务、全日制小学学生的培养目标等。《条例》提出"全日制小学的教学工作必须贯彻以教学为主的原则"；对小学生进行思想品德教育的主要内容是五爱教育；小学生要参加适当的生产劳动，从小养成劳动习惯，培养爱劳动、爱劳动人民、爱劳动成果的思想感情；等等。

上述条例的规定，对于稳定教育，提高质量起了一定的作用。

三、全面恢复与改革开放后的教育（1976年10月—1985年5月）

1978年12月，中国共产党十一届三中全会召开，做出了把工作重点转移到社会主义现代化建设上来的战略决策。全会之后，党和政府"拨乱反正"，实行了一系列改革开放的政策，国民经济迅速恢复并发展，教育事业也有了长足的进步。

（一）确立教育在现代化建设事业中的战略地位

1977年5月，邓小平曾指出："我们要实现现代化，关键是科学技术能上去。发展科学技术，不抓教育不行。"[1]同年8月，在科学和教育工作座谈会上，邓小平再次指出："我们国家要赶上世界先进水平，从何着手呢？我想，要从科学和教育着手。"[2]邓小平把教育的作用提到了前所未有的高度，为新时期教育事业的腾飞奠定了思想基础。1982年9月中共第

---

[1]　中共中央文献编辑委员会编：《邓小平文选》（1975年~1982年），人民出版社1983年版，第37页。

[2]　同上书，第45页。

十二次全国代表大会确定："一定要牢牢抓住农业、能源和交通、教育和科学这几个根本环节，把它们作为经济发展的战略重点。""普及教育是建设物质文明和精神文明的重要前提。"

（二）提出尊重知识，尊重人才

1977年5月，邓小平提出："靠空讲不能实现现代化，必须有知识，有人才。没有知识，没有人才，怎么上得去？"他强调："一定要在党内造成一种空气，尊重知识，尊重人才。"[①]同年8月，邓小平再次重申了"科研工作、教育工作是脑力劳动，脑力劳动也是劳动"的观点。他强调要特别注意调动教育工作者的积极性，要强调尊重教师。他主张对知识分子除了精神上的鼓劲，还要采取其他鼓励措施，包括改善他们的物质待遇。邓小平关于"尊重知识，尊重人才"的论述，构成了新的历史时期党和国家文教方针政策的一个基点。

（三）提出"三个面向"的教育发展方针

1983年国庆前夕，邓小平为北京景山学校题词："教育要面向现代化，面向世界，面向未来。"（简称"三个面向"）指明了新的历史时期教育发展的战略方向，对开创教育工作的新局面有着深远的意义。

（四）教育体制改革

1985年5月，中央做出了《关于教育体制改革的决定》（以下简称《决定》）。这一《决定》指出：教育体制改革的根本目的是提高民族素质，多出人才，出好人才。"教育必须为社会主义建设服务，社会主义建设必须依靠教育。"《决定》在进行教育体制改革方面提出了下列重要决策：

（1）把发展基础教育的责任交给地方，有步骤地实行九年制义务教育。

（2）调整中等教育结构，大力发展职业教育，这是教育体制改革的一个重点。

（3）改革高等学校的招生和毕业生的分配制度，扩大高等学校办学

---

① 　邓小平：《邓小平文选》（1975年～1982年），人民出版社1983年版，第37页。

自主权。

（4）加强领导，调动各方面积极因素，保证教育体制改革的顺利进行。

五、跨世纪的教育改革

1993年2月，中共中央在总结党的十一届三中全会以来教育改革和发展经验的基础上，以邓小平理论为指导，颁布了《中国教育改革和发展纲要》（以下简称《纲要》），提出了90年代我国教育改革和发展的目标、方针、改革和措施。《纲要》是指导我国90年代乃至21世纪初教育改革和发展的纲领性文献。《纲要》的主要内容有：

①明确了20世纪末到21世纪初我国教育发展的基本目标，即"两基""两全"和"两重"。"两基"指基本普及九年义务教育，基本扫除青壮年文盲；"两全"指全面贯彻党的教育方针、全面提高教育质量；"两重"指到21世纪初重点建设好一批重点校和一批重点学科。

②改革办学体制。改变政府包揽办学的格局，逐步建立以政府办学为主体，社会各界共同办学的体制。

③深化中等教育体制改革，继续完善分级办学分级管理的体制。

④改革高等教育体制和招生与就业制度。高等教育要逐步建立政府宏观管理、学校面向社会自主办学的体制，实行高校收费制度和自主择业制度。

⑤进一步转变教育思想，改革教学内容和教学方法，克服学校教育不同程度存在的脱离经济建设和社会发展需要的现象。

⑥贯彻教育经费投入的"六个渠道""三个增长"[①]原则，20世纪末国家财政教育支出占国内生产总值比例达到4%。

[①] 六个渠道指财、税、费、产、社、基；三个增长是中央和地方政府教育拨款的增长要高于财政经常性收入的增长，并使按在校生人数平均的教育费用逐步增长；切实保证教师工资和生均公用经费逐年有所增长。

⑦振兴民族的希望在教育，振兴教育的希望在教师。建设一支具有良好政治业务素质、结构合理、相对稳定的教师队伍是教育改革和发展的根本大计。

⑧要进一步加强和改革德育，把德育工作提高到一个新水平。

⑨提出素质教育。"中小学要由'应试教育'转向全面提高国民素质的轨道，面向全体学生，全面提高学生的思想道德、文化科学、劳动技能和身体心理素质，促进学生生动活泼地发展，办出各自的特色。"

⑩明确了新的教育方针。"教育必须为社会主义现代化建设服务，必须与生产劳动相结合，培养德、智、体等方面全面发展的建设者和接班人。"

《纲要》是指导20世纪末和21世纪初中国教育发展的宏伟纲领。颁布以来，中国的各级各类教育正以《纲要》为指导进行改革，以新的姿态和质量迎接新世纪的到来。

第四节　未来教育展望

再过两年，人类即将告别20世纪步入21世纪。中国将走上邓小平设想的四化建设的第二阶段目标——小康水平的康庄大道，并开始向21世纪中叶达到中等发达国家水平目标前进。

21世纪的中国乃至世界将是怎样一幅壮丽的图景？科技、经济、社会发展和教育又将是怎样一副面貌？人类没有先知先觉，要准确地预测未来的事情是不可能的。然而，由于历史的长流持续不息，回顾过去，分析现在，也可从中洞察一点未来的趋向和走势。

21世纪将是以知识经济和信息为主导的社会。知识经济是建立在知识信息的生产、存储、交流和使用基础上的经济。把21世纪称为知识化、信息化、学习化社会，最突出的理由是计算机技术、微电子技术和信息高速公路给经济发展带来的深刻变革。知识将成为21世纪经济增长的首要因素。知识提供的生产力将日益成为一个国家、一个民族、一个行业竞争的关键因素，知识的差距将成为发达国家与发展中国家之间综合国力比较的主要差距。以知识为核心的信息产业将成为国际经济中最宏大、最具有挑战性的产业，信息也将成为人类社会最重要的资源和竞争要素。

21世纪将是生命科学和遗传工程的世纪。分子和细胞发育生物学的进展、神经生物学和脑科学研究的突破，人类基因组计划、水稻基因组计划的成功，将引起人类学习和绿色革命。许多疾病如癌症、艾滋病、糖尿病等将从根本上得到控制和防治，人的衰老过程可能延缓。对认知奥秘的揭示，将可能带来教育科学的革命和信息技术的变革。

21世纪将是人、环境、社会愈益走向协调的世纪。人类将更加重视我们的生存环境，注意保护自然界动植物的多样性和生态的恢复，重视有限资源的合理利用和再生。人类自我采取各种措施均衡物质财富的分配，以更富于价值的方式安排充分的闲暇时间，追求更高层次的精神享受，理性地节制生育和合理消费，创造文明健康的生活方式，追求可持续发展之路。

现代通信技术的飞速发展将使21世纪的地球空间变得越来越"小"，"地球村"将名副其实，国家间的全球合作和竞争，经济、科学、文化的交流与合作将变得更加广泛，竞争和冲突也在所难免。其中科技是先导，人才是关键，教育是基础，经济是保证。科技和智力成为社会发展中最为重要的资源和动力，人力资本投资将成为社会中最大的投资。国与国之间竞争的优势和富于潜能的标志将变成是否拥有智力和人才。

20世纪末诞生的"和平与发展"两大世界主题将在21世纪得到充分的认同，国与国之间将更加理性地对待彼此的矛盾和冲突，避免战争，把注意力放到发展社会经济上。社会一旦走向和平，走向经济建设，便会迫切需要人才。由此，我们说21世纪更应是教育的世纪。在和平与稳定的社会环境里，教育与社会将更加紧密结合，教育将更加注重质量和人才素质，教育将在时间和空间上进一步拓展，20世纪后半叶形成和出现的一些教育苗头将在21世纪成为发展的主流和必然趋势。

从国际上看，未来教育的发展趋势将呈现以下几种特点：

（一）追求教育的国际化

20世纪的前半叶，世界各国之间由于政治、科技和其他种种原因，多数国家之间是孤立的、封闭的，彼此互不沟通，互不联系，也互不了解。但世界进入50年代以后，科技的迅速发展，国际政治格局的变化，使国际间的联系日益频繁，特别是经济发展的国际接轨立刻突出了国际通用人才的必要。进入90年代，有些国家开始建立国际学校，设立国际课程，采用先进的教学模式，旨在培养能在未来的国际事务中大显身手的人才。21世纪将强化这种趋势。追求教育的国际化、人才的国际化将是各国教育发展的一个新的生长点。因为经济的国际化，商品贸易的国际流通，必然带来国际间交往的增加，从而产生对通晓国际经济、商贸、法律、会计、金融、交通、公安等各类人才的渴求，促使各类国际性学校的诞生。

（二）追求教育的民主化

教育民主化是资产阶级登上政治舞台争取和标榜的权利之一，也是资产阶级对封建地主阶级斗争的胜利成果。在即将过去的一个世纪里，资产阶级虽对其教育进行了不断的改革，包括义务教育阶段入公立学校的免费制度、大学的奖学金制度等，但真正的民主与公平问题依然没有彻底解决。民主是关于国家制度的问题，是一种政治形式。在资本主义社会中，民主是资产阶级专政的一种手段，资产阶级占有生产资料，直接或间接掌握国家政权。因此，在剥削制度下，有了剥削阶级的民主，就没有被剥削阶级的民主，劳动人民在形式上享有平等、自由、民主，实际上始终处于被剥削、被压迫的地位，教育也是如此。因此，教育民主问题将依然是21世纪教育要解决的重大问题之一。通过教育改革实现教育民主化，其基本要求是，不同的阶级、不同的民族、不同的身心发展程度的受教育者，在教育的起点、过程和结果各方面都享有同等的权利和机会。

（三）追求教育的多样化

无论中国还是外国，教育的单一化问题一直是世界各国教育改革面临的共同课题。教育单一化的主要表现是：办学形式、教育结构、学制、课程、培养模式等趋同或划一，培养目标上强调共性，缺乏个性。在教育过程上主张同步化、集中化、标准化，忽视差别和个性。教育的单一化是传统教育在现代教育中的反映。教育的多样化是现代社会发展和人的发展的要求决定的。社会经济所有制形式的多元化，社会行业和部门的多层次与多类别，客观上要求教育的层次和类型必须多种多样。同时，人的价值取向、理想需求和智力发展程度不同，以及工作、生活、年龄等种种客观条件的限制，决定了我们的教育必须面对社会和人的需求现实，从提高全体国民素质的基点出发去构建教育的方方面面，从学制、课程、质量标准到具体的培养方式、教育管理等等，都应在21世纪有一些新的特点。

（四）追求教育的终身化

终身教育是20世纪60年代初出现的一种有影响的国际教育思潮，到80年代中以后，终身教育的思想已为世界大多数国家所认同。21世纪，终身教育将继续成为各国教育的指导思想之一，其主要原因是：

（1）社会经济的持续发展不断提高人民的生活水平，闲暇时间增多，为终身教育提供了可能。

（2）科学技术的迅速发展，加大了生产中的科技和文化投入，对劳动者文化素质的要求越来越高，求职的压力也越来越大，从而提出了终身教育的客观必要性。

（3）各国对教育的作用越来越重视，使得教育的发展更贴近受教育者的需求，从而为终身教育的实施提供了现实性。

（4）学习化社会的出现和人的思想道德觉悟的提高，生活水平的改善和社会就业的学历需要，多种因素的综合作用都必将强化终身教育的理念和实践在21世纪的扩散和普及。

（五）追求教育的现代化

追求和实现教育的现代化将是21世纪各国教育改革的主流。20世纪后半叶，世界主要发达国家在实践教育现代化的历程上做了种种尝试和努力，从教育观念、教育内容、教育制度到教育的硬件设施、教育的方式方法、教育管理乃至教师素质的提高等各个方面都进行了一番现代化的陶冶和改造。21世纪的教育现代化，除继续进行上述各方面的现代化改革之外，将推进教育现代化向纵深发展，发展的方向和内容将包括：科学划分教育现代化的区域标准，追求现代化的实质的改变、效益的提高、内容的完善、质量的提升。总之，教育现代化将向内涵式方向发展，把人的现代化作为教育现代化的核心。随着生产力水平的迅速提高和科学技术的飞速发展，21世纪的教育将在现代化的总体进程上向前大大地推进一步，总体水平上也将出现一场前所未有的变化。

从中国看，21世纪的中国教育除具有上述国际教育的一些共同特点外，还将具有下列一些特征：

1. 鲜明的民族特点和中国特色

和平与发展的世界主题和科学技术的突飞猛进，使国家间的教育开放和交流成为时代潮流，由此形成一个大教育时代。像世界众多文化各具优势但都不可能成为主导全球的主体文化一样。各国教育间全方位与多层次的交流与融合只是使本国教育臻于完善的一种手段。21世纪的中国教育要走在世界教育发展的前列，一方面要继承和保持中华民族教育中的优势和精华，在纵向上立足现实依托传统，实行古今融合，显示民族个性；另一方面，也必须敞开胸怀，吸取不同国家教育的优良之处，在横向上以我为主兼取众长，实行中外互补。历史上，清王朝对历史传统的僵化固守、洋务派对西学的机械照搬，"文革"对古今中外一切"封、资、修"的全部扫除，都未能解决中国社会的发展问题。今天，我们强调民族特点和中国特色，是站在全球和历史的制高点上，横视中外古今教育的历史，通过古为今用、洋为中用，把具有中国特色、再现文明古国辉煌的教育个性锤炼得更加成熟、棱角分明。继承传统不是食古不化、回归历史、重蹈覆辙,而是推陈出新、创造发展;借鉴西方不是邯郸学步、生吞活剥、盲目照搬,而是选择重构、内化吸收。其实,西方各发达国家的教育,除具有各自的优长之外,亦带有鲜明的民族特性和国家特征,全盘照搬是行不通的。因此,中国特色社会主义教育,必须从中国现实出发,植根于中华民族的文化土壤之中。离开中国现有文化的基点,教育的中国特色就会消失,其生命力就会被窒息。

2. 对教育规律的认真遵循和准确把握

21世纪的中国教育要产生推动社会发展的强大功能,必须遵循三个规律:一是教育与政治的规律,二是教育与经济的规律,三是教育自身的规律。中国目前乃至21世纪初叶的最大政治是社会主义现代化建设,决定现代化实现的经济基础是社会主义市场经济。21世纪的中国教育要适应市场经济的需要,就必须根据市场经济体制的运行要求和教育自身的规律,进行全方位的调整。调整的基本思路是全面改革过去计划经济体制下建立起来的教育框架,根据市场经济的运行原理,构建新的教育体制和运行模式。新教育体制的基本内容主要包括:市场经济条件下的利益主体多元化,需要教育打破国家包揽教育的单一格局,实行国家、集体和个人等多种办学模式并存;市场经济多方吸纳资金的优势,要求教育打破国家教育经费的单一投入、实行财、税、费、产、社、基等多渠道并存;市场经济条件下产业结构比例的不断变化要求打破教育结构的多年不变和僵化,实行根据市场预测,发挥办学主体作用,不断调整教育结构;市场经济条件下产业、个人都具有市场主体独立性的特点,要求打破以往高度集中、统得过多、条块分割的管理体制,扩大学校的办学自主权;等等。通过这些改革,使21世纪的中国教育完成一次历史性的调整和重组,在新的世纪里以新的功能加速中国现代化目标的实现。

3. 发展道路将以内涵集约式为主导

党的十五大和《中华人民共和国国民经济发展"九五"规划和2010年

远景目标规划》中明确提出了20世纪末和21世纪初的中国社会发展道路，即在经济体制上由计划经济转向社会主义市场经济，在经济增长方式上由外延粗放型经营转向内涵集约型发展。中国社会发展的总体道路也适用于中国的教育发展，即21世纪的中国教育应在内涵集约型的规范下走上更加健康的发展轨道。具体包括：

（1）规模适度。我国今后几十年将经历经济起飞阶段，并基本实现社会主义现代化。这种社会进步的目标要求提高教育普及程度，使居民识字率达到80%以上；使城乡新增从业劳动者受教育程度分别达到九年和六年，同时保证国家急需的高级专门人才的供给。这应当是考虑适度教育规模的主要依据。具体地说，就是确保义务教育，搞好职业教育，办好高等教育，使全体国民素质普遍提高，优秀人才不断成长。

（2）效益提高。21世纪要解决的主要教育问题是在现有教育规模基础上，提高现有资源的利用率和使用价值，最大限度地发挥各校人、财、物的作用，充分做到人尽其能，财尽其力，物尽其用，保证各种教育资源的使用效率。伴随社会发展道路要实现"两个转变"，教育发展道路上的"两个转变"就是提高教育质量和效益。因此，如何实现教育上的两个转变，在实现两个转变的过程中要进行哪些方面的改革，通过怎样的改革去提高教育的质量和效益，这将是21世纪的中国教育面临的首要改革课题。改革的基本思想应该是：从体制改革入手，提高素质、挖掘潜能、更新课程、强化管理。

（3）结构优化。21世纪初叶，我国社会将继续处于稳定的二元结构向现代结构过渡的阶段，即由少量的现代工业和城市人口与大量传统农业和农村人口并存，向基本实现工业化和生产的商品化、社会化、现代化过渡。与此相应，我国未来教育结构优化的特征将是：低重心、多导向、更灵活的多层动态结构。宏观层次上，以九年义务教育为基础，把加强基础教育和初、中等职业技术教育放在突出位置，同时发展有限规模的高等教育。中观层次上，形成各级各类教育内部及内部与外部协调的动态结构。

在微观层次上，试验多导向的学制结构和课程结构。

（4）布局合理。中国地域广大，求学人数众多。但不能因此搞小而全的麻雀式布局，而应从质量和效益的角度出发，搞区域布局。如师范教育不宜遍地开花，而应把有限的教育投资集中投入到重点发展的院校上，实行财力集中、师资集中、学生集中，最终实现优势集中，质量提高，多出人才，出好人才。

4. 教育和教师的社会地位将继续提升

科教兴国战略的实施将进一步强化教育的社会地位和作用，教师职业将在21世纪真正成为令人羡慕的职业。21世纪的中国将继续坚持改革开放和以发展生产力为中心的基本路线，坚持科教兴国的基本国策。在世界历史上，只要一个国家进入和平稳定的社会环境和以经济建设为中心的时代，就必须需要科技、需要人才，这就必然需要教育、需要教师。这已成为现代社会发展的规律之一。中国是一个后发型的现代国家。中国要在21世纪实现达到中等发达程度国家的战略目标，就必须走与国际同步的科教兴国之路，通过增加生产中的科技和文化投入去赢得国际市场。科教兴国必先兴科教。先兴科教便自然把教育推到了先行发展的地位、基础前提的地位。中国现代化实现的关键是科技，是人才，是劳动者素质的提高，这一切都要靠教育，靠教师去完成。因此，21世纪将是教育的世纪。21世纪最令人羡慕的职业将是教师。三百多年前捷克教育家夸美纽斯所说的"教师是太阳底下最光辉的职业"的理想将逐渐成为现实。

第三章 教育实践的理论透视

第一节 教育的科学定义

定义是构成一门学科内容的基本要素，是我们展开教育中若干问题讨论的起点，是构成一门学科理论大厦的基本部件。定义的科学与否、准确与否，不仅代表着一门学科的成熟程度，而且在很大程度上影响着该学科的发展程度。正因为定义如此重要，千百年来，许多教育理论家围绕教育的定义进行了不懈的探索。这些探索不仅是教育理论发展进程的一种标志，同时更是我们今天界定教育定义的重要认识阶梯。

一、历史的解说

从语源上看，在我国最早的甲骨文中，"教"字的"𣪊"[1]，像有人在旁执鞭演卜、监督强迫小孩学习的意义。"育"字的"𣫭"[2]，像妇女养育孩子之形。在目前可见的先秦古籍中，"教"和"育"连用的情形极少，通常只用一个"教"字来表述教育的现象和活动。最早

---

[1] 《殷墟文字甲编》第2651页。

[2] 《殷墟粹编》第294页。

把"教""育"二字合为一体作为一个新词使用的是战国时期的孟子老先生。他说："得天下英才而教育之，三乐也。"①在古希腊语中，"教育"一词与教仆相关，教仆是陪送奴隶主子弟上、下学的奴隶的专门称呼。在英语、法语、德语中"教育"分别为Education、Education、Erzichung，概由拉丁语Educare而出，本意为诱导、引出，引申意义指教育活动即引导儿童固有能力得到发展。

中外一些思想家和教育家也曾从不同的角度给教育一词做过各种各样的解说。中国古代儒家经典四书之一的《中庸》称："修道之谓教。"战国时期的荀子说："以善先人者谓之教。"春秋战国末期教育名篇《学记》称："教也者，长善而救其失者也。"东汉的许慎在其《说文解字》中说："教，上所施，下所效也。""育，养子使做善也。"在外国，法国近代启蒙思想家卢梭（Roussea J.J.）认为："教育应当依照儿童自然发展的程序，培养儿童所固有的观察、思维和感受的能力。"②瑞士民主主义教育家裴斯泰洛齐（Pestalozzi J.H.）说："教育的目的在于代表人的一切天赋力量和能力。"③德国近代教育家赫尔巴特（Herbart J.F.）认为："教育的全部问题可以用一个概念道德包括。"④19世纪英国教育学家斯宾塞（Spencer H.）说，教育是"为我们的完美生活做好准备"，给各种情况下的各方面行为以正确指导，"即如何治身、如何养心、如何处世、如何立家、如何尽公民的义务、如何利用天然的资源来增进福利、如何善用我们的才能，达到最高效用，以求人己皆利，要言之，如何经营完美的生活"。⑤20世纪美国实用主义教育家杜威（Dewey J.）则一反传统认识，提出："教育即生长""教育即改造""学校即社会"。他

① 《孟子·尽心上》。

② 曹孚：《外国教育史》，人民教育出版社1979年版，第124页。

③ 同上书，第129页。

④ 赫尔巴特：《普通教育学》，尚仲衣译，商务印书馆1936年版，第185页。

⑤ 张焕庭主编：《西方资产阶级教育论著选》，人民教育出版社1979年版，第419页。

认为："教育是生活的过程，而不是将来生活的预备。""教育是经验的改造或改组。""教育既然是一种社会过程，学校便是社会生活的一种形式。"①

二、现实的确认

按照逻辑学关于下定义的规定，被下的定义＝种差＋属。据此分析，教育的"属"是活动，即是与社会生产、社会政治、科学研究、文学艺术、军事防卫等居同一层次的社会实践活动。教育的"种差"是人的培养，即教育与上述所列各种活动的根本区别在于教育是一种培养人的社会实践活动。换言之，教育与其他社会现象，如政治、经济、军事、科研等之间的根本差异在于：教育是通过培养人的活动而作用于社会，它的特定功能或基本职能是通过人类已有文明的传递促使受教育者从无知转化为有知，从知之不多到知之较多，从智力的沉睡状态到激活状态，从能力较低到能力较高，从一个出生时软弱无知的个体到逐渐成为一名合格的社会成员。也就是说，教育要通过自身特定的活动形式——教学，特定的活动场所——学校，特定的活动人员——教师，把人类千百年来积累起来的社会生产和社会生活的理论、技术、经验转化为受教育者的内在素质，使他们的身心得到发展，最终成为一名符合社会、适应社会需要的人。其他社会现象也是发生在人与人之间的，也能够影响人、陶冶人，或这样或那样地影响人的身心发展，但一般来说不如教育对人的发展的作用那样直接和显著。对此，国内外许多学者的看法接近一致，如苏联著名教育家巴班斯基认为："教育是老一代向新一代传递社会历史经验的过程，其目的在于培养他们参加生活和从事为保证社会进一步发展所必需的劳动。"②《美国教育百科全书》的表述是："作为一个活动或过程，教育可能是正式的

---

① 华东师范大学教育系、杭州大学教育系编译：《现代西方资产阶级教育思想流派论著选》，人民教育出版社1981年版，第6—35页。

② 巴班斯基主编：《教育学》，人民教育出版社1986年版，第7页。

或非正式的，私人的或公共的，个人的或社会的，但是它总是在于用一定的方法培养各种倾向（能力、技能、知识、信仰、态度、价值及其品格特征）。"①

美利坚百科全书"教育"条中写道："从最广泛的意义说来，教育就是个人获得知识或见解的过程，就是个人的观点或技艺得到提高的过程。"②

《中国大百科全书·教育卷》从两个方面表述了教育是什么。"从广义上说，凡是增进人们的知识和技能，影响人们的思想品德的活动，都是教育。狭义的教育，主要指学校教育，其含义是指教育者根据一定社会（或阶级）的要求，有目的、有计划、有组织地对受教育者的身心施加影响，把他们培养成为一定社会（或阶级）所需要的人的活动。"③

这两个意义，从广义和狭义两个方面阐明了教育活动的特殊性，即教育是一种培养人的活动，是由专职人员和专门机构施行的以发展受教育者的身心为直接目标的社会活动。以人的身心发展为目标和内容的活动规定性就把教育活动与社会的其他活动区别开来，从而也就使我们能够明确地确定教育的本质和教育的科学定义。

近年来，很多教育理论工作者认同，为了说明问题有同一的立脚点，有必要把教育的概念做相对的区分，分成广义的教育与狭义的教育。

广义的教育是自有人类产生以来就已产生的教育，这种教育存在于各种生产和生活的活动之中。其定义一般为：教育是人类社会特有的一种社会现象，是培养人的一种社会活动。广泛地说，凡是有目的地增进人的知识技能，影响人的思想品德的活动，不管是有组织的或是无组织的、系统的或零碎的，都是教育。

---

① W.K.法兰肯纳：《关于教育哲学的一般看法》，张家祥译，载《外国教育资料》1981年第2期。

② 《世界教育博览》，品千飞等译，知识出版社1980年版，第1页。

③ 董纯才等：《中国大百科全书·教育卷》，中国大百科全书出版社1985年版，第1页。

狭义的教育则是人类社会发展到一定历史阶段的产物。当人类经历了较长时期的生产和其他各种实践活动之后，他们的物质生活和精神生活日渐多样，积累的各方面经验日渐繁多。这时，仅仅依靠生产实践活动中的简单模仿和口耳相传来培养生产者已不能适应社会的需要。于是，教育活动开始逐渐从社会其他活动中分离出来，诞生了专门进行人才培养的机构——学校和伴随学校出现而同时产生的人才培养的专门过程。

学校教育活动与社会其他活动相区别的特殊功能是：教育活动是通过人的培养而服务于一定的社会，使得社会能够更好地延续和发展。它的具体过程是：一部分人以某种特定的影响作用于另一部分人的身心。它的直接目的是：使人的身心发生预期的发展和变化，获得预期要求的品质和特征。

因此，我们把狭义的教育（即学校教育）定义为：教育是教育者根据一定社会的要求和年轻一代身心发展的规律，对受教育者所进行的一种有目的、有计划、有组织地传授知识技能，培养思想品德，发展智力和体力的活动，通过这种活动把受教育者培养成为一定社会服务的人。

以影响人的身心发展为直接目标的教育活动与其他社会活动的区别不仅在各自占主导地位的活动内容的不同，并由此而划分了各自不同的本质。同时，由该本质决定的活动的具体形式也是不同的。教育作为一种有意识地培养人的活动，其活动的具体形式也处处体现着它的本质，体现着它与其他社会活动的区别。

第二节　教育的基本要素

在对教育的概念有了基本的认识之后，我们须将认识的触觉继续向前推进，进一步研究教育的内部结构。

结构是一个哲学范畴。它包含三层意思：一是事物的基本构成要素，类别和量；二是要素之间的排列方式或联系；三是各要素之间的互补性。对教育内部结构的深入研究可深化我们对教育本质和规律的认识。

所谓要素是指构成活动必不可少的、最基本的因素。认识教育的基本要素是认识教育内部结构的基础。

教育活动作为人类活动的基本方式之一，与生产活动有着高度的类似。但生产活动的结果是物质产品生产，而教育活动的结果则是精神产品与人的生产，这又使二者有了根本性的区别。

二者的根本性区别决定了教育活动结构研究，绝不能机械套用马克思的劳动过程理论，而应从当代教育基本理论研究的最新成果中，特别是应从教育活动本身的客观实际中，通过静态与动态、横断与纵剖的多角度深层分析来产生比较客观、比较科学的结论。

由于教育是一种复杂的社会现象，加之人们在分析教育活动的结构时持有不同的视角，因此，对教育活动要素的概括也不完全一样。从宏观角度看，教育活动由教育主体、教育目标、教育内容、教育手段、教育环境、教育途径六个要素构成；从微观角度看，教育活动由教育者、受教育者、教育内容和教育手段四个要素构成。本书主要指微观上的构成要素。

一、教育者是教育过程中"教"的主体

我们知道，在教育活动中存在着"教"与"学"两种活动，更确切地说，是"教"与"学"两种活动构成教育。虽然，参与到教育活动之中的所有人都有"教"与"学"的责任或义务，但各自的职责重点不同，一部分人主要以"教"为职责，一部分人主要以"学"为职责。

在教育活动中以教为职责的人是教育者。

教育者是指直接对求教者的素质发展起影响作用的人，包括学校的教师、管理人员、兼职教师、家庭教师、家长。其中学校教师是教育者的主

体和代表。

教育过程不同于对人的身心发展发生影响的其他过程。它是教育者的有目的的活动过程，所以，离开了教育者及其有目的、有意识的活动，也就谈不上什么教育。教育者是教育实践活动中的人的因素，而且是一个基本要素。

教育者不仅是教育实践活动的一个基本要素，而且是教育实践活动的主体，他把受教育者作为"教"的对象，以教育影响为手段，把引导和促进受教育者身心的发展变化作为活动目的，力求使自己"教"的对象的身心发生合乎自己社会的变化。因此说，教育者作为教育活动中人的因素，是教育实践活动的主体，更确切地说是"教"的主体。

教育者的主体性有多方面的表现：①教育者是教育活动的设计者、实施者和组织者，对整个教育活动起领导作用。②教育者是学生学习活动的指导者、帮助者和评价矫正者，对整个学习活动起着校正方向、调整内容、激发动力、教给方法的作用。③教育者的教育反映着社会的需求和人才规格，控制着整个教育过程的推进和教育内容的设定，因而教育者教的质量在很大程度上制约着学生的发展质量。④教育者的教育活动内容影响着学生学习活动的内容，控制着学生活动的时间和效果，因而在教育活动中居主导地位。

二、受教育者是教育过程中"学"的主体

在教育过程中以学为职责的人被称为受教育者。

广义的教育中，所有为提高自身素质而处于学习状态的人都是受教育者；在狭义的教育中，受教育者特指教师"教"的对象——学生。随着世界范围内终身教育（lifelong education）和全民教育（education for all）的实行，教育对象的范围已经扩展到一个人从生命形成（胎教）到死亡的整个一生和全社会不分种族、性别、宗教、民族和阶级的所有人。其中学校里的学生是受教育者的主体和代表。

　　受教育者是教育的对象。在教育过程中，受教育者首先作为教育的对象存在于教育活动的要素之中。受教育者是教育的对象，其一，是说在教育过程中，受教育者首先是一个求知的个体。他们从无知到有知，从知之不多到知之较多，需要教师的传授和扩展。在教师的引导下，他们可以逐渐认识客观自然和人类自己，可以逐渐使他们的认识由个体的认识水平过渡到人类总体的认识水平。其二，受教育者也是一个不成熟的个体。在教师的教育下，受教育者逐渐获得品德的完善和行为的养成，逐渐由个体的生物人向本质上的社会人的转变。其三，受教育者也是一个缺乏技能的个体。只有在教师的培养训练下，受教育者才能逐渐掌握各种生产和生活的技能，实现由消费的个体向生产的社会成员转变。

　　受教育者也是学习的主体。马克思说，主体是人，客体是自然。受教育者作为人类中的一个特殊群体，他们当然具有主体的性质。换言之，在教育过程中，他们也是作为一个活生生的个体，作为一个有血、有肉、有感情的人存在的。

　　受教育者的主体地位集中体现在：①受教育者作为一个独立的个体的人，他们有自己的主动性、选择性、需要性和意志性，他们可以依靠自己的独立思考主导自己的行为。②受教育者在学习人类优秀文化遗产的同时，除了继承、吸取以外，还有重组、创新、开拓的能力。③受教育者在学习过程中，不但受智力因素的制约，也受非智力因素的影响。这两种因素都制约着受教育者教育活动的进行速度、效益和质量。

三、教育内容是师生共同认识的客体

　　教育内容是基于一定社会的生产力和科学文化技术发展水平之上，学校向学生传授的知识和技能，灌输的思想和观点，培养的习惯和行为的总和，教育内容在学校中的具体表现形式是教学计划、教学大纲和教科书。

　　教育内容的组成丰富多彩，从其涉及的范围来说，包括人类社会各种领域活动的知识、经验和技能技巧；从其价值来说，它具有发展人的智

慧、品德、体力、审美能力和劳动能力等方面的作用；就其表现形态来说，有物质的、符号的、精神的、行为的。因此，不要把教育内容与学校的课程所包含的内容等同起来，更不能把教育内容看作就是教材，后者被包含在前者之中，前者的内涵与外延要比后者丰富得多。由于教育活动的多样性和各类教育活动具体教育目标的不同，教育内容有着不同类型的组合。

首先，教育内容是联系施教者和求教者的中介。教育活动的基本矛盾是一定社会所提出的教育要求同求教者身心发展现有水平的差距，它是教育活动得以存在和进行的内在基础。人类文明的延续一般是以两种方式进行的，一种是以一定的物质载体的形式记录下来，如图书、音像、光盘等；另一种则是以人脑的形式记录下来。而后一种是人类文明继承和发扬的一种能动的形式，其特点在于不仅能保存人类长期积累起来的文明成果，而且能在原有文明的基础上创新、发展。教育内容作为一种特殊的中介形式把施教者和求教者联系起来，通过教育内容难度自然延伸，使求教者由不知到知，由知之较少到知之较多，由继承到发展，由个体认识水平到人类认识水平，最终把人类的过去和未来联系起来，达到教育的目的。

其次，最佳的教育内容是目的性与对象性的统一。教育内容作为联系施教者和求教者的中介，能否消除教育过程的基本矛盾，关键在于教育内容本身选编的科学性。而制约教育内容选编科学性的因素主要有两方面：一是一定社会前进的要求。作为国家来说，这种前进的要求主要通过教育目的的形式表达出来，这种要求包括素质的全面性和内容本身的先进性与逻辑性；二是个体身心的发展规律。而个体的身心发展规律既有共性又有个性。因此，施教者要根据求教者的实际安排教育内容进程，选择教育内容的难度，增减教育内容的分量，发掘教育内容的价值，最终达到合目的性与对象性的统一。

根据社会主义教育方针和培养目标，我国的教育内容由德、智、体、美、劳等方面构成。各级各类学校，由于其具体的教育任务和培养目标的不同，教育内容在深度、广度及具体门类上有所差异。从总体上看，基础教育阶段的教育内容是由以下各方面构成的统一整体：

（1）系统的文化科学知识、技能和技巧。知识是人们对客观事物的现象及其规律性的认识。技能是经过训练而形成的顺利完成某种活动的动作方式。技能经过长期的练习，达到定型化、自动化的程度便成了技巧。我国的课程计划规定，基础教育阶段向学生传授的学科知识包括：数学、语文、外语、政治、历史、地理、物理、化学、生物等基本学科。

（2）辩证唯物主义世界观和共产主义道德品质。根据1993年《中国教育改革和发展纲要》和1995年《中华人民共和国教育法》的规定，我国目前学校德育的内容包括："国家在受教育者中进行爱国主义、集体主义、社会主义的教育，进行理想、道德、纪律、法制、国防和民族团结的教育。"

（3）体育的知识、技能和技巧。具体包括：田径运动、体操、球类运动、游戏、军事体育活动、武术、游泳、爬山及利用其他自然条件进行的各种锻炼。

（4）审美观点和审美能力培养。包括文学艺术的美、大自然的美和社会生活的美。美育是全面发展教育的重要组成部分。

（5）劳动的知识、技能和技巧。具体包括：工业生产劳动和手工艺生产劳动的知识和技术；农业生产劳动的知识和技术；服务性劳动、公益劳动的知识和技术；管理生产的知识和技术。

教育内容内在地包括教育目标。因为教育目标是教育活动所要达到的预期结果，也是衡量教育活动效果的标准，是教育内容传授的出发点和归宿。教育活动既然是人类的一种有意识的活动，那么在活动之前便都有着明确的活动目标，这是人的活动与动物活动的一个本质区别。在教育内容中，目标与内容的一体化表现为：目标主导下的内容选择、内容安排、内容设计、内容传授、内容实现的结果等。

四、教育手段是教育活动的基本条件

教育手段是指教育者将教育内容作用于受教育者所借助的各种形式与条件的总和，它包括物质手段、精神手段等。

物质手段主要是进行教育时所需要的一切物质条件，可分为教育的活动场所与设施、教育媒体及教育辅助手段三大类。

教育的活动场所与设施在学校中主要指校舍、教室、操场、实验室、校办工厂、农场等的数量与内部的设备装置。

教育媒体是教育活动中两类主体（教育者与受教育者）之间传递信息的工具。由此可见，教育媒体是教育内容的载体，也是教育中其他信息的载体。然而，同样的教育内容，可使用不同的媒体。随着媒体的不同，教育的组织形式、方法、效果等都会发生变化。

教育媒体具有多种形式，从最简单的实物、口头语言到图片、书面印刷物、录音磁带、录像带、电影、电视、计算机程序等等。它们的形式是随着人类科学技术的发展，教育活动的日趋普及化、个别化而越来越丰富多彩和综合化。

精神手段包括教育方法、教育途径。教育方法包括教育者的教法和受教育者的学法两个方法。就教育者的教法而言有语言的方法、直观的方法与实践的方法；就受教育者的学法而言有发现式和接受式两大类。

从以上我们对教育活动构成要素及其作用的分析中可以看到，教育者、受教育者、教育内容、教育手段四要素是展开教育活动必不可少的，并且在活动中相互作用，相互联系，相互影响。在教育活动中，当四者都具备的情况下，主体因素是教育活动成效大小的决定因素。而要充分发挥主体的作用，关键是要处理好主客体的内部关系。对教育者来说，他要研究认识三个客体：学生、教育内容和教育手段。教育者的任务是将既定的教育内容通过一定的手段传授给学生。对受教育者来说，他认识的客体是一个教育内容。他的任务是在教师的指导下通过一定的手段学习和掌握既

定的内容，也就是将外在的客体转化为内在主体的东西。

在四个要素中，主要的关系是教育者与受教育者的关系，这在教育活动中表现为教与学的关系。教包括两层含义，即传授知识、传递思想、启发诱导、感化影响，也就是传授知识、思想与教给学生如何学习、修养的方法。学也包含着两层含义：即学习掌握人类积累下来的精神财富和学会学习及修养的方法。教与学的主要形式是学校的教学活动。教与学的矛盾是教育活动的基本矛盾。教育者代表社会所提出的教育要求与受教育者身心发展水平之间的差距，是推动受教育者身心发展的动力。

第三节　教育的基本形态

教育形态即教育这一社会现象存在的形式和状态。世界上任何事物都有一定的存在形式和状态，教育也不例外，它也有一定的形态。教育发展到当代，已由初始的观察模仿、口耳相传，到后来学校教育的产生，再到近现代社会的多层次与多类别，从而形成了一个纵横交叉的庞杂体系。不过，尽管其层次、种类繁多，但从其存在形态上看不外是家庭教育、社会教育和学校教育三种基本形态。这三种形态构成了教育的总体，从不同的时间、渠道，以不同的形式对人的发展和社会发展起着不同的作用。

尽管现今社会存在着的社会教育、家庭教育和学校教育三种形态，已涵盖了人类教育的全部，成为社会的完备教育系统，但这种完备的教育系统并不是一下子出现的，而是随着人类社会的发展逐渐形成的。

作为人类社会有史以来就存在的教育现象，在原始社会早期阶段，还没有自己的独立形态。当时的教育还是同生产和生活融合在一起的，未成年人是在生产劳动和日常生活中接受教育。教育的最早独立形态是社会教育，即由社会给儿童以教育。在氏族社会制度以前，由于生产力水平极度低下，生产和生活经验都非常贫乏，那时新生一代的教育还带有极端的原始性。儿童属于全社会，由社会全体即原始公社成员集体负责对儿童施加教育。公社的成年人都有责任对儿童施行必要的生产劳动经验和生活习惯的传授，使儿童了解部落的风俗习惯，掌握劳动技能。

氏族公社末期一夫一妻制家庭出现，新生一代的教育除了社会教育形态以外，家庭父母也承担起了对儿童的教育责任。

"一夫一妻制不以自然条件为基础，而以经济条件为基础，即以私有制对原始的自然成长的公有制的胜利为基础的第一个家庭形式。"个体家庭不仅开始成为"社会的经济单位"，也成为子女的教育单位，于是家庭教育在历史上便开始产生了。自家庭产生以后，家庭教育便成为一种新的教育形态。后来我国古代的"孟母择邻""岳母刺字"等故事，都说明了家庭教育的存在。魏晋南北朝的《颜氏家训》、唐代的《太公家训》、宋代的《家范》等也都是家庭教育的重要文献。

原始公社制末期，随着生产力的一定发展，奴隶制社会开始产生。由于劳动剩余产品的增多，客观上允许部分人脱离生产劳动，脑力劳动和体力劳动有了明显分工，社会上开始出现了专门从事文化活动的人员，同时也出现了文字。这时社会上也随之产生了专门从事新生一代教育活动的机构，这就是学校。

学校的产生，使教育发生了历史性变化。学校教育形态的出现，结束了教育的原始状态。由于学校教育的组织性、计划性、目的性的加强，有效地提高了教育质量，使学校教育在教育的总体结构中成为主导形态。

由上可见，教育形态的完备是一个历史的发展过程。社会教育、家庭教育和学校教育的产生和发展都是同社会政治、经济的发展联系在一起的。

一、家庭教育

（一）家庭教育的含义

家庭教育是指在家庭内由父母或其他年长者对新生一代和其他家庭成员所进行的有目的、有意识的教育。

家庭教育从其含义上讲也有广义和狭义之分。广义的家庭教育，主要是指一个人在一生中接受的来自家庭成员的有目的、有意识的影响。狭义的家庭教育则是指一个人从出生到成年之前，由父母或其他家庭长者对其所施加的有意识的教育。当今世界教育发展的事实表明，随着社会的发展，家庭教育有增强趋势。不但在中国，在许多发达国家也是如此。由于重视家庭教育而更重视对家庭双亲的教育。我国近些年出现了家长学校，美国有"全美双亲协会"，英国有"全国双亲教育联盟"，法国有"全国家庭教育中心"，1965年在布鲁塞尔还召开了世界性的国际双亲教育会议，正式成立了"双亲教育国际联盟"，近些年更有"在家学习"新形式的出现，这一切都表明，重视家庭教育已成为当今世界性的趋势。

（二）家庭教育的意义

首先，家庭教育是人生的第一篇章，是个体社会化的最初摇篮。人一出生接触的第一个环境是家庭，第一位老师是父母。孩子都是在双亲直接影响下长大的，他们都是首先通过家庭和父母来认识世界，了解人与人的关系。家长的言行对孩子具有潜移默化的作用。家庭教育对儿童成长具有奠基作用，对人的社会化有着十分重要的意义。

其次，家庭教育也是学校教育的重要补充。家庭教育不仅在儿童入学以前，即使儿童进入学校之后，也有重要的意义。由于家长的权威性，家庭教育对学校教育和社会教育都有积极或消极的作用。家庭教育与学校教育一致，儿童社会化发展就会顺利，家庭教育与学校教育矛盾，就会极大地减弱学校教育的影响力。因此，家庭教育的意义不仅对婴幼儿学前期，在青少年成长期，其作用同样也不可低估。家庭教育应是学校教育的重要补充。

最后，家庭教育更能适应个体发展。幼儿园、学校教育都是面向全体学生，是集体化的教育。尽管学校教育也强调了解每个学生特点，因材施教，但在这方面总不及家庭父母对自己孩子的了解。家庭教育具有个别性特点，使教育更有针对性，更有利于因材施教。

（三）家庭教育的特点

家庭教育不可缺少，也是由于家庭教育具有独自特点决定的。家庭教育同学校教育和社会教育相比较具有以下几方面的特点：

1. 家庭教育的启蒙性

一个人最早接受的教育是家庭教育，第一个教育者是父母。家庭的生活环境和父母的言行举止，从小就对孩子产生深远影响。儿童正是从这些家庭教育因素中学会了头脑的思考和语言的交流，懂得区分是非美丑，辨别善恶荣辱，形成最初的道德观念和行为习惯。儿童所接受的这些教育影响，就成为后继教育发展的重要基础和出发点。

儿童在家庭接受的初步教育，对后来的学校教育、社会教育具有先导性质。由于家庭教育已在儿童心理上发生了初步定势作用，对后继教育总是产生筛选作用。在接受新的影响时经常是在不断依据家庭先前灌输给他的价值观修正自己的经验，并不断地把自己的价值观和经验与家庭成员的经验相对照，建立循环的反馈联系。家庭教育成为青少年儿童接受后继教育的过滤器。

2. 家庭教育的感染性

感染性是情感的一个重要特点，是指一个人的喜怒哀乐等情感，能引起别人产生同样的，或与之相联系的情感。它像无声的语言，对人起着感化的作用，它是一种潜移默化的教育力量，在教育中有着特殊的意义。由于父母子女之间存在着天然的血缘关系，彼此心心相通，情感的感染性就显得更为强烈。家长的好恶取舍，常常决定着子女的行为举止。在家庭教育中，父母对子女的这种情感上的感染作用，有时是说服力很强的言语说教都难以代替的。

3. 家庭教育的引导性

在家庭教育中，家长在子女心目中的地位，是家长有效地教育和影响子女的重要前提，而且与学校教育、社会教育相比，家庭教育具有先行的引导作用。这是因为父母是子女的天然尊长，血缘上的亲密关系和经济上的依赖性使子女对父母有着特殊的依恋和依赖感，再加上父母因其自身努力工作而被社会的承认与尊重、丰富的阅历和经验、成熟的思想意识等，这一切都使得家长在幼小子女心目中树立起可学、可信的形象，使子女养成了对父母尊崇和信任的心理。子女一旦形成这样的心理定式，就会自觉自愿地去接受父母的要求和劝导，向家长希望的方向发展，从而使家庭教育达到预期的目的。

4. 家庭教育的针对性

鲜明的针对性，是家庭教育的又一大特色。俗话说："知子莫如父。"这话不无道理。孩子从一生下来，就首先进入家庭生活，同父母形影不离，朝夕相处，同父母接触的机会最多，相处的时间最长，因此只有父母能够全面地、细致地了解自己的孩子。同时，又由于孩子对父母的信任感和安全感，孩子所表现出的个性非常真实，所以家长能深刻地了解孩子。这样就使家庭教育比较容易地做到从实际出发，对症下药，有的放矢，因人而异，因材施教，从而进行有针对性的教育。教育中不仅问题抓得准，抓得及时，教育方式方法选择得当，教育内容也适宜，体现出很大的灵活性，充满了家庭的个性色彩。

5. 家庭教育的终身性

在人的一生中，享受最长的教育，就是家庭教育，家庭教育具有终身性。而学校教育和社会教育无论时间长短，都只是一种阶段性和间段性的教育。家庭教育则不然，它不仅使人在未成年时获益匪浅，而且在他长大成人，成家立业以后，由于父母与子女之间所具有的血缘关系，家庭教育依然在发生作用，父母永远是子女的"老师"。家庭教育的这种终身性特点，有利于家长对孩子进行长期的、连续的观察和教育，有利于孩子形成比较稳定的人格特征。

家庭教育的上述特点，使得它与其他形式的教育相比较，具有很多优势，有其有利的条件。但是还应看到，家庭教育也有局限性。首先主要表现是家庭教育内容的零散性，任何家庭都不可能像学校那样有计划地、系统地对受教育者施加影响；其次是家庭教育方式的随意性，一些自身素质较差的父母缺乏自觉教育子女的意识，或随意打骂，或娇宠无度，或放任自流，由此给子女的健康成长带来种种不良的影响，这是家庭教育要注意和克服的。

二、社会教育

（一）社会教育含义

社会教育的基本含义有广义和狭义之分。广义的社会教育，是指旨在有意识地培养人、有益于人的身心发展的各种社会活动。狭义的社会教育，是指学校和家庭以外的社会文化机构以及有关的社会团体或组织，对社会成员所进行的教育。

广义的社会教育和我们所说的广义的教育在含义上几乎无异。事实上，教育史上最早的教育职能就是通过社会教育来实现的。在原始社会，家庭尚未形成之前，年轻一代的教育是在全氏族成员的共同劳动中，在日常社会生活中，由氏族公社的成员通过互相的言传身教，或由有经验的年长者向年轻一代传授一些简单的生产和生活的经验的方式进行的。以后随着家庭及家庭教育的出现，直至学校教育的产生，广义的社会教育开始逐步地分化为三种独立的教育形态，即学校教育、家庭教育和狭义的社会教育。

西方有些教育学者认为狭义的社会教育大都产生在16—18世纪。法国社会教育学者第穆认为，法国社会教育在1533年前后开始；美国教育学者诺威斯认为，美国的社会教育1600年以后开始酝酿；英国牛津大学的皮尼斯认为，英国的社会教育萌芽于1850年前后；日本的新堀通在其主编的《社会教育学》一书中认为，日本的社会教育始于明治二年（1868）。其实，这些说法都是指的近代社会教育形态。而实际上社会教育的历史远比这些年代久远得多，就其广义的社会教育不说，仅就狭义的社会教育形态来说，远在学校教育出现以后就一直没有中断过。学校教育形态产生以后就被社会统治阶级所独占，广大劳动人民及其子女接受的仍然是社会教育，即在生产劳动和社会生活中接受教育。至于说近代社会教育，这不是社会教育形态的开始，而只不过是社会教育形态的新发展而已。

世界各国社会教育形态虽然都早已存在，但在20世纪以前，发展却是非常缓慢的。只是在20世纪初，特别是二次世界大战以后，才开始了迅速发展。

现代社会由于科学技术的迅猛发展，社会知识总量的激增，劳动就业结构的突出变化，从而使知识更新的速度不断加快，职业要求不断发展，对成年人来说，一次性的学校教育已不能适应社会要求，于是社会教育便迅速发展。现代科学技术的发展，劳动就业结构的变化，对学校教育也是一个冲击。现代学校教育同社会发展息息相关，青少年一代的成长也迫切需要社会教育密切配合。社会要求青少年扩大社会交往，充分发展其兴趣、爱好和个性，广泛培养其特殊才能，因此，社会教育对广大青少年的成长来说，也具有了极其重要的意义。同时，由于现代信息传播手段的发展，教育技术的不断完善，也为社会教育的广泛发展提供了现代化的物质条件。所以，在当今世界，社会教育已普遍获得了蓬勃发展。社会发展趋势日益表明，随着科学技术的不断发展，社会劳动生产率的不断提高，就业结构的进一步变化，以及人们闲暇时间的增多，社会教育还会获得更大发展，显现出更新的活力。

（二）社会教育的作用

社会教育日益发展，尽管目前在整个教育体系中还处于辅助和补偿地位，但越来越显示出了不可替代的作用。

现代的社会教育具有其他教育形态不可比拟的特殊作用，它的作用主要表现在下述各个方面：

第一，社会教育直接面向全社会，又以社会政治经济为背景，它比学校教育、家庭教育具有更广阔的活动余地，影响面更为广泛，更能有效地对整个社会发生积极作用。

第二，社会教育不仅面对学校，面对青少年，更面对社会的成人劳动者。这不仅可以弥补学校教育的不足，满足成年人继续学习的要求，有效促进经济发展，还可以通过政治、道德教育，促进社会安定与进步。

第三，社会教育形式灵活多样，没有制度化教育的严格约束性。它很少受阶级、地位、年龄资历限制，能很好体现教育的民主性。

第四，现代人的成长已不完全局限于学校，必须同社会实践相结合。通过社会教育更有利于人的社会化。

综上所述，社会教育在现代社会里其意义愈加重要，是现代社会教育体系中不可忽略的部分。

（三）社会教育的类型

1. 社会举办型

这种社会教育是由社会机构（即学校以外机构）举办的，包括青少年教育机构和成人教育机构。有关青少年的社会教育活动，如：少年宫、少年之家、儿童公园、儿童影院、儿童阅览室、儿童图书馆等。这些专门组织的社会教育机构旨在弥补学校教育和家庭教育之不足，促进青少年的个性全面发展。关于成人教育，有各种文化补习学校、扫盲班、技术培训班，各种讲座、报告会等。

除了社会专门组织的教育活动以外，一些社会媒体也担当社会教育任务，如报纸、杂志、书籍、图书馆、广播、电视和电影等。

2. 学校举办型

有些社会教育是发挥学校作用，是由学校负责举办的。例如：函授、刊授、扫盲、各种职业训练班、科学报告和讲座等。这是充分利用学校教学人员和物质条件、向社会开放，直接为社会服务的教育活动。当今许多国家推行的社区教育，其中就包括依靠学校向校外开放的社会教育。

（四）现代社会教育的特点

社会教育同学校教育、家庭教育相比有许多自身的特点：

1. 开放性

社会教育不像学校教育具有诸多限制。它没有年龄、时间、地域等局限，随时随地都可接受教育。同时社会教育已开始把教育同社会生活、生产劳动、休闲娱乐等沟通起来。社会教育打破了学校教育那种封闭式的教育体系，具有极大的开放性。

2. 群众性

社会教育服务对象不仅是青少年，对各个年龄阶段，各行各业人员都有重要意义。以往对社会教育的认识仅限于对青少年的校外教育。现在已远远超出青少年，而扩展到了全社会。成年人的职业技术教育、老年人的老年大学等等，满足了社会各年龄阶段、各职业系统人员的学习要求，教育对象日益普遍。

3. 多样性

由于社会教育对象非常广泛，各有不同条件和不同需要，因此，社会教育的形式和内容也具有极大的灵活性和多样性。从受教育时间上说有脱产式、半脱产式、业余式等；就其教育形式来说有培训班式、讲座式、函授式、媒体传播式（如广播、电视、报纸、杂志、影院等）、展馆式（图书馆、博物馆、展览馆等）、自学式等；就其内容来说有文化知识、科学技术、政治法律、伦理道德、文学艺术、体育卫生，以及生活常识等多方面的教育。

4. 补偿性

学校教育时间较长，在校所学知识有些容易过时，跟不上时代需要；许多新的知识不断涌现，需要新的学习；更有些东西是在学校没有学到的，如日常生活知识、用品修理等。这些在学校尚不具备的知识，需要社会教育予以补充。因此，社会教育具有较强的补偿功能。

5．融合性

现代的社会教育不仅具有独立形式，而且日益渗入社会生活的方方面面，越来越表现出同社会的政治活动、生产劳动、社会生活、娱乐活动，甚至同宗教活动密切结合，融为一体，处处都可以发挥着社会教育作用。

三、学校教育

学校教育是一种制度化的教育，在现代教育体系中，学校教育形态是教育的主体形态。教育学理论中所揭示的教育规律大都是以学校教育为核心的。所以，这里重点不再以学校所进行的教育为主要研究对象，而且着重对学校这一教育形式进行研究。

（一）学校教育的含义

学校教育是指通过专门的教育机构对受教育者所进行的一种有目的、有计划、有组织、有系统地传授知识、技能，培养思想品德，发展智力和体力的教育活动。

学校教育作为教育的一种特殊形式，是由专门的机构——学校和专职人员——教师来实施的。从教育发展的历史来看，它产生在社会教育、家庭教育之后，是教育发展的高级形态。尽管在其发展过程中由于不同社会，不同国家经济、政治、文化等的多种影响，出现过兴衰变换，然而它却始终同社会教育、家庭教育并行发展着，并且其规模之大，速度之快，结构之复杂，体系之严整，都是社会教育、家庭教育所无法比拟的。这是因为学校教育在培养一定社会所需要的人方面，对于促进社会生产力的发展，维护和稳固一定社会的政治经济制度等方面所起的作用，以及在满足人们自身发展的需要方面，较之其他教育形态有更高的效率。所以，学校教育在整个教育体系中一直居于主导地位。

（二）学校教育的历史发展

学校教育从古至今，在漫长的历史发展过程中，大体经历了以下几种主要的形式：

1. 人文学科教育为主要特征的学校教育形态

首先从社会结构中分化出来的学校教育，是与上层建筑、意识形态相联系的传统人文学科教育，因此，最早诞生的学校是宫廷学校、职官学校、寺庙学校和文士学校。古埃及的这些学校极重视道德品质的培养，要求学生尊日神、忠国君、敬长官、孝双亲；以造就文士为重要目标，即训练继起的统治者和他们御用的爪牙；同时教授书写、辞令。中国奴隶制社会学校教育的主要内容是六艺：礼、乐、射、御、书、数。"礼"是别上下，分尊卑，维护世袭等级制的典章制度和道德规范。"乐"是祭祀天地鬼神祖先，颂扬帝王贵族，鼓舞军心的音乐和舞蹈。"射""御"是射箭、驾车等作战技术。"书"是语言文字的读、写以及文学历史方面的知识。"数"是计算以及历法天文等自然科学方面的知识。奴隶制社会的学校教育是脱离生产劳动的，主要让奴隶主子弟学习礼义等统治之术。孔子的话可谓很好的注脚，他说："上好礼，则民莫敢不敬；上好义，则民莫敢不服；上好信，则民莫敢不用情。夫如是，则四方之民襁负其子而至矣！焉用稼？"[1]而整个中国封建社会的学校教育也基本上与生产劳动相脱离，儒家的经典著作"四书"和"五经"[2]是教育的主要内容。

在欧洲奴隶社会中，从古希腊的学校教育到古罗马的学校教育，主要是教授学生以读、写、算、音乐、文学、政治、哲学、历史、修辞等方面的知识，以培养他们从事政治活动的能力。在封建社会，僧侣垄断了文化和学校教育，教会学校的教育内容是"七艺"[3]，各个科目都贯穿着神学精神，以此来培养对上帝虔诚、服从教权与政权、进行宗教活动的教士。

由上所述，我们可以看出，这类学校以人文学科的教育为主，同社会

---

① 《论语·子路》。

② "四书"，即《论语》《孟子》《大学》《中庸》；"五经"，即《诗》《书》《易》《礼记》《春秋》。

③ "七艺"，即文法、修辞、辩证法、算术、几何、天文、音乐。

的物质生产劳动几乎完全相脱离，主要培养管理国家、统治人民的政治人才和传播社会的意识，具有鲜明的阶级性和政治倾向。

2. 自然科学教育占重要内容的学校教育形态

自然科学教育从生产实践中分离出来，成为学校教育的重要内容，是推动近代学校教育迅速发展的内在动力。随着生产力的发展，人们对自然现象及其规律的认识不断深化，使自然科学逐步从生产实践过程中分化、独立出来，尤其在数学和天文学领域发展较快。但在自然科学先是隶属自然哲学，后又依附于神学的时代，不仅阻碍了自身的发展，而且大大削弱了其对学校教育的影响。文艺复兴运动使自然科学冲破了宗教神学的桎梏，并获得迅猛发展。"随着资本主义生产的扩展，科学因素第一次被有意识地和广泛地加以发展、应用，并体现在生活中，其规模是以往的时代根本想象不到的。"[1]正是这样的时代，要求资本主义的学校教育既有培养统治人才的任务，又有培养生产技术人员的任务，自然科学的教育内容被广泛引入学校，代数、三角、物理、化学、生物等科目逐渐成为学校的必修学科。从下面一张表中，可以看出文艺复兴时期和在这个时代影响下的后来几个世纪里，自然科学普遍发展，总结人们知识成果的学科不断增加并日益分化[2]：

---

① 《马克思恩格斯论教育》，人民教育出版社1979年版，第125页。

② 曹孚编：《外国教育史》，人民教育出版社1979年版，第62页。

14世纪以前	文艺复兴时期（14—16世纪）	17—18世纪
文　法	文　法 文　学 历　史	文　法 文　学 历　史
修辞学	修辞学	修辞学
辩证法	辩证法	逻辑学 伦理学
算　术	算　术	算　术 代数学
几何学	几何学	三角法 几何学
	地理学	地理学 植物学 动物学
天文学	天文学 力　学	天文学 力　学 物理学 化　学
音　乐	音　乐	音　乐

　　自然科学教育在学校教育中的地位逐步确立并加强，引起了学校教育形式、教学方法、教学手段的相应变化。班级授课制，实验、演示、实习等教学方法以及幻灯等教学手段被广泛地采用，进一步推动学校教育自身发展。在中国，从19世纪下半叶开始，随着新的生产力的出现和西方自然科学的大量引入，学校课程除传统学科外，也增加了算术、地理、博物、物理、化学、农业等自然科学课程。

　　3. 职业技术教育成为学校教育一个重要组成部分的学校教育形态

　　马克思曾经说过："生产过程成了科学的应用，而科学反过来成了生产过程的因素即所谓职能。每一项发现都成了新的发明或生产方法的新的改进的基础。"①近代自然科学兴起所导致的直接后果是物质生产过程中以蒸汽机的出现为标志的产业革命，但在这一因果链条中有一个不可忽视的中间环节，即科学向技术的转化。随着各种先进技术设备在生产过程中的广泛采用，对劳动者的素质提出新的要求。这就对近代学校教育产生冲击，要求它尽快改变与生产实践隔绝的状态。正是在这样的背景下，职业技术教育采用学校教育的形式迅速发展起来，很快取代了生产过程中师徒间的技术传授并开始在生产发展中显示出越来越明显的效益。职业技术学校的起源，可追溯到18世纪建立的教会星期天学校和手工业星期天学校。随着工业化的发展，职业教育也发展起来。在20世纪初，一些国家纷纷颁布职业学校教育法规。如德国工会于1919年通过了一项关于学徒规定的声明，被看作是广泛解释学徒培训问题和职业教育法的第一个草案②。美国于1917年通过的《史密斯—休士法》规定，由联邦政府拨款兴办大学程度以下的职业教育③。英国1918年政府法令规定，凡完成义务教育而离校的儿童，还须在补习学校继续受教育二年。各种职业学校因此有所发展④。法国1919年7月《阿斯蒂埃法案》规定：一个市镇必须设立一所职业学校；18岁以下青年有接受免费职业教育的义务；雇主有使学徒上职业学校的义务。⑤尤其是二次大战以后，职业技术教育在世界范围内迅猛发展，职业技术学校在学校体系中的地位也日益提高。日本、德国等国家已经形成了初、中、高等相当完整的职业教育体系。中国到1990年底，全国各类

---

① 《马克思恩格斯论教育》，人民教育出版社1983年版，第122页。

② 李昌芳、梁翠英：《当今德国教育概览》，河南教育出版社1994年版，第109页。

③ 上海师范大学《外国教育发展史资料·近现代部分》编译组编：《外国教育发展史资料》（近现代部分），上海人民出版社1976年版，第19页。

④ 同上书，第39页。

⑤ 上海师范大学《外国教育发展史资料·近现代部分》编译组编：《外国教育发展史资料》（近现代部分），上海人民出版社1976年版，第57页。

职业技术学校已发展到16000多所，在校生超过600万人。各高中阶段职业技术学校和普通高中的招生数之比已接近1：1。[①]

职业技术教育从物质生产过程中分化出来，成为学校教育的一个重要组成部分，促进了教育与生产劳动的结合，加速了学校教育在社会成员中的普及，展示了现代教育向多层次和复杂结构发展的趋势，因此，它构成学校教育发展的一个重要阶段。

4. 当代学校与社会，人文与科学教育结合的学校教育形态

当代社会日益发展成为高度科学化的信息社会，学校教育已不是传统意义上的学校围墙内的教育了。学生不仅在学校学习，而且从家庭、社会生活中接受的信息量与日俱增，这是一种潜移默化而又强大有力的教育。如现在学生的知识、品德发展在很大程度上受到电视节目、图书、报纸、杂志、参观、旅游和各种社交活动的影响。现代教育技术的发展，不仅改变了传统教育形式，也扩充了教育内容和情境。这一变化，引起学校教育与社会教育的有机结合，大大提高了学校教育的效率，也从根本上改变了传统学校教育与社会隔离的封闭状态。

世界进入20世纪末，一股倡导人文教育与科学教育相融合的思潮正在悄然兴起。从历史上看，偏执的人文教育虽弘扬了人类的理性，但由于科学技术发展不足，延缓了社会生产力的发展进程，影响了人类物质生活质量的提高。同时，偏执重视科学和科学教育，忽视人类理性的提升，也同样会给社会带来祸患，因为科学技术既可给人类带来生产的突破和生活的飞跃，也可给人类带来数不清的灾难。没有理性把握的科学技术会成为灾祸之源。进入21世纪以后，人类将更加清楚地认识到这一点，强化人文与科学融合的教育将成为未来教育的特征之一。

（三）学校教育的特点

学校教育自产生时起，就区别于社会教育和家庭教育，具有独自的特

[①] 全国教育情报交流网中心站编：《教育科学情报综览》，贵州教育出版社1992年版，第324页。

点。其特点概括起来主要有如下几个方面：

1. 职能专门性

学校教育职能是专门培养人，学校是专门教育人的场所。学校教育同社会教育、家庭教育相比，其不同之处首要的便是学校教育的专门性。学校教育的专门性特点主要表现在任务的专一。学校唯一的使命是培养人，其他任务都是围绕着培养人来实现的。学校教育有专门教育者——教师，他们都是经过严格选拔并经过专门训练培养出来的。这样的教育者不仅学识广博、品德高尚，并且懂得教育规律，掌握有效的教育方法。学校教育还有专门的教育教学设备，拥有专门进行教育的手段。这一切都充分保证了学校教育的有效性。

2. 组织的严密性

教育的特点在于对人影响的有目的、有组织、有计划。学校教育正是体现了教育的特点。学校教育的目的性和计划性集中体现在严密组织性上。学校教育是制度化的教育。学校教育具有严密的组织结构和制度。从宏观上说，学校有各级各类、多种多样的体系结构；从微观上说，学校内又有专设的领导岗位和教育教学组织，有专司思想政治、教学工作、总务后勤、文体活动等专门组织机构。还有一系列的严密的教育教学制度，如此等等，是社会教育和家庭教育形态所不具备的。

3. 作用的全面性

学校教育对人的发展作用是全面的。社会教育和家庭教育对人的成长影响多少都带有一定的偶然性，影响的范围也往往只侧重在某些方面。而学校教育是全面培养人的活动，它不仅要关心教育对象的知识和智力的增长，也要关心学生的思想品德形成，还要照顾受教育者的身体健康成长。培养塑造全面完整的社会人，是学校教育的特有职责。而这一职责也只有学校教育才能承担起来。

4. 内容的系统性

适应培养造就全面完整社会人的需要，学校教育内容特别注重内在连续性和系统性。社会教育和家庭教育在教育内容上一般具有片段性。即使是有计划性的社会教育，也往往是阶段性，就其知识总体来说也具有片段性。学校教育既要注意知识体系，又要符合认识规律，所以，教育是系统的、完整的。教育内容的完整性和系统性是学校教育的一个重要特点。

5. 手段的有效性

学校具有从事教育的完备的教育设施和专门的教学设备，如声像影视等直观教具，实验实习基地等，都是学校教育的有效手段。这些都是保证教学顺利进行的不可缺少的物质条件。这是社会教育和家庭教育所无法全面提供的。

6. 形式的稳定性

学校教育形态比较稳定。它有稳定的教育场所、稳定的教育者、稳定的教育对象和稳定的教育内容，以及稳定的教育秩序等。学校教育的这种稳定性，更有利于个人的发展。当然，稳定是相对而言的，它也要有相应的改革变化。稳定不是僵化，如果把相对稳定看作是墨守成规、僵死不变，那就必然要走向反面。

总之，学校教育具有其他教育形态所不具备的独特特点，而且正是这些特点保证了学校教育的高度有效性，使它在各种教育形态中占据主导地位。

第四节　教育的途径

人类的教育，特别是学校教育是通过特定的途径进行的。所谓教育途径是指教育者有目的、有计划、有组织地传授教育内容，完成教育任务，实现教育目的，师生共同活动的渠道。

教育途径其实也是教育活动的构成要素。因此，教育途径也具有目的性、计划性、组织性、双边性的特点。教育途径的运用与选择都是从教育的根本目的出发，依据受教育者的身心特点和教育内容要求来确定的。

学校中任何教育活动，任何教育内容，除需要有相应的方法手段、合适的空间外，也必须有相应的教育途径才能进行。没有途径，即使方法再科学，手段再先进，环境再合适，师生有再高的积极性，也是枉然。手段即工具，方法即技术，途径即渠道。途径之于教育过程的独立作用，就像一个人旅行一样，既有汽车、飞机、轮船、自行车等交通工具，也有操作这些工具的技术，但上无航线，下无大海，陆无道路，即使有这些工具和技术，又有何用？所以，教育过程仅仅有了教育主体、教育目标、教育内容、教育手段、教育环境还不行，还不能实际展开教育活动，还必须有相应的教育途径才能使教育活动付诸实施。因此，途径作为教育过程的一个独立要素，同样是不能由其他任何要素所替代的。

学校的教育途径是教育者与受教育者进行双向活动时所经历的渠道的总称。具体说，主要有教学工作、思想教育工作、劳动、课外活动、社会实践等。每一个较大的教育途径又可分为若干小途径，如教学工作分为上课、辅导、参观、家庭作业等；思想教育工作分为思想政治课、团队活动、社会活动、班主任工作等；劳动分为生产劳动、公益劳动、自我服务劳动等。

一、教学

教学是教师的教和学生的学所组成的一种人类特有的人才培养活动。通过这种活动，教师有目的、有计划、有组织地引导学生积极自觉地学习和加速掌握文化科学基础知识和基本技能，促进学生多方面素质全面提高，使他们成为社会所需要的人。

教学是学校实现教育目的、完成教育任务的基本途径。人类经过千百万年的反复尝试实践和理性选择，从前人摸索出来的多样的经验传授途径中筛选出几种有利于学生身心发展的途径保留下来，如学校教学、课外活动、各种形式的劳动、学生集体组织的活动、社会公益活动、家庭活动等，成为现代教育中为学校教育活动广泛运用的途径，各种途径相互作用影响学生发展。在诸种途径中，教学是学校教育的基本途径，学校教育目的的贯彻落实和各种教育任务的完成主要是通过教学途径实现的。因为在各种途径中，教学的知识容量最大，计划性、系统性更强，活动的效果更明显，因而对学生全面发展和个性特长的发挥有更强的作用。

教学出现以来渐次形成的特殊作用是：

（1）教学以有目的、有计划、有组织的活动形式进行人类经验的传授，使教学活动有着良好的秩序和节奏，从而大大提高了教学的效率。各种教学规章制度的形成更规范了师生的教学行为，使教学活动免除了随意性和零散性，从而变成一种专业性很强的特殊活动。

（2）教学将传授的内容，经科学的选择，依据知识构成的逻辑顺序和学生获得知识的认知规律编成教材，作为学生认识世界的媒体。这比起学生自己选择，自发学习社会上散在的经验，无论其目标、内容、时间、效果都要优越得多。

（3）教学又是在教师的引导和精心安排的过程中进行的。它提出：可以避免自学上的困难和反复的尝试错误过程。而且，教师又总是试图选择最优的方法去完成教育的任务，这就保证了学习者学习上的每一步都能够顺利地进行。

（4）教学所要实现的不仅仅是知识的传授，它要完成的任务始终是全方位的，既有知识的获得、智力的发展、能力的培养和提高，又有思想品德的完善、基本技能的形成、个性特长的发展，等等，这种全面发展的实现只有教学才能做到。

教学的上述作用客观决定了学校工作以教学途径为主是学校教育客观规律的反映。学校工作以教学为主，即指教学是学校的主要的、中心的工作，在时间安排上以教学为主或教学占用的时间最多。学校工作必须以教学为主，首先是因为，以教学为主是学校教育工作的特点决定的。原始社会的教育是在社会生活和生产劳动过程中进行的，随着学校的产生，教学活动作为学校的独立活动，区别于在社会生活和生产劳动过程中的教育活动，并且是学校教育活动中的主要内容。以教学为主，从学校产生时起，便是学校教育工作的特点了。教学为主是学校同工、农、商等部门的根本区别，没有教学就没有学校。其次是因为，以教学为主是学生以学习间接经验为主决定的。学校的主要职能就是，使学生走捷径，尽快掌握人类已经积累起来的社会生活和生产劳动的经验，即学习间接经验。教学则是学生尽快掌握间接经验的捷径。学校工作若不以教学为主，如以生产劳动为主，学生便不可能尽快掌握人类已经积累起来的社会生活和生产劳动的经验。再次是因为，以教学为主是学校教育工作的历史经验的概括和总结。新中国成立以来，学校教育遵循以教学为主的规律，曾经进行三次大的调整，从而保证了教育质量，培养出了合格的人才。第一次是1953年，把课外活动过多，调整到以教学为主的轨道上来。此前社会上各个部门，都可以向学校指派任务，非教学活动过多，学生学习的知识不系统，为此发布《关于整顿中小学教学的指示》，教学工作是学校压倒一切的中心任务，教师的主要责任是做好教学工作，学生的主要任务是学好各门功课。这一次调整，保证了教育质量的提高，1956年出现了第一次教育质量高峰。第二次是1959年，把学校教育以生产劳动为主调整到以教学为主的轨道上来。针对1958年在贯彻教育与生产劳动相结合方针过程中，劳动过多的偏向，国务院于1959年5月发布《关于全日制学校的教学、劳动和生活安排的规定》，规定了教学、劳动和生活时间的安排，纠正了以生产劳动为主的偏向。后来，虽然出现过把教学作为唯一途径，学生负担过重的现象，但是由于把以生产劳动为主调整到以教学为主的轨道上来，1966年出现了第二次教育质量高峰。第三次是1976年，把以政治运动、以干代学为主调整到以教学为主的轨道上来。在"文化大革命"期间，以政治运动、以干代学为主代替了以教学为主，1976年粉碎"四人帮"之后，把学校教育调整到以教学为主的轨道上来，1977年大学恢复通过高考招生，尽管存在着片面追求升学率的现象，但是教育质量开始逐步提高。

教学作为现代学校教育实现教育目的、完成教育任务的基本途径，它的基本性体现在两个方面。其一是指教学要以完成智育任务为本，这是教育途径中，教学有别于其他途径的主要特点；其二，教学以完成智育任务为中心，不等于教学仅仅完成智育的任务。教学作为基本途径，它是各育共有的途径，因而也要完成德育、体育、美育等各育的任务。这些任务包括：

向学生传授系统的科学知识，训练学生形成基本技能、技巧，发展学生的智力和能力。

培养学生具有坚定正确的政治方向、辩证唯物主义的世界观和共产主义的道德品质。

使学生身体正常发育，健康成长。

培养学生具有正确的审美观点和感受美、鉴赏美和创造美的知识和能力。

使学生掌握现代工农业生产的基本知识，学会使用基本生产工具的技能。

教学要高质量高效率地完成上述任务，一个至关重要的方面是必须遵循教学规律，处理好间接经验和直接经验相结合的关系，传授知识和提高思想觉悟的关系，传授知识和发展智力的关系，以及发挥教师的主导作用与调动学生积极性、自觉性的关系。

教学又是借助不同的形式实现的。到目前为止，我们在运用教学这一途径时可供我们选择的教学组织形式有：教学的基本形式——课堂教学；教学的辅助形式——现场教学和个别指导；教学的特殊形式——复式教学；教学的电化形式——多媒体教学。

二、课外活动

课外活动是指在课堂教学之外，由学校组织指导或由校外教育机关组织指导的、用以补充课堂教学，实现教育方针要求的一种教育途径。

课外活动又可以分为校内活动和校外活动，二者的区别在于组织指导的不同。校内活动是由学校领导，教师组织指导的活动；校外活动是由校外教育机关组织指导的活动。这里应该注意的是，校内活动并不仅仅限于学校范围之内，也可以是在校外组织活动，它与校外活动的区别只是在组织和领导方面的不同。在这里，我们把校内活动和校外活动统称为课外活动。

在我国古代，已经出现了课外活动这一教育形式。《学记》中记载："大学之教也，时教必有正业，退息必有居学。"所谓"正业"就是指的课堂教学，"居学"就是指课堂教学以外的活动，即是说，受教育者在课堂学习之外，还要进行与课堂学习有关的课外活动。这样，才能使受教育者"安礼""乐学"，从而实现"安其学而亲其师""乐其友而信其道""虽离师辅而不反"的目的。

随着社会发展的需要，个别教学被以班级授课制为基础的课堂教学代替。课堂教学能够大规模地培养人才，适应社会和生产发展的要求。但是，它又具有一定的局限性，不利于从实际出发，因材施教，不利于受教育者个人天性的充分发展。因此，作为课堂教学这一组织形式的必要补充形式，课外活动便应运而生，并在长期的发展和实践中，不断地完善和积累经验，日趋成熟。

课外活动与课堂教学是一个完整的教育系统，课外活动是课堂教育的必要补充，二者相互作用，相辅相成，对完成教育任务、实现教育目的具有同样重要的作用。它对解决受教育者的全面发展与因材施教，一般发展与特殊发展，间接经验与直接经验等矛盾具有重要的意义。

课外活动与课堂教学虽然都是实现教育目的的重要途径，但由于课外活动在活动内容、组织形式、活动方式上等又不同于课堂教学，因此，又具备了它自身的特点。

1. 课外活动具有很高的自主性

课外活动是在课堂教学以外进行的活动，组织者根据教育教学的实际需要，可随时随地的经常组织形式多种多样、内容丰富多彩的活动，课外活动有时是学校或校外教育机关统一组织的活动，还有很多时候是在学校或校外教育机关的指导下，受教育者根据自己的兴趣、爱好、特长以及实际的需要，自愿地组织、选择和参加的活动。这样，不仅能发挥受教育者的积极性和主动性，而且能使受教育者的才能、个性得到充分发展，有利于受教育者的优良个性品质的培养。

2. 课外活动的形式具有很大的灵活性

课外活动的开展，可以根据学校的实际情况和受教育者的身心发展状况等来确定。活动规模的大小、活动时间的长短、活动内容的选择等都可以灵活掌握，没有固定模式，生动活泼，灵活多样。

3. 课外活动的内容具有很强的伸缩性

进行课外活动可以根据本地区、本学校的实际情况，或受教育者的不同愿望，开展内容丰富多彩的活动。不像课堂教学那样，要按照统一的教学大纲、教学计划和教科书的要求去做。活动内容可由学校或校外教育机关根据实际需要自行决定，内容可深可浅，可多可少，还可以不断变动，具有很强的伸缩性。

4. 课外活动与课堂教学相比，具有很强的实践性

课堂教学中，受教育者可以获得知识，培养思想品德，提高审美能力等。在课外活动中，受教育者有直接动手的机会，在其亲自参与、组织、设计的各项实践中，获得了实际知识，提高了思想品德和身体素质，各方面的能力都在实践活动中获得了发展。

课外活动具有区别于课堂教学的自身所具有的特点。在整个教育活动中，它的影响是广泛而深刻的。作为教育途径中一条十分重要的途径，它在人的身心发展中有着重要的意义和作用。

1. 课外活动不仅能加深、巩固和扩大课堂上所学到的间接知识，而且能不断地获得新的知识

受教育者可以把在课堂上获得的知识运用于实际，从而加深对知识的理解。在已获知识的基础上，进行实际操作，并能不断地发现新的知识，掌握新的技能。内容丰富多彩、形式多种多样的课外活动，还可以激发受教育者的学习动机，推动受教育者不断地去探求知识，刻苦地学习，并且能够培养和发展受教育者的创造才能以及手脑并用的能力。

2. 课外活动可以培养教育者的良好的思想品德，丰富和活跃受教育者的精神生活

社会主义的教育就是要培养全面发展的劳动者，在课外活动中，通过进行多种形式的政治教育、革命传统教育活动，提高受教育者的思想政治觉悟，培养受教育者热爱祖国、热爱人民的情感；通过参观访问，学习现实生活中的先进人物，先进事迹等，使受教育者对照自己，找到差距，不断提高；参加社会公益劳动，争做好人好事，可以提高受教育者的良好道德品质；课外阅读、参观、访问、讲演、竞赛等活动，还可以不断地丰富受教育者的精神生活，使其健康活泼地发展。受教育者参加一些社会主义物质文明和精神文明的建设活动，可以得到多方面的锻炼，更加有利于自身的发展。

3. 课外活动可以发展受教育者的体力、审美能力、劳动能力

通过课外体育活动，可以发展受教育者的体力。受教育者通过创造美、鉴赏美、感受美等活动，可以发展其审美能力。通过参加有益的公益劳动等，可以发展受教育者的劳动能力，并掌握基本的生产技能。受教育者多方面能力的发展，使他们能愉快地生活，健康地成长，成为合格的社会主义建设者。

4. 课外活动还可以使教育者能从中及早地发现人才，促进人才的早期培养

课外活动内容丰富，形式多样。受教育者个人的志趣、爱好、特长以及各种才能都可以在活动中得到充分的发挥和表现。因此，教育者可以从中发

现在某一方面有特殊才能的人，并及时培养和训练，防止人才的埋没。

5. 课外活动有利于受教育者个性的形成和培养，并防止受教育者走上歧途

课外活动是受教育者个性得以充分施展的最好途径。

通过课外活动，不仅使受教育者的业余时间得以利用，而且使他们获得了知识，发展了能力，并且防止了他们从事不利于身心健康发展的活动，使其愉快而有意义地度过课余生活，同时，还是锻炼他们独立自主生活能力的一个极好机会。

6. 课外活动可以训练受教育者的社会交往能力

受教育者生活在一个关系丰富而复杂的社会环境里，每一个人都应该学会如何去认识他人，评价他人，都应该学会与人交往。社会交往能力的学习与训练，能为受教育者在未来的工作、家庭、社会生活中，接触各种人，应对各种环境做好准备，为受教育者走向社会、适应社会和认识社会打好基础。

7. 课外活动也是训练受教育者善于利用闲暇时间的一种有效方式

通过多种多样、丰富多彩的课外活动，使受教育者能够合理地安排闲暇时间，发挥自己的爱好、特长、聪明才智，发展自己，锻炼自己，完善自己。这种好的习惯一旦形成，将来走上社会，步入工作岗位时，也仍然会坚持下去，受益终身。

8. 课外活动也是培养良好公民的一种手段

课外活动应从开始就培养受教育者做一名良好的社会公民。培养他们热爱祖国遵纪守法，热情赞助公共事业，爱护名誉，诚实、公正等品质。在对其进行公民训练时，受教育者还可以从中获得许多公民的道德知识以及良好公民的知识等。

三、社会实践

社会实践活动是在校外的社会活动中，对学生进行有目的、有组织的

教育活动。它是整个教育体系的一个重要组成部分，是实现教育目的的另一种教育途径。它具有的价值功能是其他教育途径所无法替代的。

1. 社会实践是实现教育"三结合"的中介桥梁

教育必须同生产劳动相结合，理论必须和实际相结合，知识分子必须与工农相结合，这是马克思主义教育思想的重要组成部分，是培养全面发展人的重要途径。通过参加多种形式的社会实践活动，可以使学生在生产劳动的实践中做到手脑并用，把理论和实践、感性认识和理性认识、直接经验和间接经验结合起来。通过参加工农业生产活动，与工农结合，在劳动实践中体验劳动的艰辛，培养学生的劳动观念、劳动习惯和对劳动人民的思想感情以及主人翁的劳动态度，培养学生热爱工农和向工农学习的思想品质。高校学生通过专业实习、开展扶贫活动等，达到学以致用，理论和实践相结合。

2. 社会实践活动是造就德、智、体全面发展人才的关键环节

培养德、智、体全面发展的人才与做其他工作同样，要遵循其自身的规律，遵循马克思主义唯物辩证法的由实践到认识，再由认识到实践的人类认识总规律。正如列宁所提出的"从生动的直观到抽象的思维，并从抽象的思维到实践"，毛泽东"从感性到理性，再从理性到实践"的认识图式，学生的个体认识也要遵循这一普遍认识规律，当然也有其自身的特殊性。在实践阶段上，学生的实践主要不是为社会生产物质产品，而是通过具有教育因素的社会实践活动，加强已学理论与实际的联系，达到学以致用。

3. 社会实践活动是塑造和构建学习主体的重要途径

教育的根本目的是要逐步确立和发展学生在学习过程中的主体地位。也就是要塑造和建构学习主体。而学生主体地位的确立不仅是一个动态过程，而且是不断实践的过程，并且在实践中确立学生的主体地位。即社会实践既是人的主体地位确立的最终途径，也是培养人的主体意识的基本途径。学生在参加社会实践活动中，逐步摆脱了教师的主导性，从教学中教师主体逐步向学生主体地位的转移，学生以自己的自觉性，能动性和独

立性参加社会实践活动，并在解决社会问题中创造性地发挥自己的聪明才智，逐步形成主体意识，这是课堂教学途径所无法比拟的。

教育中的社会实践活动由三类内容构成：

1. 以德育为目标的社会实践活动

实现德育目标的社会实践活动形式主要包括：社会生产劳动、社会服务活动、社会调查、军事训练等。通过这些活动形式，对学生进行劳动教育、社会公德教育、国情教育、爱国主义教育、纪律教育、国防教育、革命传统教育、民主法制教育等。

2. 以智育为目标的社会实践活动

通过教学实验、专业实习、咨询服务、扶贫培训等形式的社会实践活动，检验、巩固书本知识，提高学生从事专业工作的能力教育。通过在工厂和农村建立教学实践活动基地，培养学生走理论与实际相结合、与工农相结合之路，在业务上培养学生热爱专业、对事业精益求精的精神和一丝不苟的工作作风。

3. 以劳动教育为目标的社会实践活动

其主要形式是勤工俭学。它作为学校教育的实践活动，是全面贯彻党的教育方针，加强对学生的劳动观点教育和劳动技能训练，提高教育质量，培养全面发展的社会主义一代新人的重要途径之一。学生在勤工俭学过程中，通过工学结合，体脑并用，充分发挥主观能动性、创造性，能够培养和锻炼学生的实践能力。同时，勤工俭学也是实现教育与生产劳动相结合的教育实践手段。

进行社会实践活动的基本要求有：

1. 明确目标导向

社会实践活动具有一定的方向性，是为一定的社会目的服务的。因此，我们在确立学生社会实践活动的目标时，首先必须遵循、坚持党的基本路线和教育方针，保证学生德、智、体全面发展，为社会主义事业培养建设者和接班人这一原则。这是学生进行社会实践活动的根本要求。

2．坚持因地制宜，因材施教

社会实践内容的确立，应根据不同地区不同情况确定，不同的内容采取不同的方法，针对不同学生提出不同要求。这种因地制宜，因材施教的原则，是提高学生群体社会实践效果和个体社会实践效果的重要保证。二者相互补充，相辅相成。只有很好地贯彻了因地制宜的要求，才能使主观符合于客观，并为实施因材施教原则提供前提条件。也只有更好地贯彻因材施教，才能保证因地制宜的贯彻获得实效。

3．重视综合效益

必须重视学生通过社会实践活动产生的效果和利益。由于学生的社会实践是走出校门到工厂、农村、部队、街头开展社会调查研究、公益劳动、军事训练、科技服务和生产实习等活动。因此，必然产生一定的经济效益和社会效益。因此，在社会实践活动中，正确、合理地处理学校和社会实践活动基地的社会效益、经济效益的归属，坚持综合处理效应原则，是符合经济发展和社会发展形势需要的，也是搞好学生社会实践活动的重要一环。学生的社会实践应该把社会效益放在首位，服从教育效益。

4．实行宏观控制，微观放开

由于社会实践涉及面广，内容多，活动内容分散，面对如此复杂的情况，必须加强宏观控制，坚持社会实践活动的政治方向，加强统一领导。但同时又必须相信群众，依靠群众，充分发挥教师、学生的积极性、主动性和创造性，发挥社会实践基地有关人员的智慧，不断拓宽、充实社会实践活动的内容。这样，才能使社会实践活动的内容丰富多彩，提高社会实践活动的效果。

第五节　教育的本质

　　教育本质要回答"教育究竟是什么"，即回答教育活动与社会上其他各种活动之间的质的根本的区别。对教育本质的清醒认识、科学回答和准确的把握是属于教育观的问题。

　　教育本质虽属抽象的教育哲学问题，但在现实的教育实践之中处处都有它的体现。从宏观上看，对教育本质的不同认识直接影响着教育目标的确立，教育内容和方法的选择，教育评价标准、教育发展战略和各项教育方针、政策的确定以及教育投入、教育管理方式等等；从微观上看，对教育本质的不同把握将直接影响着学生正确教育观的形成。因此，认真研究和明晰教育本质，对科学教育观的树立意义十分重大。

一、教育的本质

　　在分析教育本质问题时，必须首先确定教育的范围和本质的含义，这样才能避免一些不必要的争执，使论者有共同的论域。我们在这里讨论的教育是"教育一般"，它的外延是古今中外现在未来各级各类教育，而非某一国家或某一种形式或某一阶段的教育。我们这里讨论的本质是指事物的根本性质，是组成事物基本要素的内在联系。事物的本质是由它本身所固有的特殊矛盾所决定的。一事物的根本性质，对于该事物来说，就是它本身的特殊本质；对于它事物来说，就是它们之间的本质区别。本质和必然性、规律性是同等程度的范畴，但比较起来，本质的含义要更宽泛一些，它是事物内部所包含的一系列必然性、规律性的综合。不能把事物的各种属性和功能混为本质。

　　本质是相对现象而言的。现象指一事物的外在表现。教育有着多种多样的外部表现形式。从原始教育到当代教育，从家庭教育到学校教育，从观察模仿到言传身教，千百年来，教育活动的内容、形式、方法不断地更替、发展，其外部表现可谓变化多样。但如果我们能够透过这些变化多样的外部现象，从纷繁复杂的矛盾中找到潜藏在现象中同一的、普遍的、稳定的东西，便是找到了教育的本质，找到了决定着教育活动与其他社会活动根本区别的特殊规定性。

因此我们认为，人类从古至今纷繁复杂的各类教育现象中同一的、普遍的、稳定的，且又是与其他的社会活动根本区别的，教育的质的规定性是：有目的、有计划、有组织地培养人的社会实践活动，即根据一定社会需要而进行的培养人的活动或培养人的过程。

通过现象看本质，不论我们强加给教育多少个属性，多少个性质，这都无碍于教育作为一种培养人的活动的本质规定。教育过去是、今天是、将来也必定还是教育——人的培养，这便是教育的本质。

二、教育的本质特性

本质特性即反映事物发展规律的稳定的、普遍的特性。教育的本质特性，即贯穿于一切教育之中，从古至今乃至未来，只要教育活动存在就永久起作用的特性。不管社会发展、时代变迁还是教育自身的逐渐完善，都无法使其有所改变。

马克思主义教育学之所以认为教育是一种社会现象，是人类特有的活动，而不是利托尔诺所说的生物现象。孟禄所说的心理现象，其立论依据是动物界不存在教育，教育也非源于人的生物本性。阐明这一点是确定教育是人的社会活动而不是动物的生存活动的关键。

1. 教育是人类社会特有的一种社会现象

尽管在动物界，尤其是高等动物界的代与代之间虽也存在着类似于人类的"教育"和"教"与"学"现象，这两种表面类似的现象在本质上是不同的。

（1）所谓动物的"教育"和"教学"完全是一种基于生存本能的自发行为，而不是后天的习得行为。它的产生与动物的生理需求直接相关，其内容也紧紧围绕生存本能。无论是鸟会飞、鸭游水，还是猫捉老鼠、动物表演等，都是建立在本能基础上的，而非教育的结果。人类的教育活动与动物相比，最大的差别在其社会性上。人的教育需要，不是直接产生于生物本能，而是产生于社会延续与发展的需要。教育一开始就是一种为了社会的活动。

（2）动物没有语言，不具备将个体经验积累起来向他人传递的能力。"动物不能把同类的不同特征汇集起来，它们不能为同类的共同利益和方便做出任何贡献。"①因此，所谓动物的"教育"只能一直停留在第一信号系统的水平上，它不可能有"类"的经验，也不可能进行个体之间的经验交流和传递，因而也就不可能通过"教育"使动物一代胜过一代。尽管一代代的老猫都"教"小猫捕鼠，但猫的本领始终不过是捕鼠而已。如需提高，则要经过人的训练才有可能。但是，"人则不同，各种各样的才能和活动方式可以相互利用，因为人能够把各自不同的产品汇集成一个共同的资源"②。人通过语言和其他的自己创造的物质形式（如工具、产品），把个体的经验保存和积累起来，成为"类"经验。人类教育传递的正是人类社会共同体积累的类经验，不只是个体的直接经验。这些经验不是本能的产物，而是人类智慧的结晶。正因为如此，有史以来的两千多年中，人类自身的活动和社会产生了如此巨大的变化，这是高等动物中任何一种都无法比拟的。

（3）所谓动物教育的结果无非是小动物适应环境，维持生命，并独立生存，而人类教育的结果远远不止于此。人类教育不但使受教育者获得适应环境的经验，而且培养了人进一步改造环境、参与社会生活、创造财富、推动社会发展的能力，培养了人创造新经验的能力。这也是人类社会迅速发展的重要原因。

由此可见，教育是人类社会特有的活动。正像社会性是人与其他动物的本质区别，因此需要用"人"这个词把人与动物区别开来一样，社会

---

① 《马克思恩斯格全集》第12卷，人民出版社1979年版，第147页。

② 同上书，第147页。

性也是人的教育活动与动物所谓教育活动的本质区别，因此也需要用"教育"这个词把人的培育活动与动物的亲子本能的活动区别开来。

2．教育是人类特有的一种有意识的活动

马克思主义哲学和科学心理学的研究证明，动物只拥有有生命物质最基本的反映形式——刺激感应性和动物的心理，只有人才是有意识的。动物对客观存在的反映依靠的是特定的感觉器官和结构简单的大脑，如蚯蚓没有眼睛，但能感受光线的明暗，依靠的是它的躯体的感光细胞；响尾蛇的两眼虽已经退化，它所以还能在夜间捕食，具有奇妙的视觉能力，这是因为它的眼睛和鼻子间有一块皮肤能感受红外线辐射。而人却不同，人不但通过特定的感官反映外在的刺激，更为重要的是，人能通过抽象的理性思维反映事物的本质和规律。动物即使经过训练也达不到这一点，这就说明动物是不具有意识的，动物的一切行为都是在本能的支配下产生的。而人却不同，即使年龄很小的幼儿，当他把自己与他人区别开来时，他便存在了意识，随之产生的一切活动都是有意识的参与。因此，人类教育中无论是生产经验的传授，还是社会行为规范的教导，都不是产生于人的本能需要，而是人们意识到的社会需要，在明确意识的驱动下产生的有目的行为。

3．教育是人类社会特有的传递经验的形式

动物在其种系发展和后天生活中也有信息的传递，它们的信息和经验是以一种极为有限的信息方式而不是以教育和学习的方式传递的。在高等动物中，除本能外当然也有熟练和智力活动的存在。在年长的动物中也有对付同类和人类的丰富的经验和教训。但是，这些后天获得的生存本领和经验，正因为没有意识和复杂的语言，便不能以教育这种传授方式为其他动物所掌握或进行历史性的存留，作为个体的经验只能随个体的死亡而消失。

人却不同。在人长期的种系发展过程中形成的经验和智力，也在遗传素质中有所表现。但是对于人类来说。遗传不是经验获得和智力发展的主要形式。人对经验和智力的获得主要是通过后天的教育和学习的形式进行的。人所以能做到这一点，是因为人类有意识。人能把自己的需要报告给自己，意识到经验的不足和欠缺。人类又有语言和文字，借助语言文字的信息载体功能，不仅可使人类的经验存在于个体系统之中，也可以存在于个体意识之外，脱离每个个体而独立存在；不仅可使人类获悉感官所及范围之内的经验，而且可超越时间限制和空间地域的阻隔，从过去到现在，从宏观到微观，全社会全人类的所有财富都可以为人类所掌握，人类传递经验的这一特点也证明了教育是一种社会现象。

4. 教育是有意识的以影响人的身心发展为目标的社会活动

人类的社会活动方方面面，有从事物质产品生产的工业、农业、建筑、冶金、医药、水产、林业等等，有进行精神产品生产的文学、艺术、科学、宗教等等。教育活动是有意识的以人为直接对象的社会活动，它不同于其他以物质产品或精神产品的生产为直接对象的社会生产活动。同时，教育与其他有意识的以人为直接对象的活动还有区别，教育是以对人的身心发展产生影响为直接目标的。这样就把教育活动和以保护人的身心健康、抵御疾病对人的身心危害的医疗活动，以及以满足人的各种需要为目标的社会服务活动区别开来了。

至此，可以使我们对教育的本质认识得更加明确。

近年来，有人把教育的阶级性、生产性、福利性等也视为教育的本质特性。从全面来看，这些特性，对培养人这一质的规定性来说都是非本质的。因为阶级可以消亡，生产性缺少物质生产的核心特征，福利性在原始社会和奴隶社会是不存在的。这些随时代变化而变化的特性都不能成为教育的本质特性。

第四章 教育与社会发展

　　教育与社会发展是教育学的基本问题之一。教育与社会发展的关系即教育与社会各构成要素之间的相互制约关系或彼此之间的作用与反作用。

　　人类社会从其诞生的那天开始就处在不断的发展变化之中。简单地说，所谓社会发展，即社会由低级到高级的递进，社会物质文明和精神文明的发展进化以及社会由一种形态向另一种形态的转变。根据历史唯物主义的基本原理，社会发展即生产力和生产关系的矛盾运动，生产力决定生产关系，生产关系的总和构成社会的经济基础决定社会的上层建筑。教育，从其存在的社会属性看，属于社会上层建筑范畴，因此教育就必然地要与生产力和生产关系发生联系，受其影响制约又反作用于生产力和生产关系。

　　进一步分析，社会是由自然环境、人口和生产方式三个要素构成的，生产方式包括生产力和生产关系，故研究教育与社会发展的问题，也就是研究教育与自然环境、人口、生产力和生产关系之间的基本联系或关系。社会各要素对教育的影响和制约问题，即表现为教育的社会制约性；教育对社会各要素所产生的种种作用，即表现为教育的社会功能。

第一节　教育的社会制约性

一、社会及其构成要素

（一）社会的含义

在我国古籍中，"社"是指用来祭神的一块地方。《孝经·纬》记载："社，土地之主也。土地阔不可尽敬，故封土为社，以报功也。""会"就是集会，二词合一，表示在一定的地方，于民间节日举行的演艺、集会、祭神的庆祝活动。随着社会的发展，社会一词的内涵逐渐演变为志趣相同者结合的团体。如冯梦龙所做《醒世恒言·郑使节立功神臂弓》里说："原来大张员外在日，起这个社会，朋友十人，近来死了一两人，不成社会。"显然社会在这里是指有许多人为了一个共同目的聚集在一个地方进行某种活动。

西方某些学者则把社会看成是人们的集合，如法国社会心理学家塔德（Gabriel Tarde，1843—1904）就认为社会是具有共同心理的人们的集合。美国社会学家派克（Robert·E.Park，1864—1944）认为，社会是一种包括人类行为习惯、情操、民俗等在内的遗产。而法国杜尔克姆（Emile Durkheim，1858—1917）则认为，社会就是集合意识，是一种建立在个人意识之上的独立实体。

马克思主义历史唯物主义把社会定义为："以共同的物质活动为基础而相互联系的人们的总体。"[1]马克思说："社会——不管其形式如何——究竟是什么呢？是人们交互作用的产物。"[2]又说："生产关系总合起来就构成所谓社会关系，构成所谓社会，并且是构成一个处于一定历史发展阶

---

[1]　《辞海》编写组：《辞海·哲学分册》，上海辞书出版社1980年版，第89页。

[2]　《马克思恩格斯选集》第4卷，中共中央马克思恩格斯列宁斯大林著作编译局编译，人民出版社1972年版，第320页。

段上的社会，具有独特的特征的社会。"①

社会的基础是物质生产。物质生产不仅是使人类从自然界分化出来的根本条件，也是人类赖以生存和发展的基础。马克思说："任何一个民族，如果停止劳动，不用说一年，就是几个星期，也要灭亡，这是每一个小孩都知道的。"②物质资料的生产方式也是构成社会形态的基础，决定社会历史进程。一个社会的基本制度、社会结构、阶级关系以及政治、法律、道德等观点，归根结底是由物质资料生产方式决定的。恩格斯说："直接的物质的生活资料的生产，因而一个民族或一个时代的一定的经济发展阶段，便构成为基础。人们的国家制度、法的观点、艺术以至宗教观念，就是从这个基础上发展起来的。"③

社会的本质是生产关系。生产关系是指人们在物质资料生产过程中相互结成的社会关系。为了进行生产，人们便发生了一定的、必然的联系或关系。这些关系包括：生产资料所有制形式、生产主体在生产中的地位和相互关系、产品分配形式等。生产关系是人们的一切社会关系中最基本的关系。政治、文化等其他方面的社会关系都是在生产关系的基础上产生和建立起来的。

（二）社会的构成要素

社会是由自然环境、人口和物质生活资料的生产方式三个基本要素构成的。大凡要形成一个社会，这三者便是缺一不可的。其中对社会发展起决定作用的是物质生活资料的生产方式。

自然环境是人类社会发展的必要条件之一。人类要生产出自己所需的

---

① 《马克思恩格斯选集》第1卷，中共中央马克思恩格斯列宁斯大林著作编译局编译，人民出版社1972年版，第363页。

② 《马克思恩格斯选集》第4卷，中共中央马克思恩格斯列宁斯大林著作编译局编译，人民出版社1972年版，第368页。

③ 《马克思恩格斯选集》第3卷，中共中央马克思恩格斯列宁斯大林著作编译局编译，人民出版社1972年版，第574页。

物质资料，就必须由自然界提供材料。自然界给人类提供了生息的场所，提供了生命所需的物理成分和人类生活繁荣幸福的物质资源。人的存在离不开自然，人类教育的发展同样离不开自然的物质保障。

人口也是社会物质生活的必要条件之一。人口数量的多少、质量的高低、增长的快慢、聚居的密度等，都对社会发展起着加速和延缓的作用。只有使人口发展和物质生产发展之间保持适当的比例关系，且不断提高人口的素质，才能促进社会的发展。

社会物质资料的生产方式，是社会发展和生产的最后决定力量，生产方式包括生产力和生产关系两个方面。生产力和生产关系的矛盾运动是社会经济发展的根本原因。生产方式之所以是一切社会发展和变革的决定性力量，是因为物质资料的生产是人类赖以生存的基础。有了这个基础，才能谈得上政治、法律、宗教、科学、文化等等。就是自然环境和人口也都必须通过生产方式的作用才能最终影响于社会生活。因此，生产方式不但在物质生活诸条件中起决定作用，决定着社会的物质生产过程和人们的物质关系，而且决定着社会的精神文化和人们的思想关系，决定着整个社会生活的性质、面貌和发展变化，所谓社会存在决定社会意识的真谛恐怕就在于此。

二、教育的社会制约性

（一）自然环境对教育发展的影响和制约

人类社会的自然环境或地理环境包括地理、位置、气候、地貌和各种自然资源等人类生存和发展所依赖的各种自然条件的总和。不同的自然条件对教育发展有着不同的影响。有的自然环境有利于教育的发展，有的则不利甚至阻碍和限制着教育的发展。所以，不同的自然环境具有加速和阻滞教育发展的作用。处于良好地理条件中的教育，如气候温和、交通便利、文化发达、生活富裕等，就要比处于气候恶劣、交通困难、文化闭塞等条件中的教育发展得快，发展得好。例如城市与农村、城市中心文化社区与生产社区，不同的地理条件决定了不同的教育条件，不同的教育条件进而决定了不同的教育质量。儿童的入学率、巩固率、毕业率都与地理环境有着直接的关系。一个七岁小孩，每天要爬山越岭跋涉二十几里路去上学，这样不便的地理条件必然有碍教育的普及；同样，处于土地贫瘠、经济落后的家庭，温饱尚成问题，儿童的教育问题便无法解决。

人类是整个自然界的一部分。人类教育的发展受自然环境的影响，还表现在教育同样受到生态平衡规律的制约，严重的环境污染导致疾病流行，呼吸困难，学校正常的教学秩序必然受到影响，从而导致教育质量下降，失学人数增多，使教育进程不能顺利完成。

《中华人民共和国义务教育法（草案）》说明中所以强调把我国划成发达、中等程度、不发达三类地区，有步骤地实行九年制义务教育，就说明了不同的自然地理环境对我国实施九年制义务教育进程的影响。无论是落实教育政策，还是实行新的学制规定，试用新的教材以及贯彻教育目的，都必须考虑不同地区的自然条件，不能强求一律。所以，无论是地理位置、气候条件、交通状况、资源多寡等都以不同的方式、从不同的方面制约着教育发展的规模、速度、质量等等。人虽不是环境的消极的产物，但对环境的这种影响，我们必须给予客观的承认。

（二）人口状况对教育发展的影响和制约

人口是指生活在一定社会、一定地区、具有一定数量、质量和结构的人的总体。马克思主义认为，人口"是一个具有许多规定和关系的丰富的群体"。人口是人类社会存在和发展的基础。人口既有量的特征，又有质的差异，人口增长速度的快慢、数量的多寡、质量的优劣都同教育有着密切的关系。

1. 人口数量影响教育规模

社会的人口数量是不断变化的，其变化的速度可用增长率来表示。在一般情况下，对人口增长起主要影响的是人口自然增长率。

①人口增长率影响教育发展规模

在人类社会中，人口增长率的变化有三种类型：第一种是高出生和高死亡构成的低增长；第二种是高出生和低死亡构成的高增长；第三种是低出生和低死亡构成的低增长。古代社会人口增长率基本上是第一种类型。19世纪起资本主义国家、20世纪50年代起大多数发展中国家开始向第二种类型变化。目前发达国家已经过渡到第三种类型。对于大多数发展中国家来说，也希望实现第三种类型，但目前还不可能。据统计，自1975年起，世界人口增长1亿，其中90%出生在最贫穷的国家里。拿我国来说，新中国成立前的人口增长速度很慢。从1840年到1949年间，全国只增加人口13000万人，但新中国成立后却很快转向第二种类型，而且是相当突出的高增长型。据《光明日报》1995年5月12日报道，到1995年5月12日，我国人口已达12亿人，46年里人口增长了11倍。造成这种情况的原因是多样的。一方面是新中国成立后由于人民生活水平提高了，医疗卫生条件改善了而使人口出生率提高，死亡率，尤其是婴幼儿的死亡率大大降低。另一方面也与我们在一段时间里对人口问题缺乏科学的研究与态度，还是以小生产自然经济下形成的人口观来对待人口增长问题，没有及时采取控制生育的措施有关。其中60年代初到70年代初是人口增长最快的时间，在13年的时间里（1962—1975）就增加了3.6亿人口。正因为10亿人口中大多数是新中国成立以后出生的，所以，我国人口的年龄结构中23岁以下的占一半以上。这意味着尽管自80年代起，我国人口开始向第三种类型转化，但是人口增长率和绝对数量的增长还不能很快下降，还要延续半个世纪左右。虽然第四次人口普查结果表明，我国人口猛增势头已得到控制，但人口形势依然严峻，我国人口仍以每年约1700万人的速度增长，因此，控制人口的任务还十分艰巨。

人口的高增长必然要求扩大教育的规模。新中国成立以来，我国教育事业在规模上发展是很快的。以1949年与1997年相比，小学在校学生由2439.1万人增至13995.37万人。普通初中在校学生数由103.9万人增至5167.79万人。其他中等专业、职业、农业、技工学校在校学生人数由23.15万人增至80.89万人。高等学校在校学生数由11.7万人增至317.44万人。①但是学龄人口由1949年占人口总数的22.4%到1980年已占人口总数的30.1%，每年平均增加590万人。所以，教育事业发展的速度依然跟不上人口增长速度。据1990年全国人口普查公布的数字，全国文盲、半文盲人口还占总人口的15.88%，具有大学程度（包括大学毕业生、肄业生和在校人数）的人只占总人口的1.42%。90年代初的状况是全国在校生数与文盲数相等，都是2.2亿人，12岁新生文盲率还有约10%。造成这种情况有多种原因，人口增长速度过快显然是其中重要的原因之一。当前的任务是为普及九年义务教育提供人力、物力和财力。这就要求普通教育，尤其是中等教育应有一个较大规模的发展。

②人口增长率进而影响教育结构

人口增长率对教育结构的影响一方面表现在学制上，一方面表现在学校内部。在人口众多，经济发展水平较低的情况下，教育要大规模地发展，就必须采取多种形式，学制不能单一化。如在我国当前的情况下，普及教育就不可能采用全部免费的方式，也不能只靠国家统一投资拨款，还必须发挥地方、部门、企业、农村、社会乃至私人的办学积极性，才能在较短时间里完成普及教育的任务。此外，成人教育与正规化的全日制大、中小学要并举。不然也不可能改变人口文化素质低的状况，如我国1984年中等专业学校和高等学校招收的新生中有一半左右是成人教育招收的新生。由于人口增长方式不是匀速而是波浪式推进的，所以人口增长波峰与波谷的反复出现对学制和学校内部结构也产生很大影响。如新中国成立后，曾出现几次人口增长高峰。第一次在新中国成立初到1957年，第二次从1962年到1975年，1982年起又出现一次高峰。这种出生率的大幅度波动，影响各级学校的绝对数量和各类学校在学制中占的相对比例。如1982年出生高峰，带来1985年入托难的问题，随之而来的是1987年小学入学率的高峰，依次类推，一直会波及成人乃至老年教育的问题。与此相关的是

---

① 1997年数据见《1997年全国教育事业发展统计公报》，《中国教育报》，1998年4月18日。

每个学校都将根据可能入学的人数决定学校的一系列编制，如教师数、学校数，但在实际教育、教学水平上还有相当距离。显然，这对于教育质量的提高在某种意义上是致命的影响。

学龄人数的增加使班级人数也过多，这同样影响教育质量的提高。一般地说，每个班级学生数以40人左右为宜。这个数量既构成一定的集体（包括分小组）活动的条件，又使教师可能了解、顾及每个学生。但我国学校，尤其是城市学校，班级人数大部分在50人以上。超员的现象在条件较好的学校更为突出。同时，入学人数的增加又会加剧升学的竞争，这种竞争显然不利于人的全面发展。除此之外，每个家庭的子女增多，在家庭收入没有达到相应水平的增加时，也会影响家庭的教育投资和生活水平，影响家长对子女的关心、教育和期望程度。家庭对待教育的态度和家庭教育的质量，直接影响学生的成长，间接影响学校的教育质量。

人口增长率过高给教育带来了许多不利的影响，这一点在我国表现是突出的，在其他人口增长过快的发展中国家也呈现同样的情况，如据1968年的统计，世界人口中约有70%的人口居住在发展中国家，15岁以下的世界少年人口，发达国家占22%，发展中国家却占78%。但是发达国家用于教育的经费比发展中国家多10倍以上，从1960年到1968年，发达国家入学人数约占世界入学人数的一半。儿童和青年人数相当于发达国家3倍的发展中国家，入学儿童的人数却不到世界入学人数的一半，而学龄儿童的文盲仅亚洲太平洋地区就占了世界学龄儿童文盲数的90%。[①]这种状况，至今也没有发生根本性的转变，正如在1974年世界人口会议的文件中指出的那样："展望未来，许多国家是否有财力来发展他们的教育机构，似乎取决于他们是否能够抑制人口的增长率，而这个增长率已经大大超过他们的

---

① 联合国教科文组织国际教育委员会编著：《学会生存》，上海师范大学外国教育研究所译，上海译文出版社1979年版，第85页。

教育计划制订的基础了。"①由此可见，降低人口增长率是当前世界大部分国家必须考虑的问题，也是提高这些国家今后教育发展水平的一个必要条件。生数、班级人数等等，在不得已的情况下还可能开设两部制，而在人口增长跌入波谷期时出现的将是另一番景象。正因为如此，无论是国家还是学校，在制订教育发展规划时，必须考虑人口数量的因素，要摸清人口数量的现状和变化趋势，不能只考虑到当前的状况，在学校数、校内编制、师资力量等方面都要提前做好准备。

2. 人口结构影响教育结构

第一，人口年龄构成制约各级教育发展规模与进程。

人口的年龄构成标志着需要受各级教育的实际人数。学龄人口的数量及发展趋势决定着学校的规模、数量和教育投资计划。整个社会的人口膨胀同时也就是学龄人口的剧增。人口自然增长率的急剧上升和急剧下降都对教育有着重大影响。急剧上升的人口爆炸必然给教育事业带来巨大压力，导致班级人数增多，影响课堂教学质量，升学竞争日趋激烈，损害师生健康，校舍设备不足，学校发展不均衡，等等，从而导致社会的责难、家庭的抱怨、使教育改革实验难以进行，教育事业不能健康发展。反之，人口锐减，学校开工不足，则势必造成人力和物力上的巨大浪费。近几年来，许多农村村办小学校，一年级新生生源不足，无法独立成班，有时只好两年招一次，导致教育资源的浪费。因此，一个国家在一定时期办多少学校，投入多少教育经费，聘用多少教学人员是随着受教育者的数量而转移的。

第二，人口就业结构制约学校教育结构。

所谓就业结构是指劳动力在国民经济各部门中就业人员的比例。近年来，科学技术的迅速发展和经济结构的显著变化，随之带来了人口就业结构的变化。这种变化主要表现为劳动力的转移，即：①从农业、工业向服务业转移；②从体力劳动向智力劳动转移；③从一般技术向高新技术转

---

① 乔治·塔皮诺等：《60亿人——人口困境和世界对策》，张开敏译，上海译文出版社1982年版，第28页。

移。这种转移的结果是：服务行业、智力劳动、高新技术生产部门就业人员比例加大，一般技术、体力劳动部门就业人数逐渐减少。就业结构的变化决定了就业人员知识结构的变化。就业结构的复杂性决定了教育结构的多样性。

教育结构指各级各类学校、各种专业、各种强度教育的构成，级即学校的层次水平，类即学校与专业的种类。

所谓改革教育结构就是根据国民经济发展的需要和劳动就业结构的变化特点，使学校教育与人口就业结构在级与级、类与类方面形成合适的比例，从而为人口就业创造条件。

第三，人口地域分布制约学校布局。

人口分布是指在一定区域里的人口增长状况和实居地的人口密度。引起人口的地理分布和流动是政治、经济、历史、自然环境等多种因素综合作用的结果。我国地域广大，各地区人口分布极不平衡。江苏省人口密度为每平方公里577人，而西藏每平方公里不足3人。东南地区的人口占全国总人口的94.4%，西北地区则仅有5.6%。不同密度的人口分布不仅决定着教育发展的规模和学校布局，而且影响着教育者人均教育费用。在人口分布合理的地区，教育相应地比较发达，能够从容发展。在人口密度过于稀疏的地区，常常出现学校布局不够合理，进而影响该地区教育的发展。因为学龄儿童少，投入的教育经费少，无法充分发挥学校的人、财、物作用。反之，人口过密，就需要较多的学校，增加教育经费。在正常情况下，人口密度均匀，办学规模适度，其受教育者人均教育经费则少，反之则多。

因此，人口状况对教育的发展有着多方面的制约和影响。认真研究人口规律，贯彻控制人口数量、提高人口素质的基本国策，不仅是人口学的重要内容，也是综合考虑教育发展的重要因素，必须引起教育学者们的充分注意。

3. 人口质量影响教育质量

人口质量对教育质量的影响表现为直接和间接两个方面。直接影响是指入学者已有的水平对教育质量的总影响；间接影响是指年长一代的人口质量影响新生一代的人口质量，从而影响以新生一代为对象的学校的教育质量。众所周知，年长一代对新生一代的影响是多方面的。从身体素质的角度看，这种影响一方面通过遗传来实现，另一方面通过对新生一代养育过程来实现。教育对象先天性的缺陷、遗传疾病会给教育带来一系列特殊问题，优生是保证新生一代遗传素质良好的重要条件。而孩子出生后的科学养育，则是保证新生一代身体健康成长的重要条件。这两方面的实现，不仅与父母的身体素质有关，也与父母的文化修养水平相关。只有具有一定文化水平的父母，才会重视优生和养育儿童的科学问题，才可能掌握和运用这方面的知识。从文化素养和道德水平的角度看，老一代对新一代的影响更为明显。老一代人的文化素养和道德水平虽然不能通过遗传对新生一代产生影响，但它却能构成新生一代生长之中的文化环境和社会环境，以耳濡目染的方式渗透到新生一代的心灵之中。另外，老一代的精神素质不同，对新一代的期望程度和要求也不同，这同样影响着新生一代的精神素质的水平。学校教育的质量不仅取决于教育者一方，还与受教育者进学校时的初始水平有关，与社会、家庭对学校的期望、支持与协作程度有关，也就是说与社会现有的人口质量相关。

（三）社会生产力对教育的制约和影响

构成社会的第三个要素是社会物质资料的生产方式。生产方式是人们为维持自身生存而必须获得生活资料的谋取方式。人类为进行生产须首先从自然界取得生活资料，因而必然与自然界发生关系，人们制定和使用工具改造自然以获得生活资料的能力称为社会生产力。同时，为了生产，人与人之间也必然要发生一定的社会关系，称为生产关系。生产力和生产关系的统一便构成一定的生产方式。为此，要阐明生产方式对教育的影响和制约就必须从两个方面入手：一方面要阐明社会生产力对教育的影响，另一方面还要阐明生产关系即社会政治经济制度对教育的影响。

马克思主义认为，一定的教育是由一定的生产关系决定的，但归根结底决定于生产力的发展,即使像教育目的、教育内容、教育结构等,看来是一定社会政治经济的直接反映,但从根本上说也无不受到生产力的制约。

1. 社会生产力发展状况制约着一个社会的教育目的

教育是培养人的过程。至于培养什么样的人,这首先是由政治经济决定的。但由于一定的政治经济总是建立在一定的生产力发展水平之上的,所以在确定培养人的规格和内容时就必然受到生产力发展水平的影响。

在漫长的奴隶社会和封建社会里,由于生产力发展的迟缓和水平的低下,加之生产经验还没有发展成为同劳动相分离的独立力量,简单的手工业劳动主要靠体力和个人的技艺与经验,即使文盲也可胜任,直接从事生产的劳动者并不需要经过学校的专门培养和训练。所以,那时学校的教育目的,一般说来都是以培养脱离生产的统治人才为宗旨。而近代则不同。近代机器大工业的兴起使社会的生产劳动发生了质的变化,手工业生产阶段的简单劳动开始为复杂劳动所代替。新的生产力对从事这种生产劳动的人提出了新的要求,即劳动者再凭手工劳动积累的点滴技艺和经验已经不能适应现代机器生产的劳动过程,而需要掌握一定的知识和文化。现代生产所需要的知识、技能及其工艺流程等,只有经过学校的专门培养才能完成。从此,学校的培养目标开始发生质的飞跃。学校再不像以往那样只把培养社会官吏作为它仅有的任务,而是除培养一般统治人才外,开始把培养有文化的工人和各种专门的生产人才作为教育目的的重要内容。学校在继续它的阶级斗争工具职能的同时,开始增进为生产斗争服务的新职能。关于学校教育目的的这一历史性转变我们可从近代教育的发展历程中清楚地看到。

资本主义初期阶段,资产阶级曾千方百计地反对给工人以教育。他们所以这样做,其原因正在于当时虽采用了新的生产手段,但科学刚刚兴起,尚未实现与生产的结合,生产中还未显现出学校教育的作用。但是随着资本主义大工业的迅速发展,特别是科学技术同生产日益结合以后大工业对科学的应用,迫切要求工人有文化。正如恩格斯指出的那样:"工业中的大多数工作都需要一定的技能和常规性，而要达到这一点就要求工人具有一定的文化水平。"①这样，满足大工业生产需要的动机，迫使资产阶级要求学校同时承担起对工人施行教育，以使其掌握现代生产技术的责任。由此可见，学校教育目标的变化并不是资产阶级本性有了什么改变，究其根本，完全是现代大工业生产发展的结果。

自此之后，各资本主义国家开始打破不给劳动人民以教育的几千年历史禁忌，改变资产阶级独占教育权的一统天下，陆续推行初等义务教育制度。最早是德国于1802年颁布了初等义务教育法案，之后是英国（1870）、法国（1883），这种包括劳动人民子弟在内的，人人都要受教育的制度的推行，意味着广大的劳动后备军都必须经过学校来完成教育和训练，学校开始把培养劳动者作为它的任务和目标。当时，在有的国家里，如德国，还广泛建立各种职业学校、技工学校，以培养具有一定专业知识和技能的熟练工人和技术人员作为主要目标。

在我国，自鸦片战争以后，近代的生产技术和方法也开始通过各种渠道渗入长期闭锁的社会中来，几千年来以培养官僚为宗旨的教育，在新的生产力影响下开始发生变化，如在各类学校教育宗旨中，除继续提出忠君、尊孔外，开始普遍强调"人人有可农、可工、可商之才"。与此同时，以造就科技人才为主要宗旨的学校如京师同文馆、格致实学书院以及农务学堂，各种实业学堂等也相继建立。

以上这一切都说明，学校教育目的必须反映生产力的要求，受生产力发展的制约，这是一个普遍规律。不管封建主义和资本主义的生产关系怎样限制和破坏这一规律的实现，生产力的要求终究要在教育目的中得到反映。

我国社会主义教育通过九年制义务教育法的颁布和实施，以达到提高整个社会科学文化程度，培养德、智、体全面发展劳动者和接班人的教育目的。这一教育目的正是反映了现代科技发展状况和大工业生产发展实际

---

① 《马克思恩格斯全集》第2卷，中共中央马克思恩格斯列宁斯大林著作编译局编译，人民出版社1957年版，第363页。

的多方需要。如果说，初期工场的手工业劳动，文盲就可胜任，资本主义初期的机器生产，初等文化水平的人就能操作的话，那么今天要进行现代化的大生产，劳动者没有中等以上的文化程度是难以胜任的。近年来，科学技术的迅猛发展，使劳动逐渐成为科学的劳动，现代生产对脑力劳动成分的要求明显增长，脑力劳动者渐渐成为直接生产中的重要组成部分。科学与生产一体化的形成使生产过程处于不断的改革完善之中。因此，劳动的变换和工人尽可能多方面的发展已成为现代社会生产的普遍规律。故提高劳动者的教育程度，造就全面发展的一代新人，既是现代大工业生产的现实需要，也是社会发展的未来趋势。

2. 生产力发展状况影响着教学内容和学科的设置

生产力的发展必然引起科学知识的不断积累和发展。这既为学校教学内容的丰富和更新、为学科设置的调整提供了可能的客观条件，同时，生产力的发展又要求教育培养出来的人能够适应当时生产力发展的状况，能够具有生产上所需的知识和技术，这又对教学内容的选择和改革及学科设置提出了必要的主观要求。从教育的发展历史看，由于时代不同，科学技术发展水平不同，各个时代使用的生产工具不同，生产力发展对人才规格的要求不同，学校的课程门类、课程结构、课程内容也各不相同。

在古代，由于生产力极不发达，科学技术水平低下，尤其是科学技术还未实现与生产的结合，因而学校的教学内容就极为贫乏，主要是社会的典章制度和简单的读写常识。中国古代社会一个百家姓、千字文就沿用了几百年。学科设置主要是哲学、政治、伦理、宗教以及语言、文字方面的课程，与生产力直接联系的自然科学和技术方面的课程所占比例甚少。例如英国直到19世纪，公学的内容仍几乎全是古典人文学科和宗教课程。直到19世纪初，有些学校甚至连算术、书写和现代语仍被禁止列入教学计划。英国著名科学家赫胥黎在19世纪60年代描述当时学校情形时说：直到最近，孩子……从来没有学过现代地理物理学和近代史，他可以完全不知道：地球是绕日而行的。

到了近代资本主义社会中期以后，由于工农业及商业、交通运输业的发达，文化科学有了新的发展，开始于18世纪中叶的英国工业革命也在蓬勃向上，并逐步推向欧美各国，在一些发达资本主义国家，手工业生产已为大机器生产所代替，成为社会生产的主要生产力。资本主义工业革命的兴起和发展，对学校的教学内容和学科设置产生了深刻影响。例如英国在带有学科性质的学校里开始开设数学、物理、自然、历史、地理、语文和现代外国语。德国从1810年开始，注重地理和历史教学，增加自然科学科目。

世界进入现代社会，特别是第二次世界大战后，科学技术与生产的联系日益紧密，社会生产力迅速提高，新兴生产部门不断涌现，职业门类越来越多，对参与生产过程的劳动者的文化水平要求也越来越高。社会生产力的新发展不断促进着学校教学内容的改革与更新，学科设置的增加和调整，生物工程、光电纤维、电子计算机等陆续进入课程领域，许多新兴学科开始逐渐取代陈旧古老的门类。

教学内容的发展历程证明，学校的课程，特别是自然科学方面的内容是直接受制于生产力发展的。没有生产力和科学技术的进步就不能有教学内容的补充和更新。

3. 生产力发展制约着教育事业发展的规模速度和教育结构的改变

任何社会办教育都必须以一定的人力、物力、财力为基础，必须以现实生产力发展水平所能提供的物质条件为前提。马克思早就指出："教育一般说来取决于生活条件。"①教育发展的事实证明必然如此。这是因为一个国家能拿出多少钱来办教育，能招收多少人入学学习，尤其是入高校学习，普及教育到什么年限、程度，培养多少初、中、高各级人才，这并不取决于人的主观愿望，而是取决于生产力发展的需要和生产力发展提供的可能。当一个社会的生产力发展水平还很低，社会大多数人还要整日为保证必需的生活资料而从事繁重的体力劳动，花去很多劳动时间尚不能提

---

① 《马克思恩格斯全集》第6卷，中共中央马克思恩格斯列宁斯大林著作编译局编译，人民出版社1961年版，第648页。

供剩余时，就不可能饿着肚子去受教育。这样，教育事业发展的规模就必然受到限制。

而且，社会剩余劳动的多寡直接制约着一个国家在教育经费方面的支付能力，即制约着教育经费在国民总收入中所占比例的大小。教育经费的多少直接影响校舍设备，师资条件等办教育所需的一切物质来源。所以说，确定教育事业的发展规模和速度必须适应当时社会生产力的发展状况。这种适应不仅是说发展规模必须首先考虑生产力发展水平所能提供的物质条件和可能，同时，还要考虑生产力发展对教育提出的需要。只有使教育发展与生产力的发展相吻合，二者才能相得益彰，互相促进。

生产力不仅制约着教育发展的规模和速度，而且影响着教育结构的变化。马克思在《资本论》中曾指出，大工业生产的发展不仅改变着普通教育，而且使整个教育结构都在发生变化。他认为在近代资本主义社会中，工艺学校、农业学校、职业学校的出现，就是"在大工业基础上自然发展起来的一个要素"①。近代教育发展的历史证明了这一点。

近代社会以前，世界各国的教育结构主要是单一的普通教育。如古代埃及主要是宫廷学校、职官学校，印度是古儒学校，中国是弘文馆与崇文馆。单一的普通教育造就的是社会的官吏。但是，工业革命兴起以后，随着大工业的发展，欧洲大陆一些国家的教育结构开始发生变化。除传统的普通教育外，各种形式的职业技术教育相继出现。以英国为例，英国向来倾向古典教育，至19世纪前半期，英国中等学校的基本类型仍然是传统的公学和文法学校。可是在1851年和1861年两次万国博览会上各种先进技术的冲击与震动下，英国开始改变以往那种单一人文教育的学校结构，相继设立了各种技术学校，如1860年设立了伯明翰土木工程学院，1881年创设工艺学校，1883年建立英国最早的费斯伯里工科大学。世界进入20世纪以后，生产力结构、经济结构、产业结构的复杂多样，同时带来了学校教育

---

① 《马克思恩格斯全集》第23卷，中共中央马克思恩格斯列宁斯大林著作编译局编译，人民出版社1972年版，第535页。

结构的复杂多样。纵向上有初、中、高三级教育体系；横向上有普通、职业、技工、师范、理工农医等各类教育并存，还有各级各类的校外成人教育，构成了一个多层次多类型的复杂教育网络。

上述可见，教育发展的历史事实告诉人们，社会生产力状况是发展教育的物质基础，教育的发展永远受到物质生活条件的制约，这是不以人的意志为转移的客观规律。马克思主义者是唯物主义者，所以一直强调办教育必须考虑物质基础，毛泽东就说过："……教育（或学习）是不能孤立地去进行的，我们不是处在'禄在业中'的时代，我们不能饿着肚子走'正谊明道'，我们必须弄饭吃，我们必须注意经济工作，离开经济工作而谈教育或学习，不过是多余的空话。"[①]毛泽东的这一思想和马克思恩格斯"人们首先必须吃、喝、住、穿，然后才能从事政治、科学、艺术、宗教等等"的英明论断是完全一致的，都表明了物质生产对社会发展的最终决定作用。

4. 生产力发展影响教学方法、教学设备和教学组织形式的改革

学校的教学方法、教学形式、教学设备也是生产力和科学技术发展程度的反映。古代落后的小农经济和手工业生产低下的生产力水平，决定了当时的学校只能采取单一枯燥的口头讲授方法，粉笔加黑板的教学设备，个别施教或集体个别施教的教学形式去进行知识经验的传授。因此，教师注入灌输和学生呆读死记是不得已而为之的必然之事。工业革命后，生产和科学技术的发展，大面积的班级授课取代了师傅带徒弟式的个别施教；生动的直观教学、演示实验、参观实习等教育方法开始进入教学领域，辅助教师的口头讲授，改变了以往注入教学枯燥单调的状况；电影电视、录音录像、人造卫星、电子计算机等先进的教学设备，使传统的粉笔加黑板获得新的生机，大大增强了教学效果，提高了学生的学习兴趣。然而，所有上述这些变化，都与物质生产的发展和科学技术的进步分不开。可以说，没有现代科学技术的发展，就不会有多种形式的远距离教育，就不会

---

① 毛泽东：《毛泽东选集》，东北书店1948年版，第85页。

有各种现代化的教学手段，教学要走出课堂，跨越千山万岭的时空阻隔，进入到每一个村落是根本不可能的。

（四）社会政治经济制度对教育的制约和影响

教育取决于生活条件，归根结底受社会生产制约。这是社会通过生产力发展决定教育的作用方式之一。

教育发展的历史证明，教育同社会生产的发展并不表现为完完全全的同步现象。在某些社会生产比较发达、生产力水平较高的国家里，教育并不一定先进；相反，在某些社会生产比较落后，生产力并不发达的国家里，教育也并不一定落后，如18世纪的英国同当时的德国、法国、美国等一些后起国家的教育发展相比就是这样。这些事实说明，教育同社会生产发展所以有不同步现象，其根本原因或直接起决定作用的因素是社会关系。社会生产对教育的作用虽然是根本的，但它并不直接决定教育，直接决定教育的是社会关系。

社会关系指人们在共同活动过程中结成的以生产关系为基础的相互关系的总称。社会关系的基础是生产关系。一定的生产关系总和构成社会的经济制度以及由经济制度决定并为它服务的政治制度。二者合一，简称为社会的政治经济制度。

社会政治经济制度对教育的决定作用是多方面的，概括地说，主要是：

第一，社会政治经济的性质决定教育的性质。

一定的教育具有什么性质，这是由那个社会的社会政治经济性质直接决定的。教育的发展历史证明，有什么样的社会关系就有什么样的教育。欧洲古代中世纪教育的神学性是由于宗教僧侣对教育的垄断；近代资本主义教育的阶级性，则是由于资本主义的物质生活方式所决定。这是马克思恩格斯在《共产党宣言》中所揭示的教育的普遍特征。而列宁则根据俄国当时的实际也指出，俄国教育的等级性完全是由俄国社会制度的封建等级决定的。资产阶级的社会关系性质，决定了"学校完全变成了资产阶级统治的工具”①。

教育的性质不仅决定于社会政治经济的性质，教育的发展变革也直接决定于社会政治经济的发展变化。当新的社会关系代替旧的社会政治经济时，就必然产生与之相适应的新教育。因此，阶级社会的教育都反映着统治阶级的需要，从属于社会关系的性质，成为一定社会进行统治的重要工具。

第二，社会政治经济决定着教育的宗旨和目的。

教育的根本任务是培养人。但在一定社会中，培养什么样的人，具有什么样的政治方向和思想意识，为谁服务，这是由一定社会的政治经济决定的。教育目的是一个社会的政治经济制度对教育所提出的主观要求的集中体现，它直接反映着统治阶级的利益和需要。因而，在政治经济制度不同的社会里便有着不同的教育目的。社会中占统治地位的阶级，为了确保教育能够培养出他们所需要的人才，总是利用他们掌握的国家机器，直接控制教育，为教育确定培养人的规格标准，选择教育内容，提出道德要求等，使教育为特定的社会关系服务。

第三，社会政治经济也决定着受教育的权利和机会。

社会政治经济对教育权利和机会的决定主要表现在两个方面：其一是对教育领导权的决定，其二是对受教育权的决定。

在阶级社会中，社会政治经济对教育领导权的支配，主要体现在：

其一，社会政治经济通过国家的权力机构直接掌握教育的领导权。它们可以通过国家颁行的各种政策法令规定教育的方针、路线和政策；教育行政管理人员的任免和教师的培养、聘任与晋升的制度等，把教育纳入社会关系需要的轨道。

其二，社会政治经济通过经济力量控制教育领导权。国家权力机关可以通过控制教育经费，直接决定着教育发展的规模和速度。

---

① 《列宁全集》第28卷，中共中央马克思恩格斯列宁斯大林著作编译局编译，人民出版社1956年版，第69页。

其三，社会政治经济也利用其占统治地位的思想政治上的优势来影响和控制教育，如通过课程计划、教学指导纲要、教材内容、各种教育参考书、录像带、录音带等的审定，左右教育工作的发展方向。

与此同时，社会政治经济也决定着受教育的权利和机会。在一个社会里，要哪些人受教育，达到什么程度，受什么样的教育，教育的结果如何，这都是由社会关系中占统治地位的社会力量决定的。在奴隶社会、封建社会、资本主义社会里，占统治地位的剥削阶级依靠他们手中的政治权利，首先确定了剥削阶级子弟受教育的特权，而对广大劳动人民则实行愚民教育。奴隶社会、封建社会中剥削阶级对教育的垄断自不必说，剥削阶级内部官家子弟入学尚需依官级品位高低而定学校类别，劳动人民受教育就更无可能。就是在标榜"自由、平等、博爱""教育机会人人均等"的资本主义世界，人与人之间政治经济上的不平等也客观决定了受教育权利和机会上的实际不平等。资本主义世界的"双轨制"就是突出的一例。在社会主义国家，与剥削阶级占统治地位的资本主义社会根本不同，新的社会关系使每一个社会成员都拥有着实际上的政治经济上的完全平等。因此，每一个社会成员也就真正享有着同等的受教育权利和机会。广大青少年儿童入何种学校，根本的原因不是看个人家庭的经济能力，社会职位的高低，而取决于个人的智力、能力、才学、兴趣、理想。由此可见，不同社会关系的社会便有着不同的受教育权的决定方式。

第四，社会政治经济也决定着教育内容、教育结构和教育的管理体制。

教育内容是教育目标的具体体现。不同社会关系条件下的教育便有着不同的教育内容，尤其是社会科学方面的内容。在古希腊，斯巴达教育服从于对奴隶的残酷镇压和对外战争的需要，因而教育内容以军事训练为主；雅典教育服从于政治家和商人的培养，因而学校以读、写、算、音乐为主要内容。中国古代封建社会鄙视生产劳动，主张"劳心者治人，劳力者治于人"，因而学校的教育内容重在"四书""五经"，轻视生产知识经验的传授。总之，教育内容直接受制于社会关系的需要。即使像自然科学方面的内容也不会自然而然地进入教育领域，而要得到社会关系的承认和接纳。

社会政治经济也决定着教育结构。结构即教育的构成。教育的构成有两个维度：一是级别，即层次、程度；二是类别，即类型、种类。教育结构的复杂多样，归根结底是由生产力结构、就业结构、生产部门结构的复杂多样决定的。但生产部门所需要的人才规格层次和类型则首先是由国家权力机关直接决定，是由总的教育规划战略决定的。社会权力机构根据生产第一线对不同层次、不同类别人才的需要，确定各级各类学校的规模、比例、招生数量、专业设置等等，以求教育的发展与生产发展的需要，尽可能在级与级、类与类上保持适当的比例关系。

教育的管理体制更直接受制于社会关系。在教育的发展历史上，不同的社会政治经济制度历来决定着不同的教育体制。法国、日本等高度的中央集权，决定了学校管理体制的集中统一；美国地方分权的政治经济制度同样决定了美国教育的地方分权制，各州有权根据各州实际确定颁行各种教育法规，而不是由中央一统到底。中国强调发挥中央与地方两个方面的积极性，因而在教育上实行大政方针上的集中统一，具体实施上的地方分级管理，既有中央的集中，又有地方的灵活。这些都是不同社会关系的反映。

（五）社会文化对教育的制约和影响

教育历来与文化紧密相连。文化是教育发展的肥沃土壤和源泉，教育则又是文化丰富和完善的重要手段。文化的概念有广义与狭义之分。广义的文化指人类在社会生产实践过程中创造的物质财富和精神财富的总和。它一般由以下几个要素构成：价值观、规范准则、意义与符号、物质文化。狭义的文化主要指社会的精神文化，即社会的思想道德、科技、教育、文学、艺术、宗教、社会习俗及制度规章等的复合体。它一般由两个方面构成。一是社会客观精神文化，它是人类主观精神的外化、客观化，如自然科学和社会科学理论、文学艺术作品、科学技术知识、社会法律条文等。二是社会主观精神文化，它是一定文化共同体中的人类在其长期社会活动中逐渐形成的文化倾向，如思维方式、价值取向、审美情趣、道德观念等。我们这里所说的文化指一般意义上的狭义文化。

1. 文化类型影响教育目标

社会文化类型不同，教育目标也不同。任何社会的培养目标都是社会统治阶级人才利益的集中体现，是统治阶级主观意志的产物。人的意志和决断决定于人的需要和价值取向，所以，教育目标中的主观成分越多，受文化的影响也就越大。历史上，社会文化类型不同，教育目标便不相同。中国古代社会的主流文化是以儒学为核心的伦理型文化，反映在人才培养上则强调教育的目的是"在明明德，在亲民，在止于至善"，通过修己正人，达到"明人伦"的目的。西方文化则是一种知识型文化，故主张"知识就是力量"，注重通过知识学习达到对真理的认识。

政治文化类型不同，教育目标也不同。中国古代社会的政治文化是官本位文化，故教育目的强调培养"建国君民"的统治人才，行于民间的私学也主张"学而优则仕"。西方古代社会，最初是神本位，故主张教育的目的是培养僧侣。文艺复兴之后，人本位占据社会主导地位，故主张教育的目的是发展人的个性。

2. 文化本体影响教育内容

文化传统影响教育内容构成。文化传统典型地反映了民族文化特定的内涵。不同的国家和民族创造了不同的文化传统，文化传统又反过来塑造了不同的教育。例如，各民族都把本民族语言作为教育内容中必不可少的部分，这充分反映了一个民族对其语言的固守和钟爱。中国古代社会长期重农抑商、追求仕途的文化传统，导致教育内容主要以社会典章制度为主，很少有自然科学和生产知识。英国一向崇尚人文精神，即使今天，古典人文课程仍占有相当大的比例。

文化发展影响教育内容发展。这种影响主要表现在选择范围、发展速度和水平等方面。当文化发展水平很低、文化积累很少时，教育内容的选择范围就很小。反之，文化发展水平越高、内容越丰富、发展速度越快时，教育内容的选择广度和深度、课程的种类和变革频率也随之增加。中国古代社会的"四书""五经"，几千年不变。然而进入当代社会之后，课程的内容含量、种类和变革却处在加速发展之中。

文化内容倾向影响教育内容性质。不同的社会有不同的文化，不同的文化有不同的教育内容。中国封建社会是以伦理型为主的文化，它注重人与人之间的人伦关系，由这种文化内容倾向中生长的教育注定要把德育作为教育内容的重要组成部分。西方近代教育则不同。社会批判古典教育重装饰轻实用，主张科学知识最有价值，故重智育也理所当然。

3. 文化观念影响人的教育观念

文化观念指长期生活在同一文化环境中的人们逐步形成的对自然、社会和人本身比较一致的观点和信念。教育观念是存在于人脑中的对教育现象和教育问题的认识、观点和看法。文化观念对人的教育观念的制约主要表现在两个方面：

（1）文化观念制约和影响着人们对教育的态度和行为。例如，同是在工业化的历史进程中，具有大工业意识的国家便十分重视教育的发展，重视人口素质的提高对其社会高质量发展的重要作用，日本、德国就是如此。相反，传统、保守的社会则把社会的发展归之于政治制度的作用，因而便不重视教育的发展和提高国民素质对社会发展的作用，结果必然导致社会发展进程缓慢，英国就是这样的例子。

（2）文化观念影响着教育思想的产生和形成。任何教育家的教育思想都是在一定的社会文化背景下孕育起来的，是其世界观和价值观的反映。中国近现代教育史上黄炎培的职业教育、陶行知的平民教育思想是他们所处时代社会需要的反映。西方教育史上夸美纽斯、卢梭、裴斯泰洛齐的"自然教育"原则，是资产阶级上升时期要求肯定人性、削弱神性的社会潮流的反映。今天，我们主张人的全面发展，这是社会主义现代化"两个文明一起抓"对教育提出的客观要求，也是和平稳定的社会环境下社会对人的发展的一种理想规定。

4. 文化传统影响着教育方法和思想导向

文化传统影响着学校教育方法。在中国的传统文化里，把读书和求教看成是获得知识、增长才能的最佳途径。所谓"书读千遍，其义自见"，"听君一席话，胜读十年书"就是对读书和聆听先生教诲的具体写照。这种文化传统反映到教育上，学校便把教师的系统讲授看成是获得知识的最佳途径，把读书视为获得真知的唯一源泉，故而倡导"多教多得、少教少得、不教不得"。教师讲、学生听的灌输注入也成为学校教学的主体形式。殊不知，人的知识的获得和才能的成长有着多种来源和途径；殊不知，教学除讲授以外，还有讨论、练习、参观、实践等多个途径；殊不知，才能除知识以外，更离不开智力、技能、技巧、思想品德、审美情趣、身体素质等等。

文化传统影响着家庭教育导向。中国自古便有读书求仕、望子成龙的文化传统，这种习惯的思维定式影响了中国几千年。家庭是孩子成长的摇篮。很多孩子自幼在家庭中所受的教育主要的不是知识，而是行为导向。父母对孩子所进行的这些导向深刻地反映了社会文化的总体氛围对人的影响和制约。换言之，每一个社会成员都必须承袭既有的文化。文化影响着家长，家长影响着孩子。

第二节　教育的社会功能

教育的发展和变革不仅受制于社会自然环境、人口状况、生产力发展和政治经济制度的影响和决定，同时，教育又以其自身特有的活动形式反作用于社会发展，对社会发展有着积极的推动与促进作用。教育的社会功能一节就是试图阐明教育是如何反过来促进社会发展的。

一、教育功能的结构

（一）教育的本体功能与社会功能

教育的本体功能即教育自身直接具有的功能，或可看成教育的职能。

职能是指活动主体本身具有或所担当的职责和能力。功能即作用，即通过人、事物、机构所具有的职责和能力的正常履行和发挥而产生出来的一种社会功效与结果。

职能与作用既有区别又有联系。职能是作用的前提和基础，没有相应的职能的正常履行就不会有社会功能的产生，即社会功能是通过职能的正常履行实现的。但同时，两者又有区别，职能与活动主体融为一体，是主体自身具有、自身存在的东西，只要产生职能的主体是正常的，职能就应正常产生。而作用则要通过职能的正常运行才会产生，所以职能与主体的联系是直接的，功能与主体的联系是间接的。

既然客观世界中的一切活动主体都各有自己的职能和社会作用之间的区别，那么教育当然也不例外，它也应有自己的职能和作用之间的区别和联系问题。

由普遍规律可知，教育的职能或本体功能即教育自身具有的职责和能力；教育的社会功能即教育通过自身职能的充分调动和履行而对社会产生的一种功效。教育是通过自身传递知识、培养人才等基本职能的发挥而产生促进社会政治变革、经济发展、科技进步、人口质量提高等等社会作用的。因此，教育的职能与社会作用之间就其层次来说，要先履行职能，进而才能产生促进社会发展的积极作用。

（二）教育的正功能与负功能

教育的正功能即教育对社会发展和人的身心发展所产生的积极促进作用。我们通常所言及的教育功能主要是就教育的正功能而言的。教育的负功能是指与教育目标、教育主体愿望相反的客观效果，是教育对社会发展和个体发展所产生的阻碍作用或消极影响。美国著名社会学家默顿最早系统地研究了教育的负功能。默顿认为，一定社会文化要素对于某一社会文化体系而言，可能有正功能、反功能与非功能。正功能即有助于一体系之顺应或适应的客观后果；反功能即削弱一体系之顺应或适应的客观后果；非功能即与此一社会文化体系无关的后果。默顿在此基础上还研究了教育的显性功能和隐性功能。关于教育的正功能，很多文章中多有论述，其具体表现是教育给予社会发展和人的发展的积极影响。而教育的负功能在教育现实中也多有表现，如因教育结构失调而造成的毕业生学非所用或大材小用；因提高教育质量而造成的学业负担过重；等等。

二、现代教育的本体功能

1. 加速年轻一代身心发展与社会化的进程——人的培养

培养人是教育的最基本职能，也是教育的特质所在。人类教育发展至今，所以有别于生产劳动、军事保卫等其他社会活动形式，其根本原因就在于教育自始至终保持着培养人的职责，保持着社会上任何其他活动形式都不具有的，通过学校班级及其他形式进行知识传授、技能培养、体质增强、品德提高的职能。人类在自身发展的过程中，创造发明了多种多样的人才培养方式，如观察模仿、师徒学习、做中学等。但是在众多形式的比较中，唯有教育，特别是学校教育显示了人才培养上的突出优越性，因而最终成为普遍公认的最佳形式。教育所以能取得社会培养人的独占地位，是因为它能以其高度的组织性与计划性、明确的目的性与方向性，利用最短的时间和最高的效率完成培养人的任务；教育所以有别于社会上的其他部门而成为一种培养人的专门活动，也是因为它始终把培养人作为自己的基本职责。教育如果丧失了培养人的基本职责，那么实质上也就丧失了其自身的特质，而与社会上的工厂、农村、部队没有什么两样。所以，教育正是因为有了培养人的职能才使其成为教育。

教育对人的培养，结果是试图使人成为一定社会所需要的人，即通过教育，加速实现人的社会化，实现由生物个体向社会实体的转变。

每一个从母体来到人世的人，都要经历由生物实体向社会成员的转变过程。这个转变的目的就是使每一个不知不识的生物个体成长为一定社会所需要的人，成为能够适应社会要求、与社会规范自觉保持动态平衡的人，这就是人的社会化的实现。所以，所谓人的社会化，就是个人学习社会知识、技能、行为规范，逐渐适应社会生活，成为社会成员，满足社会需要的过程。

社会化是一个过程。这个过程的完结可以通过多种形式去进行。其中教育是促使人实现社会化，加速人由自然成长过程到社会成员过程转变的最有效形式。教育以有计划、有系统的教育内容和教师传授的有效形式，从多学科、多角度，使学生在比较短的时间内明确生活目标、社会信仰追求、伦理道德行为规范、社会需要与价值取向，应有的社会生活基本技能，应该承担的社会责任与角色等，成为一个社会成员，也就是成为这个社会的拥护者、建设者与保卫者。为此，他就必须广泛地学习社会的政治思想、伦理道德、自然与社会科学方面的知识等等，才能既奉献于、适应于社会，又合理地取之于、消费于社会。

学校中教育科目的设置，教师辛勤的讲解与指导，各种活动的安排等，目的就在于以"积跬步，成江河"的工夫，促使学生个体社会化的实现。教师的劳动表面上看是完成阶段性教学任务，实质上是完成社会使命。

2. 人类精神文明的传递与继承——"社会遗传"

根据恩格斯的认识图式，个体人的发展是生物进化的历史和人类认识发展的历史的两个缩影。一个缩影是指生物的进化，从原生物演变到人类，经历了若干亿年；而胎儿在母体中从受精卵发展到降生为人只用了十个月的历程。这是说母胎中的人的发展过程高度概括地重演了生物进化的历史。另一个缩影是指人类文明发展史经历了几百万年才从蒙昧状态发展到文明时代，而一个人从出生时的一无所知到成为一个合格社会成员的智力发展历史，只不过二十年左右，这个个人智力发展的进程也是高度概括地复演了人类认识发展的历史。

人所以能用十个月的时间重演生物进化的漫长历史，这是人所以为万物之灵的根本所在。人的认识所以能用20年左右的时间重演人类文明的漫长历史，这是因为人有教育这个传递社会经验的独特形式。

人类在长期的社会实践中，创造了两种财富：以物质形态表现出来的物质文化，即人的智力的物化或"对象化"和以语言文字形态记载下来的精神文化。这两种社会财富所以能得以保存，并世代相传地继续发展下去，不是靠人的生物遗传实现的，而是靠教育将这些人类认识的成果传递给新的一代实现的，这就是所谓的社会"遗传"。实现这种社会"遗传"的方式很多，但最基本、最有效的方式是教育。今天，各种先进的印刷技术、复印技术的发明与广播、电视、录音、电子计算机等各种现代化传播手段的出现，为知识的传递提供了极为广泛的通道。但是，教育作为人类传递知识的一种最基本形式，并未丧失其职能价值。这是因为，无论在使用竹简布帛的古代，还是在书籍、音像广泛流行的今天，人们最初对知识的获得仍然要通过教育去进行。人们今天可以通过各种现代化的信息媒介去获取、理解各种知识和技术，但是这必须在有了一定的知识基础和理解能力之后才能进行。这个知识基础和理解能力就需要教育去提供。从人类知识的最初获得来看，是依靠着教育传递知识的职能之于人形成的自学能力后，才有可能充分利用现代信息工具不断完善自己。

从人类社会知识的继承与发展来看，教育的传递职能就更为明显。从某种意义上说，没有教育对知识的传递、积累、创新和发展，人类社会的精神宝库就会枯竭，人类文明的历史长河就会断流。人类所以能站在前人的肩膀上，借助历史的阶梯，推动社会不断前进，正是由于有了教育这个传递与积累知识的重要环节，得以承上与启下，使人类了解过去，洞悉未来，从历史中吸取经验和教训。

教育不仅以自身的活动实现知识的纵向传递，而且亦可突破空间与地域的阻隔，进行横向的交流。国与国之间虽远隔千山万水，但人类的真理，先进的科学技术是任何天然屏障都挡不住的。今天，各种先进的交通工具和信息传播媒介的诞生，把不同地域之间的距离大大缩短。各国之间频繁的教育交流，把知识的传递由局部推向全球。

3. 经验和人才的选择——科学筛选

学校教育为培养人才而进行的人类精神文明的传递与继承不是盲目、自发进行的，而是通过严格而科学的选择完成的。人类在社会实践中积累起来的经验可分为两大类：直接经验和间接经验。直接经验表现为直观的感性经验，间接经验则是人类在长期的社会实践中积累起来的各种认识成果。自从学校诞生，有了专门的教学活动以后，能够进入学校教学过程的人类经验就是经过筛选的少量典型经验。人类创造的各类经验浩如烟海，但教育目的不同，社会需要不同，人的认识能力的局限以及教育自身条件状况和学生学习时间、在校时间有限等诸多限制，决定了教育必须对经验进行科学的选择，以典型的、有限的、基本的材料去教育学生，我们将其称为基础知识和基本技能，美国布鲁纳称其为"学科的基本结构"，西德的瓦·根舍因叫它为"典型的范例"。以少而精的内容教育学生是人类理性进步的表现。

进行人才选拔是学校选择职能的又一方面。学校进行的人才选择是一种竞争性的人才选拔，它不仅具有社会认可的权威性，而且具有层层淘汰的严格性。

除上述外，还有人提出教育具有监护职能、平衡职能等等。

三、教育的社会功能

教育的根本职能是通过人的培养而促进人的社会化进程的实现。但教育不是为培养人而培养人，而是通过培养人，把其职能向前引申一步，产生促进社会物质生产、社会经济、政治、科学技术、精神文明发展的社会作用。

（一）教育的人口功能

1. 教育可减少人口数量，是控制人口增长的手段之一

控制人口增长的手段很多，发展教育是其中之一，而且被认为是长远起作用的手段。一些人口学家研究后得出的结论是：全体国民受教育程度的高低与人口出生率的高低成反比。有人在拉丁美洲做过的有关调查表明：有工作的妇女生育率低于家庭妇女；有专业知识的妇女生育率低于一般农村妇女；受过中等程度教育的妇女的婴儿死亡率低于文盲妇女。在我国的有些调查资料中也反映出同样的倾向，即人口的平均文化程度越高，人口出生率就越低，反之亦然。参见表4-1。

表4-1　教育程度与出生率的关系

地　区	出生率（%）	死亡率（%）	自增率（%）	总人口（万人）
全　国	18.24	6.64	11.60	117171
北　京	9.22	6.11	3.11	1102
天　津	12.50	6.00	6.50	920
河　北	15.33	6.43	8.90	6275
山　西	19.59	6.94	12.65	2979
内蒙古	17.07	6.73	10.34	2207
辽　宁	12.57	6.11	6.46	4016
吉　林	15.74	6.57	9.17	2532
黑龙江	16.25	6.12	10.13	3608
上　海	7.28	6.74	0.54	1345
江　苏	15.71	6.76	8.95	6911
浙　江	14.72	6.57	8.15	4236
安　徽	18.76	6.14	12.62	5834
福　建	18.18	6.02	12.16	3116
江　西	19.53	7.07	12.46	3913
山　东	11.43	6.88	4.55	8610
河　南	18.13	6.99	11.14	8862
湖　北	19.05	6.87	12.17	5580

地　区	出生率（‰）	死亡率（‰）	自增率（‰）	总人口（万人）
湖　南	16.70	7.30	9.40	6267
广　东	19.31	6.17	13.14	6525
广　西	20.19	7.28	12.91	4380
海　南	21.31	6.07	15.24	686
四　川	16.27	7.03	9.24	10998
贵　州	22.40	8.52	13.88	3361
云　南	21.00	8.00	13.00	3832
西　藏	23.63	8.09	15.54	228
陕　西	18.85	6.57	12.28	3405
甘　肃	19.37	6.64	12.73	2314
青　海	22.54	8.14	14.40	461
宁　夏	20.11	5.36	14.75	487
新　疆	22.80	7.84	14.96	1581

（据国家统计局1992年人口主要数据公报统计绘制）

　　一系列资料表明，受教育程度不同的人有着不同的生育观：受教育水平较低的群体或个人倾向于不加节制特别是高数量的生育；受教育水平较高的群体或个人倾向于有所节制的比较合理的生育。据统计，70年代中期，苏美和欧洲发达国家成年人口的文盲率不足1%，其人口平均增长率约为0.72%；而非洲大多数国家的成人文盲率在70%以上（例如埃塞俄比亚为85%，尼日尔高达92%），其人口平均增长率为2.6%，1980—1984年又进一步升高到2.9%。另据统计，在美国，每百名受过中学以下教育的母亲，一生生育的子女数为124.1个，受过中等教育的约为118个，受过高等教育的为96.9个。我国的情况也大致如此。见表4-2。

表4-2　受教育程度与总和生育率的关系

受教育程度	总和生育率	
	1981年	1986年
大　学	1.42	1.11

续表

受教育程度	总和生育率	
	1981年	1986年
高　中	1.88	1.82
初　中	2.19	2.13
小　学	2.72	2.48
文　盲	3.31	2.95

（根据1982年人口普查和1987年1%人口抽样调查）

妇女的受教育水平对生育率的控制大致可通过图4-1来表述。也就是说：

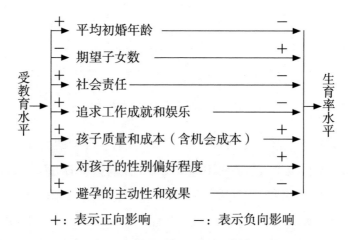

＋：表示正向影响　　　－：表示负向影响

图4-1　受教育水平与生育率水平的关系

教育的发展和人口受教育程度的提高为什么能起到控制人口增长的作用呢？

国家经济的发展，必然提高对劳动者的文化要求，从而刺激家庭对教育的需要，而家庭教育要求的提高必然增加抚养儿童的费用，这就能起到控制生育率的作用。西方发达国家人口增长率转化的过程已证明了这一点。在工业化的初期，西方国家人口增长率也较高，人们并不控制人口的自然增长，因为社会生产中相当数量的劳动力不需受多少教育，要养育和培养这类劳动力所需的费用不高，家庭养得起。现代发达国家社会生产却大不相同，它需要具有一定文化程度、技术比较熟练的工人，因此父母养育儿童时要付出更多的教育费用，以使子女将来能取得工作资格或较好的社会地位。这使许多人不得不少生一些子女，人们就产生了控制生育率的愿望。

教育程度的提高可使人们更容易理解人口增长与经济与社会发展间的相互制约关系，乐于支持政府计划生育的号召，他们比受教育较少的父母在保护环境生态平衡、有节制地利用资源、保证社会获得良好发展等方面，更具有责任心。

教育程度的提高可使人们更倾向于用现代的、科学的眼光看待传统的价值观和社会风俗，他们对生育子女的注意力主要集中在：孩子能否健康成长，能否受到良好教育以及孩子的未来发展和事业成就上。就是说，他们主要关心的不是希望孩子给家庭增加多少收入和作为防老养老的经济保证，而是在孩子的未来发展上，因此也就不再为"多子多福""重男轻女"等观念所束缚。

教育程度的提高可使人们往往更重视自身价值的实现和对人生幸福的追求，他们不愿意因多生育而耽误自身的发展和生活的美满。

随着受教育年限的延长，男女结婚和生育的年龄一般会往后推移，而妇女结婚越晚，生育子女的数量一般会越少。苏联学者曾做过这样的推算，如果不加任何节制，一个生理条件刚刚成熟就结婚的妇女，一生平均可生育10个子女；20岁结婚，平均生育8.4个；25岁结婚，可生育6.2个；30岁结婚，可生育4.2个。

教育程度的提高增加了妇女就业的机会，提高了妇女养育儿童的难度。这些都使人们愿意控制人口的增长。

由此可见，教育具有控制人口增长的社会功能。为了更有效地发挥这一功能，不仅要普遍提高社会民族的文化水平，而且应对成人和青少年进行专门的人口教育。对成人的教育可通过大众传播媒介进行，使人人懂得控制人口增长与国家发展、家庭幸福的关系，懂得怎样实现计划生育和优生优育。对青少年的教育主要通过学校来实现。在学校中增设人口教育课程，其主要内容是揭示人口变化、人口状况、人口发展以及与基本生活质量方面的相互关系。在我国，这门课程还包括我国的人口政策及青春期生理卫生等内容。

2. 教育可提高人口素质，是改变人口质量的手段之一

人口素质是由人口的身体素质、科学文化素质和思想品德素质三个方面的内容构成的，它们都与教育息息相关。

人口身体素质是指人的身体健康状况和大脑的功能状况。它取决于两个因素：一是先天遗传，二是后天的营养、保健和锻炼。一般说来，受过较高教育的人，一般都容易掌握优生学和遗传学，懂得近亲结婚以及各类遗传病对新生一代的危害，能有意识地注意妇女孕期的保健卫生，尽量减少因用药不慎、疲劳过度、神经紧张等对胎儿带来的不利影响，从而大大减少了先天愚型儿和先天残疾儿的出生。近些年兴起的胎教，对胎儿的智力发展也有所帮助。可见，教育在相当大的程度上能为人口质量的提高把住出生关。此外，受过教育的父母对人类自身生命发展的客观规律了解和认识也较深，在安排个人及孩子的饮食起居、卫生和体育锻炼方面更能符合科学的要求，这对提高身体素质也是非常重要的。

教育对人口文化素质的影响更为明显和直接，人口科学文化素质的高低主要取决于教育的好坏。世界上通常用下列具体指标来衡量人口的文化素质：文盲率或识字率；义务教育普及和提高程度；就业人口的平均受教育年限；每万人口中科技人员数；每万人口中的大学生数。显然，这些指标直接受制于教育。近些年，联合国已经把人口的科学文化素质的高低作为判断国家发达程度的重要标准之一。例如，如果一国的成年人口的识字率低于10%，就可把该国看成最不发达的国家。从全球范围看，发达国家人口的科学文化素质远远超过发展中国家。据1993年的《世界教育报告》报道，每十万人中受过高等教育的人数，1990年中国是186人，同期的日本是2328人，美国5591人，阿根廷3293人，韩国3899人。在该报告所列的23个国家中，中国只高于印度。1994年《世界科学报告》载：每千人中科学家和工程师的人数，中国是0.4人，日本4.7人，美国3.8人，以色列4.4

人，加拿大2.3人，印度0.1人。由这些数字可以看到，此时我国教育事业还比较落后，1982年全国人口普查，十二周岁以上文盲和半文盲人口占总人口23.5%。[1]这与我国社会主义经济的高速发展是极难适应的，现代化的所有梦想在低素质人口中都可能化为泡影！因此，教育人民，使人民成为自律自重、敬业乐业、团结刚健的人民，这是跨世纪的历史使命。

人口思想品德的形成也依赖于教育，可以说，有什么样的教育环境就会培养出什么品质的人。马卡连柯说过："没有健全的教育环境而能养成真正可贵的品质的例子，我连一个也没有见过，或者反过来说，有了正确的教育工作而会产生堕落的性质，也是不会有的。"因此，一个文化素质较高、文化氛围较浓的家庭以及良好健全的学校教育和社会教育的环境，对提高人口思想品德素质的作用是不容忽视和低估的。

3．教育可使人口结构趋向合理化

人口结构包括人口的自然结构与社会结构。自然结构指人口的年龄、性别等方面的比例。社会结构指人口的阶级、文化、职业、地域、民族等方面的比例。所谓人口结构的合理化就是指人口结构有利于社会生产和人口的自然平衡。

表4-3　教育程度与死亡率关系（%）　　　　1982年

年龄组	大　学	中　学	小　学	文盲或半文盲
30—34	0.36	0.70	1.03	2.95
35—39	0.44	0.79	1.25	4.27
40—44	1.36	1.55	1.72	3.35
45—49	1.33	3.16	2.44	4.20
50—54	2.45	4.16	5.14	6.53
55—59	6.95	6.62	8.84	11.41

（根据北京市两区一县人口死亡状况的调查）

教育与性别年龄结构。如前所述，由于受过一定教育的妇女生育观的改变，使她们摆脱了"重男轻女"的传统意识，从而降低了女胎流产率，

---

① 顾宝昌等：《人口研究》第9页，1994年第4期。

进而调整着新生儿的性别结构。教育对人口年龄结构的影响主要体现在教育对生育率和死亡率的影响上。由于教育对人口数量的控制使得生育率大大降低，人口增长缓慢。另外，一系列调查数据表明，教育与死亡率呈反比例关系（见表4-3和表4-4）。这是因为受较高文化教育的人群，具有较丰富的科学知识，因而常常比较了解营养、卫生、体育与身体素质的关系，按照较科学的方法生活、劳动和锻炼，降低了自身死亡率；同时也能按照科学的方法培养儿童，使婴儿和儿童死亡率较低（见表4-5）。生育率与死亡率的改变，不可避免地要改变着人口的年龄结构。

表4-4　教育程度与死亡率关系（％）　　　　　　　　1987年

年龄组	大　学	高　中	初　中	小　学	文盲半文盲
25—34	0.33	0.52	1.06	1.67	1.98
35—44	0.75	1.15	1.47	2.06	2.90
45—54	2.60	2.73	3.91	5.18	5.89
55—64	6.04	9.76	10.66	14.14	13.89
65以上	35.10	38.49	38.98	46.90	50.04

表4-5　几个国家婴儿死亡率与母亲文化程度的分析比较　　　　1983年

国别	年份	死亡率指标（%l）	母亲受教育水平（学习年限）						
孟加拉国	1958 1969 1971	婴儿死亡概率	没受教育		1—5年		6年以上		
			143 152 168		111 131 135		105 99 87		
巴基斯坦	1966—1976	婴儿死亡概率	没受教育		初等教育		中等教育以上		
			140		101		76		
巴西	1966	东北部20—29岁妇女所生婴儿的死亡率	没受教育		不完全初等教育		完全初等教育以上		初等教育以上
			城市	农村	城市	农村	城市	农村	城市 农村
			147	112	120	100	97	110	47　87
墨西哥	1940—1976	婴儿死亡概率	没受教育		1—3年		4—6年	中等教育	中等教育以上
			106		94		76	60	44

《第三世界婴儿死亡率和儿童死亡率》，国际人口研究机构联合会，

巴黎1983年版。

教育与人口的城乡结构。人口的城乡结构实际上就是城镇人口的比重。城镇人口比重的大小是衡量一个国家经济发展水平特别是工业发展水平高低的重要标志。从1983年城市人口占总人口的百分比来看，全世界总平均为39%，发达国家和地区为70%，发展中国家和地区仅为29%。我国有史以来就一直是个经济落后的农业大国，新中国成立以来，随着社会主义经济建设的进展，城镇人口比重有所上升，城镇总人口比重，1964年全国人口普查时达到18.4%，1982年上升到20.8%，但仍低于世界平均水平。因此，我们要赶超世界发达国家，要加快农业国向工业国的转化，改变城乡人口比例，尽快实现乡村人口向城镇人口的转变就成为不容忽视的问题。那么如何就地消化农村剩余劳力，使多余农业人口离土不离乡，就地转化为非农业人口或工业人口，就有赖于大力发展教育，特别是普及农村教育，提高农村人口素质，从而为提高农村科技水平，发展乡镇企业提供可能。

教育与人口的行业和职业结构。教育对人口的行业和职业结构的影响，主要表现为由教育所带来的科技进步使得社会分工越来越复杂细密，有的行业淘汰了，衰退了，有的行业兴起了。最显而易见的是二战后随着半导体、电子计算机、微电子学、激光、光导纤维和遗传工程等尖端技术工业的急剧发展所带来的在业人口行业和职业结构的变化。一般说来，逐步提高脑力劳动者和体脑劳动者的比重，逐步减少体力劳动者的比重，将是现在和未来社会发展不可避免的趋势。我国1990年7月，通过对30个省区、直辖市64724万在业人口的调查显示，各类专业技术人员、国家机关、党群组织、企事业单位负责人、商业工作人员等比重较1982年都有所上升，其中各类专业人员所占比重为5.31%，仍只相当于美法的1／3。因此，我们必须积极创造相应的教育条件，为适应社会发展的趋势提供相当数量的专业技术人员。

4. 教育有利于人口迁移

人口迁移是指人口从一个地点向另一个地点的迁居活动，人口有计划的合理迁移，对适应生产力发展和资源开发，促进地区间文化技术的交流、合作与发展，都具有积极意义。影响人口迁移的因素诸多，其中教育对人口迁移的影响主要表现为：

受过教育的人口更容易做远距离迁移。这是因为受过较好教育的人不易受本土观念的束缚，他们更想到最适合发挥自己才能的地方去工作。另外也由于迁入城市大多是以资本密集型和知识密集型产业，或是第二、第三、第四产业为经济主体的城市，这就决定了迁入这些城市的人员必然是些具有一定专业技术水平的人。以广州为例，在1990年的流动人口中，小学文化程度和文盲半文盲人口都较少，分别为93.04万人和13.06万人，占总人口的28.07%和3.94%；而初中及以上文化程度的人口达206.44万人，占总人口的62.28%。与全省人口平均水平相比，流动人口的大学、高中和初中文化程度人口所占比重分别高出0.13、3.48、25.35个百分点，相反，小学和文盲半文盲人口所占比重分别减少12.4和6.62个百分点，可见流动人口总体文化素质高于全省平均水平。

文化教育发达的城市和地区更吸引迁移人口。如前所述，迁入城市大都是些科学技术发达的城市。我国80年代以后，出现人口大量流向东部沿海地区的倾向，这是因为改革开放的政策使东部沿海地区加快了科技发展的步伐，从而吸引了大量流动人口。仍以人口迁入量最多的广东省为例，迁移人口以珠江三角洲腹地为核心向外围呈梯级分布状态。珠江三角洲不仅是广东迁移人口的聚集地，而且是全国人口最活跃的地区之一，该地区的迁入人口占全国总迁移人口的9.18%。人口迁入量仅次于广东的是全国的文化教育中心京津沪三市。可见，发达的经济，先进的科技是吸引迁移人口的重要因素。

教育本身就实现着人口的迁移。现代教育，特别是现代高等教育如同一个人才集散地，它把各地区的人才收拢上去，加以培养，然后根据社会发展的需要、学习者的志愿和特长，再把他们输送出去，从而实现跨区域的人才流动。据统计，学习培训和录用分配与省际迁移量的比重分别为

7.8%和4.7%。这种由教育本身所实现的人口迁移，最显著的优点在于可使各个地区有计划地输入经过专门训练的技术人员和熟练工人，有利于各地区的经济增长和社会发展。

（二）教育的经济功能

1. 教育是劳动力再生产的重要手段

马克思主义经济学认为生产力是人类控制与征服自然的能力，是由"有目的活动或劳动本身，劳动对象和劳动资料"[①]共同构成的，是物的因素和人的因素相结合的总体能力。作为物的因素的生产资料和人的因素的劳动力是生产力的基本构成要素。二者互为前提，相互促进。物质资料是劳动力再生产的基础，没有这个基础，劳动力就不能生存，生产也就不能进行下去。反过来，没有劳动力的生产和再生产，生产资料亦不过是一堆毫无价值的废物而已，不仅物质资料的生产和再生产不能进行，而且已进行的生产过程也要中断。所以，劳动者是生产力诸因素中最重要的成分。

劳动者在生产过程中的地位所以比生产力中任何其他因素的地位都重要，原因在于劳动者是活劳动力，劳动者的劳动是活的劳动。而劳动者的劳动所以能成为活的劳动，是由于人的劳动不单单是体力的运用，还有比体力更重要的智力的运用。诚如马克思的著名定义所揭示的那样："我们把劳动力或劳动能力，理解为人的身体即活的人体中存在的、每当人生产某种使用价值时就运用的体力和智力的总和。"[②]因此，在现代化生产的今天，衡量劳动力的大小，不光要衡量体力的大小，更重要的是衡量一个劳动者智力的高低。

然而，不论是体力的改善还是智力的提高，都要靠教育去完成。人的体力虽然属于肉体的自然能力，但体质的增强与体能的发展，也要靠良

---

① 《马克思恩格斯全集》第23卷，中共中央马克思恩格斯列宁斯大林著作编译局编译，人民出版社1972年版，第202页。

② 同上书，第190页。

好教育的培养和训练。至于智力的提高，则要完全靠教育的有意识培养才能得到发展和增强。在科学技术迅猛发展的今天，不仅科学文化知识的掌握、生产技能的形成离不开教育的系统训练，就是劳动经验的传递也要靠教育，才能实现周转的高速度与高效率。所以马克思在考察生产劳动过程及其发展规律时，盛赞教育对生产力的重大作用，指出"教育会生产劳动能力"①，"要改变一般的人的本性，使他获得一定劳动部门的技能和技巧，成为发达的和专门的劳动力，就要有一定的教育和训练"②。

马克思这里所说的"改变一般人的本性"，主要是指人的自然潜能，按照现代生产要求，劳动力是指具有一定科学知识、生产经验和劳动技能地使用生产工具、实现物质资料生产的人。③石器时代、青铜器时代、铁器时代，17世纪，18世纪，19世纪，人们使用的生产工具，掌握的生产知识、生产经验和劳动技能都大不相同。今天，由于现代科学技术的日新月异，生产设备的更新、生产工艺的变革都非常迅速，劳动者只有具备较高的科学文化水平、较高的生产经验和先进的劳动技能，才能在现代化生产中发挥更大作用。当一个人尚未具备任何科学知识和生产经验与劳动技能时，他只是一个潜在的可能的生产力。科学是知识形态的生产力，是一种生产的精神潜力。要使人的天然潜在能力变成现成的劳动能力；要使科学知识摆脱潜在状态，成为直接现实的生产能力，就要靠教育实现科学知识与人的结合，从而使人的自然本性得到加工，自然潜能得到完善，自然智力得到开发。使人由潜在的可能的劳动力转变成直接现实的生产力，由只具备"一般人的本性的人"，发展成为社会总体劳动中具有专门劳动技能的一员。所以，教育作为人类自身生产的社会实践，当之无愧地成为劳动力生产的基本手段。

---

① 《马克思恩格斯全集》第23卷，中共中央马克思恩格斯列宁斯大林著作编译局编译，人民出版社1972年版，第210页。
② 同上书，第195页。
③ 邓小平：《邓小平文选》（1975年~1982年），人民出版社1983年版，第85页。

2. 教育可实现劳动能力的再生产，是提高劳动者生产能力的重要手段

对于劳动者个体来说，通过教育和训练，他的劳动能力的增强主要表现在下列几个方面：

①提高生产者对生产过程的理解程度和劳动技能技巧的熟练程度，从而提高工作效率。据苏联的一些经济学家统计，一个熟练工人接受一年的科技文化教育，比工人在工厂工作一年，平均能提高工作效率1.6倍。

②能合理操作、使用工具和机器，注意对工具机器的保养和维修，减少工具的损坏率。只有懂得工具和机器原理、性能的人，才能合理地使用它们。教育为劳动者提供了这方面的基础知识或专门知识，至少是培养了劳动者用理智的态度来对待工具的使用，懂得不科学地使用工具可能带来的危害。因此，一般地说，工人的文化训练程度与工具的损坏率成反比。如1983年，有人曾对长春第一汽车制造厂底盘分厂做过有关调查，调查的数据表明，在损坏工具的工人中，高中程度的占9%，初中程度的占了91%。从农村来看，我国目前机械化程度不高，这一点表现得不突出，但在合理使用化肥等与科学文化知识有关的问题上，已经表现出劳动者文化程度带来的差异。此外，生产的文明程度，包括生产活动的生态平衡、减少污染等意识与行为，也与劳动者的文化程度密切相关。

③提高学习知识和技能的能力，能缩短学习新技术或掌握新工种所需的时间。通过教育，个人获得的不只是具体的知识、技能、技巧，而且提高了人的一般学习能力。越是成功的教育，在提高一般学习能力上的作用越大。在当代社会，提高人的一般学习能力尤为重要，它能使人较快地掌握新技术、新工艺、新工种，以适应生产高速发展变化带来的职业或工种变换的需要。

④提高创新意识和创造能力。据国外一些企业统计，劳动者受教育年限每增加一年，合理化建议就平均增加6%。受过完全中等教育的工人在技术创造上的积极性，比没有受过同等教育而工龄相同的工人要多四五倍。

⑤提高科学生产管理的愿望与能力。现代社会生产率的提高确实需要

生产者对管理的参与。教育程度的提高能使人对自己的力量更富有信心，希望劳动安排得更合理和个人有更多的管理、自主权。

劳动能力的再生产，不仅可为社会提供一定数量的合格劳动力去满足社会生产的扩大和发展，更为重要的是要以质量的不断提高去促进社会生产的不断跃进和革新。伴随社会生产的这种发展与要求，当今的教育已摆脱古代教育一次性培养受益终身的传统模式，而代之以继续教育、终身教育。借助这些新的教育形式，不仅可以保证劳动力与生产部门对人才数量需求的平衡，而且也可以不断更新、完善、提高人的劳动能力，满足生产不断进步对人才质量的需要。教育对劳动力的再生产，可以不断地重新构建人的知识结构，提高劳动者对现代生产的适应性。

3. 教育是经济发展的重要因素

经教育而实现的劳动力再生产，由于提高了劳动力的知识水平和技术素质，因而便成为提高劳动生产率的重要因素之一，成为经济发展的前提基础。在传统落后的社会观念中，教育被认为是一种纯粹的消费事业。但历史的进步和科技的发展，促使更多的人认识到教育的实施是一个国家发展经济的长久之计，它可以为社会带来经济价值。

世界上许多国家近几十年的经济发展史证明，在现代化生产中，推动经济发展的不再是增加劳动力的数量、靠人海战术或延长劳动时间和增加劳动强度，而主要是提高工人的熟练程度和科学技术在生产上迅速应用的程度。事实证明，这方面的作用已超过了物的资本和劳动力数量增加所带来的经济效益。

美国芝加哥大学教授舒尔茨说："教育作为经济发展的源泉。其作用是远远超过被看作实际价值的建筑物、设施、库存物资等物力资本的。"在《人力资本投资》这本书里，他的核心观点可概括为："有技能的人的资源是一切资源中最为重要的资源，人力资本收益大于物力资本投资的效益。"他根据其人力资本学说，对历年高等教育费的收益率进行了计算。根据他的计算，美国1929—1957年教育投资在增加国民收入中做出贡献的比率是33%。

日本参照舒尔茨的方法，计算了1930—1955年间教育投资的收益率。结果证明，在国民收入的总增长部分中，约有25%是由于增加教育投资而取得的。

苏联经济学家斯特鲁米林根据学历和工资成正比关系，把高级技术人员换算成体力劳动者人数。换算的结果表明，苏联国民收入的增加部分，大约有30%是因为学历构成高度化获得的。进一步的统计计算表明，每一卢布教育投资所取得的国民收入1960年为3.28卢布，1970年为4卢布，1975年为4.13卢布。这就是说，每投入1个卢布可得到4.13卢布的偿还。而同一时期1卢布的农业投资收益率依次为5.12卢布、4.12卢布、2.60卢布。苏联学者认为，劳动生产率的提高是通过工人熟练程度的提高实现的，这也取决于教育。他们认为，一个受过初等教育的工人，可以使劳动生产率提高30%；一个熟练工人进修一年，可提高劳动生产率1.6倍。

教育的经济价值到底如何计算，尚需进一步探索。但有一点是毫无疑问的，这就是人力资本的开发对发展经济所起的作用，不亚于增加物力资本和单纯扩充劳动力的数量。在当今的知识经济社会里尤其如此。教育在经济发展中所以有如此明显的作用，这是与教育能进行科技人才的积累和工人熟练程度的提高分不开的。西德和日本能够在战后不久，在战败的废墟上，把濒于崩溃的经济迅速地恢复和发展起来，并且一跃而居世界发达资本主义国家的行列，其重要原因之一，就是由于比较重视教育，培养和储备了大批科技人才。这就说明，只要能拥有创造发明新科技的人，有能制造、操作这种先进生产设备的人，即使资源贫乏、资金不足、经济崩溃的国家，也能使国民经济很快地发展起来。

4. 教育还可以生产新的科学知识、新的生产力

学校，特别是高等学校不仅是传授知识的教育单位，承担着再生产科学知识的任务，同时也是从事科学研究的重要基地，担负着生产新的科学知识、新的生产力的任务。通过科学研究，一方面生产出新的科学知识，

发挥精神生产方面的作用；另一方面形成科学—技术—生产体系，在实验室里研制创造出许多新的生产工艺，直接参与物质生产过程，推进生产力的发展。

高等学校是教学与科研的统一体。通过教学，首先可以实现高效率的科学知识再生产，完成培养人的光荣任务和使命。

由学校教育过程实现的这种科学知识再生产是一种无限的永恒的再生产。只要人类社会存在一天，只要人类需要进行劳动力的培养和训练，需要对年轻一代进行知识的武装，开发智力、培养能力、发展创造思维，需要向全体社会成员进行科学知识普及，以提高全体公民的科学文化素质，就需要教育进行科学文化知识的传播，需要把已经成形的科学理论传授给新的一代，为新的一代掌握和继承。科学知识的一次传授过程便是一次再生产的过程。只要人类社会要发展下去，这种生产便将永远地进行下去。

这种再生产也是一种扩大的再生产，因为由教育所进行的这种知识传授，可以使原来为少数几个人掌握的科学知识为众多的人所了解。不断扩大传播范围，形成原子裂变式的辐射。一个师范院校的教师，一生要教几千人，几万人。这些人又变成教师再次把知识传授给他们的学生。师生之间这种代代相传的信息传播，就使得科学知识的再生产扩大到无尽无休的范围和程度。

由教育进行的科学知识再生产又是一种高效率的再生产。学校中的知识传授是在教师的精心安排下，对浩如烟海的科学知识进行了反复筛选，从中挑选出人类经验的精华，通过有效的教育形式，科学的教学方法和先进的教学手段，在特定的教育过程中完成这种再生产的任务。它避免了人类在获得这些知识时所经历的漫长而曲折的道路，以最短的时间、最高的效率、最简便的途径去使年轻一代完成认识的任务。可以说，由教育所进行的科学知识再生产的效率是任何其他活动形式都无可比拟的。诚如马克思所说："再生产科学所必要的劳动时间，同最初生产科学所需要的劳动时间是无法相比的。例如学生在一小时内就能学会二项式定理。"①

教育不仅可以通过教学实现科学知识的再生产，而且通过科学研究，也能生产新的科学知识、新的生产力。

高等学校承担着教学和科研的双重任务。通过承担科研课题、技术革新，不仅可以创造发明新的生产工具、生产工艺，而且也可发现新的科学规律，建立新的科学理论。

高等院校中实行教学与科研的结合是世界各国成功的办学经验和原则。欧洲在古希腊时期就出现了科学研究和教学相统一的学园——缪司学院，它使古希腊的科学中心从雅典移到了亚历山大城。英国剑桥大学著称于世的原因之一就是因为它拥有卡文迪许研究所。1775年，法国对巴黎科学院进行改组，使法国的科学研究全部集中在高校。法国的这一创举，使当时法国的科学技术成就跃居世界首位。德国从1809年威廉·洪堡创立柏林大学时起，就提出必须遵循"研究与教学统一"的原则，使大学成为教学与研究的综合体。这一原则支配了德国整个高等教育，并使德国一度成为世界科学技术的中心。二次大战后，西德在重建大学的过程中，仍然保持着这种"洪堡式"大学的传统。

高等院校集中了一批第一流的专家教授，构成了良好的专业结构，又有年轻的精力充沛的博士、硕士研究生作为人才梯队，这就使大学有条件进行一些高水平的研究，尤其是对于基础理论的研究，可望在科学前沿取得重大突破。在美国、日本等国，基础研究主要在大学里进行。如美国加利福尼亚大学，有2万名大学生和8400名研究生，以基础研究闻名，在原子核科学、化学、地震、激光、病毒等方面研究水平与社会声望很高。又如麻省理工学院，有4600名大学生和4000名研究生，在1732名教学人员中专职科研人员就有650名，拥有诺贝尔奖奖金获得者5名。在1970—1978年，全校经费3.2亿美元，其中科研经费2.2亿美元。

---

① 《马克思恩格斯全集》第26卷，中共中央马克思恩格斯列宁斯大林著作编译局编译，人民出版社1972年版，第377页。

我国高校的科研力量也是雄厚的。据1995年统计，我国普通高等学校共有教授28034人，副教授80830人，科技活动人员521744人。如清华大学截至1995年有教授、副教授1774人，全校有60个博士学位授予专业，30多个研究机构。目前校内开展的基础研究课题261项，应用研究课题991项，试验发展课题197项。高等学校学科多，设备齐，力量强，拥有科学研究得天独厚的有利条件和优势，能够不断在科学研究中获得新的成就。到1995年，国家发明奖共授奖2586项，其中高等学校获821项，占总数的31.74%。国家自然科学授奖项目共522项，高等学校获259项，占获奖总数的49.62%。国家科技进步奖6124项，高校获1367项，占获奖总数的22.32%。以清华大学为例，1995年清华大学通过技术鉴定的研究成果146项，其中，达到国际水平的76项，国内首创的38项，申请专利93项，批准专利48项。[1]可见，高等院校在促进科学发展中的作用是十分明显的。

中国高等学校科学研究的主要内容包括：

承担国家建设中一些项目的攻关课题，直接为经济建设服务。理工科一般都承担国家建设与生产力发展中急需解决的新产品、新材料、新设备、新工艺、新方法等生产技术的研究，文科则承担有关政治、经济发展的理论政策问题的研究。

基础理论研究是高校科研的重要内容。国际间的科研合作与技术引进，也是研究内容之一。此外，还有教科书、参考书的编著和学术专著的撰写。所有这些都在社会经济发展中做出了重大贡献。

（三）教育的政治功能

由教育的基本职能引申出来的教育社会作用是多方面的，其中最经常的、最大量的有两种。一种是对经济发展、物质生产的积极促进作用，即生产斗争工具的作用，如前所述。另一种就是在维护和促进社会政治经济制度中的作用，在阶级社会中表现为阶级斗争工具的作用。

---

[1] 国家教委科技司编：《1996年高等学校科技统计资料汇编》，中国统计出版社1996年版。

教育的政治作用，在资产阶级专政的社会里，表现为资产阶级的政治服务。在资本主义上升时期，新兴资产阶级利用教育的支配权和占有权，把地主、资产阶级的子弟培养成他们自己的接班人，使教育成为他们进行资产阶级统治的工具。与此同时，为从工人身上榨取更多的剩余价值，缓和与劳动人民之间的阶级矛盾，提出"教育机会、人人均等"，给劳动人民以有限的受教育权利和机会。但资本主义社会中人与人之间政治经济上的不平等决定了教育权上的实际不平等。资产阶级通过这种方式，既可达到培养熟练工人的目的，又可掩盖他们的险恶用心，缓解他们与劳动人民之间的矛盾。

资产阶级教育也是传播资产阶级政治和道德观念，维护资本主义制度的有效手段。如果说整个中世纪，封建地主阶级把封建道德教育、宗教教育几乎视为唯一的教育内容，对于维护延长封建社会制度的寿命，曾起了很大作用的话，那么，资产阶级的现代教育在进行科技教育的同时，也必然感觉到了这种教育给维护、延长资本主义制度所带来的威胁。所以，资产阶级教育至今仍把宗教、法制、道德等作为正式课程去开设。他们这样做的目的是企图把这些课程当成科技教育的"抗毒剂"，在接受科技知识的同时不忘用上帝去禁锢人们的思想，以服从于资产阶级这个上帝的统治。

在无产阶级专政的社会主义国家里，教育的政治作用表现为为无产阶级政治服务。教育为无产阶级政治服务，从根本上来说，就是把年轻一代培养成为无产阶级革命事业的接班人，就是通过传播马列主义和共产主义思想，形成人的无产阶级思想，提高人的政治觉悟和道德修养，最终实现无产阶级专政的历史任务。教育为无产阶级政治服务，从具体实际来说，就是为无产阶级各个历史时期的总任务服务，为党的总路线和总政策服务。在不同的历史时期，由于党的主要任务不同，便有着不同的路线和政策。今天，为无产阶级政治服务，也就是为实现四个现代化服务。因为实现四化，是我党目前最大的政治，是压倒一切的根本任务。

上述可见，教育的政治作用是明显的。不论在无产阶级专政的社会，还是在资产阶级专政的社会，教育作为一种政治斗争工具始终要从属于统治阶级的利益和需要。如果我们撇开具体的社会和阶级属性，可见教育为政治服务的共有形式是：

第一，通过培养一定社会所需要的合格公民和政治人才去实现教育的政治作用。教育是培养人的工具。人不仅是生产力的重要因素，而且是社会的一员。在阶级社会里，无论哪个时代，无论哪个国家，掌握政权的阶级总是利用他们手中的权力掌握支配教育的优先权，利用社会占统治地位的思想和道德去培养年轻的一代，以使他们具有统治阶级所需要的思想品德和知识技能，具备政府所希求的政治观、世界观和人生观。封建统治需要驯服的、听天由命的臣民，这就决定了统治者必然对广大劳动人民实行愚民政策，灌输等级制度等天经地义、亘古不变的信念。资产阶级的理想公民是既能为资本家生产出更多的利润，又安于受资本家剥削与压迫、拥护资本主义制度的人。这就决定了资本主义社会公民教育的虚伪性，把资本主义社会美化为民主、平等、博爱的社会，掩盖其剥削、压迫的实质。在无产阶级掌握政权的社会主义国家中，需要的是真正关心国家命运，懂得怎样当家做主的公民。因此，必须十分重视提高人民的政治、文化素质。在社会主义教育政策中，总是把扫除文盲，发展教育事业，改变劳动人民文化落后的面貌摆在重要的位置，这不仅是发展经济的需要，也是社会主义政治真正实现民主化的需要。社会政治的民主化要求全体人民能关心、参与国家政事，共同享有管理政治生活、经济生活、文化活动和社会生活的权利，同时具有较强的法律意识。然而这一切都与人民具有普通文化水平和政治意识相关。正像列宁所指出的那样，文盲是站在政治之外的。当人民处于普遍缺乏文化和政治素养的情况下，必然缺乏参与政治的意识和能力，民主政治最多也不过是一个良好的愿望。而且，历史已经表明，文化、教育的落后，往往是产生和盛行政治上的偏激、盲从、专制主义的原因之一，而教育的兴旺发达，又是政治上实行民主、进步的基础性保证。

此外，任何政权，在政治斗争和国家管理上都需要一批专门的人才。若要使社会主义政治实现民主化，国家在重大决策中实现科学化，就必须培养出具有高度文化素养和政治素养的政治人才，现任的领导干部也需要不断提高自己的政治水平和文化素养。为此，需要办一些专门为培养政治干部或提高干部水平的学校。如我国的党校、行政人员管理学院与培训中心等。这些人员的选拔、培养或提高对国家政治面貌有很大影响。对执政党来说，提高党员的文化素养和政治觉悟，也是提高执政党领导水平，使党制定的方针、政策得以贯彻的重要保证。这同样也要通过不同的教育才能实现。

第二，通过宣传统治阶级的思想意识，制造一定的社会舆论为政治服务。教育也是宣传思想的工具。教育既可以通过学校这块阵地，通过师生的言论和行动，利用教材内容，向受教育者灌输一定的政治、哲学、道德等思想，形成一定的阶级意识与品质；同时，教育也能够利用社会上的一切宣传机构和媒介，宣传统治阶级的思想，造成一定的社会舆论，对社会风尚、道德面貌以及政治思潮产生影响，借以影响群众，争取群众，从而达到维护社会政治经济制度的目的。

第三，组织学生直接参加社会的政治活动，把学生作为现实的政治力量使用。

上述这两种方式在政治斗争激烈的时候，或者采取重大的政治措施、政局发生大变动时经常采用。在新中国成立以来的历次重大政治运动中（如土地改革、抗美援朝、"三反五反"、"整风反右"、"大跃进"、"四清"、"文化大革命"等）学校都成为重要的舆论阵地，学生是一支直接可用的政治力量，十分鲜明地发挥了政治功能。在这种情况下，学校作为阶级斗争工具的作用显得十分突出，教育在社会政治变革中成了直接的催化剂。但是，必须注意的是，当国家政权已处于较巩固的状态，当社会进入相对平稳的发展阶段时，教育对政治的反作用就不宜以这两种直接的方式为主。学校如果过分热衷于此，事无巨细都采取运动的方式，那么不但会影响学校正常的工作秩序，影响教育质量，而且会助长学校政治工作的形式主义，造成表面上轰轰烈烈、实际上收效不大的不良后果，甚至还可能使学生产生政治厌倦症。

第四，通过教育制度，实现对受教育者的阶级或阶层的选拔，使原有的社会政治关系得以延续和发展，或者加速改变旧的社会政治关系。

教育制度的政治性质是由国家政权的性质决定的，但一种教育制度一旦形成，它就具有相对的独立性，并能反过来对政权的巩固起反作用。在剥削阶级占统治地位的社会中，社会各阶级的地位和政治关系是不平等的。这种不平等在教育上的反映就是对享受教育权的控制和区分。奴隶主阶级完全剥夺奴隶受教育的权力，封建统治者以血缘作为选择学生进入不同学校的重要根据，资产阶级政府比起前两者来要民主得多，在有可能为资产阶级提供更多利润，至少是在不妨碍资产阶级本身利益的前提下，也为工人等劳动人民及其子女提供受教育的机会。但是，由于学校经费、师资、设备等实际上的差别，由于招生、入学考试要求上的区别和学生毕业后社会前途的不同，因而这种不平等依然存在。从总体上看，资本主义教育制度并没有为工人阶级及其子女改变社会地位提供有力的帮助。也就是说，教育并不可能改变社会不平等的状态。相反，资产阶级通过教育制度，实现了对人才的阶级选拔，使人与人之间不平等的社会政治关系得到了"再生产"。

教育对于政治经济起着巨大的影响和作用，但不能起决定作用。进步的教育虽能推动革命，但不能代替革命；腐朽反动的教育虽会阻碍社会发展，但终究挽救不了它的崩溃。因此，教育是在政治经济制度的允许范围内发挥作用的。任何"超政治"的教育是不存在的。

（四）教育的文化功能

1. 教育对社会文化的传承功能

文化传承是文化在时间上的延续、空间上的扩展和代际间的传接。文化是人类创造的社会性信息，因而也是人类的独有信息。它与动物生存信息的最大不同之处是：文化独立于人体之外，不能靠生物遗传方式去为他人获得，而只能通过"社会遗传"，特别是教育的方式使其得到延续和发展。由此，教育成为文化传承的主要手段。

教育通过教育者和受教育者的共同活动实现文化的传承。传递文化、培养人才是教育的基本职能，也是教育的本质所在。教育自人类的其他活动中分化出来成为一种独立的社会活动以来，它就承担了文化传递的任务。在教育活动中，教育者将人类积累起来的文化，经过选择，加工成教育语言和文字的形式，在与受教育者的共同活动中传递给受教育者。于是，上一代的文化被传递到下一代，为他们所继承、接受、理解、掌握，成为他们知识经验的新成分。文化的传承在教育过程中得以实现。由于学校教育过程是有目的有计划有组织的活动，教育过程中的文化传递具有系统化、集中化、高效化等特点，因此，教育成为社会中传递文化的最重要的手段。

教育通过使人类掌握文化传递的手段和工具实现文化的传承。人类通过教育不仅可以获得文化、继承文化，而且教育亦可使受教育者掌握获得文化的工具和手段。通过教育，受教育者首先掌握了语言和文字，这是获得文化的基本工具，也是创造和发展文化的重要手段。伴随着社会的前进和科学技术的进步，各种新的文化传媒不断涌现，教育一边利用这些传媒高质高效地进行文化传播，同时，也把使用这些传媒的方法教给了学生。于是，学生便可利用这些新的工具和手段，如电视、录音、录像、电子计算机等去获得课堂以外的文化。

2. 教育对社会文化的选择功能

根据培养人的客观教育规律进行文化选择。这个客观教育规律是：人的培养既要符合社会发展需要，也要符合人的发展需要。符合社会需要主要体现在教育目的，即被选择的文化必须符合社会政治经济制度的人才利益，有利于培养符合一定社会需要的人才。人的发展需要主要体现在适应人的身心发展特点上，即被选择的文化还必须符合人的身心发展的客观规律。这个规律要求教育不能简单地用现成的文化对青少年进行文化传递，而必须把教育内容加工成青少年易于接受的形式。

按照严格的标准进行文化选择。教育依据的基本标准是，科学的选择：传播科学与文明，有利于推进社会的发展和进步；时代的选择：传播时代精华、体现时代精神；民族的选择：以本土文化为依据，保持民族的优秀传统和特色；辩证的选择：体现扬弃与继承、创造与发展的统一。

通过多种途径进行文化选择。这些途径有：通过培养目标选择文化，通过课程标准和教材选择文化，通过教育过程选择文化，通过教师群体选择文化，以及通过学校的种种制度选择文化，等等。

在动态发展中进行文化选择。纵观人类教育的发展史，教育对文化的选择并不是静止的，而是随着社会的发展、文化水平的提高而不断变化的，表现在：选择的范围不断扩大，由窄到宽，由区域文化到世界文化；选择的重点发生转移，由宗教文化到世俗文化，由古典文化到现代文化。

3. 教育对社会文化的交流功能

教育的文化交流是将文化从一个区域向另一个区域扩散，是文化在空间上的流动。文化间的传播和交流是文化发展的主要动力。这是因为不同文化的交融和碰撞不仅可以开阔人的视野，增进对不同文化的接触和了解，同时，在文化的交流中会诞生新的观点、智慧、理论，从而推动文化的创新和发展。所以，文化的交流与传播是吸收异域文化精华，借助异域文化发展阶梯发展自己的一条捷径。历史上，文化交流与传播的途径有迁徙、贸易、教育、战争等，教育是其中一个十分重要的途径。

校际的文化交流与传播。主要方式有专家讲学、学术互访、参观考察、资料交流、毕业生工作等。

互派留学生。招进来、派出去是各国文化交流的重要方式。中国清朝末年开始留学生派遣，至现代及今天，留学生遍及世界各地。留学生接受了世界各国的先进文明，视野开阔，在中国步入现代化的道路上做出了突出的贡献。

国际之间的文化教育交流与传播。主要方式有客座教授、专门考察、合作研究、学术会议、专家讲学、人员培训、资料互赠等。

信息高速公路。信息高速公路即国际间传递学术信息的电子计算机网络系统。随着信息高速公路在区域间、国际间的开通，异地同时接受教学信息和学术交流信息成为可能，也使上述四种文化交流活动更为便利。

4．教育具有创造文化的功能

教育不仅具有传递、选择和交流文化的功能，还具有创造文化的功能。

首先，教育在数量上和质量上培养了一支文化建设的生力军，为文化的创造提供了可能性。人是文化的主体，人不仅是文化的承担者，同时又是文化的创造者。文化一旦为人所掌握，就会成为人们解释自然、社会现象、进行各种社会实践活动的方法与手段，成为创造新文化的动力。教育作为形成人、发展人的手段，就是利用人类已有的文化成果去影响人、塑造人的个性，把社会文化转化为个体文化，外在文化转化为内在文化，使人由愚昧的野蛮人成为开明的文化人，从这个意义上说，教育无限地发掘了人创造文化的潜能，增强了人创造文化的力量。

其次，以科学研究为主要形式的文化创造活动正成为现代教育，特别是现代高等教育不可缺少的组成部分。之所以如此，是因为高等教育具有充分的条件进行科学研究。高等教育的目标是培养符合社会需要的高级专门人才，创造性是这种人才应当具备的素质；高等教育的内容是高级专门知识，其中包含了许多有争议和尚待进一步探讨的问题和领域；高等学校的学生是具有一定创造潜力的优秀人才，他们思想活跃，富于创造精神；高等学校的教师是某一专业或领域的专家，兼有教学和科研的双重任务；科学研究是高等学校的主要职能；高等学校是国内、国际文化和学术交流的中心。

科学研究是高等教育的主要职能，有科学研究就有科技成果，有科技成果就有其在实际中的应用，就有新文化的不断产生，因此，从教育与文化发展的历史来看，高等教育创造新文化是积极的、推动社会发展的。可以说，没有中世纪大学的产生和它所创造的新文化与培养出来的人才，欧洲的文艺复兴就有可能滞后；没有近代大学担负起科学研究的职能，西方科技乃至社会的发展就会变得缓慢。在中国，没有近代高等教育的产生与发展，中国社会和文化近代化的到来就要推迟。在建设社会主义现代化的进程中；同样离不开高等教育创造的文化和培养的具有现代观念与素质的人才。因此，当今世界各国都十分重视通过发展高等教育的科学研究职能来创造新文化。

总之，文化的生命不仅在于它的保存和积累，还在于它的更新和创造，只有时时更新的文化才能源远流长；教育的生命也不仅在于反映现实的社会状况，适应固有的文化模式，而且要随着科学技术的发展和社会的变迁，在人类已有的旧文化模式中，有所更新和创造，使之适应新的社会环境。因为社会是向前发展的，文化也是向前发展的，文化必须不断发展才会有强大的生命力。如果只有文化积累，没有文化创造，我们在人类的精神领域里充其量只能重复一些前人已经做过的事，而没有任何新的建树。因此，教育为了人类的生存和社会的延续，必须时时更新与创造文化，只有通过文化创新，才能既延续人类优秀的文化传统，又创造出适应今日和明日之世界的文化。

我国特别重视现代教育的社会功能，教育在我国社会主义现代化建设中占有十分突出的战略地位。1982年，党的十二大把教育和科技列为经济建设的三大战略重点之一。1985年，《中共中央关于教育体制改革的决定》指出："教育必须为社会主义建设服务，社会主义建设必须依靠教育。"1987年，党的十三大又进一步指出："百年大计，教育为本。必须坚持把发展教育事业放在突出的战略位置。"1989年，江泽民总书记在《国庆讲话》中明确提出："要坚持把教育放在优先发展的战略地位。"1992年，党的十四大报告再次指出："科技进步、经济繁荣和社会发展，从根本上说取决于提高劳动者的素质，培养大批人才，我们必须把教育摆在优先发展的战略地位，努力提高全民族的思想道德和科学文化水平，这是实现我国现代化的根本大计。"1996年3月17日，第八届全国人大四次会议批准的《中华人民共和国经济和社会发展"九五"计划和2010年远景目标纲要》中指出："促进国民经济持续、快速、健康发展，关键是实行两个具有全局意义的根本性转变，一是经济体制从传统的计划经济体制向社会主义市场经济体制转变，二是经济增长方式从粗放型向集约型转变。"为了实现这两个转变，"要实施可持续发展战略和科教兴国战略"，"面向经济建设，加快科技进步，优先发展教育，提高国民素质"。党中央的一系列决策说明，教育在我国现代化建设中处于十分重要的战略重点地位、百年大计地位、优先发展地位。

第三节　教育与现代化

一、社会现代化

社会现代化是历史上最重要的社会变迁之一，也是当今世界社会变迁的主旋律。美国的历史学教授布赖克（Black）认为，在整个人类历史上，能够与今天的社会现代化相提并论的社会变革只有二次，一是人类的诞生，二是从野蛮到文明的出现。社会现代化是人类历史上第三次最伟大的社会变革，几乎所有的发达国家、发展中国家和不发达国家都经历于其中，变革的范围之广、影响之深刻都是空前的。

社会学中，社会现代化是一个有特定内涵的概念，指社会的人们利用近现代的科学技术，全面改变自己生存的物质条件和精神条件的社会变革过程。

社会现代化的兴起具有一定的背景，作为一场深刻的社会变革，可以追溯到300多年前的英国资产阶级革命。即1640年的第一次资产阶级革命导致了欧美接连发生的政治革命和工业革命，建立起以机器大工业生产技术为基础的资本主义工厂制度和商品经济，使社会结构发生了深刻的变化，不仅改变了社会物质生产的面貌，而且改变人们的社会关系和生活方式。

社会现代化成为一股世界性的潮流是从20世纪的50年代开始，有人称之为"信息社会"，有人称之为"后工业社会""知识经济社会"。

现代化是一个有相对意义和相对标准的概念。它不仅是时间上的相对，而且在内涵上是相对于传统的社会制度、意识形态、经济模式和生活方式的社会整体变迁。现代化的概念最先由谁提出尚无据可考，在社会学中，较早对现代社会和传统社会做区分的是法国的社会学家涂尔干，在《社会劳动分工》一书中他把过去劳动同质单一的社会称为传统社会，把以分工为基础的劳动专门化社会称为现代社会。60年代后的社会学家在讨论现代化问题时往往使用西方化、工业化、都市化或经济持续发展作为代名词。如美国的艾满特和科尔曼（Almond & Coleman）提出了现代化的七个要素，即较高程度的都市化，较高的识字率，较高的人均国民收入，较广泛的社会流动，较高的商品化和工业化，较广泛的大众传媒体系，较高的国民参政意识。[1]可以说这是对现代化特征的概括。

二、教育现代化

教育与社会变迁的相关性表明，社会变迁必然会对教育带来冲击和影响，教育应该主动适应社会变化发展的要求，同时，教育又是社会变迁的条件和动因，能够促进社会的现代化。随着社会现代化在世界范围广泛进行，国际上对未来社会的研究也带动了对未来教育发展趋势的探讨，特别是对教育如何培养现代人来促进社会现代化问题展开了广泛深入的研究。

---

[1] The Politics of Developing Areas, New Jersey: Princeton University Press, P.52.

在教育与社会现代化的关系中，核心问题仍然是教育如何适应社会现代化的要求，通过培养具有现代素质的人来为社会现代化服务。联合国教科文组织在70年代的报告《明日的学校》及《学会生存》等文献中，有许多探索未来教育的资料和观点，其中有两个观点表明：教育改革要有社会发展和经济发展的目标，没有教育的更新，社会的发展也是不可想象的。①约翰·奈斯比特在其著作《大趋势》中也曾经指出，一个国家如果对教育的战略意义认识不足，政府支持大大减少，这将是一种潜在的灾难，是一种带有全局性的错误。邓小平也高瞻远瞩地提出了教育要面向世界、面向未来、面向现代化的方向。从国际间的竞争也可以看到，综合国力和经济实力的竞争实质上是科技和人才的竞争、民族文化素质的竞争，谁掌握了面向21世纪的教育，谁就能在国际竞争中处于战略主动的地位。因此，教育必须要选择现代化的取向。

教育的现代化取向是由社会现代化发展规律所决定的。人作为社会变革的主体，是社会现代化的关键因素，社会现代化的理念和目标是由具有现代素质的人去建立和设计，也是通过有现代意识和技术的人去实施和实现的。因此，离开人的现代化，社会现代化是不可想象的。而社会现代化也是人的现代化的基础，离开这个基础来谈人的现代化，无异于构建空中楼阁，具有现代素质的人是通过教育去培养的，落后的教育模式不可能培养出现代化的人。因此，只有教育现代化，才能实现人的现代化，才能加快社会现代化的进程。

教育现代化首先是根据社会现代化的要求来确定培养具有现代素质的人的目标。由于对社会现代化的基本特征的概括存在分歧，也使对人的现代化的含义有着不同的解释，对现代化的人究竟应具有什么特征和内容表现出主观价值取向的差异。许多学者都是从传统社会与现代社会的不同之处来概括现代化的人的素质和特征。如美国社会学家英格尔斯（Inkeles）

---

① 联合国教科文组织国际教育发展委员会编著：《学会生存——教育世界的今天和明天》，上海译文出版社1979年版，第97页。

通过对一些国家的6000名不同职业地位的青年进行调查研究，提出现代人的12个特征。同时他发现了在不同国家的现代化进程中，都可以找到"现代人"，这些"现代人"及其特征，主要表现为对传统的观念的否定，并且认为，传统人所拥有的品质使他们容忍或安于不良的现状，终身固守现时所处的地位和环境中而不求改革。要冲破这个牢固的束缚，就必须要求人们在精神上变得现代化起来，形成现代的态度、价值观、思想和行为方式，并且熔铸于他们的基本人格之中。英格尔斯的理论和观点是比较有影响的，在西方还有些学者用西方社会的某些特征来赋予现代人的特征，把现代人描绘成为大工业生产的副产品或西方文化的经纪人，我们认为，人的现代化是社会现代化的要求和必然结果，而现代化的人的特征，不仅要与传统人相比较，还要分析社会现代化的具体要求，根据现代化社会的要求和人的素质发展的需要来概括确定。而教育则应依据现代人的这些特征来确定教育目标，选择教育内容和培养方法，才能发挥教育的育人功能，为社会现代化培养合适的人才。

教育现代化作为社会现代化的有机组成部分，需要与社会的其他方面现代化协调，不能抛开本国的社会现代化的规划和现实来笼统地谈教育现代化。教育现代化除了反映世界现代化的要求及教育改革发展的总趋势外，还要符合社会主义现代化建设的要求，在原有教育体制的基础上来考虑教育改革变迁的计划，体现本土性的特色。我国早在1965年就已经提出社会现代化的口号，但由于缺乏理论研究和"文化大革命"的发生，使现代化的实践不幸中断。十一届三中全会后，党的工作重心转移到现代化建设上来，全国人民在四个现代化目标的激励下开始了轰轰烈烈的现代化建设，特别是党的十三大提出以经济建设为中心，分步实现社会现代化的宏伟规划，把教育作为战略重点，教育现代化有了明确的方向。进行教育改革要与政治体制、经济体制、科技体制的改革结合起来，根据社会主义现代化的要求来调整教育的目标、结构和功能体系。正如中共中央、国务院颁布的《中国教育改革和发展纲要》中明确指出的："教育改革和发展的根本目的是提高民族素质，多出人才，快出人才，各级各类学校应认真贯彻教育必须为社会主义现代化建设服务，必须与生产劳动相结合，培养德、智、体全面发展的建设者和接班人的方针，努力使教育质量在90年代上一个新台阶。"我国的教育现代化的方向、任务明确，与邓小平"三个面向"的伟大思想吻合，与整体的社会现代化协调，因而才能发挥教育的特有功能。

教育现代化是教育活动主体将教育现代化的理念逐渐现实化的过程。教育现代化不仅是一个系统工程，同时又是一个社会现代化在教育领域内逐渐实践、完成的自然历史过程。它不仅应有多元的目标、水平和标准，亦应有多层次的价值取向和价值追求。因此，教育现代化的目标不是一劳永逸就能达到的，它是个逐渐逼近、逐渐完善的过程。《中国教育改革和发展纲要》正是在这样的思想基础上提出了我国教育现代化的整体规划，即"在20世纪末形成具有中国特色的面向21世纪的社会主义教育体系基本框架，再经几十年的努力，建立比较成熟完善的教育体系，实现教育现代化"。

从世界各国教育表现出的总特征看，教育现代化有三大表现。

一是在教育与社会发展的关系上，教育现代化的最宏观表现是教育能够更好地适应现代社会发展对各级各类人才的需求。进入现代社会以后，现代政治、经济、科技、文化的发展呈现出许多新的特点。教育作为社会劳动力再生产的基本手段，作为社会物质文明和精神文明建设的桥梁，要满足社会对各类人才的需求就必须不断进行自身的改革。近百年来，尤其是20世纪50年代以来，世界各国教育面对社会各领域的飞速发展，纷纷通过各种教育改革以保持教育发展与社会需求之间的平衡。教育现代化首先面向社会的现代化这是教育要适应社会发展并进而促进社会发展的教育基本规律使然。教育面向社会现代化的具体表现是根据社会现代化发展进程的总体需要，调整教育体制、教育结构、教育目标、教育内容、教育方法、教育管理等，保证教育发展更好地适应社会发展。

二是从教育现代化的内容看，教育自身现代化的内容包括：

（1）教育观念现代化。教育观念是人们对教育现实的一种富于价值取向的理性认识，是指导教育行为的一种思想意识，它对教育实践起着巨大的指导作用。适应社会发展的先进的教育观念，对社会和教育发展起着积极的促进作用。消极、落后、不适应社会发展的陈旧观念，对社会和教育发展则起着消极、阻碍的作用。落后的教育观念，如灌输注入、教师权威、课堂中心、仓库理论，片面的质量观、人才观、评价观等，树立与现代社会发展需要相一致的教育观念，如终身教育观、教育主体观、教育民主观、和谐发展观、整体优化观、效益效率观等。认识是行动的先导。确立和形成现代教育观念是保证教育现代化实现的一个重要前提。

（2）教育内容现代化。教育内容是学校向学生传授的人类优秀经验的总和，它包括学校的课程、教材和教学辅助资料所含有的一切内容。各国在推进教育现代化的过程中，为了实现预定的教育目标，都十分重视教育内容的调整。调整的总体特点是：①注重课程的时代性与稳定性的统一，稳定中有变革，变革中求稳定；②注重课程的结构性与系统性的统一，即在强化课程的理论化，重视基本概念、基本原理、基本规律、基本理论选择的同时，不失其知识构成的逻辑系统性，知识排列的认识科学性；③注重各门学科之间的相互渗透，需要时打破旧的学科界限，把相关课程内容融合成一体，形成综合课程；④注意必修课与选修课的结合，在加强培养学生必备基本素质的必修课的同时，开设有利于学生个性发展的多种选修课，以达到加强基础、增强适应性的目标。在具体的学科教材内容组合时，既注意知识剧增所带来的内容陈旧，及时补充进一些科技发展的新成就、新信息、新方法以及人文科学的新思想、新理论，同时亦保留那些历经时代冲刷仍沉淀在知识最底层的十分珍贵的真理。在学科内容传授时，教师注意按照时代的需要和特点，把知识讲解与智力发展、学会学习与学会生存、获得知识与实际应用、思想品德与智能形成尽可能统一在一起。这是与古代社会的呆读死记根本不同的。

（3）教育条件设备现代化。现代科学技术的发展为学校教育条件设备的现代化创造了条件。古代社会的言传口授、布帛竹简、粉笔黑板、个别施教是当时落后的生产力水平决定的。进入现代社会以后，学校教育条件设备的进步同社会生产条件设备的进步是一脉相承的。特别是进入20世纪50年代以后，各种现代化的教育手段迅速产生：幻灯、投影、录音、录像、闭路电视、卫星传播、计算机多媒体教学、计算机模拟实验、数据处理等各种先进的教育手段使直观教学中的言语直观、模像直观更加逼真，使有些不可及的实物直观成为可能。教育条件设备的现代化，不仅表现在学校中装备了这些现代化的教学仪器，实现或正在实现着硬件设施的现代化，更为重要的是这些现代化设备的利用，即硬件建设的任务不再是专家的专利，而是专家与用户、研制者与应用者共同攻关完成，从而使得这些硬件设施的利用率更高，实用性更强，教学效果更好。

（4）教育管理现代化。教育管理现代化包括三个方面的内容。一是在教育管理体制上，既考虑与社会政治体制、经济体制的需要相适应，又使其符合教育自身的规律和特点，使现代教育的管理体制尽可能有利于教育的高质与高效运行，促进教育的发展。二是在管理的思想原则上，反对古代社会的封闭、专制与家长作风，提倡与实行开放的管理、民主的管理与依靠大家的智慧和力量，提高决策的民主化和员工的参与程度。在管理依据的原则上，不再是长官意志和盲目、盲从行为，而是依据和参照有关的法令、法规，依法行事，或按国家的有关政策进行。三是在管理的手段与方法上，善于用现代管理技术提高管理工作的效率和科学性。20世纪以来，电子计算机的出现为学校教育管理提供了新的手段，学校及时把这一新的技术运用到管理的各个领域。如中小学用于教学评价的中心监控室，学生的学籍，成绩记录，学校图书资料的国际联机检索与文件传输，国际互联网络上的各种信息提取和交流，等等，都是现代教育管理上的新特点。

（5）教师素质现代化。教育现代化中的核心或关键现代化是教师素质现代化，因为教育中的任何活动都要靠教师进行，教育的任务目标和效果都取决于教师。教师素质的现代化，首先是其思想观念的现代化，即处在现代教育总体时代背景中的教师，应具有符合时代需要和历史发展潮流的科学教育观：如全面的质量观和评价观、学生主体观、和谐发展观、整体优化观、终身教育观等。其次是职业道德素质的现代化。职业道德素质的现代化既包括继承历史上优秀的职业道德，如传道授业上的无私奉献、无怨无悔、青出于蓝等思想，亦包括与现代社会发展相一致的民主意识、法制意识、竞争意识以及时间观念、效率观念、国家观念、民族精神、群体精神、敬业精神等。再次是知识构成上的现代化，即教师应拥有一个与现代人才培养需要相适应的知识库、理论库、资料库、问题库。教师不仅具有获取新知识的良好动机，而且能够保持获取知识的过程始终是个吐故纳新的过程，富有高度的时代性。最后是能力素质的现代化，即教师应具有一个完善的能力结构，包括多种教学语言的运用能力，教学活动的科学组织能力，学生健康成长的教育能力，学校与班级的管理能力，新的教学技术与手段的操作能力，探索求知、发现问题的教育科研能力及敏锐的学术意识和学术视野等。总之，教师素质的现代化是现代社会对现代人的总体要求在教师职业上的特殊反映。

教育现代化是个过程。现代教育既享受着现代化，又建设和发展着现代化。

三是从教育现代化的价值追求看，教育现代化要通过自身的现代化进程，实现下列价值追求和具体目标：

（1）教育的普及化，即打破政治、经济等各种因素对人的限制，或对人接受教育的种种主观和客观的制约，保证每一个社会公民都能接受他们希望接受到的教育。目前在世界乃至中国，还因种种条件的困扰而不能实现教育的普及，这是教育现代化过程中首先遇到并必须解决的问题。

（2）教育的国际化，即打破封建闭锁的落后状态，使教育处在全球共通的信息网络中、实现信息共用、资源共享，以全球的视野、国际化的观念组织教育过程。再不是封闭落后的孤陋寡闻，孤芳自赏，而是在国际比较中、竞争中完成教育的设计和管理，从而保证教育质量、教育评价具有国际性。

（3）教育的民主化，即打破不民主的专制教育，以和谐人际关系和平等、公平的方式处理教育活动中的各种事务。教育民主化的最终追求是能够实现整个教育过程中从教育起点，到教育过程，再到教育结果的全部公平。

（4）教育的法制化，即打破教育中有法不依、违法不究的无法教育，把教育纳入法制化的轨道。其主要表现是各种教育行为需自觉遵行国家颁布的各类教育法令规章，依法施教。

（5）教育的个性化，即在追求人的全面发展的同时，必须注意因材施教，使学生的个性特长得到充分发展。全面发展不是平均发展的同义词，保证学生个性特长的充分发展是教育中贯彻人道主义精神的具体体现。

（6）教育的多样化，即根据现代社会发展对人才的多种需要和学习主体对学习的多种需求。在保证教育质量、教育水平的基础上，应尽可能为求学者提供多种多样的教育形式，使他们能够在多种选择中必能选择一种适合自己的学习形式，从而为提高国民素质提供条件。

（7）教育的整体化，即根据系统科学的整体原理。对构成教育活动的各个因素进行整体的构思和系统设计，从而使教育活动成为一个整体优化的系统工程，而不是手工业时代的个体劳动。通过教育活动的整体设计和实施，提高教育的质量和效益。

（8）教育的终身化，走向现代化的教育及其教育过程中的人将处在一个连续不断的教育过程中。社会科学技术的迅速发展和工作部门对人的知识能力要求的不断提高，都将客观要求人们接受持续不断的教育才能适应未来社会的需求，想以阶段性的教育去维持终身工作的需求将成为历史。

第五章　教育与人的身心发展

　　贯穿和主导人类教育活动发展变化的根本动因是教育的基本矛盾。教育中有两大基本矛盾。前章所述的教育与社会发展的关系是第一个基本矛盾，由此矛盾可派生出教育与社会政治、经济、文化、科技等等若干个具体矛盾。教育中的另一个基本矛盾是教育与人的身心发展的关系。教育与人的发展的关系的解决决定着教育与社会发展的关系的解决。

第一节　人的哲学

　　在本书的开篇之首，我们曾经指出：教育学是研究教育现象、揭示教育规律的一门科学。从本质上说，教育学研究教育的目的是更好地完成育人的任务。因而，也有人说，教育学是研究如何培养人的学问。教育学要真正搞清如何培养人的技术和艺术，一个首要的前提是对人的全面的了解。正如俄国著名教育家乌申斯基在《〈教育人类学〉第一版序言》中指出的那样："如果教育学希望从一切方面去教育人，那么就必须首先也从一切方面去了解人。"①

一、人的特性

从最一般的意义上说，人的特性就是人所共有的、区别于动物的特殊属性。这些特性的属性主要有：

（一）自然属性

人较之动物在自然属性上的特质，是人们最抽象的共同性，因为人们在自然属性上的差别最小。在人类初期更是如此，这正如马克思所说的："搬运夫和哲学家之间的原始差别要比家犬和猎犬之间的差别小得多。"②人作为动物中的一类，其属性中无法抽掉其作为动物一面的自然属性，这种自然属性成为人性发展的自然基础和最一般的部分。人有哪些自然属性呢？人类最基本的属性就是以本能的需要为基础的食欲、性欲和自我保存这三种基本机能。正如古人所云："饮食男女之欲，人之大共也。""食色，性也。"自我保存的本能也具有同样普遍的意义，否则就无法维持生命体的存在。美国心理学家罗杰斯说："在每一生命中都存在着肯定自身、坚持自身、延续并增强自身的欲望。"③

食欲、性欲和自我保存这三种自然属性，从其起源的基础看，它们是与动物性相互沟通的；但是，从其发展和表现看，又与动物不同，不能将人的自然本性简单归结为一般动物性，因为在人的自然属性中融合着社会和文化的因素，在其非理性的本能中融合着人所独有理性的能力。人所以能做到这一点，是由于人有与动物不同的生物组织和肉体结构，还有因其组织、结构的不同而产生的不同功能。在组织、结构上，人在动物学分类中属单独一科——人科。他的直立姿态、双足运动都是灵长类所不能比

① 张焕庭主编：《西方资产阶级教育论著选》，人民教育出版社1979年版，第502页。

② 《马克思恩格斯选集》第1卷，中共中央马克思恩格斯列宁斯大林著作编译局编译，人民出版社1972年版，第124页。

③ 马斯洛等：《人的潜能和价值》，华夏出版社1987年版，第444页。

的。双手的解放，使人有了与动物觅食不同的满足食欲的方式——生产劳动。而"一当人们自己开始生产他们所必需的生活资料的时候，他们就开始把自己和动物区别开来"①。

（二）社会属性

人的社会属性即人在社会性上与动物相区别的独特性。人的社会性包括如下几方面内容：

（1）社会性的最基本的一层含义是人类共生关系中的相互依存性，它规定了脱离社会的单个人是无法生存的。社会对于个体来说是一个首要的前提，它并不以个体的意志为转移。历史证明，人类文明史中没有任何一种生活不是以社会的生活为基础的。人一出生来到人间，便处在特定的人群、团体和社会中，并与社会建立起这样或那样的联系。脱离了社会，脱离了社会化的存在，他就无法成为一个人。"狼孩"就是生动的一例。英国作家笛福在《鲁宾孙漂流记》中为我们塑造了一个远离社会的人为生存而斗争的形象，但鲁宾孙时刻盼望遇救，以重返人类社会，恰好说明了他对社会生活的依赖、留恋和渴望。随着社会化程度的提高，人对社会的依赖程度也就越高。

（2）人际关系中的社会交往性。交往是人们在社会生活的人际关系中发生的各种往来、接触和联系。苏联社会心理学家安德列耶娃指出："在人类社会中，交往是团结个体的方式，同时也是发展这些个体本身的方式。"②人类通过交往，实现各种信息的传递，使彼此了解诸如观念、见解、理想、方法、习惯、行为、作风等等。交往也是社会个体意识和自我意识形成的重要条件，是人的本性、才能、价值展现的重要途径，是人与人之间的相互作用与促进。可见，交往是人的社会属性之一，是人求得自身发展与完善的必要过程。有交往才有认识、了解、比较、评价和人自

---

① 《马克思恩格斯选集》第1卷，中共中央马克思恩格斯列宁斯大林著作编译局编译，人民出版社1972年版，第24—25页。

② 安德列耶娃：《社会心理学》，南开大学出版社1984年版，第74页。

身的不断进步和发展。

（3）人伦关系中的道德性。道德性是人在与他人、社会发生联系进行交往的过程中依据某种行为规范而行事的限定性。道德是靠社会舆论的力量规范人的言行，其判断与衡量的标准有善与恶、真与假、美与丑等。人的道德性使人的社会性不论内容还是形式都与动物截然地区别开来了。因为在动物王国里无伦理道德可言。人则不同。人能够在善恶美丑之间做出选择，从而使自己的行为具有道德的性质。

（三）精神属性

人不仅与动物共有类同的生物组织，即肉体的物质属性，更有动物肉体所不具有的意识、思维、想象、目的性等精神属性。人因为有精神的创造，才有了人类社会的进化、发展和今天这般异彩纷呈的高度文明。正如美国心理学家马斯洛所说："精神生命是人的本质的一部分，从而，它是确定人的本性的特征，没有这一部分，人的本性就不完满。"[①]

根据辩证唯物主义的观点，人的精神活动有哪些特征呢?

首先，人的精神活动具有能动性和创造性。人的精神活动的能动性表现为人对外部世界反映的目的性、主动性和选择性上。人从来不是消极地适应客观现实，人总是在明确的目的性和计划性下，通过积极地改造客观环境，从而使客观世界更好地为人类服务。人的精神活动的创造性则表现为人具有创造和超越现实的能力，人可以通过智慧的努力，变换现实存在，创造现实中不曾直接存在的东西，如人类借以生产的各种工具，借以思维的各种文字、思想，借以生活的各种物品，等等，正如美国哲学家拉兹洛所说的："智力可以驰骋于广阔的空间和漫长的时间，既可以思考过去的事情，又可以思考将来的事情，还可以思考遥远的地方发生的事情。"[②]

人类精神活动的另一个重要特性是自我意识。在反映客观现实中，

---

① 马斯洛等：《人的潜能和价值》，华夏出版社1987年版，第223页。

② E.拉兹洛：《用系统的观点看世界》，中国社会科学出版社1985年版，第87页。

人不仅能够认识外部客体，而且也能够认识自我本身，认识自己的生理、心理世界，把自己从周围世界中区别出来，看清自己和他人、和世界的关系。由此出发，人类就开始了从自在向自为、从生物本能向自由自觉发展的历程，从而也开辟了人类自我控制、自我教育和自我完善的可能。

价值定向性是人类精神活动的又一个重要特征。人类的活动，无论是认识还是实践，都是追求价值、实现价值的过程。不能取得或实现价值，人类就不会给自己提出认识世界和改造世界的任务。追求价值作为人类活动的一般目的，直接决定着主体活动的指向性，影响着主体对客体的选择。人的全部激情、意向和活动过程，无不服从经过选择了的价值目标。

人的自然属性、社会属性和精神属性构成了人性的完整结构。它们在总体上紧密联系，相互促进，相互补充，共同发展。

二、人的本质

关于人的本质，马克思有一句很经典的话："人的本质并不是单个人所固有的抽象物。在其现实性上，它是一切社会关系的总和。"①所谓人是社会关系的总和，其一，是说人的主体活动总是受制于社会关系，即社会发展有继承性，在历史上谁也不能脱离历史的继承完全从零开始，从这点上，不论是人的身体的发展还是人的精神世界的形成。每个人在进入生活时，都必然遇到既成的社会和文化环境。人们总是把前人的积累作为自己活动的基础。所以，人是在特定的社会中发展自己的。其二，是说人的主体活动本质上是社会的。人是在社会关系中生活，因而既成的社会关系便决定了人的本质，社会关系是人的主体活动存在和进行的形式。其三，人的现实本质决定于人的社会属性而不是自然属性，这样，世界上就不存在脱离社会关系的自然人。社会关系自始至终都塑造着人，人是社会环境

---

① 《马克思恩格斯选集》第1卷，中共中央马克思恩格斯列宁斯大林著作编译局编译，人民出版社1972年版，第18页。

的产物。其四，由于社会的发展总是通过各种具体的形式来实现的，人的本质也必然具有一定的社会形式，是具体的。在阶级社会中，人在本质上都带有阶级性。

社会关系对人的本质的层层制约反映了人的本质的受动性，然而，人的本质除具有受动性以外，也具有能动性（以下将具体说明）；除具有抽象性以外，也具有具体性。具体地理解人的本质，我们可从下述三个方面加以认识：

第一，人是自然性与社会性的统一。与动物相比，动物只有自然性，没有社会性。而人不同，人是自然性与社会性的高度统一体。在人这里，即使是与动物类似的自然性，也仅仅是类似而已，人的自然性其实与动物的自然性有着很大的不同。同属类似的生理结构，动物仅限于维持自身生存的物质基础，而人的生理结构则蕴藏着巨大的发展潜能。人借助这个有限的生物组织可以创造比自身大出十倍、百倍的能量。人的社会性不仅为人所独有，而且可以调解人的自然性，如人与动物共有食欲、性欲和自我保存（吃、喝、拉、撒、睡、防卫等）的机能，在动物那里归于依靠本能完成，而在人这里则依靠人的理智完成。由于人具有高级理性思维，因而人可以在理智的调解之下去完成各种生理行为。这是人与动物的根本区别之一。

第二，人是能动与受动的统一。人的能动性是指人是一个"能动的自然存在物"，具有自觉的能动性。人的能动性表现在人是社会和社会关系的主体和承担者，同时也是社会和社会关系的创造者。人通过主体的活动，不仅创造了自我，也创造了社会和社会关系。人不是消极被动地适应社会现实，而是通过人的主体活动来伸张自己、推动社会的发展、进步和不断完善。同时，人又是一个受动的个体，人是社会存在的产物。人向什么方向发展，如何发展，发展的程度和范围，都要受到现存生产力、生产关系的制约。正是在这个意义上，我们可以更好地理解马克思所说的"人的本质是一切社会关系的总和"的思想。

第三，人是共性与个性的统一。人的共性表现为人作为人类群体的一员，具有作为人的一系列共有品质，如语言、思维、意识、理智、情感、意志、劳动能力等，这是人类的一般本性。但是，由于遗传、环境和教育影响等等条件的不同，每个人又都带有着个人独有的一些特征、如智力、体力、兴趣、爱好、性格、气质、才能、志向等等。人富于共性的一面为教育实现人的普遍发展提供了基础，使教育有可能根据大多数人的程度为人的发展确立一个基本共同的目标。同时，又因为每个人的身心发展特点与个性特征不同，又需要我们的教育实行因材施教，才能更好地满足个体发展的需要。

三、人的发展

人的发展是人的哲学的最高范畴。研究人是为了人，是为了人的全面、自由和谐的发展。有关人的哲学的一切其他方面，都是在人的发展这一主题下展开的。因此，人的发展在人的哲学中占有十分重要的地位。

从哲学的角度看，人的发展是指"作为目的本身的人类能力的发展"[①]。这里所说的人类能力是指人这个类属所具有的实现和确证自身主体性的全部本质力量。这种力量蕴藏于人类的每一个体身上，并通过个体能动的活动方式展现出来。人的活动分为实践活动和认识活动两种基本形式，因此，从外延上看，人的主体能力包括主体实践能力和认识能力两部分。前者指人们运用物质工具改造客观外部世界，与自然实现物质交换的能力，即实现创造性劳动的能力，它表现在人的劳动方式、劳动技能、劳动效率等诸方面；后者指人们利用概念、语言文字符号工具反映外部世界和主体自身的能力，如注意力、判断力、记忆力、意志力、思维力及审美能力等。所有这些能力构成了人把自己从自然中提升出来成为主宰万物的主体的根本条件。所以，作为主体人的发展，从根本上说就是人的主体能

---

① 《马克思恩格斯全集》第25卷，中共中央马克思恩格斯列宁斯大林著作编译局编译，人民出版社1974年版，第927页。

力的发展。

人的主体能力的形成和发展潜力依赖于人特有的自然物质基础，即人的生命有机体，主要是神经系统尤其是人脑的结构与功能。人和动物之间在个体发育、身体结构和器官功能等方面存在着许多类似与相同之处，但由于人类发展和动物进化具有不同的方式和途径（尽管人在很多单项能力方面，如跑、嗅、力、看、听等远不及动物），从而使人拥有了一个动物无法比拟的重要器官——大脑，从此也便使人类具备了一种特殊的能力即智能。借助于智能，人不仅能够认识客观世界的种种属性，并通过加工转换为己服务，而且可以把对客观世界的认识变成语言文字，实现经验的积累和认识的升华，实现人的自我发展和代代相传。人类社会越是进步，人创造的工具越是高级，人的总体能力就越是强大。

人在主体能力的发挥和运用上，另一个与动物的不同之处是人不仅可以像动物那样享受自然，而且可以理性地利用自然，开发和保护自然。当人类进入20世纪中叶以后，更加迫切地感受到了保护自然的重要意义，因而提出通过立法保护自然的正常发展。这是人类的一大杰作。

不仅如此，从人的内在本质力量看，人作为自然界进化阶梯上最高层次的存在物，机体内蕴藏着亿万年生命演化形成的极为丰富的肉体和巨大的精神力量，也凝聚着人类自身百万年文明进程的精华。二者的结合构成了人的发展的巨大潜能，其能量之大是动物不能比的，甚至我们人类自己也估量不出至今还有多少未能开发出来。美国心理学家威廉·詹姆斯早在20世纪初就曾提出假设，认为一个正常健康的人只运用了其能力的10%。稍后，玛格丽特·米德认为不是10%而是6%。而据美国人格主义心理学的主要代表人物奥托的估计，一个人所发挥出来的能力，只占他全部能力的4%。他解释说："我们估计的数字之所以越来越低，是因为人所具备的能力及其源泉之强大，根据现在的发现，远远超过我们十五年前，乃至五年前的估测。"[1]

---

[1]　马斯洛等：《人的潜能和价值》，华夏出版社1987年版，第385页。

人的发展不仅潜能巨大，而且不是像动物那样，对其同类祖先的原始复制，人是在继承上代所给予的遗传素质的基础上，进行全新的富于创造性的发展。人的创造性发展体现着人对历史和现实的超越，体现着人类的进化和进步。尽管就个别来说可能有退步的现象，但就人类总的历史发展进程来看，人的智慧和能力都处在一代更比一代强的发展之中。人类社会正是由于有人的发展和进步，才会有它从低级到高级，从一个社会历史形态向另一个更进步的社会历史形态的发展。社会的进步与发展的本质是人的进步与发展的结果。

第二节　人的身心发展及其规律

一、人的身心发展的含义

基于人是一个自然实体又是社会实体，是自然属性和社会属性统一的本质规定，在教育学领域，人的发展便自然归于身体和心理两个方面的发展上，即人的身心发展。

所谓人的身心发展，指的是一个人从出生到成年期间在身心两个方面所发生的积极变化。

教育原理所要研究的人的身心发展主要是指从童年期到青年初期（七岁至十八九岁）的个体身心变化状况。

人的身体发展，包括机体的正常发育和体质增强两个方面。这两个方面也是密切相关的，机体的正常发育，有利于体质的增强，体质的增强又有助于机体的健全发展。

人的心理发展，也包括两个方面。一是知识、技能和能力的发展；二是思想品德和审美的发展。人的心理活动，究其本质来说，是人脑对于客观世界的反映。这种反映一是包括对客观事物的认识，二是包括对客观事物的意向和态度。这两种反映也是密切相关的。人们往往是在认识客观事物的过程中，形成着对客观事物的意向和态度。同时，人们的不同意向和态度对于人的认识活动的发展又有很大的影响。两种对客观世界的反映，也就是心理发展的两个方面。

此外，学习知识、技术和思想、品德、审美观的培养又必须通过各种心理过程，例如必须进行感觉、知觉、注意、记忆、思维、想象等认识活动，激发一定的情感和意志行为等。在这个过程中，人的认识能力、情感、意志、性格等心理特性的发展又有助于知识、技能的学习和思想、品德、审美观的培养。因此，心理活动的内容和形式又是密切联系的两个方面。

总的说来，人的身心发展是指人的身体的发展，知识、技能的获得，思想、品德的形成，审美情操的陶冶，也就是德、智、体、美、劳几方面的发展。

关于人的身心发展问题，一般可以从两个角度来考察，一是从人类起源、进化及人类发展的历史进程来考察，二是从个体人的发展的不同阶段来考察。历史唯物主义主要是从人类历史进程的角度来研究人的发展，从个体的发展来考察人的发展则是教育科学的任务。

个体人的发展包括了个体从出生到死亡的全部变化过程。这个变化过程，不仅是量的增长或单纯的量变，而且包括从低级到高级，从简单到复杂，从旧质到新质的变化、完善过程。因此，发展包括量变和质变两个方面。"成长"一般多用于身体、心理方面的变化过程；"发展"多用于心理、精神、性格方面的变化过程。"成长"一般意味着因细胞繁殖而导致的身体量的增加，"发展"则包括生理方面由一种形态转变为另一种形态，也包括心理方面反映活动范围的扩大、反映方式的改善和提高的过程。

二、人的身心发展的规律

自然、社会和人类思维都有自己的规律，人的身体和心理的发展也同样有着自己的规律。教育者只有了解了这些规律，才能更好地遵循规律，促进青少年的身心健康发展。

（一）人的身心发展具有顺序性

人的身心发展是一个有顺序的、持续不断的发展过程。在生理方面，身体的发展是先头部后四肢，先中心后边缘。如躯体的发展是自上而下，即头部→颈部→躯干→下肢；大脑皮层是先枕叶，尔后是颞叶→顶叶→额叶；肌肉是先大肌肉群，后小肌肉群。心理机能的发展顺序是：由具体形象思维到抽象逻辑思维，由机械记忆到意义记忆，由无意注意到有意注意，由喜、惧等一般情感到理智感、道德感。神经系统的发展是先快后慢，初生婴儿脑重390克左右，为成人脑重的三分之一。儿童长到六岁时，大脑重达到1200克左右，达到成人脑重的90%，以后的发展便逐渐缓慢下来。

人的身心发展的顺序性决定了我们的教育活动必须根据身心发展的这一特点循序渐进地进行。无论是知识技能的学习还是思想品德的发展，都应由浅入深，由简到繁，由易到难，由少到多，由具体到抽象，循序渐进等。

（二）人的身心发展具有阶段性

人的成长是一个持续不断的发展过程，在这个总的发展过程中，不同年龄阶段表现出一些不同的特征，这些特征构成了教育工作的基本依据。换言之，儿童发展的阶段性决定了教育工作的针对性，对不同年龄阶段的儿童应采取不同的内容和方法。如果千篇一律，不看对象，教育工作就不会收到好的效果。

关于如何划分年龄阶段，目前尚无定论。一般都是根据生理年龄，结合心理发展特点来划分的。通常划分为乳儿期（零岁至一岁）、婴儿期（一岁至三岁）、幼儿期（三岁至六岁）、儿童期（六岁至十一二岁）、少年期

（十一二岁至十四五岁）、青年初期（十四五岁至十七八岁）。

也有些心理学家按其各自研究内容的侧重特点来表述各年龄阶段的基本特征。例如皮亚杰注重智慧和认知结构的变化，他按照儿童智慧发展阶段将儿童的发展分成四个大的阶段：感知运动阶段（零岁至一岁半、二岁）；前运算阶段（一岁半、二岁至六七岁）；具体运算阶段（六七岁至十一二岁）；形成运算阶段（十一二岁至十四五岁）。埃里克森则关注儿童的行为模式，将儿童的行为模式、心理社会因素以及冲动的投放部位等结合起来划分为八个发展阶段。十七岁前五个阶段，即信任对怀疑（一岁半前）；自主对羞怯（一岁半至三岁）；主动对内疚（三岁至五六岁）；勤奋对自卑（六岁至青春期）；同一性对角色分离（十一二岁至十七岁）。苏联一些心理学家则注重儿童活动形式的转换：①直接情绪性交往活动（零岁至一岁）；②摆弄实物活动（一岁至三岁）；③游戏活动（三岁至七岁）；④基础学习活动（七岁至十一岁）；⑤社会组织活动（十一岁至十五岁）；⑥专业学习活动（十五岁至十七岁）。（上述材料见表5-1）

表5-1　儿童心理发展阶段划分对照表[①]

生理年龄（岁）及分期	现行学制阶段	皮亚杰智慧发展阶段	艾里克森人格发展阶段	达维多夫主导活动发展阶段
0 1 } 乳儿期		0 1½ 2 } 感知—运动	0 1½ } 信任感—怀疑感	0 1 } 直接情绪交往活动
2 3 } 婴儿期	托儿所（先学前期）			摆弄实物活动
4 5 6 } 幼儿期	幼儿园（学前期）	前运算 6	3 } 自主感—羞怯感	3
7 8 9 10 11 } 儿童期	小学（学龄初期）	7 具体运算 11	主动感—内疚感 6 }	7 } 游戏活动 基础学习活动 11
12 13 14 } 少年期	初中（学龄中期）	12 }	勤奋感—自卑感 12 }	社会组织活动 15
15 16 17 } 青年期	高中（学龄晚期）	形式运算 17	同一感—分离感 17 }	专业学习活动 17

---

① 李丹主编：《儿童发展心理学》，华东师范大学出版社1987年版，第44页。

年轻一代身心发展的阶段性，决定了教育必须针对不同年龄阶段的学生采取不同的内容和方法。

（三）人的身心发展具有不均衡性

个体发展具有非等速、非直线的特性。表现在：

（1）在生理发展方面，在不同年龄阶段生长不均衡。例如，青少年身高、体重有两个增长高峰，第一个出现在出生后的第一年，第二个出现在青春发育期。在高峰期，身高、体重发展较其他年龄阶段更为迅速（见图5-1）。

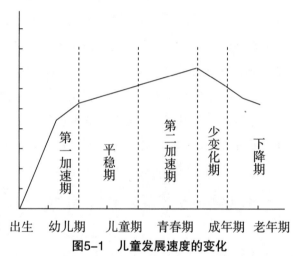

第一加速期　平稳期　第二加速期　少变化期　下降期

出生　幼儿期　儿童期　青春期　成年期　老年期
图5-1　儿童发展速度的变化

脑重的增加亦有不同。新生儿的脑重是390克左右，是成人脑重的25%。出生后的脑重随年龄而增加，增长的速度是先快后慢。第一年最快，以每天1克的速度递增，九个月时达660克，第一年末达到出生后需要发展的50%；二岁半至三岁脑重发展到900—1011克，相当于成人脑重的75%。以后逐渐缓慢，六至七岁时达1280克。九岁时约1350克，已接近成人水平。十二岁时1400克，到二十岁左右就停止生长。

（2）在心理发展方面，儿童的发展存在关键期和最佳期，发展亦有不平衡的方面。例如，二至三岁是儿童学习口头语的关键年龄，四至五岁是开始学习书面言语的关键年龄。《学记》里讲，"当其可之谓时，时过然后学则勤苦而难能成"，说明从古人开始就已认识到了学习的最佳期问题，错过了学习的最佳期，学习的效果就会差些。同时，人的心理发展还有关键期，例如少年期就是儿童心理发展上的一个关键期。从严格的意义上说，少年期（即十一至十二岁）以前的儿童是真正的幼稚期。这一时期的儿童更多地依赖成人的照顾、保护，他们的独立性和自觉性都比较低。青年初期是个体发展上的成熟期，他们开始逐渐走向稳定、独立、自觉。而少年期则介于二者之间，此时的儿童处于半幼稚半成熟的状态，是独立性和依赖性、自觉性和幼稚性错综矛盾的时期，他们既不屈从权威，又缺乏正确的决断，既精力旺盛又缺乏自觉性。

因而有人将这个时期称为分化期、危险期、迷惘期、关键期，可塑性最大的时期。为此，此时对儿童教育的是否得当可能关系着他们一生的发展。年轻一代身心发展的不均衡性决定了教育活动的进行要善于根据个体身心发展的最佳期给予合适的教育，以促其得到更好的发展。

（四）人的身心发展还具有个别差异性

正常儿童的发展须经历共同的发展阶段。但由于人的遗传、社会生活条件和教育、主观能动性的不同，使其发展的速度、水平以及发展的优势领域千差万别，彼此间表现出发展的个别差异。个体差异性有多种层次。从群体的角度看，首先，表现为男女性别的差异，这不仅是自然性上的差异，还包括由性别带来的生理机能和社会地位、角色、交往群体的区别，这些区别在一定程度上造成发展的方面与水平上的差别。其次，从个体的角度看，表现在：不同儿童的同一方面发展的速度和水平各不相同，如两个同龄儿童，有的某一方面才能表现较早，有的则很晚；不同方面发展的相互关系存在差异，如有的学生第二信号系统的发展占优势，数学能力强，但绘画能力差，另一些学生则相反；不同青少年儿童具有不同的个性心理倾向，如同年龄的儿童具有不同的兴趣、爱好和性格等。年轻一代身心发展的个别差异决定了教育活动要因材施教。

第三节　人的发展的主要影响因素

由于人的发展是一个复杂多变的过程，因而有许多因素在起作用。但一般地说，主要是三个方面的因素：先天的遗传素质（即生物因素）、后天的环境与教育（即自然与社会因素）。

一、遗传素质在人的发展中的作用

遗传是指个体从上代继承下来的生理解剖上的特点，如机体的结构、形态、感官和神经系统的特点等，这些遗传的生理特点，也叫遗传素质。在遗传下来的生理解剖特点中，生理特点指功能特点，如出生后感觉的灵敏度、知觉的广度、注意的持久性、记忆的强度、思维的灵活性等。解剖特点是指结构特点。

遗传素质为人的身心发展提供了必要的生物前提和发展的潜在可能性，没有这个前提人就无法得到发展。一个先天失明的人就不能发展视觉，成为画家；一个生来就有听障困难的人，也就不能发展听觉，成为音乐家；一个无脑畸形儿或染色体畸变者，无论外在条件如何优越，都无法使他们得到正常人应有的心理发展。

人的遗传素质优于动物的最大特点，在于它潜藏着发展的巨大可能性。恩格斯曾经指出：即使最低级的野蛮人的手，也能做几百种任何猿手所模仿不了的动作。尤其是人的神经系统和大脑的构造与机能，对于人的发展具有特别重大的意义。因为人的大脑是人所特有的一块非常复杂的物质。它的外形有点像两个合在一起的拳头，大脑的最外边大约有不到一分厚的一层大脑皮质，在大脑皮质上有一百几十亿个神经细胞（即神经元）。神经元一般分为细胞体（或称胞体）、轴突和树突三部分。神经元通过树突接受外来刺激（信息），经细胞整合后再通过轴突将信息传递出去。一般的学习就是神经元凭借这种对刺激的反应功能和传导功能而建立的千百万个暂时的神经联系。因此，从脑的生理机能而言，人脑组织的复杂性，提供了人的接受教育和发展各种才能的可能性，亦即区别于动物的巨大的发展可能性。但是，这种发展的可能性还是无定向的。具体的发展过程和方向还有赖于出生后的发展与教育。

遗传素质的生理成熟程度制约着人的身心发展的过程及其阶段。

所谓生理成熟指的是个体受遗传素质制约的生理机能和构造的变化在一般的年龄阶段所达到的一般程度。换言之，按照一般正常的发展，个体到了某一年龄阶段就应出现该年龄阶段应出现的年龄特征，如乳儿期、婴儿期、幼儿期、童年期、少年期、青年期都各自具有不同生理发展程度。这个生理发展程度决定了人的身心发展的过程和阶段。人的身心发展是个渐进的成熟过程，是个连续不断变化过程，是从缓慢的量变飞跃到质变的过程。由于新质的出现，人的发展就从前一个阶段达到另一个新的阶段，并表现出一定的阶段性。这种阶段性的形成是与人的年龄相关的，并在一定程度上要受到遗传素质生理成熟水平的制约。

同年龄阶段的儿童身心发展在同年龄阶段不仅有共同的表现，同时彼此之间又可能有一定的区别。这些区别即因个人之间生理成熟程度不同而导致的超前发展或延后表现，许多超常儿童表现出一般儿童所不具有的早熟或少年早慧，而另一些儿童又可能有许多行为表现得与其年龄不十分相称。这些都是生理成熟的不同程度的具体表现。

遗传素质的差异性对人的发展有一定影响。

世间没有完全相同的事物。人的遗传素质也是有个别差异的，即使是同卵双生子，在机体的构造和机能上也都有不尽相同的特点，如感觉器官、神经系统等的构造和机能都会具有不同的素质差异。巴甫洛夫利用条件反射的方法揭示了人的神经过程的强度、灵活性和平衡性等的差别。有的实验证明，在思维活动方面，神经过程灵活性高的人比神经过程不灵活的人，在解决问题上可以快2—3倍；在知觉广度方面，神经过程强而灵活的人比较大，反之，神经过程弱而不灵活的人则比较小；在注意分配方面，神经过程平稳的人较快，兴奋占优势的人有困难，抑制占优势的人较差。在每个人的身上表现出来的不同特点，如智力水平、才能、特长等，都在一定程度上受着遗传素质的影响，由于遗传素质上的差异有的使人易于发展成一个善于思辨的科学家，有的易于使人发展成一个有才能的音乐家，有的易于使人发展成为一个优秀的体育运动员。由于遗传素质的差异，不同的民族、种族、性别之间产生的区别通常不是靠简单的后天努力可以弥补的，这要通过遗传的缓慢进化才能实现。

遗传素质对人发展影响的大小与其本身是否符合常态有关。

人的遗传素质大部分处于常态。对遗传素质处于常态的人来说，它在人的身心发展中便不起决定性作用。然而，对处在常态两端的各占3%—5%的个体来说便常常具有决定性的作用。先天的生理缺陷或智障者决定了一个儿童终生处于低能状态，而对超常儿童来说，则因他具备了一般人不具备的极优越的天资，而使其处于发展的先天优势地位，并使他人无可比拟，当然，这一优势要受到相应条件的限制。

遗传素质对人的影响在人的发展的不同阶段作用不同。

苏联心理学家鲁利亚经研究指出，至学龄中期，人的复杂的心理活动方式，遗传已对它几乎没有影响。原因有二：一是发展作为从潜在到现实的过程随时间推进，潜在已成现实或潜在错过了变为现实的过程，潜在因素的作用就变弱了。二是随着个体的发展，影响个体发展的因素逐渐增多与增强，人的心理发展也趋向高级复杂，故遗传的作用就相对减弱。

遗传素质为人的身心发展提供了可能性，环境和教育规定了人的身心发展的现实性。遗传素质为人的身心发展提供了必要的生物前提，没有这个物质前提，人就谈不上发展。但是，遗传为人的发展提供的可能性能否成为现实性，关键还在于后天的环境和教育。从遗传素质到智慧才能，要经过一个复杂的发展过程。印度的"狼孩"一例证明，人虽有优于禽兽的遗传素质，有发展的极大可能性，但若离开了社会生活条件和教育的影响，人依然会同禽兽一样，没有语言、思维，只能消极地适应环境。由此可见，必要的遗传素质并不能从根本上决定一个人的发展。素质上的差异也不能决定一个人后天成就的大小。一个素质较差的儿童，未必终生无所作为。在现实条件下，不同的教育条件、教育程度或教育专业方向，在很大程度上作为一种实际的驱动机制产生着各种不相同的现实的人：文盲、工程师、艺术家，并直接导致着他们身心发展在水平、性质、领域等方面的种种差别。

基于以上理由，我们认为"遗传决定论"的观点是完全错误的。美国心理学家桑代克说："人的智慧80%决定于基因，17%决定于训练，3%决定于偶然因素。"美国斯坦莱·霍尔也说："一两的遗传胜过一吨的教育。"这些说法不适当地夸大了遗传素质的作用，并为"血统论""宿命论"提供了理论根据。

二、环境在人的发展中的作用

人总是生活在现实的社会环境中，在社会环境的影响下形成和发展。环境，一般指直接或间接影响个体形成和发展的全部外在因素。这些外在因素主要包括社会环境和自然环境。自然环境指环绕着人类并影响人类生存与发展的自然界，主要有大气、土壤、水、岩石、植物、动物、太阳等。社会环境指人类在自然环境基础上创造和积累的物质文化、精神文化和社会关系的总和，如民族文化、生产方式、生活方式、社区机构、家庭亲友、科学教育、公共场所、社会风气、流行思潮和各类社会教育等。它是人类世代创造的产物，也是年轻一代身心发展的基础。人从出生起就面对现实社会而不能选择，只有认识、适应这个现实的社会环境，人才能生存并获得自身的发展。

社会生产力的发展水平决定着人的发展程度和范围。一定发展水平的生产力创造和决定一定水平的物质生活条件。人是在一定物质生活条件下生活着、发展着，人的发展程度和范围直接为这种物质生活条件所制约。原始社会，生产力不能提供任何剩余产品，决定了人的发展是十分低下的。现代生产力能够提供丰富的物质生活资料，人们的发展就有了更大的自由，就可以达到空前的高度。

社会关系影响着人的发展的方向和性质。社会关系包括家庭关系、亲戚朋友关系、同志同事关系等，最主要的是人们之间经济、政治关系（在阶级社会里表现为一定的阶级关系）。这些客观存在的性质不同，给人的身心的影响也就不同。资本主义的"人不为己，天诛地灭"的社会存在决定了必然产生"人都是自私的"社会意识；社会主义提倡的共产主义道德决定了必然产生助人为乐、舍己为人的社会观念。

社会的精神文化影响着个体的身心发展内容。不同的社会精神文化可能给人以不同的行为习惯、思想品德、人生观、世界观和理想信念等的影响。优良健康的精神文化可以给人以积极向上的身心发展内容；反之则可能形成人畸形、变态的心理。

社会环境的不同还可能造成个体发展上的巨大差异。不同的生活、文化条件和教育条件，可能导致年轻一代身心发展的不同水平，即使是智力优异的个体，处在一个生活艰难、教育水平低下的环境里，也可能成为被埋没的人才，这样的事例在我们周围有许多。

环境因素对人影响的特点是带有一定的自发性和偶然性。它不像学校教育那样有计划、有目的，但也不能因此而低估它的作用，因为人除了生活在家庭和学校之外，还有相当一部分时间是与亲戚朋友、邻里交往的，并在各种各样的社会活动、文娱活动、劳动活动中度过的。通过交往与活动，人们受到了来自各个方面的影响，由于这些影响具有耳濡目染、潜移默化的性质，因此，它具有一定的深刻性，有的甚至终生难忘。

既然社会环境是多种因素的复合体，其中就有积极的因素，也有消极的因素。青少年学生由于缺乏明确的信念以及辨别是非的能力，加之好奇心、模仿性、求知欲强，因而很容易接受它们的正反两个方面的影响。"近朱者赤，近墨者黑""昔孟母择邻处"等教育格言，都是长期教育实践的总结。环境对人的影响是广泛的、潜移默化的，同时又是无目的、无系统、偶然零碎的，因而有时是相互矛盾、相互抵消的。但人与动物的根本不同之点在于人有主观能动性，人对环境的作用和影响不是消极被动地接受，人在接受环境影响的同时，又凭借自己的经验和创造能力，积极地改造环境，利用环境。

环境决定论者把人看成是环境的消极适应者，片面夸大环境的作用。我国古代墨子说："染于苍则苍，染于黄则黄，所入者变，其色亦变。"[①]荀子说："蓬生麻中，不扶自直；白沙在涅，与之俱黑。"[②]这些说法都夸大了环境的作用，最终导致机械唯物论。

三、教育在人的发展中的作用

从广义上说，教育是社会环境的一部分。但它是社会环境中的特殊一部分，教育，特别是学校教育，与遗传因素和自发的环境影响相比，在人的身心发展中起着主导作用。

学校教育具有明确的目的性和方向性，是专门培养人的活动。它能根据一定社会政治经济和生产力发展的需要，按照一定的方向，选择适当的内容，采取有效的方法，利用集中的时间，对人进行系统的教育和训练，使人获得比较系统的文化科学知识和技能，形成一定的世界观和道德品质。

学校教育还具有较强的计划性和系统性。学校教育是在各种严格的规章制度的制约下进行的。它保证了教学的良好秩序，把人的发展所需要的一切时间和空间全部纳入可控的程序之内，保证了教学得以顺利、有节奏地进行。同时，学校教育又具有系统的学习内容。这些内容既考虑了社会政治经济对人才规格的需要，又考虑了知识的逻辑顺序和学生的年龄特点与接受能力。这样就保证了人才培养的高质量与高效率。

学校教育还具有高度的组织性。学校教育主要是通过专门的教育机关——学校进行的。学校是按照一定的教育目的组织起来的，它有比较

---

① 《墨子·所染》。

② 《荀子·劝学》。

完整的组织机构，又有经过教育和训练的专职教育工作者，把受教育者按照一定的教育要求组织在专门的教育过程中进行教育和训练，因而，它对年轻一代身心发展的影响和作用，就比其他任何社会生活条件都大得多、有效得多。

教育可控制和利用各种环境因素对人的自发影响，充分发挥个体遗传上的优势，限制和排除一切不良环境因素的干扰，利用和发展一切积极因素的作用，以确保个体发展的方向。根据儿童的遗传素质，有意识地发挥他的长处，弥补他的短处，使先天的遗传素质向有利于儿童成长的方向发展。

但是教育的主导作用并不是万能的，教育既不能超越它所依存的社会条件，凌驾于社会之上去发挥它的主导作用，又不能违背儿童身心发展的客观规律任意决定人的发展。因此，美国心理学家华生所说的："给我一打健全的儿童，我可以用特殊的方法任意加以改变，或者使他们成为医生、律师，或者使他们成为乞丐、盗贼……"[1]这显然是不对的。

四、教育主导作用有效发挥的条件

前面讲到，教育的发展或发展教育必须适应现有生产力发展水平和社会经济的需要，考虑生产力发展和政治经济对教育的要求。同理，进入教育的微观领域，教育要发挥它的育人作用，也必须考虑与之有关的若干因素和条件。

（1）受教育者自身的主观能动性。人与动物不同，人是一个能动的个体，具有主观能动性。环境和教育对人的影响作用的大小与人的主观能动性有着直接的关系。人的主观能动性是人的一种内在需要和动力，是一种积极的学习动机和渴望。当受教育者具备了积极的求教动机时，环境和教育的外因才能发挥相应的作用。学习者的学习积极性越高，教育的作用就越大，教育中的"教学相长"只有在教育者和受教育者两个积极性发生共鸣时才会产生。

---

[1] 朱智贤：《儿童心理学》上册，人民教育出版社1979年版，第70页。

（2）教育的自身状况。教育主导作用发挥的程度和能力的大小，与教育自身的条件也有很大的关系。这些条件包括：教育的物质条件、教师的素质、管理水平以及相关的精神条件等。

（3）家庭环境的效应，包括适当的家庭经济条件、父母的文化水平以及良好的家庭氛围。

（4）社会发展状况，包括社会生产力发展水平、社会政治经济制度的进步程度、整体的社会环境、民族心态、文化传统、科学技术发展状况等。

总之，教育的主导作用不是无条件产生的，它要受到多方因素的制约。教育如能得到社会各方面条件的积极配合，它就能充分发挥出促进人的发展和社会发展的独特作用。

第六章 教育制度

第一节 教育制度概述

一、教育制度与学校教育制度

教育制度是一个国家在一定历史条件下形成的教育体系及为保证该体系的正常运行而确立的种种规范或规定。教育体系是指一个国家各种教育机构有机构成的总体，它包括学前教育机构、学校教育机构、业余教育机构、社会教育机构等。其中，学校教育是一个国家各种教育的主体，是一个国家教育制度的代表。

学校教育制度，简称学制，是指一个国家各级各类学校的系统，具体规定着学校的性质、任务、入学条件、修业年限以及彼此之间的协调关系。

各级学校，指学前教育机构、初等学校、中等学校、高等学校。

各类学校，按学校任务分，有普通学校，专业学校等；按教育对象特点分，有为正常儿童开设的学校和为特殊儿童开设的学校；按学校组织形式分，有全日制、半工半读、函授和业余学校等。每一类学校都处在一定的级上。

各级各类学校之间的关系是指这些学校在学校系统中的地位和比重，它受到社会政治、经济、文化传统、教育已有发展水平的制约。

教育体制是一个国家配合政治、经济、科技体制而确定下来的学校办学形式、层次结构、组织管理等相对稳定的运行模式和规定。一般地说，不同的政治体制和经济体制下，必然有与之相适应的教育体制。

二、学制确立的依据

学制是社会历史的产物，它的确立受到社会各方面因素的影响。学制的产生、发展和变化是受到下列因素决定的：

首先，社会生产力和科学技术的发展水平制约着教育结构与学校教育制度。古代社会生产力水平低，科学技术还不发达，劳动力并不需要经过学校培养。学校教育为统治阶级所垄断，限于狭小的范围，类型单一，学校教育结构与学制处于不完备的初级阶段。随着生产力水平的提高，科学技术的发展，自然科学的各个部门从哲学中分化出来，要求学校培养各种专门人才，于是学校类型日渐增多。资本主义大工业生产的兴起，科学技术在生产中得到广泛应用，对学校教育提出两个方面的新要求：一是要求工人普遍接受一定的学校教育，掌握适应大工业生产的文化科学知识，反映到学制上要求实行义务教育制度；另一项要求是大工业生产需要不同层次的各种专业技术人才，必须建立适应生产与科技发展的职业技术教育系统。现代教育结构中义务教育的基础地位，职业技术教育的迅猛发展、比例增大，以及这种发展趋势在学制上的有关规定，都是由生产力和科学技术发展的客观需要所决定的。

其次，社会政治、经济制度是制约教育结构与学制的重要因素。教育结构的确立与调整，学制的颁布与实施都是由国家政权机关进行的。国家的各项决策以适应本国政治、经济制度为根本准则，对于关系着培养人才的类别与水平的教育结构和学制问题，也必然是以政治、经济制度的要求为依据，古今中外，莫不如此。古代奴隶制、封建制时代教育结构单一，中心是培养统治阶级的继承人；现代资本主义制度下，形成复杂的教育结构，学制也趋于完备，除了适应生产力与科学技术的发展，就其为什么人服务的性质而言，它显然是受资本主义的政治、经济制度制约，为资产阶级服务的。当代一些资本主义国家提出教育"民主化""大众化"等口号，使教育结构适应经济发展，在学制上做出某些改革，是教育发展中的进步现象。但是，这一切都没有超出资本主义政治、经济制度的需要，它不可能摆脱资本主义制度下的局限性。

社会主义国家要自觉地按照本国政治、经济制度的要求，调整教育结构，改革学制，使整个学校教育系统培养出来的人才，在数量、质量、层次结构、专业结构等各方面符合国家发展的需要。

再次，学生身心发展规律也制约着学校教育结构与学制。人在一生中经历着不同的年龄发展阶段，从儿童到少年，从青年到壮年，在身心发展上各有其特点和规律。制定学制，规定入学年龄与修业年限，确定各类学校的分段与衔接，升级升学制度中某些弹性限度的规定，特殊学校、特殊班级的设立；调整教育结构，职业技术教育从哪个年龄阶段起始？某些职业技能适合于哪一年龄阶段的学生？等等，都必须考虑学生的身心发展规律。心理学与脑科学的研究证明：一般人在六岁时大脑重量已达成人的90%，余下的10%是在其后十年中长成的，六岁至十六七岁是可能接受系统科学知识，身心迅速成长的重要时期。因此，大多数国家都把儿童的入学年龄规定为六岁，把其后的十至十二年作为基础教育阶段。到十六七岁以后，随着身心发展的全面成熟，进入专门的职业技术教育阶段。再如对智力超常儿童的教育，实验研究证明，儿童智力发展上的差异是普遍现象，智力超常儿童需要给予特殊培养。因而，各国在学制上都做出一些特殊的规定，允许智力超常学生跳级，实行特殊招生，设立特殊学校与特殊班级，使特殊教育成为教育结构中的一个组成部分。这说明学生身心发展规律是调整教育结构和建立学制的依据之一。

最后，学校教育制度的建立，还要吸取原有学制中的有用部分，借鉴外国学制中的有益经验。

中外教育史表明，一个国家改革学制时，一方面是根据统治阶级的需要和本国具体实际来进行，同时对外国学制中的有益之处也要学习。比如，美国经过独立战争摆脱英国统治后，虽然两国尚在敌对，但在建立学制时仍然学习了英国的幼儿教育。

历史表明，任何一个国家的学制，都有它建立和发展的过程，既不能脱离本国学制发展的历史，又不能忽视外国学制的有益经验。不同性质的社会制度决定不同性质的学制，这是学制的本质方面。但我们也应看到，在同一社会制度状况下，由于各个国家生产力、科技发展水平不同，教育发展不同，学制也不完全一样。比如，美国是地方分权制，法国是中央集权制，英国是双轨制，美国是单轨制。因此，在不同国家的学制之间，新旧学制之间既有彼此相同的一面，同时又有继承和相互借鉴的一面。

三、当代学制发展趋势

历史发展到当代社会，科学技术成为制约社会发展的重要因素，教育发展程度成为一个国家综合国力的重要标志之一。科技进步、经济增长和社会发展越来越取决于劳动者素质的高低。为此，许多国家十分重视教育发展，重视人口质量的提高，从而使得学校教育制度更加完善，显示出一些新的发展趋势。

（一）教育社会化与社会教育化

教育社会化，即是教育对象的全民化。现代教育体系的发展，不仅在时间上将扩展到全人生，而且在空间上将扩展到全社会，使每个社会成员都有受教育的机会，而不受社会成分、经济状况、家庭地位等等的限制。当然，并不是说，所有人都要受完全相同的教育，而是指以社会需要、个人才能和兴趣为依据，能随时随地地接受不同类型和程度的教育。要实现教育社会化，就需要增加教育投入，扩充教育设施，逐步扩大教育规模。

社会教育化，不仅表现在正规学校向社会开放，更主要的是整个社会都将担负教育的职能。随着现代教育体系的发展，不仅整个社会将举办各级各类的开放学校、短期学校、函授学校、广播电视学校、夜校、半脱产成人学校，而且各级政府部门、群众团体、文化机构、工厂、农村基层组织、城市街道、军队、商店等从中央到地方的各级机构和基层单位以及博物馆、电视台、广播电台、新闻出版部门、电影院、图书馆等公众服务机构，都应该在行使各自的分工职能的同时，自觉考虑并发挥教育的作用，使社会成为一所学校，努力向儿童和青少年、男人和妇女、婴儿和老年，即所有有学习能力并有志于学习的人敞开，实现社会教育一体化。

（二）重视早期智力开发和学前教育

儿童的早期教育问题历史上虽早有研究，但真正成为人们广泛关注的热点还是近二三十年间的事。第二次世界大战以后，国际上长期和平稳定的社会环境促进了生理学、心理学对智力发展问题的研究。美国心理学家布卢姆多年来对一千多名被试儿童进行跟踪实验研究，提出了关于人的智力发展的假说，认为如果以十七岁儿童的智力发展水平为100的话，那么儿童长到四岁时，智力就能发展到50%，到八岁时发展到80%，剩下的20%是在八至十七岁时获得的，心理学研究为早期教育提供了依据。战后人口的增长加剧了社会职业的竞争，家长望子成龙的心理使早期教育日益深入人心。国际间科技竞争的加剧，也使得许多有识之士积极倡导人才的早期培养，对脑资源的开发给予格外的关注，实行英才教育。

从群众要求看，随着生活水平的普遍提高，家庭对儿童的早期发展也特别重视，有力地推动了幼儿教育事业的发展。各国在建立与完善现代教育体制过程中，普遍把幼儿教育纳入学制体系。有的教育家还特别提出，应把传统的学前教育概念改变为"前初等教育"，以便在人们的普遍观念上把幼儿教育看作是学校教育体系的一部分。一些国家如英国、朝鲜、瑞士等把小学前的一两年幼儿教育规定为义务教育的组成部分。过去一向偏重家庭教育的美国，20世纪60年代以后幼儿园也发展很快，五岁儿童入园率到70年代已达90%以上。可见，重视幼儿教育，将其纳入学校教育体系，与初等教育相衔接，已成普遍趋势。

重视早期智力开发，还表现于许多国家积极为智力超常儿童的发展创造条件，在学制上做出若干弹性规定，对有特殊才能的儿童，允许提前入学，允许跳级，设立特殊学校和特殊班级，实行因材施教。日本设立"英才实验学校"，美国制定"天才教育法"都是对超常儿童的教育给予特殊地位，并使其得到国家学制的承认。

（三）初等教育入学年龄提前，义务教育年限延长

在当代学制改革中，许多国家规定儿童入学年龄有所提前。据联合国教科文组织《1960—1982年世界教育统计概述》介绍，在199个国家和地区中，绝大多数都规定儿童入学年龄在五至七岁之间，规定为七岁的占56.8%，比以前提早一两年。如苏联以前规定儿童七岁入学，1984年通过决议要在1990年前实现六岁儿童入学。中国近年来实行七岁入学，同时试行六岁入学，入学年龄也在提前。

义务教育制度是伴随大工业生产的发展逐渐实行的。进入当代社会以后，各发达国家不但普遍实施了义务教育普及，而且其年限在不断延长。在这方面，日本具有突出的代表性。日本于明治年代提出"文明开化"的口号，1883年开始实行小学三年义务教育，1886年改为四年，1900年普遍推行。1907年进而实行小学六年义务教育。二次世界大战后，1947年颁布《教育基本法》规定实行九年义务教育，在"教育是立国之本"的口号推动下，不仅很快普及了九年义务教育，而且促进了高中阶段教育的发展，到20世纪70年代日本初中毕业生升学率已达90%以上。1989年初中毕业生的升学率为94.7%，实际上已经普及了高中。[1]据联合国教科文组织1990年报告，世界发达国家的义务教育年限情况是：英国11年，意大利8年，法国10年，西德12年，美国11年，日本9年，苏联10年，巴西8年，中国9年，印度8年，伊朗、土耳其、越南、孟加拉国为5年。[2]义务教育年限的

---

① 《外国教育资料》，1990年第2期，第76页。

② UNESCO: Statistical Yearbook, 1990。

长短是一国教育发展程度的标志之一。

（四）寻求普通教育、中等教育与职业技术教育的最佳结合

中等教育结构改革的中心问题是处理普通教育与职业技术教育的关系，两者相结合，加强职业技术教育成为当代中等教育结构改革的趋势。在现代经济发展中，大批新兴产业均属技术密集型产业，其劳动力需要经过严格职业培训。因而，培养熟练工人与初级技术人才成为中等教育阶段重要任务之一。在二次世界大战后，适应经济发展的要求，各国在学制改革中，提高了职业技术教育的地位，使普通中学与职业技术学校相沟通。如联邦德国把职业技术教育视为"德国经济发展的柱石"和"秘密武器"，全国十六岁以上的青年85%都被纳入职业技术教育体系，在学制上保证普通中学与职业技术学校相沟通。日本在战后恢复与发展国民经济的过程中，实行高中分科，设多种职业技术课程，开办各种职业培训中心，为工人提高技术水平奠定良好基础。日本的战后生产率增长速度在资本主义世界占第一位，与其职业技术教育的发展直接相关。美国60年代以来，通过"职业教育法"等几十个法案，投入大量资金，发展职业技术教育。苏联于1984年制定《关于改革普通学校和职业学校的基本方针》，提出："中等普通教育学校和职业学校包括：普通教育学校的10—11年级、职业技术学校和中等专业学校。它们保证对青年实施普及中等教育、劳动训练和职业训练。""在最近一、二个五年计划期间，对青年的普及中等教育将为普通职业教育所补充。所有的青年人在开始劳动活动之前，都将有可能掌握一种职业技能。"

各国在学制改革中，处理中等教育阶段普通教育与职业技术教育的关系，认识并不完全一致，采取措施也不尽相同，有的侧重发展与完善职业技术学校体系，有的在普通中学增加职业技术课程或设立职业技术班，但两者相互渗透、趋于结合的方向是共同的。在普通中学增加职业技术教育内容，为中学毕业生做好就业准备，在职业技术学校增加普通教育课程，为学生打下更好的文化科学基础，增强对未来职业的适应能力。即所谓

"职业教育普通化，普通教育职业化"，向综合统一的方向发展，乃是基本趋势。

（五）高等教育出现多级层次，学校类型多样化

在新技术革命浪潮推动下，高等教育获得空前发展，打破了传统高等教育的结构与体制，大多数国家形成了高等学校的三级体制：初级层次是学习二至三年的初级学院，美国叫社区学院，日本叫短期大学，联邦德国叫高等专科学校，这类学校学制短，教育投资少，发展快，职业性强，受到产业部门的欢迎，它在高等教育发展中占较大比重。中级层次是学习时间四至五年的综合大学及文、理、工、商、医等各种学院，是高等学校的基本部分，保持学术上严格要求，培养科技与学术的高级专门人才。高级层次指大学的研究生院设置硕士、博士学位课程、分别攻读三年或两年，授予学位，培养科学研究的高级人才。近年来，一些著名大学设立高级研究生院，为已经获得博士学位的人继承开设研究课程，称为"博士后教育"，是高级层次教育的进一步发展，表明高等教育形成多级层次。

高等学校随数量的迅速增加，类型日益多样化。除有学生全日在校学习的普通高等学校，还有学生不固定在学校的广播、电视、函授、刊授、夜大学等多种形式。这种开放式的大学在发展高等教育中发挥着越来越大的作用。

（六）以终身教育思想为指导，实现教育制度一体化，发展继续教育

首先提出终身教育理论的是联合国教育、科学和文化组织成人教育局局长法国人保罗·朗格朗。他认为：数百年来，社会把个人的生活分成两半，前半生受教育，后半生工作，这是毫无科学根据的。教育应是个人一生中连续不断地学习的过程。今后的教育应当是能够在每一个人需要的时候以最好的方式提供必要的知识和技能。因此，对终身教育的解释是："人在一生中所受的各种教育的总和。它改变了传统的教育观念，实行教育制度的一体化，认为教育应包括学前教育、学校教育、成人教育、继续教育等。其中既有学校教育，又有社会教育；既有正规教育，又有非正规

教育。"教育不仅是授予学生走向生活所需要的知识，而且要发展学生的自学能力，以便将来走向社会能够独立获取知识。1965年，联合国教科文组织国际成人教育促进委员会讨论终身教育提案，决定把终身教育作为全部教育工作的指导思想。1972年，联合国教科文组织出版《学会生存》一书，使终身教育思想广泛传播。许多国家调整教育结构、改革学制以终身教育思想为指导。日本实行教育体制的第三次改革，明确宣布以终身教育为前景，规定中小学教育要成为"终身教育的基础"。瑞士、法国等国家以立法形式贯彻终身教育思想。

在终身教育思想推动下，继续教育被日益重视，成为学制体系中的重要组成部分。继续教育是指在接受完基础教育和职业技术教育之后，为适应知识与技术不断发展的要求，而继续进行的教育与训练。现代科学技术迅猛发展，要求人们接受教育不断延伸。据统计，按一个人一生工作45年计算，他所用的知识大约20%是职前在学校学的，其余的80%是在职后通过各种方式学习获得的，可见继续教育的重要。瑞典、联邦德国、美国、日本、南斯拉夫等先后颁布法律，通过法案，对成人接受继续教育的经费、假日、工资等做出规定，为开展继续教育提供保障，把成人继续教育纳入学校教育体系之中。

第二节　新中国的学校教育制度

中国的学制，产生于商周，发展于秦汉，完善于隋唐两宋。

新中国成立初期，我们的学校教育制度，实际上存在两个系统：一是老解放区学制；一是接收下来经初步改造的旧学制。当时之所以允许旧学制存在，主要是暂时维持教育上的安定，为以后学制改革创造条件。

一、1951 年的学制改革

随着国民经济的恢复和发展，为帝国主义、封建主义和官僚资本主义服务的旧学制已不能适应新中国政治经济发展的需要。为了在最短的时间内培养出社会主义革命和建设所需要的大批人才，为了满足劳动人民学习文化科学知识的需要，中央人民政府政务院于1951年10月1日公布了《关于改革学制的决定》，指示废止旧学制，实行中华人民共和国新学制。

新学制的组织系统分为：幼儿教育（幼儿园）、初等教育（包括小学、青年和成人初等学校）、高等教育（包括大学、专门学院和研究部）及各级政治学校、政治训练班等。

1951年学制反映了当时政治和经济发展的要求，继承了老解放区教育的优良传统，批判地吸取了旧学制中某些可用的东西，它奠定了我国新学制的基础，对发展我国人民教育事业和全国经济文化建设都起了重要作用。

1951年的新学制只是新中国成立初期一个过渡性质的学制。1956年我国完成了生产资料所有制的社会主义改造，开始进入社会主义建设的新时期，要求教育和学制也做相应的变革。1958年9月，党中央、国务院发布了《关于教育工作的指示》，指出："现行的学制是需要积极地和妥当地加以改革的。"其改革要点是：

①提出了党的教育工作方针和教育目的。即"党的教育工作的方针，是教育为无产阶级政治服务，教育与生产劳动相结合"。

②制定了发展教育事业的"三个结合""六个并举"的原则。即采取统一性与多样性相结合、普及与提高相结合、全面规划与地方分权相结合的原则；实行国家办学与厂矿、企业、农业合作社办学并举，普通教育与职业技术教育并举，成人教育与儿童教育并举，全日制学校与半工半读、业余学校并举，学校教育与自学（包括函授学校、广播学校）并

举，免费的教育与不免费的教育并举。这也就是两条腿走路、多种形式办学的方针。

③建立并发展三类学校，即全日制学校、半工半读学校和业余学校。1964年，中央又根据刘少奇同志的提议，强调推行两种劳动制度和两种教育制度，即全日制学校和半工（农）半读学校同时存在，以利于在城乡普及教育。

1958年的《关于教育工作的指示》发布之后，在具体执行中发生了不少偏差，导致教育质量严重下降。到1961年，中央鉴于当时教育的严重状况，出台了"三个条例"，即"高教六十条""中教五十条""小教四十条"，遏制中国教育质量的下滑。到1963年前后，中国教育又开始步入正轨，教育质量达到历史上的最高水平。

粉碎"四人帮"后，党中央十分重视教育发展，从1977年恢复高考制度以后至今先后出台了一系列重大的方针政策，其中，与学制直接相关的有《教育体制改革决定》《中国教育改革和发展纲要》。

二、1985 年的《关于教育体制改革的决定》

1985年5月27日，中共中央发布了《关于教育体制改革的决定》（简称《决定》，下同），其中有关学制的内容有：

①实行九年制义务教育。义务教育是依法律规定，适龄儿童和青少年都必须接受，国家、社会、家庭必须予以保证的国民教育，为现代生产发展和社会生活所必需，是现代文明的一个标志。《决定》将全国划为三类地区，分步实施九年制义务教育，并明确了义务教育实施中社会、家庭和学生各自的责任和义务，明确了义务教育的重点和难点在农村。1986年4月颁布的《中华人民共和国义务教育法》规定：凡年满六周岁的儿童，不分性别、民族、种族都应当入学接受九年制义务教育。

②调整中等教育结构，大力发展职业技术教育。《决定》指出："社会主义现代化建设不但需要高级科学技术专家，而且迫切需要千百万受过

良好职业技术教育的中、初级教育人员、管理人员、技工和其他受过良好职业培训的城乡劳动者。没有这样一支劳动技术大军，先进的科学技术和先进的设备就不能成为现实的社会生产力。"为此，应在小学、初中、高中后进行三级分流，以中等职业技术教育为重点，逐步建立从初级到高级行业配套、结构合理，又能与普通教育相互沟通的职业技术教育体系，从而扭转中等教育结构不合理的状况。

③改革高等教育招生与分配制度，扩大高等学校办学自主权。

④基础教育权属于地方，学校逐步实行校长负责制。实行基础教育由地方负责、分级管理的原则，除大政方针和宏观规划由中央决定外，具体改革、制度、计划的制订和实施，以及对学校的领导、管理和检查，责任和权力都交给地方。在学校逐步实行校长负责制，并逐步建立和健全校务委员会和教职工代表大会等制度。

三、1993 年的《中国教育改革和发展纲要》

为实现党的十四大所确定的战略任务，指导90年代乃至21世纪初教育的改革和发展，使教育更好地为社会主义现代化建设服务，中共中央、国务院于1993年2月13日印发了《中国教育改革和发展纲要》（以下简称《纲要》），其中有关教育制度的内容有：

①到20世纪末教育发展的总目标是：基本普及九年义务教育，基本扫除青壮年文盲；要全面贯彻党的教育方针，全面提高教育质量；要建设好一批重点学校和一批重点学科。简称为"两基""两全""两重"。

②教育的结构：《纲要》确定了基础教育、职业教育、高等教育、成人教育四种类型。基础教育是提高民族素质的奠基工程，必须大力加强。职业教育是现代化教育的重要组成部分，是工业化和生产社会化、现代化的重要支柱，要积极发展。高等教育担负着培养高级专门人才、发展科学技术文化和促进现代化建设的重大任务。成人教育是传统学校教育向终身教育发展的一种新型教育制度。另外，还要重视和扶持少数民族教育事

业，重视和支持残疾人教育事业，积极发展广播电视教育。

③在办学体制上，改变政府包揽办学的传统格局，逐步建立以政府办学为主体、社会各界共同办学的体制。基础教育应以地方政府办学为主；高等教育要逐步形成以中央、省（自治区、直辖市）两级政府办学为主，社会各界参与办学的新格局；职业教育和成人教育主要依靠行业、企业、事业单位和社会各方面联合办学。

④改革高校的招生和毕业生就业制度。实行国家任务计划与调节性计划相结合，并逐步实行收费制度；改变"统包统分"和"包当干部"的就业制度，实行少数毕业生由国家安排就业，多数毕业生"自主择业"的制度。

⑤改革和完善投资体制，增加教育经费，逐步建立以国家财政拨款为主，以征收教育税费、收取学费、校办产业收入、社会捐资集资、设立教育基金等为辅的多渠道筹措教育经费的制度。要努力实现"三个增长"，即"中央和地方政府教育拨款的增长要高于财政经常性收入的增长，并使按在校学生人数平均的教育费用逐步增长，切实保证教师工资和生均公用经费逐年有所增长"。

四、我国现行教育制度构成

我国现行教育是个纵横交错的复杂网络。要完整全面地把握中国教育，则需对纷繁多样的教育实践进行高度的抽象概括，才能渐渐明晰学制的纵横结构。

（一）我国现行教育的形式构成

1. 教育形态构成：学校教育、家庭教育和社会教育

学校教育是教育者根据一定社会的要求和受教育者身心发展的规律，在专门的教育机构进行的一种有目的、有计划、有组织地培养人的活动。其目的是把受教育者培养成为一定社会服务的人。它不仅包括全日制的学校教育，也包括半日制的、业余的学校教育，还包括函授教育、广播电视

学校的教育，等等。

学校教育是最基本、最主要的教育形式，具有以下基本特征：①有明确的目的，即培养目标；②有确定的教育内容（主要体现为教材）；③有固定的教育组织形式（以班级为基础）；④有精心组织的教育活动；⑤有专门的教育者和适龄的教育对象；⑥有教育场地和教育设施；⑦有稳定的教育周期。

随着现代生产、现代科技的发展和人类文明程度的提高，学校教育的作用更为突出，又出现了许多新的特征：突破了传统的时空范围，出现了多类型、多层次、多规格的办学形式；教育普及化程度提高，接受学校教育的人日益增多；学校与社会生活的联系越来越广泛、密切，逐渐成为开放式的系统。近年来，学校教育有了很大发展。到1997年，我国有普通高等学校1020所，本、专科在校生317.44万人。普通高中1.39万所，在校生850.07万人。职业高中，中等专业学校，技工学校1.7万所，在校学生共1089.51万人。小学62.88万所，在校生13995.37万人。初中6.62万所，其中普通初中6.48万所，职业初中0.15万所。普通初中在校生5667.79万人。全国幼儿园18.25万所，特殊教育学校1440所。①

家庭教育是指父母或其他年长者在家庭内通过言传身教或其他教育形式、方法对子女及其他家庭成员施行的各种积极影响。家庭教育的特点是：启蒙性、个别性、终身性。

广义的社会教育指整个社会生活、社会环境对人身心发展的教育影响。狭义的社会教育则是指通过学校或家庭以外的社会文化教育机构，以及有关的社会团体或组织对社会成员，特别是青少年所进行的培养思想品德、增进知识、发展智能、健全体魄的教育活动。

我国近几年社会教育有了很大发展，社会教育机构的类型也多。按担负的具体任务划分主要有提高和普及两大类。担负提高任务的校外教育

---

① 中华人民共和国教育部：《1997年全国教育事业发展统计公报》，载《中国教育报》，1998年4月13日。

机构有青少年宫、各种科技站（馆）、业余体校等，这类机构在于配合学校培养青少年和儿童的优良道德品质，帮助他们巩固课堂知识，发展多方面的兴趣和才能，促进全面发展。担负普及任务的社会教育机构有文化馆（站）、博物馆、纪念馆、图书馆、俱乐部、体育场、电影院、公园、广播电台、电视台等等，这类机构的充分利用，可以使青少年接受积极的影响，吸取最新的知识信息，有利于身心的健康发展，对社会进步也将起到促进的作用。

2．教育阶段构成：学前教育、学龄教育、继续教育

（1）学前教育

学前教育即幼儿教育，它是根据一定的培养目标和幼儿的身心特点，对入小学前的幼儿所进行的有计划、有组织的教育。学前教育是教育结构系统的重要组成部分，是学校教育的基础。

学前教育的思想源远流长。中国很早就有关于学前教育的记述，如两千多年前西汉时期编纂的《礼记·内则》中就有"子能食食，教以右手。能言，男唯女俞"等语。中国近现代幼儿教育机构始创于清光绪二十九年（1903），设于湖北武昌，名为"蒙养院"，1922年定名为"幼稚园"。古希腊哲学家柏拉图在公元3世纪提出对儿童进行教育，主张儿童三岁到六岁就要受保姆的教育。1802年，英国空想社会主义者欧文于苏格兰的新拉纳克创办了一所招收二至六岁的工人子女的幼儿园。德国教育家福禄贝尔于1837年在布兰肯堡创设了一所招收一至七岁儿童的幼儿园。中外早期的学前教育理论和实施经验，对于学前教育理论的研究和实际工作具有深远的意义。

当前世界各国学前教育迅速发展，许多国家都认识到学前教育在培养人才中的重要作用，把学前教育作为整个国民教育体系中不可缺少的一环，并大力发展托儿所、幼儿园和各级学前教育机构。一些国家还把学前教育列入国家正式教育计划之中，制定有关的法令，以保证入园率的提高，加速学前教育的普及工作。

（2）学龄教育

学龄教育指在学龄期所接受的学校教育。它包括初等教育、中等教育、高等教育。

初等教育即小学教育。初等教育是使儿童打下文化知识基础和做好初步生活准备的教育，是学龄教育中的第一个阶段的教育。它对提高民族素质极为重要，因此，各国在其经济文化发展的一定历史阶段都把它定为实施义务教育或普及教育的目标。在我国，初等教育的对象一般为六至十二岁的儿童，它的任务是给儿童以德、智、体、美、劳全面发展的基础。到1997年，我国已有小学62.88万所，在校生13995.37万人，入学率达98.92%。

中等教育，即在初教育基础上继续实施的中等普通教育和专业教育。这种教育在整个学龄教育中有承上启下的作用。当前我国中等教育包括：①全日制普通中学，修业年限五至六年，三·三分段、四·二分段、三·二分段或二·三分段。它担负着为国家建设培养劳动后备力量以及为高一级学校培养合格新生的双重任务。②中等专业学校，包括中等技术学校和中等师范学校。招收初中或高中毕业生，修业年限为3—4年。它的任务是培养中级专门的建设人才和熟练的技术工人。③职业中学、农业中学或半工（农）半读中学。招收初中毕业生，修业年限3年，它的任务是为国家培养劳动后备力量，为城市、农村培养各种急需人才。各类中等教育的办学情况，直接关系着国家建设和劳动力的培养质量，影响着国家各方面的发展和巩固。40年来，我国中等教育有了很大的发展，特别是职业技术教育事业，在原有薄弱基础上有了较大发展，扭转了中等教育结构单一化的倾向。1997年，中等学校发展到1.7万所，在校生达1089.51万人。其中，中等专业学校4143所，在校生465.41万人。技工学校4395所，在校生193.10万人；职业高中8578所，在校生431.00万人。

高等教育是学龄教育的高级阶段，是建立在中等教育基础之上的各种专业教育。程度上一般分为专修科、本科和研究生院（班）。我国现行高等教育的学制，本科修业年限多数为4年，医学院和少数理工科院校为5年或6年；高等专科学校的修业年限为2—3年，研究生分攻读硕士和博士学位两个阶段，修业年限各为2—3年。高等教育担负着培养各种高级专业人才和发展先进科学技术的任务。我国高等教育事业的发展，虽然走过了曲折的道路，但仍然取得了很大的成绩。据1998年的统计，全国普通高等学校有1020所，在校本、专科生317.44万人，在学研究生17.64万人。普通高等教育的层次、学科、布局等经过多次调整，发生了很大的变化。文、理、工、农、医、财经、政法、师范等主要科类基本齐全，结构渐趋合理。长期处于薄弱状态的专科教育，这几年也加快了发展。目前，我国高等教育发展的方针是，坚持走内涵发展的道路，努力提高办学效益。

（3）继续教育

继续教育是正规学龄期教育的延伸和发展。是指通过业余、脱产或半脱产的途径，使那些已经受过大专学校的学历教育，并已在工程和技术工作岗位上工作的科技人员、管理人员和领导者继续接受知识和技术更新的教育。近年来，我国继续教育实施体系有了很大的发展，逐渐显示出针对性和效益性，促进了社会经济的发展。

3．教育形式构成

从形式上看，我国有三类学校，即全日制学校、半日制学校和业余制学校。

全日制学校包括全日制大、中、小学和中等专业学校，是我国学校的主体。它有完备的课程，以教学为主，学生一周五天全日受教育。

半日制学校，又称半工半读学校或半农半读学校，学生一面参加劳动，一面接受学校教育，教学与生产劳动时间安排比较灵活，可通过不同方式进行，一般是教学与劳动并重。

业余制学校是指学生接受学校教育完全在业余时间进行。此类学校学习年限一般较长，课程设置和教学方式都很灵活。

4．受教育方式构成：面授教育、函授教育、远距离教育、自学考试等

（1）面授教育

面授教育是教育者按照确定的教学计划，在一定的时间内，按照一定的进度，对受教育者直接进行的教育。它是目前我国教育形式结构中一种最主要、最普遍的方式。小学、中学、全日制大学，全脱产的成人教育，如管理干部学院和教育学院脱产班、广播电视大学的辅导班，以及各级各类的半工半读学校、业余学校，都是以面授教育的方式为主。

面授教育是随学校教育的产生而产生的，同其他教育方式相比，具有突出的特点：①这种教育方式是教师当面讲授，可以充分发挥教师的主导作用，使教育具有明确的目的性和计划性，便于直接调动学生的积极主动性。②在教育过程中，教师和学生都可以直接地、及时地得到反馈信息。教师可以根据学生的反馈信息，了解学生接受教育的情况，给学生以具体指导，并有的放矢地调节自己的教育方式；学生亦可以通过教师反馈信息，正确地评价自己，不断努力。③因为面授教育是师生共同参与的双边活动，师生的思想、品德、个性等都可以直接地相互影响。这是面授教育的一个主要特点，是其他教育方式所不可能有的特点。

（2）函授教育

函授教育是运用通信方式进行的教育。其实施机构是函授学校或全日制高等、中等专业学校的函授部。学员利用业余时间，以自学函授教材为主，由函授学校给予辅导和考核，并在一定时间进行短期的集中面授辅导。

函授教育的特点是：①学员可以充分利用业余时间，在教师书面指导下，按照函授学校相应专业的教学计划和教学大纲进行学习。②专业设置针对性强，函授教育不仅可以办本科、专科培养高级专门人才，也可以开设若干单科，供学员选学，还可以开设一些新技术学科，为在职人员提供新的科学技术教育的机会。③学习形式灵活机动，受时间、地域等方面的限制较少，学习方式灵活，以业余、自学为主，工学矛盾少，可以适应于

许多部门职工学习。④函授教育投资少，不需新建校舍，可以充分利用现有师资和各种教育设施。

我国函授教育虽经曲折，但发展较快，特别是进入80年代，数量和规模不断扩大。尤其是普通高等学校举办的函授教育在努力提高办学质量的前提下，稳步发展，取得了很大的成绩。1988年，普通高等函授（包括独立函授学院）实际招生达19.47万人，在校生数为48.98万人，毕业生数为16.47万人。函授教育的发展，为社会成员提供了继续受教育的机会，也起到了加速培养四个现代化建设需要的各种人才的重要作用。

（3）远距离教育

远距离教育是凭借广播电视等多种媒体，在较远的距离范围进行教学的一种开放型教育新形式。

远距离教育的前身是19世纪中叶发展起来的函授教育。进入20世纪以来，现代电子信息技术迅速发展，大量电教媒体的涌现，为远距离教育在单一的函授教育形态上发展创造了条件。随着30年代有声电影和录音教育的发展，50年代电视、程序教学机、电子计算机等的问世，70年代以来，录像电视系统、卫星传播教学系统、计算机网络教学系统的广泛应用，远距离教育相继在各国开办。

远距离教育不受时间、空间、校舍、师资等的限制，充分利用远距离教育的形式，在人口众多、幅员辽阔、教育普及的我国，更有其现实性和必要性。远距离教育可以覆盖我国的大部分城市和农村，便于广大干部、职工、农民利用业余时间进行学习。60年代，随着我国各地电视网的建立，在一些中心城市，如北京、上海等地相继兴办了面向本地区的城市电视大学，建校宗旨是为在职职工业余进修高等教育提供机会。我国面向全国的广播电视大学是1979年创建的，创建以来，已经形成了从中央到省、市（地）、县的远距离教育办学体系。1986年10月1日中国教育电视台正式播出，内容是中小学教师进修中师、师专的课程和电大课程，以及教育专题节目。1990年4月国家教委决定在中央广播电视大学内设立"中国燎原广播电视学校"，课程于7月1日开播。这是为了充分利用我国已经形成的卫星通信网，充分发挥广播电视教育的优势，面向农村开展国情教育和农村实用技术教育。到目前，中国教育电视已设地面站900多，收转台370多座，放录点1万多个，发挥了大覆盖、高效益的功能，为我国远距离开放教育开辟了广阔前景。

（4）自学考试

自学是人们根据主观的需要，在自我计划、自我制约下，有目标、有系统地进行的学习活动。自学，尤其是在团体或专人指导下的自学，在任何教育体系中都具有无可替代的价值。

在我国，自学活动发展得越来越普遍，特别是1981年高等教育自学考试制度的建立，使无组织的自学活动发展成为有组织、有领导的自学，得到国家的承认，并把自学作为一种接受教育的方式纳入教育结构之中。高等教育自学考试是群众自学高等学校一定专业的有关课程，然后经国家考试，借以选拔专门人才的办法。它是个人自学、社会助学和国家考试相结合的一种新的教育形式。

国外的高等教育自学考试制度，主要目的是为那些寻找工作的人补充专业知识。我国的自学考试制度，是为社会主义现代化建设造就专门人才的一种办法，是从我国实际情况出发，是符合我国国情的。它根据我国经济建设和社会发展的需要，人才需求的科学预测和开考条件的实际可能开考专业，而不完全依据学校已有专业的模式而定。目前，自学考试制度已在向各类高等、中等成人教育层次的考试扩展。到1988年底，高等教育自学考试已有在籍考生（即获得一门以上单科合格证书者）近300万人，获得大学本科或专科毕业证书的28.27万人；中等专业教育自学考试在籍考生38.48万人，获得中等专业学校毕业证书的1.87万人。

实行自学考试制度，是实现宪法规定"鼓励自学成才"的重要措施，是教育结构的进一步完善，在当今成人教育中具有特别重要的价值和意义。现在这一制度已向全国推广。

（二）我国现行教育的体系构成

学校教育体系的构成可以从纵、横两个维度去认识，即横向的层次结构和纵向的类别结构，二者合一称为学校教育结构。

学校教育结构是指学校教育的总体中各个部分的比例关系和组合方式。任何学校教育系统都包含一定的组成部分，而它们的层次和类别以某种方式组合起来，并形成一定的关系，就是学校教育结构。

1. 我国现行教育的类别体系

（1）基础教育体系

基础教育是我国提高民族素质的奠基工程，是我国教育发展中的"重中之重"，在教育中处于基础性的地位。基础教育中的基础性，不仅指其学历层次上的塔基地位，还包括基础教育是为学生提供进一步学习的基础、学会做人的基础、学会生存的基础等等。基础教育包括学前教育、义务教育、高中教育和特殊教育。

（2）职业技术教育体系

职业技术教育是现代教育的重要组成部分，是工业化和生产社会化、现代化的重要支柱，曾被称为德国战后迅速崛起的"秘密武器"。对于我国这样的发展中大国，急需大量中高级专门人才，因此必须根据各地实际，积极发展职业技术教育，并切实实行"先培训、后就业"的制度。职业技术教育包括技工学校、职业中学、中等专业学校和专业技术学院。

（3）高等教育体系

包括综合大学、专门学院、专科学校、研究生院等，也包括与成人继续教育相重合的职工大学、农民大学、广播电视大学、函授刊授学院等各种成人高等教育机构。这是培养高级专门人才的教育，它反映着一个国家的科学文化发展水平。

高等教育担负着培养高级专门人才、发展科学技术文化和促进现代化建设的重大任务。高等教育的发展，要坚持走内涵发展为主的道路，由重数量扩张转为重视提高教育质量和效益。由于历史的原因，我国高等教育形成了专科和研究生教育薄弱、本科所占比重过大的"纺锤形"结构。今后要加强和发展地区性的专科教育，特别注重发展面向广大农村、中小企业、乡镇企业和第三产业的专科教育，努力扩大研究生的培养数量，并基本稳定基础学科的规模，适当发展新兴和边缘学科，重点发展应用学科。

（4）成人继续教育体系

包括独立设置的职工大学、农民大学、干部管理学院、行政干部学院，也包括普通高校中设立的继续教育学院、成人教育学院等。这是专门为走上工作岗位以后的成人设置的教育机构，为成人再次接受学校教育提供机会，以适应知识不断更新，职工与干部素质不断提高的时代要求。

成人教育是适应终身教育发展的一种新型的教育制度，面向社会在业人员，对于不断提高人的素质，促进经济和社会发展具有重要意义，需要积极发展。要把开展岗位培训和继续教育作为重点，重视从业人员的知识更新。在农村，要积极办好乡镇成人文化技术学校，抓紧扫除青壮年文盲。对于成人学历教育，要努力提高函授、刊授等成人院校的教育质量，完善自学考试制度和其他国家组织的文凭考试，大力发展广播电视教育。

（5）师范教育体系

指幼儿师范、中等师范、师范专科学校、师范学院和师范大学，以及综合大学里专门培养师资的系与专业。

（6）党政干部教育体系

包括各级学校、干部学校和管理学院等。

长期以来，在类别结构上，我国过多重视了高等教育，忽视了其他方面。为此，十五大报告指出要"发挥各方面的积极性，大力普及九年义务教育，扫除青壮年文盲，积极发展各种形式的职业教育和成人教育，稳定发展高等教育"①。现阶段要坚持教育的低重心发展战略，确立"两基"为教育事业发展中的"重中之重"，职业教育和成人教育要认真研究当前经济结构和产业结构调整、国有企业深化改革的形势，以及在岗、转岗、

——————

① 《人民日报》，1997年9月22日。

下岗人员技术培训的要求，积极面向市场，面向企业，面向基层，培养和培训大批适应生产第一线需要、具有较高素质的中高级实用型人才。高等教育要稳定发展，适应现代化建设规模和速度的要求，处理好发展规模、结构、质量、效益的相互关系。

2. 我国现行教育的学历体系

我国学校教育系统包括初等教育、中等教育和高等教育三级层次。

初等教育，即小学教育，是使儿童打下文化知识基础和做好初步生活准备的教育，对于提高民族素质具有极为重要的意义。在我国，小学教育的对象一般为六至十二岁儿童，任务是给儿童以德、智、体、美、劳全面发展的基础。到1997年底，我国共有小学62.88万所，在校生13995.37万人，儿童入学率达98.92%，其中女童入学率为98.81%，男童为99.02%，五年巩固率达85.39%。

中等教育，是在初等教育基础上实施的中等普通教育和专业教育，分初级和高级两个阶段。中等教育包括：①全日制普通中学（初中、高中），修业年限5—6年，有三三分段、四二分段、三二分段、二三分段几种，担负着为高一级学校输送合格新生和培养劳动后备力量的任务。②中等专业学校，包括中等技术学校和中等专业学校（含师范学校），招收初中或高中毕业生，修业3—4年，主要是培养中级专门技术人才。③职业中学、农业中学或半工半读中学，招收初中毕业生，修业3年，任务是为国家培养劳动后备力量，为城市、农村培养各种急需人才。经过多年的努力，我国中等教育发展很快，尤其是扭转了中等教育结构单一的局面。

高等教育，是正规学校教育的最高层次，是建立在中等教育基础之上的各种高等专业教育，以培养各种高级专门人才、发展科学技术文化和促进现代化建设为任务。高等教育内部又分为专科、本科和研究生教育三层。专科教育一般为2—3年，本科教育除医学院和少数理工科院校为5—6年外，一般为4年，研究生教育分硕士研究生和博士研究生两层，各为2—4年。我国的高等教育已具相当规模，至1997年底，普通高校共有1020所，其中大学、学院603所，高等专科学校和短期职业大学417所，全国培养研究生的单位有735个。

（三）我国现行教育的制度构成

1995年3月18日颁布的《中华人民共和国教育法》，规定了我国现行教育的基本制度是：

①国家实行学前教育、初等教育、中等教育、高等教育的学校教育制度。

②我国实行九年制义务教育制度。

我国现在实行九年制义务教育由小学和初中教育构成，有五四制和六三制两种较突出的制度类型。

五四制是指小学修业五年、初中修业四年，从而构成完整的九年义务教育。五年制小学中，主要实施普通教育；在四年制初中阶段，既要进行普通文化科学知识教育，又要为学生就业做一定的准备，要开设一定的职业技术教育课程。

六三制是指在九年义务教育中，实行六年小学教育、三年初中教育，其特点是主要进行普通教育，小学阶段文化课较五年制小学宽松，但初中阶段课程压力比较大。

③国家实行职业教育和成人教育制度。

④国家实行国家教育考试制度。

⑤国家实行学业证书制度和学位制度。

⑥国家实行教育督导制度和学校及其他教育机构教育评估制度。

第三节　我国目前的学制改革实验

一、五四制实验

五四制实验开始于1981年，由北京师范大学学制研究小组在其附属中小学开始实验。1989年，原国家教委提出：要积极地推行五四学制改革实验，要由学校点的实验，发展到区域性、地区性实验。之后，实验规模便进一步扩大，全国四年制初中学校数占初中总数的百分比已由1991年的1%发展到1994年的4%，其中1994年，山东、黑龙江、河北、内蒙古四省区四年制初中数达到总数的33%、11%、9%和8%。

（一）五四制实验的理论根据

第一，小学五年制，有利于普及小学教育，提高教育效益。在我国许多半发达和不发达地区，辍学问题比较严重，有的学生很难读完6年的小学，由此造成小学教育的不完整。小学改为5年，更有利于普及小学教育。

第二，初中实行四年制，能有效克服初中三年制的弊端。初中三年时间太短，不仅造成了学生负担过重，致使大批学生辍学、学业失败，损害了学生的身心健康，而且造成教育与生产劳动相脱离，不能继续升学的学生不能很快适应职业生活的需要。因此，必须加强初中教育，延长学习年限为4年是现在最好的选择。

第三，儿童身心发展特点使得五四制成为可能。根据调查研究，新中国成立以来，我国少年儿童身心发展提前了一至二个年龄段，加速发展期已提前为十一二岁，以六岁入小学为标准，十一二岁的儿童已明显具有下一阶段的少年期的特点，因此将他们安排入初中，更利于其身心发展。

第四，中国的经济发展为延长初中为四年提供了一定的物质基础，在师资和家长态度方面，经过努力，也是可以达到预期要求的。

（二）五四制实验的具体操作

五四制实验的重点和难点在初中，因此，实验多集中在对初中的改革上，其基本做法有：

调整课程方案，改革课程设置。一般都是加强语文、数学、外语三门基础学科，增加学时。确保音乐、体育、美术的教学时间，学习四年不间断。增加劳动技术课时间。提前开设物理（初二）、化学（初三）。控制教学进度，分散难点，增加学生自由支配的和课外活动的时间。

加强教材建设。一是选用实验教材，如北京师范大学主持编写的五四制实验教材；二是加强配套教材和地方乡土教材建设，联系实际进行国情、乡情和近现代史教育，编写劳技、历史、地理、应用文等乡土教材，编写部分辅导教材和参考资料。

加强劳动技术教育，切实做到教育与生产劳动相结合。在五四制实验中，劳动技术课被列为必修课，有时间保证，落实教师和教材，加强教学场地和设备建设，并有实习基地，从而使劳动技术教育真正落到了实处。

试行初四分流。初中四年，一般可以将劳动技术课与其他普通文化课合理安排、渗透进行。但许多实验学校都试行初四分流的方法，即在初中前三年接受共同的教育，在初四根据学生志愿，重新分班，对报考职业学校或直接就业的学生，减少文化课时数，增加专业课比重，某些学科可以不学。专业课要使学生集中掌握当地最急需的一两门实用生产知识和技术，并和乡镇企业挂钩，加强与家庭训练的联系。对于普通班的学生，在执行大纲要求之外，数学、物理、化学、生物要适当渗透生产劳动知识与操作训练。

此外，五四制实验还涉及考试改革、学校管理的改革、教育方法的改革等。

（三）五四制实验的成效

通过实验证明，在五四制学制中，由于课程安排合理，以前被忽视的音乐、体育、美术等被加强，有利于学校全面贯彻教育方针。教学难点的分散，教学坡度地减缓，使学生分化现象得到控制，减少了学业失败，学生课业负担减轻，学习主动性增强。五四制的实施，还为教育内容和教学方法的改革提供了有利的条件，尤其是职业教育与普通教育的相互渗透及学生的合理分流，适应了当地经济建设的需要，学生可以升学，就业也有一定的职业技能。

二、六三制实验

六三制在我国可最早追溯到1922年的学制改革，新中国成立后也一直很有影响。1996年秋，六三制的覆盖面在全国为61%。

（一）六三制实验的理论根据

六三制实验者认为：五四制不符合中国国情，六三制应成为我国的基本学制。

第一，学制忌多变，六三制已是我国的主导学制，不宜轻易变动。学制的变化牵涉师资、校舍、教材、教育投资等一系列问题，有可能造成教育资源的浪费。在我国，六三制已实行多年，也是当今世界最通行的一种学制，因此没有必要更改。如若更改，只会造成很大的浪费。

第二，从普及九年义务教育看，六三制最为有利。在广大农村，存在着大量的五三学制，即小学五年、初中三年。要实现普及九年义务教育，就必须再加一年。这一年无论是加在初中还是高中上，都会对师资、校舍等提出更新更高的要求，我国在短期内很难实现。只有加在小学上，即改五三为六三制，困难最小，最有利于变普及八年义务教育为普及九年义务教育。

第三，义务教育的性质决定初中不应办成普通型与职业型的混合。义务教育是为提高全民素质而要求青少年必须接受的国民基础教育，普通教育与职业教育的分流应在初中后进行，尤其不应将初中都办成职业初中。在基础教育中夹杂职业教育，只能是学制的一种混乱。

第四，六三制的一些弊端，其成因是复杂的，不能单单归罪于学制，其中还有小学基础差、师资水平不高、教育思想不端正、办学条件差等原因。因此，要在加强教育改革上做文章。现实中，六三制培养了大批人才，也通行于世界，别人能办好，我们为什么不行？因此，六三制不仅是实际中的主导学制，还应成为全国的基本学制，以尽快结束紊乱，理顺基础教育学制。

（二）六三制实验的具体操作

六三制实行小学六年、初中三年的制度，以普通教育为主，重视文化科学知识的传授，注重教育的基础性。

小学六年时间比较宽裕，课程安排比较全面，在许多城市小学，不仅可以开齐全部课程，而且音乐、体育、美术等受到重视，并在中高年级开设英语、计算机等课程。

初中三年教育中，注重发挥教师的主导作用，课程安排十分紧凑，注重课堂教学，使学生迅速掌握系统的文化科学知识，发展智力和各种能力。

五四制和六三制实验仍在进行，二者所显示出的各自的优缺点都比较明显。我国基础教育实行地方负责、分级管理的体制，因此，各地应根据自己的实际情况，积极而稳妥地进行学制实验，不应拘泥于某一特定的形式。

第七章　教育目的

　　人类任何有意识的活动总是以一定目的的设计作为起点和归宿。目的性是人类实践活动的一个根本特性。教育活动目的的特点直接指向人的身心发展，而人的身心发展离不开一定社会的制约，反映着一定社会对培养人的要求。教育目的在教育活动中居主导地位，对整个教育活动具有定向的作用。它是制定各级各类学校具体教育目标、确定教育内容、选择教育方法、评价教育效果的依据。它贯穿于整个教育活动的始终。

第一节　基本原理

一、教育目的概述

（一）教育目的的概念

　　教育目的的概念诚如教育的定义一样，具有广义与狭义之别：广义的教育目的是指人们对受教育者的期望，即人们期望受教育者接受教育后身心各方面产生怎样的发展结果，或发生怎样的积极变化。狭义的教育目的是指一个国家对教育活动结果规定出的总要求，是国家为培养人才而确定的质量规格和标准。

人的活动都是有预定目的的活动。人根据预先设计的活动目的，在活动中进行选择和创造，使活动结果最终符合自己的需要。马克思在谈到人的自觉的有目的的活动同动物本能活动的区别时，写道："蜘蛛的活动与职工的活动相似，蜜蜂建筑蜂房的本领使人间的许多建筑师感到惭愧。但是，最蹩脚的建筑师从一开始就比最灵巧的蜜蜂高明的地方，是他在用蜂蜡筑蜂房以前，已经在自己的头脑中把它建成了。劳动过程结束时得到的结果，在这个过程开始时就已经在劳动者的表象中存在着，即已经观念地存在着。他不仅使自然物发生形式变化，同时他还在自然物中实现自己的目的，这个目的是他所知道的，是作为规律决定着他的活动的方式和方法的，他必须使他的意志服从这个目的。"[①]

在我国，教育目的与教育方针是紧密联系在一起的。它是教育方针的一个重要组成部分，但不能等同于教育方针。教育方针是指导教育工作的根本方向和指针，它的结构应当包括三个组成部分：教育性质和教育方向，如"教育必须为社会主义建设服务"就体现了我国社会主义教育的性质和方向；教育目的，如50年代提出的"培养有社会主义觉悟，有文化的劳动者"和现在提出的培养"有理想、有道德、有文化、有纪律"的社会主义新人，都是我国社会主义教育在不同时期提出的教育目的；实现教育目的的根本途径和根本原则，如对学生进行德、智、体、美、劳的全面发展教育，贯彻"教育与生产劳动相结合"的原则等。在我国，教育方针由党和国家统一制定，它是从宏观上、全局上指导我国各级各类教育的根本指导思想。至于社会主义初级阶段我国教育方针的内容应当是怎样表述则正在研讨的过程中，有待于国家正式颁布。因此，本章着重讨论教育目的

---

① 《马克思恩格斯全集》第23卷，中共中央马克思恩格斯列宁斯大林著作编译局编译，人民出版社1972年版，第202页。

的问题。

还需指出，教育目的与培养目标也是既有联系又有区别的概念。教育目的是培养各级各类合格人才总的要求或共同标准；培养目标是不同类型、层次的学校或专业培养人的具体质量规格，如高等学校和中、小学的培养目标，高等学校本科、专科以及各个专业的培养目标都是不同的。两者的区别在于：教育目的集中反映了一定的社会和时代对培养人的总的共同要求，它是各级各类学校均应遵循的总的目标，比如：德、智、体、美、劳全面发展，"有理想、有道德、有文化、有纪律"就是对我国社会主义教育所有学校培养人的共同要求；培养目标则是依据教育目的的共同要求，从各级各类学校或专业的培养任务出发，针对培养对象身心发展的特点制订的。因此，两者是一般和个别的关系。培养目标不能脱离教育目的，教育目的要体现、落实在教育目标之中。

（二）教育目的的作用

各个国家、各个社会在展开和进行教育活动时，所以要首先确定教育目的，其原因正在于教育目的具有规范、制约教育过程和教育效果的功能。

1. 导向功能

任何一种教育都要按照教育目的对教育活动进行目标导向，以便把受教育者培养成一定的社会和时代所需要的人。所谓"教育无目的"是根本不存在的，如果教育目的不正确，或虽有正确的教育目的而不能用它来指导教育实践，教育活动就会偏离正确的方向，达不到应当追求的目标。今天我国讲"端正办学思想"，其核心就是要端正到社会主义的教育方向和目的上来。"片面追求升学率"这种办学思想的根本错误不在于"升学"，而正在于它偏离了"教育必须为社会主义建设"培养多层次合格人才的正确方向和基础教育的培养目标。所以，教育目的是一切教育活动的出发点，是保证正确的办学方向的根本依据。同时教育目的和培养目标也是教育对象自我努力的方向，是教育者与受教育者双边活动协调、统一的基础。因此，教育目的必须转化为受教育者自我追求的目标才能真正发挥它的导向功能。

2. 调控功能

教育目的不仅从整体上指引教育活动的方向，而且在实际教育过程中起着支配、控制和调节的作用。它直接制约着教育计划的制订与实施，教育内容的选择与确定，教育方法和手段的运用。教育过程组织是否合理，进行是否妥当，都必须以教育目的或培养目标作为依据不断进行调控，才能协调、有序地进行，取得好的教育效果。总之，教育过程在教育目的的支配下运动，教育目的在教育过程和谐运转中得以实现。

教育改革也必须以教育目的为指导。无论是教育体制改革，还是教育内容和方法的改革，都要以正确的教育目的为指导才能发挥教育改革的整体效用。

3. 评价功能

教育目的是评价教育质量的根本标准。教育过程性的评价与终极性评价的具体标准必须以教育目的和培养目标为根本依据；同时，教育目的只有具体体现在学校教育的各个评价指标体系之中，才能切实发挥导向和调控的功能。

4. 选择功能

人类社会发展至今，可供学生学习的人类知识经验繁多，需要培养的技能技巧多种多样，需要发展的智力能力方方面面。而有了教育目的的规定，就为内容的选择、技能的培养、智力的发展确定了基本范围，保证了教育能够科学地对人类丰富的文化做出有价值的取舍，促进学生的身心获得良好发展。与此同时，有了明确规定的教育目的，便可在目的指导下选择相应的教育途径、方法、形式，使教育活动有统一的目标和步调，有统一的衡量教育结果的标准和指标。可以说，离开教育目的就谈不到教育的结果。有了教育目的，才能使一切教育过程都成为实现一定教育目的的过程，才能使过程在目的支配下运动，目的在过程的运动中完成。

总之，教育目的是一切教育活动的出发点和归宿。教育工作者在进行教育前要从教育目的出发来计划和安排工作；在教育过程中要紧紧围绕如何实现教育目的来不断调控教育内容和活动；在教育过程进行到一定阶段要回到教育目的上来评价、分析教育效果和质量。这就是教育运动的辩证法。

在实际教育工作中，忙忙碌碌，无视教育目的，是教育水平不高的典型表现；违背正确的教育目的去组织教育活动，更是必须克服的一种危险的教育倾向。

（三）教育目的的特性

1. 教育目的是主观与客观的统一

列宁在论述人们活动目的的主观性与客观性的关系时明确指出："事实上，人的目的是客观世界所产生的，是以它为前提的——认定它是现存的、实有的。"人的实践活动的目的，作为一种在观念中对象性地存在着的主观愿望或理想，必须向客观现实转化，体现为物化的或实在的结果，即现实的对象化。在这里，观念中的目的先于实现了的目的，即先于实践的结果，因而似乎单纯是一个从主观到客观的过程。其实，人们无论是提出目的还是实现目的，必须以客观存在的现实世界为前提和依据。从教育发展的历史来看，不同社会、不同国家的教育目的是各不相同的，甚至有着本质的差别。这些不同的教育目的，又往往是由这个社会的教育家或这个国家的政府提出的，体现着某个人或某个集团的主观意志。然而，教育目的无论如何也不是纯粹自由意志的产物，它必须以客观的社会、经济、文化等为前提和依据，必须以社会对人的发展和对教育的要求来规定教育目的，是社会的客观需要在人们观念中的反映。

2. 教育目的是理想与现实的结合

任何社会所确定的教育目的都是对人才规格的一种理性规定，即我们需要的是什么样的人或什么样的人才能适应我们的生产、工作、生活等等的需要。一个国家发展教育培养人要付之以大量的投入，可贵的投入要生产满意的"产品"。因此，在教育目的中融汇了社会对人才规格的理想规定。教育目的既是理想的，同时又必须是现实的，即通过现实的教育和现实的努力是可以达到的。如果目的理想到了通过社会努力也达不到的程度，那么，这个理想就变成了空想。

3．教育目的是社会需要和身心可能的一致

确定教育目的的科学依据应是两个需要与两种可能的一致，即社会发展需要和个体自身发展需要与社会为人的发展提供的各种条件的可能和人的身心发展的可能。两者协调一致是遵循客观规律的反映，单方面地强调其中任何一方的需要与可能是违反客观规律的行为。

4．教育目的是理论上的规定性与实践上的操作性的统一

教育目的作为国家人才利益的集中体现，它是集多方需求之大成的一种理论规定，这种规定应尽可能地反映社会发展现实和发展未来的需求。与此同时，这种理论规定还应具有实践的可操作性，使实践工作者能够将其付诸实践，并通过实践达到理想规定。如果理论规定过于抽象化，那么实践中就很难将其推向具体的实施和运用。

二、教育目的的类型

教育目的是由人提出和制定的，体现着人的主观意志。由于人们对教育持有不同的价值观，因而在制定教育目的的依据等问题上便形成了不同的主张。如果对教育史上关于教育目的的不同主张做一个分析的话，可将其概括为两大派："个人本位论"与"社会本位论"。

个人本位论主张教育目的应根据人的本性需要来确定，这种观点曾在18世纪和19世纪上半叶广泛盛行于西方资本主义世界，其主要代表人物有法国哲学家卢梭、瑞士教育家裴斯泰洛齐和德国教育家福录培尔。

个人本位论从人的本性、本能的需要出发，认为教育目的在于使人成为人，使人性得以发展，使人性得以完善化；个人的价值高于社会的价值。古希腊一些哲学家认为，人是理性的动物，是理性的负荷者，教育的

目的、理想和价值，就在于使人的本质规定和人的和谐发展得以实现；文艺复兴时期的人文主义者认为人是宇宙的中心，人是多种力量和才能的有生命的统一体，承认人本性的完美，强调人灵魂和躯体的和谐。因而，人文主义者的教育目的，在于使人的天赋能力得到和谐的发展。卢梭反对把培养公民作为教育的目标，主张不施加任何影响的"自然教育"，以顺应人的天性的发展。这种个人本位的教育目的学说，在不同的历史时期不尽相同，在剥削阶级占统治地位的社会里，作为反对社会对人的摧残，反对教育上宗教神学对人的思想禁锢，反对封建蒙昧主义，反对封建主义强加于人的一切教育要求，提倡人的个性解放，尊重人的要求和人的价值，都有着历史进步意义。但是，这种主张认为人生下来就有健全的本领，教育可以不受社会的制约，是不现实的。其所谓发展"个人本性"，实质上是发展人的自然本性，把人当作纯生物看待，这也是错误的，是违背"人的本质是一切社会关系总和"这个基本原理的。

社会本位论则主张教育目的应根据社会要求来确立，其主要代表人物有法国的孔德、德国的那托尔普、法国的涂尔干等。

从19世纪下半叶开始，西方出现了一种"社会学派"，他们认为教育的一切活动都应服从和服务于社会需要，教育除了社会的目的以外并无其他目的，个人的一切发展都有赖于社会，教育的结果也只能以其社会的功能来加以衡量，因此，教育目的应当根据社会的要求来确定，法国实证主义哲学家孔德认为："真正的个人是不存在的，只有人类才存在，因为不管从哪方面看，我们个人的一切发展，都有赖于社会。"另一位社会学家那托尔普也认为："在教育目的决定方面，个人不具有任何价值，个人不是教育的原料，个人不可能成为教育的目的。"同时期的涂尔干也说："教育在于使青年社会——在我们每个人之中，造成一个社会的我，便是教育的目的。"教育除了造就每个人其乐于为社会而生活，并乐于贡献其最优力量于人类生活的保存和改善以外，不能有别的目的。

由上可见，个人本位论和社会本位论这两个关于教育目的的主张，在处理社会和个人的关系问题上各执一端，都是不正确的。只有将社会发展需要与个人发展需要正确地结合起来，才是唯一科学的观点。教育是发展人的一种特殊手段，教育目的所指向的就是作为个体的发展，离开了人自身的发展，教育就无从反映和促进社会的发展，教育本身也不会存在。但是个人的生存、发展离不开社会，一个人只有与其他人相结合，构成社会中的一员，才能获得生存发展的手段和条件；个体的发展要以社会的发展为基础，要受到社会发展的制约，要服从社会发展的需要。教育的任务就在于促使人去适应他所处于的那种社会关系、社会生活条件，获得其所能获得的那种发展，因而教育目的不能不为社会所制约。另一方面，如果看不到每个人都是一个独立的实体，在制定教育目的时完全无视个人的因素，也会使教育工作产生某种偏向。如果一味强调社会需要，而完全不考虑人发展自身的各种需要，如求知欲的满足，美的享受的追求，以及身心健康的需要，等等，也可能培养出缺乏理智和情感、缺乏志趣和爱好、生活态度冷漠、精神世界贫乏的对象来。教育目的如果完全不反映人的个性的发展，势必会培养出某种"标准件"，如此，教育就可能成为一种强加于人的精神因素。

三、教育目的的演变

教育目的是随着社会发展而在演变的。在中国，古代夏、商、周三代的学校教育，皆以"明人伦"为其目的。到了封建社会，儒家教育思想占统治地位，教育目的在于培养"建国君民"的统治人才，以利"化民成俗"，"在明明德，在亲民，在止于至善"，在于"格物、致知、诚意、正心、修身、齐家、治国、平天下"。中国近代实行新学制之后，清政府学部于1906年，正式规定教育宗旨为：忠君、尊孔、尚公、尚武、尚实。这一宗旨反映了"中学为体、西学为用"的半封建半殖民地的教育现实和目的。1912年南京临时政府教育部公布了"注重道德教育，以实利教育、军国民教育辅之，更以美感完成其道德"的教育宗旨，体现了资产阶级民主主义的教育目的。

在国外，古希腊哲学家柏拉图认为，教育的目的和作用就在于使人接近善的观念，以实现他的"理想国"。亚里士多德认为人的发展最高层次的东西就是理性，教育目的就在于发展灵魂的高级部分——即理性和意志部分。

西欧中世纪，宗教神学作为精神支柱，统治着整个社会，同时也统治着学校。教会学校的教育目的在于培养僧侣，世俗封建主的教育目的在于培养骑士。这都是培养统治人才。

文艺复兴时代，人文主义者提出了培养完善全面的人的思想。

18世纪，德国教育家赫尔巴特主张教育的目的是让儿童在与环境的接触中，通过多方面的兴趣，把道德的目的提高到支配地位上来，造就理想的人。

教育发展史表明，任何一个国家、任何一个民族，在致力于人才培养时都首先把教育目的的确定放在教育问题的首位。虽然，有些教育目的是由某些教育家提出的，但它所反映的始终是社会的要求。

四、教育目的的确立依据

教育目的是一种指向未来、超越现实的人才培养方针。它所规定的是现实进行的活动，要培养的却是一定时期后参与社会生活的人。教育目的的确定既有主观性，又有客观性。从其提出主体来看，教育目的总是由人制定，体现着人的主观意志。但就其确定的最终依据来看，都必须根据着社会发展的客观需要和受教育者身心发展的客观规律。历史上不同的国家、不同的社会所以有不同的教育目的，其原因就在于历史总是向前发展的，因而产生了不同的社会需求。因此，教育目的归根结底来自客观世界，来自社会对培养人的基本要求，是由一定社会的生产方式决定的。

（一）教育目的要符合社会政治经济的需要

教育目的是受一定社会的政治经济制度所制约的。不同社会性质的教育必然有不同的教育目的。表现在：教育目的首先要符合社会政治、经济制度的要求。在阶级社会中就要反映统治阶级对培养人才的需要。所以，不同社会，不同阶级制定的教育目的都有培养人才的质的规定性。古今中外，概莫能外。

一切剥削阶级社会的教育目的共同点都是培养为剥削阶级忠实服务的统治者和各种人才。只不过不同的剥削阶级对培养什么人的具体要求有所差异而已。比如，我国奴隶社会的教育目的就是培养善于用奴隶主的伦理道德去统治奴隶的统治者。古希腊的斯巴达和雅典的教育都同属于奴隶社会的教育，但两者在培养人的目标上有所不同。斯巴达主要是军事奴隶主统治，要培养的是能打仗的，用武力镇压奴隶的统治者；雅典是商业奴隶主占统治地位，要培养的是商业奴隶主。至于广大奴隶及其子女，只是"会说话的工具"，根本没有受教育的权利。又如，我国封建社会的教育目的就是培养治人的"劳心者"（统治者），即培养有文化的为剥削者、统治者服务的"君子"。欧洲封建统治阶级的教育目的，一是培养僧侣，成为教会封建主；二是培养骑士，成为世俗封建主。都是为巩固封建统治服务的。

资本主义社会有双重教育目的：一方面是把资产阶级的子弟培养成官吏、企业主、经理、工程技术人员等，以巩固资产阶级的统治地位；另一方面又要把劳动人民子女训练成"既能替资产阶级创造利润，又不会惊扰资产阶级的安宁和悠闲"的奴仆[①]。可见资本主义社会的双重教育目的实质都是为维护资产阶级的利益服务的。

社会主义社会的教育是为工人阶级和广大人民服务的，以全民为对象。它的教育目的就是培养为社会主义服务的劳动者和各种专门人才。可见，在阶级社会中，教育目的具有强烈的阶级性，是阶级意志的集中表现。所谓超阶级的教育目的是不存在的。

---

① 《青年团的任务》，《列宁选集》第4卷，人民出版社1972年版，第346页。

（二）教育目的要反映生产力和科技发展对人才的需求

教育目的是由代表时代特征的生产力、科学技术发展水平决定的。所以，不同社会的教育目的，除了有社会性质的区别外，还必须体现这个时代生产力和科学技术发展的水平的特征。由于生产力和科学技术发展的不同，对受教育的对象、范围和培养人的规格就必然会有不同的要求。

以手工工具生产为标志的古代社会，由于生产力水平低下，科学技术不发达，只有奴隶主和地主阶级子女才可能到学校受教育，他们学习的内容主要是为了掌握"治人之术"所需要的伦理规范和文化知识。广大劳动人民的子女在劳动过程中就可以学会父辈的生产经验，他们不需要也不可能到学校去专门学习文化和技术。所以，培养有文化的统治者就成为奴隶社会和封建社会教育在教育目的上的时代特征。

时代进入了以机器生产为其标志的资本主义社会，由于"技术基础是革命的"现代生产的需要，资产阶级不仅要让自己的子孙系统学习科学、文化、技术知识，以便能够管理现代生产，同时，也不得不让劳动人民的子女接受基础教育和职业技术教育。可见，资本主义社会教育对象范围的扩大和提出双重教育目的，归根结底是由于现代生产的需要。正如马克思所说：这仅仅是为了顺应现代生产的内在趋势。至于社会主义社会的教育，在教育目的中则更需要提出"有文化"的要求了。

社会主义与资本主义教育是两种社会性质不同，但都属于现代教育的范畴。因此，两者的教育目的既有方向上和意识形态要求上的根本区别，又有共同的时代特征，这就是：都注重掌握科学文化知识，都注重能力的培养和智力的开发。

现代社会发展到今天——当代，面临科学技术的突飞猛进，面临新技术革命的挑战，反映在教育目的上就不仅要培养有知识、有能力的人，而且要培养有开拓性和创造性的人才。

（三）教育目的要符合教育对象的身心发展规律

教育目的总是针对一定对象而言的。离开教育对象，既不能构成，也无从实现教育目的。因此，制定教育目的不仅要根据社会和时代生产力与科学技术发展水平对培养人的要求，而且必须符合教育对象身心发展的规律和特点。这在各级各类学校的培养目标上体现更为直接、具体。比如大、中、小学的培养目标，就是根据教育目的总的要求和大、中、小学的任务，并针对这三个年龄阶段学生的典型特征而制定的。

依据教育对象身心发展规律的要求，无论是总的教育目的还是各种培养目标，都应照顾对象的个别差异。有一种观点认为，教育目的（总目标）只是集中反映社会（阶级）对培养人的要求，而不受教育对象身心发展的规律和特点的制约。对这种说法应当加以分析。当然，作为各级各类学校共同的教育目的，不可能体现不同类型、层次教育对象的特点，但不能因此而得出结论说教育总目的不受教育对象身心发展规律的制约。

总之，制订教育目的必须全面地、辩证地把握社会性、时代性和教育对象之间的关系。

五、世界主要发达国家公共教育目的概览

1．美国的教育目的

世界进入90年代后，美国为在21世纪继续保持其国际竞争力，从布什到克林顿都十分重视教育改革，并把国家教育目标的确定放在首位。1990年4月18日，美国公布了它面向21世纪的《美国2000年：教育战略》，其中，著名的"国家教育目标"主要内容是：

①所有的美国儿童在进入小学以前都应受到必要的学前教育。

②全国中学的毕业率应提高到90%。

③完成中、小学教育的学生应能证明他们在英语、数学、科学、历史和地理等学科领域具有相应的能力。

④美国学生在数学和科学方面的成绩应当处于"世界的最前列"。

⑤每一个美国成人都应具有阅读和写作能力。

⑥美国的每一所学校都要消除暴力和吸毒。

2．日本的教育目的

日本学者正在研究面向21世纪的教育目标。他们认为基于《教育基本法》精神，21世纪的教育目标，概括起来有如下几点：

①培养宽广胸怀与丰富的创造能力。宽广胸怀指德、智、体协调发展过程中追求真、善、美；丰富的创造能力指艺术、科学和技术各个领域的创造性能力。

②培养自主、自律精神。自主、自律精神具体是说，在形成稳定的自我性格时，要具有自主地思考判断问题的能力、尽职尽责、严于律己、积极主动等精神；在确立自主、自律精神的同时，要培养助人为乐、宽容心和指导他人的能力。

③培养在国际事务中能干的日本人。要在和平、国际协调这种相互依存的关系中生存下去，培养深刻理解多种异国文化，具有国际性人际交流能力，即能充分沟通彼此思想能力的国际型人才是非常重要的。在广泛的国际交流中，应当首先培养作为日本人的自觉意识。[①]

3．苏联的教育目的

苏联一直强调要以马克思列宁主义关于人的全面发展的学说为理论基础来确定教育目的，教育目的应是培养全面发展的人。但是，苏联政府和教育理论界经常在根据形势的发展对教育目的做出新的阐述。

1985年，苏联第十一届最高苏维埃第四次会议通过的《苏联和各加盟共和国国民教育立法纲要》里是这样规定的：

"在加速国家社会经济发展的基础上有计划全面完善社会主义，使苏联社会向共产主义进一步迈进的条件下，苏联国民教育的宗旨为：培养学识高深、有创造思维和深刻知识的、全面和谐发展的公民，信念坚定的共产主义战士，他们受过马克思列宁主义思想教育，不容忍资产阶级思想和道德，爱祖国，为社会主义祖国而自豪，具有民族间兄弟情谊、自觉劳动

---

① 教育发展与政策研究中心编：《发达国家教育改革的动向和趋势》，人民教育出版社1986年版，第190—191页。

态度、责任感、组织性和纪律性，遵守苏联宪法和各项苏维埃法律，尊重社会主义公共生活规范，积极参加社会生活和国家生活。"[①]

这个规定当时是有法律效用的。从行文中可以明确地看到：这个规定是按照当时苏联的生活要求确定的，是典型的苏联人的形象。现在，苏联解体了，形势的根本变化必将带来教育目的的变化。从上举三个国家的教育目的中可以看到：从抽象方面来说，他们又都包含着社会的需要和个人发展需要两个方面，两者是不能偏废的。但每个国家的教育目的都是有个性的。这种个性是由于各国的国情不同造成的。国情既有经济方面，政治方面，也有精神方面的，各国都在追求着自己的社会理想，也对现在的和未来的社会成员提出不同的理想目标。我们不应脱离具体的国情抽象地讨论我国的教育目的。

第二节　社会主义教育目的的理论基础

社会主义教育目的的确立除了要考虑我国现有政治经济的需要，生产力和科学技术发展水平及年轻一代的身心发展规律外，社会主义为培养全面发展人才而施行提倡的全面发展教育，其理论依据则来自于马克思主义的个人全面发展学说。换言之，社会主义的全面发展教育是以马克思主义的个人全面发展学说作为其理论基础的。

[①] 国务院教育工作研讨小组办公室编：《外国教育基本法选编》，中共中央党校出版社1989年版，第104—105页。

一、马克思主义个人全面发展学说的思想渊源

在马克思主义关于个人全面发展学说提出以前,历史上就曾有一些思想家和教育家提出过关于人的全面发展的思想。

古希腊哲学家亚里士多德早在两千多年前就提出了身体、德行、智慧和谐发展的思想。17世纪意大利人文主义教育家维多利诺主张过智、德、体、美诸育的普遍实施使儿童的身心得到和谐的发展。法国启蒙思想家卢梭、狄德罗和爱尔维修都主张要注重儿童的智力和道德的发展,以期通过"健全的教育",培养"健全的人格"。瑞士著名教育家裴斯泰洛齐,基于他适应自然的原则,主张教育的目的在于发展人的天性和形成完善的人,在于使人的天赋才能得到充分的和谐的发展,使之成为有智慧、有德行、身体强健、能劳动的人。在《天鹅之歌》中他这样写道:"依照自然法则,发展儿童道德、智慧、身体各方面的能力,而这些能力的发展又必须照顾到他们的完全平衡。"[①]所谓平衡,即各种能力的协调与和谐发展。

特别值得一提的是早期空想社会主义者莫尔、康帕内拉、欧文、傅立叶等人的全面发展思想。他们主张消灭私有制,实行公有制,建立乌托邦式的社会主义。在莫尔的《乌托邦》里,他设想,在新乌托邦岛上和"太阳城"中,实行公共教育制度,所有儿童入校接受智育、体育、道德教育和劳动教育,实行教育与生产劳动相结合,借以消灭体力智力的差别[②]。到19世纪,欧文和傅立叶更明确提出了人的全面协调发展的思想。傅立叶把人的智力和体力的全面发展作为他理想社会中协作教育的主要目的。欧文在设想未来理想社会的儿童教育时,则明确要求:"培养他们的智、德、体、行方面的品质,把他们教育成全面发展的人。"在欧文看来,未来社会的新人,从出生到成熟,都应生活在优良的美德环境之中,接受合

---

① 《西方资产阶级教育论著选》,人民教育出版社1979年版,第206页。

② 王天一:《外国教育史》上册,北京师大出版社1984年版。第108—110页。

理的教育，并一直参加劳动，成长为理性与道德力量充分发展的人。马克思对欧文的教育实验及其思想见解给予了高度的评价："正如我们在罗伯特·欧文那里可以详细看到的那样，从工厂制度中萌发出了未来教育的幼芽，未来教育对所有已满一定年龄的儿童来说，就是生产劳动同智育和体育相结合，它不仅是提高社会生产的一种方法，而且是造就全面发展人的唯一方法。"[①]

马克思主义批判地吸取了历史先哲们关于人的和谐发展的思想，尤其是直接吸收了欧文关于教育与生产劳动相结合的思想精华，使人的全面发展由空想变成科学，从而创立了马克思主义关于人的全面发展的学说。

马克思主义关于人的全面发展学说，与它之前的人的全面发展的思想的根本区别在于：它是建立在马克思主义人学关于人的本质论和人的发展论的科学基础之上的。马克思说："人的本质，并不是单个人所固有的抽象物，在其现实性上，它是一切社会关系的总和。"[②]人是自然动物，又是社会动物。人的本质属性是由社会关系决定的。因为人的发展是由社会生活条件决定的，是由生产力和生产关系决定的，归根到底，是由社会的物质生活条件决定的。只有根据马克思主义关于人的全面发展学说，我们才可能科学地分析造成人的全面发展的社会根源，深刻认识人的全面发展的客观依据和历史必然性，明确实现人的全面发展的根本方法和社会条件。因此，它是制订社会主义教育目的必须遵循的科学理论基础。

具体来说，表现在三个方面：第一，马克思主义揭示了人的全面发展的含义，为社会主义国家建立全面发展的教育指明了方向。第二，马克思主义揭示了人的全面发展的社会历史进程，为社会主义国家确立全面发展的教育提供了有力证据。第三，马克思主义提出了实现人的全面发展的条

---

① 《马克思恩格斯全集》第23卷，中共中央马克思恩格斯列宁斯大林著作编译局编译，人民出版社1972年版，第530页。

② 《马克思恩格斯选集》第1卷，中共中央马克思恩格斯列宁斯大林著作编译局编译，人民出版社1972年版，第18页。

件和途径，为实现社会主义教育目的提供了科学的原则和方法。

二、个人全面发展的含义

马克思主义关于人的全面发展学说，散见于其浩瀚著作的一些篇章里，关于全面发展的内涵并没有一个经典的定义。要避免界说上的片面性，就要抛弃主观随意性，从马克思主义关于全面发展的完整体系中去寻求其客观的答案；从马克思在不同场合对全面发展的不同侧重论述的综合分析中去寻找符合实际的理解。因为作为科学的人的全面发展的概念，既是多维的，又是历史的。

1844年，马克思在《经济学——哲学手稿》中，从作为生产力的要素的人的角度论述了人的全面发展，认为人的全面发展是人的劳动能力的发展。什么是人的劳动能力呢？马克思指出："我们把劳动力或劳动能力，理解为人的身体即活的人体中存在的、每当人生产某种使用价值时就运用的体力和智力的总和。"[1]

1845年恩格斯《在爱北斐特的演说》中开始提出"每一个人都无可争辩地有权全面发展自己的才能"的主张。

1845至1846年马克思恩格斯在《德意志意识形态》这部著作中第一次创用"个人全面发展"这一概念时指出：个人全面发展实际上就是"全面发展其才能"，"就是全面地发展自己的一切能力"。

1847年恩格斯在《共产主义原理》中把全面发展的个人叫作"一种全新的人"。这种全新的人是能够"根据社会的需要或他们自己的爱好，轮流从一个生产部门转到另一个生产部门"，是"各方面都有能力的人，即通晓整个生产系统的人"[2]。

---

[1] 《马克思恩格斯全集》第23卷，中共中央马克思恩格斯列宁斯大林著作编译局编译，人民出版社1972年版，第190页。

[2] 《马克思恩格斯全集》第4卷，中共中央马克思恩格斯列宁斯大林著作编译局编译，人民出版社1958年版，第370页。

1867年马克思在《资本论》中指出：“大工业又通过它的灾难本身使下面这一点成为生死攸关的问题：承认劳动的变换，从而承认工人尽可能多方面的发展是社会生产的普遍规律。”

1878年恩格斯在《反杜林论》中进一步具体指出：“通过社会生产，不仅可能保证一切社会成员的富足的和一天比一天充裕的物质生活，而且还可能保证他们的体力和智力获得充分的自由的发展和运用。”

综合上述及马克思恩格斯在众多篇章里所阐发的关于个人全面发展的一贯思想，可以认为，所谓个人全面发展，就是每个社会成员的智力和体力都获得尽可能多方面的、充分的、自由的和统一的发展。

依据马克思恩格斯在上述定义里所阐述的个人全面发展的主张，个人全面发展的本质特征可集中概括为如下三个方面：

1. 个人智力和体力的尽可能多方面发展，这是发展的量的方面特征

马克思恩格斯首先用“尽可能多方面”六个字表明了个人智力和体力发展的广度。在他们看来，所谓个人全面发展，首先要达到的第一个标准是智力与体力发展的尽可能多方面性。“多方面”就是欲求广泛和全面；“尽可能”就是在考虑社会条件、自身实际及与他人的差异等等情况下，充分发挥个人的主观努力，尽其所能地去达到多方面的程度。每个人只有首先实现了智力和体力的多方面发展，才有可能以此为基础去实现不同生产部门之间的自由流动和转换，满足个人的兴趣和需要。

2. 个人智力和体力充分的、自由的发展，这表现为发展的质的方面特征

质的特征之一是智力与体力的“充分发展”。充分发展是指个人智力与体力两方面在各自的领域内得到最大限度的发展。充分发展表明了马克思恩格斯对个人智力与体力发展的深度和程度的设想和要求。在他们看来，个人智力与体力的发展必须是量与质的统一，是广度与深度的结合。如果仅有发展范围上的要求，没有发展程度上的规定，还不足以说明是否达到了全面发展的境界。对此，马克思曾指出，人的体力和智力也曾有

"原始的丰富"，但这并不是真正的全面发展。马克思认为谁若是留恋原始社会里那种原始的丰富是可笑的。因此，全面发展的智力和体力不仅要求范围上是广泛的，还要求发展程度上是充分的。

质的特征之二是智力与体力的"自由发展"。所谓自由发展，一是每个人的发展是不屈从于任何其他的活动和条件，二是个人的发展能为个人所驾驭。自由的发展既是充分发展的前提，又是它的必然结果。因为只有在有了"自由"保证的条件下，摆脱了种种条件的干扰和限制，才有可能达到充分发展的程度。反之，只有达到了充分发展的状态，个体才能最终摆脱自我贫困的羁绊与束缚，使自己由必然王国走向自由王国，在最大的自由度里全面发展自己的才能。

质的特征之三是在全面发展基础上的个性发展。过去有人说马克思主义的个人全面发展学说不含有个性发展的内容，这种说法是片面的。其实，马克思、恩格斯关于个人"充分的自由的发展"主张本身就内在地包含着倡导个性发展的伟大思想。这是因为既然他们强调要使每个人都获得充分的自由的发展，那么，这种充分而自由发展的结果，就必然包含着每个人依照个人的意愿和实际，在自己感兴趣有特长的方面获得突出的发展，这无疑便是个性发展的范畴。

3．个人智力和体力的统一的发展，这表现为发展的度的特征

统一的内容有二：一是统一于个体，二是统一于物质生产过程。是否实现智力和体力在个体身上的统一及其与物质生产过程的统一，这是划分发展性质的临界点，是区别发展性质的根本分野和标志。马克思恩格斯根据分工的历史指明，个人片面发展的基本特征，就是智力与体力的分离。因而，个人的全面发展，从根本上说也就是智力与体力的统一。个人全面发展的实现与否，除要看智力与体力的发展范围、程度及其与个体的结合与统一外，最后还要看智力和体力是否与物质生产过程也达到了结合与统一。如果二者的发展在个体身上是分离的，与物质生产过程也是分离的，那么这都不是真正的全面发展。智力与体力作为统一的劳动能力，之所以

会被分离在生产过程之外，皆是由于资本的作用。资本把智力作为特权，从劳动者身上分离出来。劳动者在生产过程中只剩肢体的作用，作为头脑作用的智力则被资本所掌握。因此，个人的全面发展，智力与体力的统一发展，除上述量与质两个方面的规定和要求外，还必须加上智力和体力与个体、与生产过程双重统一这一点，即智力和体力既要统一于一体，又要统一于物质生产过程中，这才是全面揭示了全面发展的本质特征。

三、个人全面发展的社会历史进程

（一）个人片面发展的社会根源

马克思主义关于人的全面发展学说是相对于片面发展而言的。人的发展是一个历史过程，是与生产力发展水平、社会分工状况、生产关系性质和受教育程度相关联，并为它们所决定的。造成人的片面发展及人与人发展的不平衡的根本原因是随生产力发展出现的社会分工，以及由此而产生的生产资料私有制和阶级剥削与对立。

1．"原始的丰富"

在原始社会，生产力发展水平极其低下，人对自然的驾驭能力极其有限，人的智力还处于"自然的无知"的"休耕"状态，在劳动过程中主要是发挥简单的体力作用，脑力劳动与体力劳动原始地"混合"在一起，教育与劳动合为一体，因而，还未造成人的片面发展。

2．旧式分工开始人的片面发展

由原始社会发展到古代奴隶社会和封建社会，随着生产力提高，有了剩余产品，产生了私有制和阶级，出现了城乡分离和脑力劳动与体力劳动的分离和对立；同时，教育也从生产劳动中分离出来，作为专门教育机构的学校成为剥削、统治阶级垄断的事业，劳动人民及其子女被排斥于学校大门之外。学校的产生在人类文明史和教育发展史上是一大进步，但同时也由此开始了人的片面发展的历史。

第一，"城市和乡村的分离，立即使农村人口陷入数千年的愚昧状况，使城市居民受到各自的专门手艺的奴役。它破坏了农村居民的精神发展的基础和城市居民的体力发展的基础"①。如果说农民占有土地，城市居民占有手艺，那么，土地也就同样地占有了农民，手艺同样地占有了手工业者。

第二，教育为统治阶级所垄断。统治阶级子弟独享教育，"两耳不闻窗外事，一心只读圣贤书"。在劳心者治人，劳力者治于人的社会思想主导下，统治阶级子弟成为四体不勤、五谷不分的书呆子，片面发展了他们的精神世界。而普通劳动群众子弟则由于被剥夺了受教育权，结果使他们陷于文盲与愚昧，片面发展他们的体力，这是社会生产关系导致的人的片面发展。

3．工场手工业加剧了人的片面发展

在资本主义社会，人的片面发展在资本主义初期的工场手工业里达到了最严重的程度。马克思说："工场手工业分工的产物，就是物质生产过程的智力作为别人的财产和统治工人的力量同工人相对立。"②这样劳动者不仅智力得不到发展，机体的发展也日益畸形化。这是因为，工场手工业把一种工艺分成各种精细的工序，把每个工序又分给个别工人，作为他们终生的职业，使他们一生束缚在单一的操作和单一的工具之上。由于劳动被分成几部分，劳动者自身也就被分成几部分，为了训练某种单一的活动，就必须牺牲其他方面能力的发展。劳动分工在工场手工业中的高度发展，使人的发展亦因此而更走向片面、畸形的境地。

（二）个人全面发展是现代生产的客观要求

当社会生产力由手工工具生产发展到大工业生产时，人的全面发展就成了发展现代生产的客观要求。现代机器生产与终身不变的工场手工业

---

① 《马克思恩格斯选集》第3卷，中共中央马克思恩格斯列宁斯大林著作编译局编译，人民出版社1972年版，第330页。

② 《马克思恩格斯全集》第23卷，中共中央马克思恩格斯列宁斯大林著作编译局编译，人民出版社1972年版，第400页。

生产是根本对立的。"大工业的本性决定了劳动的变换、职能的更动和工人的全面流动性"①，"从而承认工人尽可能多方面的发展是社会生产的普遍规律"②。因此，现代生产必然要求"用那种把不同社会职能当作互相交替的活动方式的全面发展的个人，来代替只是承担一种社会局部职能的局部个人"③。在大机器生产的条件下，如果工人不能得到全面发展，不能成为"各种能力得到自由发展的个人"，不仅自身不能适应现代生产的"交替变换职能"和"极其不同的劳动需要"，而且整个现代生产就会中断。所以，马克思主义把人的全面发展看成是关系到现代生产"生死攸关"的大事。

所谓大工业的本性，即大工业的机器生产是以现代科学技术作为其基础的，而现代科学技术的飞速发展使资本主义的生产过程发生不断的变革，它从不把某一生产过程当成是生产的理想状态。追求工艺的不断改进、产品类型的推陈出新、产品质量的不断提高是现代生产竞争的客观规律。生产过程的不断完善和不断革新，使得以往凭经验劳动或一招鲜吃遍天的情况成为历史。从业者要适应现代大工业的机器生产，就必须不断学习和掌握科学技术，通晓生产过程的基本原理，这就必然要求体力劳动和脑力劳动结合起来，促进人的智力和体力统一地、和谐地发展。而且随着生产现代化水平的提高，知识技术、智力在生产中的作用更日益突出。

现代大工业的机器生产不仅提出了个人全面发展的必然性，而且提供了可能性。

1. 大工业生产依靠的是先进的科学技术

为适应这种生产的顺利进行，涌现出一系列工艺操作等新兴学科。这些新学科的出现和综合技术教育的实现，使劳动者可以通过相关学科的学

---

① 《马克思恩格斯全集》第23卷，中共中央马克思恩格斯列宁斯大林著作编译局编译，人民出版社1972年版，第534页。

② 同上书，第534页。

③ 同上书，第535页。

习掌握生产过程的基本原理和基本技能，了解整个生产系统，从而使人的全面发展成为可能。

2. 大工业生产的发展，促进了劳动生产率的提高

劳动生产率的提高可以缩短劳动时间，丰富物质生活条件，使劳动者有充分的闲暇时间去学技术、学文化、发展自己的兴趣、爱好和特长，以适应大工业生产发展的需要。

（三）资本主义制度对人的全面发展的阻碍和限制

现代大工业生产的发展及由此引起的社会文明的不断进步是实现人的全面发展的根本动力。换言之，社会生产现代化的程度和社会文明的进步程度越高，对人的全面发展的要求也越高。但是，人的全面发展的实现却是一个渐进的历史过程。它不仅受到社会生产力发展水平的制约，也受到生产关系及由此决定的社会政治经济制度的制约。

在资本主义社会里，虽然大工业从技术上消灭了那种使人终生固定于某种操作的工场手工业分工，发达先进的资本主义社会化生产向人的全面发展提出了客观要求，尤其是当代资本主义社会生产力和科学技术的迅猛发展，促进了教育与生产劳动的结合，生产过程中智力劳动比重增大，劳动时间缩短，为人的全面发展提供了强大的物质基础和实现人的全面发展的可能条件，但大工业的资本主义形式使旧的分工制度依然保持了下来，大工业生产之于人的全面发展的可能性无法变成现实性。正如马克思所说，劳动者"不能把劳动当作他自己体力和智力的活动来享受"①。这是因为资本主义的物质再生产，同时也是资本主义生产关系的再生产。科学技术与生产资料，对工人来说，始终是一种受资本家控制的奴役工人的异己力量。工人实际上变成了活的劳动工具，变成机器有意识的附属品。过去是终身专门使用一种工具，现在是终身专门服侍一台局部的机器。过去工人是机器的"主人"，现在工人成了机器的奴隶。机器生产本来能缩

---

① 《马克思恩格斯全集》第23卷，中共中央马克思恩格斯列宁斯大林著作编译局编译，人民出版社1972年版，第202页。

短劳动时间，但机器的资本主义应用却延长了工作日；机器生产能减轻劳动强度，但机器的资本主义应用却提高了劳动强度；机器生产标志着人对自然力的胜利，但机器的资本主义应用却使人受到自然力的奴役；机器生产能增加生产者的财富，但机器的资本主义应用却使生产者变成贫民。本来，生产劳动是人类区别于动物的根本特征。可是，私有制条件下，劳动发生了异化。异化劳动表现为：劳动者同他自己的劳动产品相异化，劳动者同他的劳动本身相异化，劳动者同人的类主体异化，以及人同相异化。马克思指出，劳动为富人生产了奇迹般的东西，但为工人生产了赤贫。劳动创造了宫殿，但给工人创造了贫民窟。劳动创造了美，但使工人变成了畸形。劳动用机器代替了手工劳动，但又使一部分工人返回到野蛮的劳动，并使另一部分工人变成机器。劳动产生了智慧，但给工人生产了愚钝和痴呆。总之，这种由资本主义制度产生的异化劳动，使劳动者得到的不是自己劳动带来的财富和幸福，相反却遭受到自己生产出来的产品的统治和奴役。劳动不再是发展人的体力和智力的一种力量，相反，却导致人走向片面、畸形发展的状态。所以，由资本主义制度衍生出来的异化劳动，人为造成了劳动者智力的荒废、身体的摧残和道德的堕落，使人成为片面的人、畸形的人。

马克思甚至更深入地指出："不仅是工人，而且直接或间接剥削工人的阶级，也都因分工而被自己活动的工具所奴役；精神空虚的资产者为他自己的资本和利润欲所奴役；律师为他的僵化的法律观念所奴役，这种观念作为独立的力量支配着他。"[①]

历史总是向前发展的。资本主义制度对人的全面发展的阻碍和限制方式不可能永远停留在赤裸裸的水平上，它也在发展、变换。资本主义发达的生产力之于人的全面发展的不成比例的现实表明，不铲除资本主义制度，要实现人的全面发展是不可能的。

---

① 《马克思恩格斯选集》第3卷，中共中央马克思恩格斯列宁斯大林著作编译局编译，人民出版社1972年版，第331页。

（四）个人全面发展的实现条件

1. 社会生产力的高度发展是人的全面发展的必要物质前提

人的发展受生产力发展水平的制约。在生产力极为低下的原始社会，人的发展极为有限。因为低下的生产力既不可能向人提出全面发展的要求，也不可能提供充分发展智力和体力的条件。社会生产采用先进的机械生产以后，高度发达的生产力和科学技术，大大丰富了人的物质需求和精神需要，从而使人的全面发展成为可能。

2. 社会主义生产关系促进人的全面发展，共产主义条件下将使人的全面发展成为现实

社会主义制度消灭了阶级剥削，人民成了国家的主人，在政治上、经济上、教育上都享有民主平等的权利，脑力劳动与体力劳动的对立已经不复存在，再加上有先进的以共产主义思想为主导的意识形态和道德标准，有正确的教育方针和目标的指导，这就为实现人的全面发展指出了明确的方向和无限广阔的前景。但人的全面发展必须有强大的物质基础，很高的文化素质和教育水平。处在社会主义初级阶段的我国，生产力水平还很低、生产社会化、现代化的程度还不高，教育、科学、文化还比较落后，社会主义上层建筑也还有许多不完善的地方，有许多不利于人的发展的弊端正有待于在改革中去克服。因此，现阶段我们还不具备实现人的全面发展的充足条件。但是，我国社会主义教育必须以培养全面发展的人作为努力奋斗的目标。

人的真正的全面发展，即马克思说的"对人的本质的真正占有"，只有到了共产主义才能彻底实现。到了共产主义社会，消灭了一切阶级和剥削，消除了城乡之间、工农之间、脑力劳动和体力劳动之间的差异，生产力的提高，物质财富的丰富，人的思想道德觉悟的提高及各类教育的普及和教育方式的空前先进，这样就可能为一切社会成员满足自己的学习需要，全面发展自己的志趣才能创造了条件，每一个社会成员就能够"根据社会的需要和他们自己的爱好，轮流从一个生产部门转移到另一个生产部

门"，成为智力与体力全面发展的人。对此，马克思曾经指出："共产主义是私有财产即人的自我异化的积极的扬弃，因而是通过人并且为了人而对人的本质的真正占有；因此，它是人向自身、向社会的（即人的）人的复归，这种复归是完全的、自觉的而且保存了以往发展的全部财富的。"①所谓人的自我异化的积极扬弃，人对人的本质的真正占有，人向人自身、向社会的人的复归，也就是人的全面发展，即人的彻底解放。

3. 教育与生产劳动相结合是造就全面发展人的最好途径和方法

马克思非常重视教育与生产劳动相结合的意义和作用。他在《资本论》中指出："从工厂制度中萌发出了未来教育的幼芽，未来教育对所有已满一定年龄的儿童来说，就是生产劳动同智育和体育相结合，它不仅是提高社会生产的一种方法，而且是造就全面发展的人的唯一方法。"②因为实行教育和生产劳动相结合，才能把体力劳动与脑力劳动结合起来，使人的体力与智力协调地统一发展，所以，马克思把它称为"造就全面发展的人的唯一方法"。

随着现代生产和现代科学的发展，教育与生产劳动相结合便成了现代生产和现代教育相互制约、协调发展的一个普遍原理。列宁在《民粹派空洞计划的典型》一文中指出："没有年轻一代的教育和生产劳动的结合，未来社会的理想是不能想象的：无论是脱离生产劳动的教学和教育，或是没有同时进行教学和教育的生产劳动，都不能达到现代技术水平和科学知识现状所要求的高度。"③

毛泽东也非常重视教育与生产劳动相结合，他在领导我国新民主主

---

① 《马克思恩格斯全集》第42卷，中共中央马克思恩格斯列宁斯大林著作编译局编译，人民出版社1979年版，第120页。

② 《马克思恩格斯全集》第23卷，中共中央马克思恩格斯列宁斯大林著作编译局编译，人民出版社1972年版，第530页。

③ 《列宁全集》第2卷，中共中央马克思恩格斯列宁斯大林著作编译局编译，人民出版社1959年版，第413页。

义教育和社会主义教育事业中，一贯把它作为教育指导方针的基本内容之一。

可见，教育与生产劳动相结合是培养全面发展的人的基本原则，是必由之路。

总之，人的全面发展是历史的必然。尽管人的全面发展在现阶段还不能完全实现，但它是我们必须为之奋斗的目标。我国教育必须以马克思主义关于人的全面发展学说为理论基础，结合社会主义初级阶段的实际情况，才可能制订出正确而又切实可行的教育目的。

第三节　我国的教育目的

一、教育方针与教育目的

教育方针是国家最高权力机关根据政治、经济的要求，明令颁布实行的一定历史阶段教育工作的总的指导方针或总方向。教育方针是教育政策的总概括，是全国各级各类教育的目的和必须遵循的准则。任何一个新的国家政权确立之后，在教育方面首要进行的第一大事便是颁布适合于新的政权需要，体现新的政权利益的教育方针。所以，不同的历史时期，政权或国家的性质不同，会有不同的教育方针。即使是在同一国家政权统治下，由于不同的历史时期政治、经济所强调的总任务不同，教育方针的表达也会有所不同。特别是随着时代的发展，新的时代也常常赋予教育方针以时代使命，具有时代特点：

教育方针可能是独立的，也可能一肩二任，方针中包含着教育目的，发挥着教育方针和教育目的双重作用。而且，在更多的情况下，方针与目的通用，两者融为一体。但是，严格说来两者毕竟不同。教育方针是针对教育总体的发展而做出的总规定，所有教育的发展都必须根据总的方针去行事。而教育目的则是有层次的，不同层次的教育各有自己的目的。

教育目的是位居于方针之下，是关于各级各类教育培养人的目标与规格，它规定了该层次该类别的教育应该把受教育者培养成适合什么领域需要的人。与方针相比，教育目的将人才规格具体化了。

二、我国教育目的的提出

新中国成立以来，我国伴随社会的发展变化和对教育的不断探索，主要提出了下列一些教育方针和教育目的：

1949年12月，新中国诞生不久，教育部在北京召开第一次全国教育工作会议，确定了全国教育工作的总方针："中华人民共和国的教育是新民主主义的教育，它的主要任务是提高人民文化水平，培养国家建设人才，肃清封建的、买办的、法西斯的思想，发展为人民服务的思想。这种新教育是民族的、科学的、大众的教育，其方法是理论与实际一致，其目的是为人民服务，首先为工农兵服务，为当前的革命斗争与建设服务。"[1]这个方针后来被称为新民主主义文化教育方针。

1957年，毛泽东根据社会主义政治经济和生产建设对人才的需要，在《关于正确处理人民内部矛盾的问题》中提出："我们的教育方针，应该使受教育者在德育、智育、体育几方面都得到发展，成为有社会主义觉悟有文化的劳动者。"[2]毛泽东提出的这个教育方针，反映了社会主义发展对人才规格的要求，对我国教育工作产生了重大影响，一直是发展我国教育的重要方针。1958年9月中共中央、国务院发布《关于教育工作的指示》，其中第三条指出："党的教育工作方针，是教育为无产阶级的政治服务，教育与

---

[1]　《中华人民共和国教育大事记》（1949—1982），教育科学出版社1988年版，第8页。

[2]　同上书，第190页。

生产劳动相结合；为了实现这个方针，教育工作必须由党来领导。"①直到"文化大革命"结束，我国的教育目的一直采用1957年和1958年的提法。

1982年，国家在《中华人民共和国宪法》第四十六条中提出，对我国现阶段的教育目的做了这样的规定："国家培养青年、少年、儿童在品德、智力、体质等方面全面发展。"这是中国当代历史上第一个以法的面貌出现的教育目的。

1985年，《中共中央关于教育体制改革的决定》（以下简称《决定》）指出："教育体制改革的根本目的是提高民族素质，多出人才，出好人才。""所有这些人才都应该有理想、有道德、有文化、有纪律，热爱社会主义祖国和社会主义事业，具有为国家富强和人民富裕而艰苦奋斗的献身精神，都应该不断追求新知，具有实事求是、独立思考、勇于创造的科学精神。"这个教育方针，既体现了德、智、体全面发展的一贯思想，又融入了新的时代发展对人才规格的新要求，具有时代气息和国家强盛对人才要求的紧迫感。

1986年4月12日第六次全国人民代表大会通过的《义务教育法》提出："义务教育必须贯彻国家的教育方针，努力提高教育质量，使儿童、少年在品德、智力、体质等方面全面发展，为提高民族的素质，培养有理想、有道德、有文化、有纪律的社会主义人才奠定基础。"

1993年，中共中央和国务院印发的《中国教育改革和发展纲要》（简称《纲要》，下同），总结了新中国成立40多年来，特别是十一届三中全会以来教育改革和发展的经验，提出了90年代我国教育改革和发展的目标、方针、政策和措施。《纲要》提出："教育改革和发展的根本目的是提高民族素质，多出人才，出好人才。各级各类学校要认真贯彻'教育必须为社会主义现代化建设服务，必须与生产劳动相结合，培养德、智、体等方面全面发展的建设者和接班人'的方针，努力使教育质量在90年代上一个新台阶。"

1995年3月在《中华人民共和国教育法》中对《纲要》提出的教育方

---

① 《中华人民共和国教育大事记》（1949—1982），教育科学出版社1988年版，第231页。

针进一步确认，重新表述为："教育必须为社会主义现代化建设服务，必须与生产劳动相结合，培养德、智、体等方面全面发展的社会主义事业的建设者与接班人。"在新的提法中对人才素质的培养规格提出了"德、智、体等方面"的全面发展；对于培养什么人的问题上更强调的是"社会主义事业的建设者和接班人"的性质和方向，这就更进一步明确了我国教育的社会主义性质和方向。

上述社会主义教育目的的提出的确立，对于规范我国教育事业的健康发展和对各级各类社会主义事业人才的培养，发挥了重大历史作用。

三、社会主义教育目的精神实质

通过对我国社会主义教育目的的历史回顾，纵观各个历史时期教育目的的具体内容，我们可以从中发现，尽管其内容表述不尽相同，有的从施教途径方面强调三育、四育、五育，甚至六育并举，有的从学生应有的素质发展方面强调德、智、体、美等的共获，但其指导思想都有一个共同的特征，即社会主义教育是以马克思主义全面发展学说为其坚实的理论依据，是马克思主义人的全面发展学说在社会主义历史条件下的继承、运用和发展，体现着共同的精神实质。这就是：

（一）培养"劳动者"是社会主义教育目的的总要求

教育目的中最根本的问题是回答培养什么人的问题。古代的奴隶社会和封建社会的教育目的在于培养统治者和为统治者服务的人才；资本主义的教育目的是不仅培养资产阶级的接班人，并且还要"为资本家培养恭顺的奴才和能干的工人"[①]。社会主义社会是要消灭阶级的社会。社会主义社会人人都应成为劳动者，都是国家的主人。所以，把每个人都培养成为劳动者，这是社会主义教育目的的根本标志和总要求。社会主义教育培养出来的新人，绝不应是剥削者和寄生虫，人人都应以劳动为荣。马克思

---

① 《列宁全集》第28卷，中共中央马克思恩格斯列宁斯大林著作编译局编译，人民出版社1956年12月版，第69页。

主义创始人就曾指出：在理想的社会里，"任何个人都不能把自己在生产劳动这个人类生存的自然条件中所应参加的部分推到别人身上"①。列宁也明确告诉我们："无产阶级的目的是建成社会主义，消灭社会的阶级划分，使社会全体成员成为劳动者。"②毛泽东在提出社会主义教育目的的同时也指出："社会主义制度的建立给我们开辟了一条到达理想境界的道路，而理想境界的实现还要靠我们的辛勤劳动。"③这一切都指明，社会主义社会只存在分工的不同，但人人都应该是劳动者，劳动是每一个有劳动能力的公民的光荣职责。社会主义的教育培养每一个社会成员都成为劳动者，这是社会主义教育同一切剥削阶级教育的本质区别。

社会主义的教育目的是要培养劳动者，但这里所说的劳动者既包括以体力劳动为主的劳动者，也包括以脑力劳动为主的劳动者。在社会主义条件下，体力劳动者和脑力劳动者都是劳动者。把劳动者仅仅理解为体力劳动者是一种片面的理解。

社会主义的劳动者应该是一种新型的劳动者。"劳动人民要知识化，知识分子要劳动化"④，社会主义理想的劳动者是脑力劳动与体力劳动相结合的劳动者，是"全面发展的一代生产者"⑤。造就这种新型劳动者是社会主义教育的理想要求。

我国现行教育方针提出的是培养"建设者"和"接班人"，其实这也只是对"劳动者"的具体提法。社会主义事业的建设者和接班人都是劳动

---

① 《马克思恩格斯选集》第3卷，中共中央马克思恩格斯列宁斯大林著作编译局编译，人民出版社1972年版，第333页。
② 《列宁全集》第36卷，中共中央马克思恩格斯列宁斯大林著作编译局编译，人民出版社1985年第2版，第375页。
③ 《毛泽东同志论教育工作》，中共中央马克思恩格斯列宁斯大林著作编译局编译，人民教育出版社1958年版，第44页。
④ 《毛泽东周恩来刘少奇邓小平论教育》，人民教育出版社1994年版，第37页。
⑤ 《马克思恩格斯选集》第3卷，中共中央马克思恩格斯列宁斯大林著作编译局编译，人民出版社1972年版，第335页。

者，分别来提只是从不同角度要求的具体化。"建设者"和"接班人"，不应理解为培养两种人，而是对社会主义劳动者两种职能的统一要求。就是说社会主义劳动者，在社会主义物质文明和精神文明建设上，是合格的"建设者"，在社会主义革命事业上又应当是革命接班人。这是对社会主义新人的统一要求，而不应把二者分割开来，对立起来。把培养"建设者"和"接班人"的要求分割开来，对立起来，就从根本上违背了社会主义教育目的的基本精神。

（二）要求德、智、体等方面全面发展是社会主义的教育质量标准

教育目的的另一构成部分是培养规格问题，即人才的素质结构和质量标准。

社会主义的教育目的是培养全面发展的新型劳动者。马克思主义认为，全面发展首要的是智力和体力的广泛、充分、统一、自由的发展。因此，社会主义的教育就必须广泛、充分地发展受教育者的智力和体力，使他们不仅具有现代文化科学知识和从事社会主义现代化建设的真正本领，同时还要具有健康的体魄和良好的身体素质。智力和体力是劳动能力的基础，是同自然交往的主要条件。只有智力和体力的广泛而充分的统一发展，才能成为一个全面发展的新型劳动者。

社会主义劳动者是一个完整的社会人，具有丰富的属性。所以，马克思要求"培养社会的人的一切属性，并且把他作为具有尽可能丰富的属性和联系的人，因而具有尽可能广泛需要的人生产出来"①。劳动者生存和发展不只是要同自然界交往，因而，需要发展他的劳动能力，而且还要进行人与人之间的社会交往，也需要发展他的交往能力。"生产力和社会关系——这二者是社会的个人发展的不同方面"②，社会交往能力就是"德"

① 《马克思恩格斯全集》第46卷上，中共中央马克思恩格斯列宁斯大林著作编译局编译，人民出版社1979年第1版，第392页。
② 《马克思恩格斯全集》第46卷下，中共中央马克思恩格斯列宁斯大林著作编译局编译，人民出版社1979年第1版，第219页。

的问题。一个人的政治态度和政治立场，世界观和人生观等思想观点，以及道德品质是"德"的基本要素。所以，社会主义的社会成员不仅要有充分发展的能力，还必须具有充分发展的交往能力，即高尚的道德品质。

德、智、体是人的素质构成的主体，因而教育目的强调三者统一发展。但是现代社会人的素质除德、智、体之外，还要有劳动技术素质的发展。

马克思主义指出：社会主义的劳动者不只是生产者，而且是享受者。"因为要多方面享受，他就必须有享受的能力。"①美的欣赏、美的评价、美的创造，是重要的美的享受能力，所以，现代人的构成要素需要有美的能力发展。

现代大工业生产表明，劳动生产率的提高已不再是直接的劳动数量和劳动时间，而是现代科学技术。科学知识只有通过技术的应用才能转化为生产力。所以，劳动技术能力的发展，也是现代人不可缺少的素质。

由上可见，社会主义的新型劳动者的素质构成，除德、智、体作为主体构成要素之外，还要有美和劳动技术要素的发展。我国教育方针在人才规格上提出"德、智、体等方面"的全面发展正是在于说明这一全面要求。

（三）坚持教育目的的社会主义方向是我国教育目的的根本特点

按什么方向培养人，这是教育目的的又一个构成要点。

教育目的的方向性是教育性质的根本体现。阶级社会的教育从来都具有阶级性，教育的阶级性首先反映在教育目的上。一切剥削阶级的教育目的，从来都极力掩饰其阶级实质，表述上一贯笼统抽象，尽量把他们的教育目的说成是为整体社会利益服务的。我国社会主义的教育目的不同于一切剥削阶级，毫不掩饰自己的真实意图，明确宣布我们培养的是社会主义事业建设者和接班人，是新型的劳动者。既然是社会主义事业的建设者和接班人，就限定了这种新人不是一般的旧型劳动者，他们是既能从事体力

---

① 《马克思恩格斯全集》第46卷上，中共中央马克思恩格斯列宁斯大林著作编译局编译，人民出版社1979年第1版，第392页。

劳动，又能从事脑力劳动的人，他们的素质并不是那种抽象的或资产阶级的德、智、体、美、技，而是具有社会主义方向性的素质标准。

他们是既懂政治、又懂业务，德才兼备、又红又专，既有坚定的无产阶级立场，又有伟大的共产主义理想，既有科学世界观基础，又有高尚的共产主义道德品质的新一代。教育目的要求和素质规格的社会主义方向性，反映了我国教育的社会主义性质和特色。

四、实施我国教育目的的基本要求

教育目的是全部教育工作的灵魂。为了充分发挥教育目的对教育工作导向、调控和评价的功能，一切教育工作者都应认真地研究如何贯彻、实施教育目的。当前，需要着重讨论和明确以下几个原则问题：

（一）端正教育思想，明确教育目的

教育思想是人们在一定的社会和时代中，通过教育实践活动直接或间接形成的对教育现象、教育问题的认识、观点或看法，简单地说就是对教育的认识或看法，是关于教育问题的一种社会意识形态。它的主要表现形态是教育指导思想（如教育方针、办学思想等）和各种教育观念（如人才观、质量观等）。教育思想来自一定社会和时代的教育实践，所以，不同社会、时代的教育家都会有不同的教育思想。反过来，任何教育实践活动也都是在一定的教育思想支配下进行的。对实际教育工作者来说，教育思想并不是看不见、摸不着、可有可无的一些抽象的观念。它无所不在地渗透在教育制度和教育活动的各个环节、各个方面。无论自觉或不自觉，教育工作者总是用一定的教育思想在指导或影响自己的工作。

教育思想的核心内容集中体现在为谁培养人、培养什么人和如何培养人的问题上。因此，明确教育目的是端正教育思想的关键。或者说，端正教育思想，就是要端正到正确的办学方向和教育目的上来。

相当长一段时间以来，在我国各级各类学校中，由于教育思想不够端正，直接影响到全面正确贯彻我国的社会主义教育方针和目的，造成我

们的教育不能良好地适应经济和社会发展的需要，不能很好地为"四化"建设培养多类型、多层次的合格人才。因此，要全面贯彻教育方针，正确实施教育目的，首先要端正教育思想，采取切实有力的措施，纠正基础教育的"片面追求升学率"和脱离实际的办学倾向；高等教育、职业教育和成人教育也应克服一味追求"高学历"和单纯办"文凭教育"的倾向。这样，各级各类教育才能坚决贯彻"教育必须为社会主义建设服务"的方针，保证为社会主义现代化建设"大规模地准备新的能够坚持社会主义方向的各级各类合格人才"。同时，还应当纠正"只有专家是人才"和"只有分数才是质量"的传统人才观和质量观。根据《决定》中提出的关于"教育体制改革的根本目的是提高民族素质，多出人才、出好人才"的指导思想，树立全面正确的人才观和教育质量观。

（二）全面贯彻党的教育方针，全面提高教育质量

1993年发布的《中国教育改革和发展纲要》向全国人民提出了到20世纪末和21世纪初中国教育的奋斗目标与基本任务。奋斗目标是：实现"两基"，即基本普及九年义务教育，基本扫除青壮年文盲；搞好"两重"，即重点建设好一批重点学科和重点学校。基本任务是：保证"两全"，即全面贯彻党的教育方针、全面提高教育质量。

《纲要》提出的"两全"是对我国各级各类教育活动的统一要求，是对我国一切教育行为提出的基本规定。全面贯彻党的教育方针，即要求各级各类学校必须以培养德、智、体等方面全面发展的建设者和接班人作为育人的理想目标，任何偏离全面发展的教育行为、管理行为、评价行为等都是对党的教育方针的背离。全面贯彻党的教育方针，要求我们把党的教育方针全面贯彻到学校教育过程的各个环节之中，从课程计划、教育配置、内容讲授到质量考评、学校管理、教育督导，都需时刻把握教育方针的要求。全面提高教育质量，即把学校教育质量的追求放在全面提高的基点上。全面相对于片面而言，全面提高就不是单方面或某个方面的提高，而是教育方针要求的各个方面都提高；全面提高就不是"应试教育"所追求的应试能力的单方面提高或仅仅是升学率的提高，而是知识、技能、思想、行为、能力等各方面的全面提高和入学率、合格率、优秀率、升学率等各项指标的全面提高。"两全"为我国各级各类教育的发展提供了方向和基本要求。

（三）深化教育改革，实施素质教育

保证"两全"不是一句空话，要落实到学校教育的全部工作中去，落实到全面提高教育质量上来。为了全面提高教育质量，培养合格人才，我们的教育必须进行改革。《纲要》提出："中小学要由'应试教育'转向全面提高国民素质的轨道，面向全体学生，全面提高学生的思想道德、文化科学、劳动技能和身体心理素质，促进学生生动活泼的发展，办出各自特色。"《中华人民共和国教育法》亦把"提高民族素质"作为其立法宗旨。由此可见，实施素质教育已经成为基础教育乃至各类教育的迫切任务。那么，什么是素质教育呢？

素质教育中的素质一词，目前已由原来为生理学和心理学领域的狭窄内涵扩张泛化成一个含社会学和教育学双重意义的特定概念。它指的是：个体在先天基础上，通过后天的环境影响和教育训练而形成的顺利从事某种活动的基本品质或基础条件。素质是先天天赋条件和后天习得的"合金"。素质教育与"应试教育"相对。如果说，"应试教育"是学校中以培养学生单方面的应试能力为根本目的的教育活动，那么，素质教育，即学校教育中以"两全"为指导思想，以发展人的多方面素质为根本目的的教育活动。"应试教育"因以单方面追求人的应试能力的培养为目的而成为"应试教育"，素质教育则因以培养和发展人的多方面素质为目的而与应试教育相区别成为素质教育。

根据《纲要》的思想，素质教育的内容包括六方面。政治素质，指对民族、阶级、政党、国家、政权、社会制度和国际关系的立场、情感和态度。我国目前德育中进行的"四项基本原则"教育、国史国情教育、党和基本路线教育等都属政治素质教育的范畴。思想素质，主要指基本的世界观和思想方法问题，包括思想信仰、理想动机、信念追求、民族精神等。

思想素质教育主要是通过"两论"①教育，培养和发展学生正确的观察和分析与解决问题的能力。道德素质，主要指个体所具有的正确处理个体与个体、个体与集体、个体与社会之间关系的良好品质。道德素质教育主要是让学生养成良好的基本道德修养和文明的行为习惯，包括道德思维能力的培养和道德判断能力的训练。科学文化素质教育，着重解决基础学科和基本知识和技能的教育和训练，包括基础文化知识、基础科学知识，以及识字阅读能力、写作能力、思维能力、计算能力、基本实验操作能力和基本的劳动技能等，为适应自身的发展和现代社会生活、职业岗位选择以及科技发展的需要，奠定坚实的科学文化和技能的基础。身体素质教育，一方面是要运用各种适当的方式，锻炼学生的体魄，增强学生的体质，使其掌握基本的体育锻炼的方法；另一方面，还要对他们进行健康教育和普及各种常见病、传染病的防治知识，保证他们健康成长。心理素质主要指良好个性品质的发展，包括顽强的意志力，积极的情感，健康的兴趣、爱好、需要、友谊、交往、成就感、荣誉感以及面对困难、失败的承受能力等各种正常心态的发展培育和心理失衡、心理矛盾、心理疾病的自我调整与自我矫治。心理素质教育就是要使学生形成健康的心理和善于控制、把握自己的能力及调整心理冲突的能力。

素质教育的实质是通过教育改革，真正实现"两全"的目标，即全面贯彻党的教育方针，全面提高教育质量。素质教育的基点是通过学科教学提高学生素质。素质教育的核心是学生创造力的培养。

---

① "两论"指马克思主义的辩证唯物论和历史唯物论。

第四节 全面发展教育的组成部分与培养目标

社会主义全面发展的教育目标要通过全面发展教育去实现。全面发展教育是指教育者根据社会主义社会的政治经济要求和人的身心发展的规律和特点，有目的、有计划、有组织地对受教育者实施的旨在促进人的素质结构全面、和谐、充分发展的系统教育。社会主义的全面发展教育是由德育、智育、体育、美育和劳动技术教育等部分构成的。

一、全面发展教育的组成部分

（一）德育

德育，是向学生传授无产阶级思想政治观点和共产主义道德规范，培养学生思想品德的教育。我国中小学的德育包括思想教育、政治教育和道德品质教育。其目的在于通过中小学阶段的德育，使学生热爱祖国，热爱社会主义，初步树立为人民服务的思想和为实现社会主义现代化而奋斗的志向；具有良好的道德品质和文明行为；具有诚实正直、自尊自强、勤劳勇敢、开拓进取等品质和一定的道德判断能力及自我教育能力；成为有理想、有道德、有文化、有纪律的社会主义公民。

1. 加强德育是我国目前学校教育的首要任务

中国中小学校的根本任务是培养有理想、有道德、有文化、有纪律的建设社会主义的接班人，为全面提高民族素质奠定良好的基础。但是，几年来，学校德育由于受到片面追求升学率的冲击，忽视德育，忽视实践的状况一直没有得到根本的改变。对此，党中央十分重视。在发布《中共中央关于教育体制改革的决定》《中共中央关于社会主义精神文明建设指导方针的决议》之后，又相继发布了《小学德育纲要》、《中学德育大纲》（1988年）、《中共中央关于改革和加强中小学德育工作的通知》（1988年12月25日）和国家教委《关于进一步加强中小学德育工作的几点意见》（1990年4月13日）、《中共中央关于进一步加强和改进学校德育工作的若干意见》（1994年8月31日）等一系列文件，对中小学德育工作面临的形势、任务以及德育工作的指导思想、任务、内容、途径、方法、领导体制等重要问题提出了明确的要求。这一系列文件的发布，充分说明了党中央对学校德育的重视，也充分表明了学校德育在学校各项工作中的意义和地位。为此，国家教委提出，必须切实把德育放在学校工作的重要地位。坚定正确的育人方向，坚持社会主义教育培养目标，并把德育工作的各项目标、任务、措施渗透到教育、管理和一切活动之中，重视学校教育与家庭教育和社会教育的结合，形成校内外协调一致的德育工作网络。

2. 加强德育是社会主义现代化建设新形势的必然要求

在我国现代化建设过程中，国际国内的反社会主义势力，总是利用我国改革开放、集中精力进行现代化建设之机，千方百计地采取政治的、经济的、思想文化的种种手段进行渗透、蛊惑和颠覆活动。资产阶级的腐朽思想也会不断侵袭教育阵地，腐蚀青少年一代。这种渗透与反渗透、"和平演变"与反"和平演变"、颠覆与反颠覆的斗争必将长期存在。目前在校的青少年将肩负起2000年之后建设社会主义的神圣使命。要使青少年一代真正成为现代化建设所需要的人，就必须通过卓有成效的德育工作，培养他们具有先进的思想、高尚的道德、坚定的信念和分辨真、善、美与假、恶、丑的能力，最终才能成为人民的公仆和社会主义事业的接班人。

3. 加强德育也是年轻一代身心发展的需要

青少年处在成长阶段，可塑性大。通过德育培养学生的正确思想和良好的道德品质，才能使他们逐步成长为积极向上、文明幸福的新一代。德育是全面发展教育的重要方面，在全面发展中占据主导地位。历代教育者都极为重视德育。封建统治阶级把德育摆在压倒一切的地位，资产阶级也把德育看作教育工作的归宿。无产阶级革命家从不忽视德育的重要性。列宁说："应该使培养、教育和训练现代青年的全部事业，成为培养青年的共产主义道德的事业。"①毛泽东也曾强调指出，青年应该把坚定正确的政治方向放在第一位。可以说，学校德育工作的好坏，关系着能否把学生培养成"四有"新人，关系着社会主义事业的成败，关系着国家和民族的前途命运。它对提高全民族的思想道德水准和精神风貌有着重要作用。

总之，切实把德育放在学校教育工作的首位，充分认识德育在社会主义全面发展教育中的作用，对培养合格的人才至关重要。

学校德育的任务是由我国社会主义建设的要求和教育目的以及学生的特点决定的。1993年发布的《中国教育改革和发展纲要》中指出："用马列主义、毛泽东思想和建设中国特色社会主义理论教育学生，把坚定正确的政治方向摆在首位，培养有理想、有道德、有文化、有纪律的社会主义新人，是学校德育即思想政治和品德教育的根本任务。"根据《纲要》的这一思想，学校德育的基本任务应具体包括如下三个方面：

1．在思想政治方面，培养学生具有坚定正确的政治方向和无产阶级世界观

教育学生坚持四项基本原则，热爱祖国，热爱人民，全心全意为社会主义现代化建设事业服务。认真学习马克思列宁主义、毛泽东思想的基本观点；有基本的民主与法治观念；立志为实现四化而学习；相信科学，反对封建迷信和陈陋习俗。

2．在道德行为方面，培养学生具有共产主义道德品质

教育学生养成尊重、关心、爱护、帮助他人的精神，具有国家利益、集体利益和个人利益相结合的集体主义精神，具有热爱劳动、自觉遵守社会公德的良好品质，具有艰苦奋斗的思想，成为有道德、有理想、有文化、有纪律的社会主义新人。

3．在个性品质和能力方面，培养学生具有道德评价和自我教育能力

教育学生产生合理的需要、正确的动机、远大的理想、共产主义信念

---

① 《列宁选集》第4卷，中共中央马克思恩格斯列宁斯大林著作编译局编译，人民出版社1972年版，第351页。

和世界观，能正确判定真、善、美与假、恶、丑，富于创造精神，能根据社会的发展变化，不断完善自己的思想，开展批评和自我批评，能识别和抵制资本主义的腐朽思想和封建残余思想。教育学生成为献身于社会主义现代化建设的人。

（二）智育

智育是教育者以系统的科学知识和技能武装学生，发展学生智力的教育。智育是人类教育的极为重要的组成部分。古代社会，尽管当时的生产力水平和人们对客观世界的认识能力还十分低下，但就最初的教育内容来说，主要是传授生产劳动和社会生活经验。在现代社会教育中，智育地位更显得重要。

多年来，人们常常把智育与教学混在一起，以教学代替智育，认为教学就是智育，这是一种理论上的混淆。智育与教学两者既有联系，又有区别。

第一，从两者的概念看有不同之处。智育是全面发展教育的组成部分之一，它与德、体、美、劳一起构成一个完整的教育体系，各育之间是平等并列的；而教学则是实施上述各育的基本途径，它与智育属于不同的层次。

第二，从各自完成的任务看亦有不同。智育有其自身特定的任务和内容，其他各育也是如此。教学则不仅要完成智育任务，还要完成其他各育的任务。

智育的意义：

①智育在培养四化建设所需要的各类人才中具有重要作用。智育是科学知识再生产和人类精神财富延续与发展的重要条件，是开发人的智力，培养各级各类人才的重要手段。四个现代化的实现需要大批世界一流的科学家，需要大量掌握现代科学技术的劳动者和经过科学武装的管理干部。培养这些人才，扩大这些队伍，就要大力进行智力开发，通过智育向学生传授现代科学知识、发展智能，使其具有从事"四化"建设的本领。当代社会中，人类生活的消费、服务、需求、交往等方式都在发生着变化。面对这种变化，没有知识修养就不能很好地适应现代生活。

②智育在人的全面发展中也具有重要意义。智育为其他各育的实施提供了有效的认识工具，是其他各育发展的基础。列宁指出："只有用人类创造的一切财富和知识来丰富自己的头脑，才能成为共产主义者。"①人在各方面的发展都离不开知识，尤其在人的心理的发展中，智育有着特殊的作用。人类对精神文化的获得，任何时候都离不开有意识地传授和学习，离不开智育这样一个可以把物质文化与精神文化转化为个体知识和智力的过程。人们的世界观、道德观、审美观等观点信念的形成与发展不仅要有相应的智力，还必须具有相应的知识。智育包含有其他各育的因素，其他各育的实施都离不开智育。

智育的主要任务是：

1. 向学生传授系统的文化科学基础知识

知识是人类对客观事物及其规律的反映，是人类在长期社会实践中积累起来的认识成果。科学是经过实践检验，具有严密的逻辑论证，反映客观事物本质规律的知识体系。系统的科学知识具有一定的内在联系和逻辑系统，而不是概念和范畴的堆积。用系统的科学知识武装学生，就是在浩如烟海的科学知识中，选择其中最基础的东西传授给学生，这就是基础知识、基本理论。美国心理学家将其称为"学科结构"。人类的知识通常以两种形态存在。一是记载在书本中，二是保持在人的头脑里。智育的任务就是试图将书本和教师头脑中的知识变成学生头脑中的知识，使学生认识事物的发展规律。

2. 培养训练学生形成基本技能和技巧

技能是通过训练而形成的顺利完成某种任务所必需的活动方式。技能的类别有两种：一种是在头脑中借助内部语言反映事物映象，以极简约的形式进行智力活动的方式叫智力技能，如构思、心算等；一种是由一系列外部直观的行为动作构成，通过机体运动所完成的随意活动方式叫操作技能，如书写等。技能通过进一步的练习达到自动化、定型化的程度，便成

---

① 上海师范大学教育系编：《列宁论教育》，人民教育出版社1979年版，第228页。

为技巧。训练学生形成技能和技巧是智育的一项重要任务。学生掌握基本技能不仅是当前学习也是未来工作必需的。

3. 发展学生的智力

智力是人的各种基本能力的综合，包括观察力、注意力、记忆力、想象力、思维能力等，其中核心是思维能力和创造能力。智力与知识、技能具有不同的职能，所以，在施行智育时，需将其作为一个独立的任务来完成。智力的发展以掌握知识为前提，以技能形成中介，同知识掌握、技能获得互相促进，辩证发展。在当今信息社会里，发展智力尤为重要。

（三）体育

体育是授予学生体育卫生的知识和技能，使学生增强体质，发展机体素质和运动能力，养成良好的卫生、保健习惯的教育。

体育的历史最为古老，早在奴隶社会时期就开始被列入学校的教育内容。在中国，商代的"序"是奴隶主子弟学习射箭的专门场所，周代"六艺"中的"射、御"即属体育的范畴。古代西方如斯巴达的学校教育中，把体育列为主要内容，儿童七岁后，被送入国家公育机关，过半军营式的生活，接受严格的体育锻炼。在雅典，体育更加受到重视。他们不仅要求青年具有健壮的体魄，而且注意到躯体的健美匀称，动作的灵活适度。伴随社会的进步，学校体育得到了进一步的发展。进入20世纪，许多工业发达国家制定了统一的体育教学大纲和教材，开展对青少年和儿童的体质研究。中国于1904年在《奏定学堂章程》中始将"体操"列为正式课程。中华人民共和国成立后，体育被列为全面发展教育的组成部分之一。

马克思在科学预见"未来教育对所有已满一定年龄的儿童来说，就是生产劳动同智育和体育相结合"[①]时，明确指出了体育在全面发展教育中的重要地位。毛泽东在1950年亲笔写下"发展体育运动，增强人民体质"。所有这些都说明了体育在人的身心发展中的重要意义。

---

① 上海师范大学教育系编：《马克思恩格斯全集》第23卷，人民出版社1972年版，第530页。

体育是促进学生全面发展不可缺少的重要条件。身体是人类自身发展的物质前提，它既是智力活动及一切精神生活的基础，更是体力活动不可缺少的条件。青少年有强健的体质和充沛的精力，才能顺利完成学习任务。毛泽东在《体育之研究》一文中说："体者，载知识之车而寓道德之舍也。"这说明，体育在全面发展教育中有重要意义。

体育可以促进学生的身体发育，增强学生的体质。强健的体质不是生理发展的自然结果，它是由科学的体育锻炼和卫生保健来达到的。积极的身体锻炼和卫生保健，可以促进身体各部分器官的健康发展，增强器官功能，促进新陈代谢，使人精神愉快，活泼开朗，增强体力和智力活动的能力。

体育对培养学生良好的道德品质具有重要作用。体育具有极为丰富的思想教育因素，如克服困难、刻苦耐劳、勇敢顽强、灵活机智、团结友爱、互相合作、遵守纪律、热爱集体等。开展多种多样的体育活动，在活动中可以促进这些品质的形成。

体育的主要任务是：

（1）指导学生锻炼身体，促进身体的正常发育和机能的发展，增强体质，提高健康水平，全面发展学生的身体素质和身体的基本活动能力。

（2）使学生掌握体育的科学知识和正确的体育锻炼的技能技巧，学会科学锻炼身体的方法，养成经常锻炼的良好习惯。

（3）使学生掌握卫生保健知识，养成良好的卫生保健习惯，并能在日常生活中创造维护身体健康的条件。

（4）培养良好的品德。体育是人类精神文明的重要领域。它锻炼着个人身心的各个方面。通过体育，应使学生道德纯洁，团结友爱，增强纪律性，培养坚强意志和勇敢机敏、活泼开朗的性格。

（四）美育

美育，又称审美教育或美感教育，它在理论上属于美学，在实践上属于美育。美育是培养学生正确的审美观点以及感受美、鉴赏美和创造美的能力的教育。

美育的历史同体育一样久远。早在古代希腊、雅典专设琴弦学校，其缪斯教育即包含艺术教育。柏拉图在《文艺对话集》、亚里士多德《诗学》和《修辞学》中都认为音乐教育有美化心灵的作用。18世纪德国诗人席勒在《美育书简》里提出，提高审美意识水平可恢复完整无缺的性格。中国古代"六艺"教育中设有"诗"和"乐"的内容。孔子提倡教育应"兴于诗，立于礼，成于乐"。20世纪初，教育家蔡元培提出体、智、德、美各育并重，并将美育纳入民国教育宗旨。

人作为社会生活的主体，在用自己的劳动改造自然时，不只是为了物质生活方面的需要，也是为了满足精神生活方面的需要，其中包括审美的需要。人们穿衣不只是为了护体，还要讲究款式、色彩；吃饭不只是为了饱腹，还要讲究色、香、味、形；住房不只是为了栖息，还要讲究造型与结构的别致与美观。人在按照美的规律重建世界的同时，也按照美的规律塑造自身，使自身的个性更加和谐与完美。

美育作为五育之一，一方面要依赖其他几育，同时又促进其他几育的完成，另一方面又起着其他几育所不能代替的作用，有其自身独有的特点。

形象性，它是美的重要特征。美的事物通常都以其具体、鲜明、生动的形象来感染人，引起人的美感。

情感性，以情动人。通过感染与抒情的方式，使人受到潜移默化的影响。

美育的形象性和情感性的特点，容易激起人们对美的事物的丰富情感，令人产生蓬勃向上的精神。因此，美育对青少年具有特殊意义。

美育是社会主义精神文明建设的重要内容。美是人们精神生活中不可缺少的一种需要。热爱美、追求美、欣赏美是人类的天性。在长期的物质生产实践中，人们运用自己的智慧和才能，创造了无数美好的事物，为后人留下了叹为观止的精神产品。这些产品，集中反映着事物本质，体现着一定的思想意识和精神面貌。它能在人们面前展现出美好的生活图景，给人们提供区别善恶美丑的标准，使人受到深刻的思想教育。美还能激动人的心灵，使人产生愉快的情感，潜移默化地影响人的气质、情操、性格、意志、信念，起到塑造人的灵魂的作用。

美育在人的身心发展中也有重要作用。美育可以促进学生身心各方面得到良好的、和谐的发展，它可以促进学生智力发展，扩大和加深学生对客观现实的认识；它可以给学生的思想以影响，帮助提高政治觉悟和形成共产主义道德品质；它还可以促进学生身体健康的发展。总之，美的事物是培养人、教育人的好教材，审美活动是培养人、教育人的独特方式。美育和各育互相渗透，互相补充，但不能互相代替。德育和智育可以给人以审美观点和审美知识，但要培养学生具有从事艺术活动和创造美的能力，只有通过美育才能达到。因而美育在全面发展教育中是一个相对独立的部分。

美育的主要任务是：

1. 培养学生正确的审美观点，使他们具有感受美、理解美以及鉴赏美的知识和能力

审美观点与一定的世界观相联系，具有阶级性。要形成正确的审美观点，应以辩证唯物主义的文艺观点和理论武装学生，使他们掌握一定的文学艺术知识，掌握马克思列宁主义文艺批评标准，即政治与艺术统一的观点。培养学生感受美的能力，即通过自己感官，反映客观存在着的美，使它们成为激励学生奋发向上、朝气蓬勃的精神力量。美学鉴赏与理解是对美的事物的鉴别与评价，它不仅要识别事物的美丑、美在何处，而且要能够理解为什么美、美的程度。美育要培养学生正确的审美观，教给学生一定的审美知识，使他们能够正确地鉴赏自然美，正确地理解和评价社会美。

2. 培养学生艺术活动的技能，发展艺术创作能力

美是社会实践的产物。绘画、唱歌、舞蹈这些艺术活动都离不开人的创造。而要培养学生创造美的才能便离不开有关知识技能的传授和训练。因此，美育要给予学生各种艺术的知识，要发展美的感受能力，要懂得各

种艺术表现方法和特点，发展艺术想象力。要具体培养各种艺术形式的表演和创作能力。要善于美化环境和生活。

3．培养学生美好的情操和文明行为习惯

通过美育，应使学生具有健康的思想、革命的热情、文明的举止、开朗的性格，达到心灵美、语言美、行为美。

（五）劳动技术教育

劳动技术教育是向学生传授现代生产劳动知识和生产技能，培养学生正确的劳动观点，养成良好的劳动习惯的教育。劳动技术包括劳动教育和生产技术教育两方面，二者之间的有机联系是：劳动教育中应重视生产技术知识和技能的掌握，生产技术教育中应重视劳动观念和劳动习惯的培养。

在历史上，马克思最早提出了对青少年进行劳动技术教育的思想。1866年马克思在《临时中央委员会就若干问题给代表的指示》中提出，对工厂的童工在生产劳动的同时实施技术教育，这种教育的目的在于使儿童和少年了解生产各个过程的基本原理，获得运用各种简单生产工具的技能。他认为，有酬的生产劳动、智育、体育和综合技术教育的结合，是造就全面发展的人的最好方法。列宁也积极主张在社会主义教育中必须注重"综合技术教育"的实施，认为这是国民教育所面临的迫切任务之一。20世纪50年代中期，中国曾把实施基本生产技术教育作为普通中学全面发展方针的一个重要内容。十一届三中全会后，党从提高全民族的素质，培养社会主义建设人才，大力发展社会生产力的实际需要出发，1982年由教育部颁布了《关于普通中学开设劳动技术教育课的试行意见》。

劳动技术教育与其他几育有着密切的联系：

劳与德的关系：劳动技术教育与德育既有联系又有区别。德育以思想教育为主，结合训练学生的道德行为；劳动技术教育一般以劳动实践为主，结合进行思想教育。

劳与智的关系：智育的范围比较广泛，包括列入课程计划的所有科学知识和技能，而劳动技术教育则专指生产劳动方面的知识技能；智育主要是通过调动学生的智力活动使学生掌握知识技能，发展学生各方面的认识能力，而劳动技术教育则主要是通过学生的实际操作掌握生产知识技能，着重培养学生的动手能力。

劳与勤工俭学的关系：劳动技术教育有时通过勤工俭学活动进行，但又不同于勤工俭学。劳动技术教育重在教育二字，不管有酬无酬，只要需要就应进行；勤工俭学重在勤俭二字，它虽以育人为主，但又必须重视经济效益。

劳动技术教育具有如下特征：实践性，即它是通过生产劳动实践进行的，亲自参加劳动实践和实际操作是它的主要形式和方法；技术性，它的目的主要是使学生掌握生产劳动技术知识和技能，其中生产技术是重要内容；教育性，它虽以劳动实践为主，但更重视学生德、智、体的全面发展，培养手脑并用的一代新人。

实施劳动技术教育有着多方面的意义：

（1）实施劳动技术教育有利于促进学生的全面发展，完成中学教育的双重任务

加强对中小学生的劳动技术教育，对于培养德、智、体、美、劳全面发展的人才，对于提高民族的素质，具有十分重要的意义。原国家教委在1987年3月10日先后颁发《全日制普通中学劳动技术课教学大纲（试行稿）》和《全日制小学劳动课教学大纲（试行草案）》，把劳动课和劳动技术课正式列为中小学的课程，这是加强中小学劳动教育的重要措施。

在中小学对学生进行劳动技术教育，让学生参加一定的劳动，可以促进学生养成良好的思想道德素质，培养劳动观念、劳动习惯和尊重劳动人民的思想感情，养成珍惜劳动成果，爱护公共财物的品德，增强对社会和集体的责任感。劳动技术教育可以使学生把课堂上学到的知识和实际联系起来，加深对书本知识的理解，促进理论和实际、感性认识和理性认识的结合，使学生获得比较完全的知识和掌握一定的生产劳动技能。在劳动实践中，学生的情操可以得到陶冶，体力受到锻炼。因此，对学生进行劳动

技术教育，也是促进学生全面发展和提高就业能力的需要。

（2）加强劳动技术教育是提高全民族科学文化素质的需要

社会主义教育肩负着提高劳动者素质和培养合格人才的历史使命。只有全面地贯彻党和国家的教育方针，才能培养出适应经济发展和社会进步需要的社会主义新人。我们培养的社会主义新人应具有良好的思想道德素质和科学文化素质。其中包括良好的劳动态度、劳动习惯和掌握一定的劳动技能。我们的国家现在还处在社会主义初级阶段，要使我国成为富强的社会主义国家，需要几代人付出艰苦的劳动才能实现。如果我们培养出来的青少年好逸恶劳，害怕艰苦，怎能承担起继往开来、振兴中华民族的宏伟事业？从一定意义上讲，对中小学生进行劳动技术教育是关系国家、民族未来的大事。

（3）劳动技术教育的推广是世界各国教育的共同趋势

在普通教育中，加强劳动技术教育，是当今世界各国关注的一个重大问题。为了适应新技术革命和提高劳动者素质的需要，许多国家都十分重视在普及义务教育阶段对学生实施劳动教育和职业技术教育。越来越多的国家把劳动教育作为一门独立课程纳入教学计划，使之成为整个教育体系的重要环节，并且为劳动教育制定专门的教学大纲。美国近年来有计划地从小学就开始进行"事业教育"，启发学生认识劳动的意义，并了解未来可能从事的职业。日本规定中学生每周在学校农场、果园和家禽饲养场参加两小时全校性的生产劳动，每个学生每周还要参加一小时生产劳动小组活动。加强劳动技术教育已成为世界各国教育发展的一个趋势。

劳动技术教育的主要任务有：

（1）培养学生良好的劳动品质

要通过教育使学生形成正确的劳动观点和劳动习惯，热爱劳动和劳动人民，热爱集体，自觉遵守纪律，不怕困难，勤劳俭朴，珍惜劳动成果等优良品质。

（2）使学生掌握现代生产基本原理与基本生产技术知识和某种职业技术知识

一方面要了解主要生产部门的基本生产原理，掌握基本技术，同时掌握最基本的生产工具，学会基本操作，为成为一个有文化、懂技术、具有某方面专长的劳动者打下基础。

（3）通过劳动技术教育实践，增强体质，陶冶爱美的情趣，促进学生身心的健康发展，并注意在劳动中培养学生观察、思维、想象的能力和创造精神

社会主义的全面发展教育由德育、智育、体育、美育和劳动技术教育五个部分组成。这是一个全面反映了社会生产发展和社会生活需要对人才规格需求的教育结构，五个部分的紧密联系与相互作用为全面人格的形成提供了最佳的运行机制。这是因为这五个部分中的任何一育不仅有其特定的任务、内容和功能，而且对其他各育又起着影响、促进的作用。例如：德育对其他各育起着保证方向和保持动力的作用，它体现了社会主义教育的无产阶级政治方向；同时，其他各育则为德育的实施提供了条件。任何一种思想品德的形成只有将其寓于各育任务的实施中才有可能。智育则为其他各育的实施提供了认识基础，成为实施各育不可缺少的手段。体育则是实施各育的物质保证。没有健康的身体保证，任何一种育的任务都不可能顺利完成。美育和劳动技术教育是德、智、体的具体运用和实施。正确的审美观点反映了一个人的知识水平，又体现着一个人的思想素质状况。而在劳动技术教育中更离不开必需的知识基础和技能，离不开良好的思想品德修养。因此，德育、智育、体育、美育和劳动技术教育是密切联系的，它们互为条件，互相促进，相辅相成，构成统一的整体，从各个方面保证教育目的的实现。

二、基础教育的培养目标

任何一个国家的教育目标都是由若干个不同层次的具体目标构成的，

前述的教育方针与教育目的是人才培养的终极目标。在终极目标之下至少还可有两个层次的目标，即：

终极目标——包括国家教育方针、教育目的、教育宗旨。

中程目标——指各级教育、各类学校、各种专业的培养目标。

短程目标——指课程、学科和教学活动的教学目的。

教育目标的确定通常是由上而下，由抽象到具体，而教育目标的实现则反之，通常是先由短程目标的达成进而达到中程目标，然后再到终极目标，即由微观到宏观，由具体到总体。

（一）基础教育的培养目标

基础教育的培养目标在教育目标体系中属中间层次，它比较具体地规定了各级教育所应达到的人才培养的具体要求。

1. 小学教育的培养目标[①]

①德育方面：使学生初步具有爱祖国、爱人民、爱劳动、爱科学、爱社会主义和爱中国共产党的思想感情，初步具有关心他人、关心集体、诚实、勤俭、不怕困难等良好品德，以及初步分辨是非的能力，养成讲文明、懂礼貌、守纪律的行为习惯。

②智育方面：使学生具有阅读、书写、表达、计算的基础知识和基本技能，掌握一些自然、社会和生活常识，培养观察、思维、动手操作和自学能力，以及有广泛的兴趣和爱好，养成良好的学习习惯。

③体育方面：培养学生锻炼身体和讲究卫生的习惯，具有健康的体魄。

④美育方面：培养学生爱美的情趣，具有初步的审美能力。

⑤劳动技术教育方面：培养学生良好的劳动习惯，会使用几种简单的劳动工具，具有初步的生活自理能力。

小学教育的培养目标是根据我国社会主义教育的目的任务和学龄初期学生身心发展的特点提出来的。小学教育是基础教育的基础，因此，在这

---

① 《义务教育全日制小学、初级中学教学计划（试行草案修改稿）》，《中国教育报》1991年11月7日3版。

个阶段为学生今后全面和谐充分发展打下了"初步"基础，是小学教育培养目标的重要特征。

2. 初中教育的培养目标①

①德育方面：使学生具有爱祖国、爱社会主义、爱中国共产党的思想感情，初步树立辩证唯物主义、历史唯物主义的基本观点，初步具有为人民服务的思想和集体主义观点，具有良好的品德，以及一定的分辨是非和抵制不良影响的能力，养成文明礼貌、遵纪守法的行为习惯。

②智育方面：掌握必需的文化科学基础知识和基本技能，具有一定的自学能力，运用所学知识分析问题、解决问题的能力和动手操作能力，培养学生实事求是的科学态度和不断追求新知识的精神。

③体育方面：初步掌握锻炼身体的基础知识和正确方法，养成讲卫生的习惯，具有健康的体魄。

④美育方面：具有一定的审美能力，初步形成健康的志趣和爱好。

⑤劳动技术教育方面：掌握一定生产劳动的基础知识和基本技能，了解择业的一般常识，具有正确的劳动观点、劳动态度和良好的劳动习惯。

初中教育是小学教育的继续，又是为普通高中、职业高中和成人高中打基础的教育。初中教育阶段的学生处于学龄中期（少年期）。学龄中期是从儿童到少年又由少年走向青年的过渡时期，是人的成长、发展过程中非常重要的一个转折时期，因而也是为学生全面发展、全面提高素质打基础最关键的时期。初中教育的培养目标，要在小学阶段使学生"初步"得到全面发展的基础上，为促进他们的身心健康、和谐发展打好坚实的基础。初中教育最重要，但目前又是最薄弱的一环。因此，教育界和全社会都十分关注初中教育目标的全面实现。

---

① 《义务教育全日制小学、初级中学教学计划（试行草案修改稿）》，《中国教育报》1991年11月7日3版。

3．高中教育的培养目标[①]

高中教育在义务教育的基础上进一步提高学生思想道德素质、科学文化素质、身体心理素质，并且使学生的个性得到健康的发展，为培养社会主义建设者和接班人奠定良好的基础。其主要目标如下：

①德育方面：使学生具有社会主义和共产主义理想，热爱社会主义祖国和社会主义事业，热爱中国共产党，具有为国家富强和人民富裕而艰苦奋斗的献身精神，树立辩证唯物主义和历史唯物主义的观点，具有社会主义和共产主义道德品质，使学生具有道德思维和道德评价能力，具有自我教育的能力和习惯，养成遵纪守法、文明礼貌的行为习惯。

②智育方面：使学生在初中教育的基础上进一步掌握必需的文化科学基础知识和基本技能，特别要打好语文、数学、外语的基础，要发展学生的志趣、特长，培养学生具有不断追求新知识的热忱以及自学能力和分析问题、解决问题的能力，具有实事求是、独立思考、勇于创造的科学精神。

③体育方面：掌握锻炼身体的基础知识和技能、技巧，学会科学锻炼身体的方法，逐步养成自觉锻炼的习惯，使学生的身体素质全面发展，具有健康的体魄和从事生活、生产所需的身体活动能力，养成良好的卫生习惯。

④美育方面：培养学生正确的审美观，使他们具有感受美、鉴赏美和创造美的能力。

⑤劳动技术教育方面：使学生具有劳动观点、劳动习惯和学习生产技术的兴趣，掌握现代生产技术的一些基础知识和基本技能，学会使用一般的生产工具，掌握组织生产和管理生产的初步知识和技能。

高中教育阶段的学生处于青春早期，学生的身体和心理的发展将达到基本成熟。他们在已有的文化科学知识、生活经验和思想道德水平的基础

---

① 根据《现行普通高中教学计划的调整意见》，《全日制高中暂行工作条例（草案）》和王道俊、王汉澜主编《教育学》概括而成。

上，初步形成了一定的世界观、人生观和道德观。这个阶段也是学生立志择业、为走向生活、走向独立做准备的时期。因此，培养目标要体现出上述各项特点。

　　培养目标具有导向性、规范性和一定的可操作性。上述所列中小学各段的培养目标，体现了中小学教育在不同阶段培养德、智、体全面发展的人的不同的基本要求。

（二）教育活动中的行为目标

　　行为目标是指每次教学活动所要达到的要求。行为目标属短程目标之一。所谓行为是指能够观察到的行动和动作，有些不能直接观察但可由结果而推论的行为的范畴。行为目标是指在教育活动中可预期的学习者行为改变的结果，这个结果可借助第三者的观察测量而得知其改变的程度。

　　20世纪60年代，美国心理学家布卢姆的《教育目标分类学》的诞生为行为目标的分类提供了一个典型的范例。根据布卢姆目标分类体系的划分，经教育活动而希望引起和实现的学生学习结果的行为类别可以分为认知、情意、动作技能三大目标领域。以布卢姆为首的委员会经过反复探讨，于1956年和1964年分别公布了认知领域的目标分类和情意领域的目标分类，最后又公布了精神运动（技能活动）领域的目标分类。这些细致的分类为我们教师明确教学的努力方向和教育管理人员评价教师的教学质量提供了重要借鉴和启示。

　　1. 认知领域的目标分类

　　认知领域的教育目标分为六级。

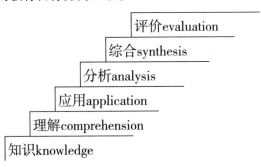

①知识：指对先前学习过的知识材料的回忆，包括具体事实、方法、过程、理论等的回忆。知识是这个领域中最低水平的认知学习结果，它所要求的心理过程主要是记忆。

②理解：指把握知识材料意义的能力。可以借助三种形式来表明对知识材料的领会，一是转换，即用自己的话题或用与原先的表达方式不同的表达方式来表达所学的内容；二是解释，即对一项信息（如图表、数据等）加以说明或概述；三是推断，即预测发展的趋势。领会超越了单纯的记忆，代表最低水平的理解。

③应用：指把学到的知识应用于新的情境。它包括概念、原理、方法和理论的应用。运用的能力以知道和领会为基础，是较高水平的理解。

④分析：指把复杂的知识整体材料分解为组成部分并理解各部分之间的联系的能力。它包括部分的鉴别，分析部分之间的关系和认识其中的组织原理。例如，能区分因果关系，识别史料中作者的观点或倾向等。分析代表了比运用更高的智力水平，因为它既要理解知识材料的内容，又要理解其结构。

⑤综合：指将所学知识的各部分重新组合，形成一个新的知识整体。它包括发表一篇内容独特的演说或文章，拟定一项操作计划或概括出一套抽象关系。它所强调的是创造能力，形成新的模式或结构的能力。

⑥评价：指对材料（如论文、小说、诗歌、研究报告等）做价值判断能力。它包括按材料内在标准（如组织）或外在的标准（如与目的的联系）进行价值判断。例如，判断实验结论是否有充分的数据支持。这是最高水平的认知学习结果，因为它要求超越原先的学习内容，并需要基于明确标准的价值判断。

2. 情意领域的目标分类

克拉斯伍（D.R.Krathwohl）等制定的情意领域的教育目标分类于1964年发表，其分类依据是价值内化的程度。该领域的目标共分五级。

独特价值观characterization
by a valauor value complex

组织organization

价值判断valuing

反应responding

接受receiving

①接受或注意：指学习者愿意注意某特定的现象或刺激。例如静听讲解、参加班级活动、意识到某问题的重要性等。学习结果包括从意识某事物存在的简单注意到选择性注意，是低级的价值内化水平。

②反应：指学习者主动参与，积极反应，表示较高的兴趣。例如，完成教师布置的作业，提出意见和建议，参加小组讨论，遵守校纪校规等。学习的结果包括默认、愿意反应和满意的反应。这类目标与教师通常所说的"兴趣"类似，强调对特定活动的选择与满足。

③评价：指学习者用一定的价值标准对特定的现象、行为或事物进行判断。它包括接受或偏爱某种价值标准，和为某种价值标准做出奉献。例如，欣赏文学作品，在讨论问题中提出自己的观点，刻苦学习外语等。这一阶段的学习结果所涉及的行为表现出一致性和稳定性，与通常所说的"态度"和"欣赏"类似。

④组织：指学习者在遇到多种价值观念呈现的复杂情境时，将价值观组织成一个体系，对各种价值观加以比较，确定它们的相互关系及它们的相对重要性，接受自己认为重要的价值观，形成个人的价值观体系。例如，先处理集体的事，然后考虑个人的事；形成一种与自身能力、兴趣、信仰等协调的生活方式等。值得重视的是，个人已建立的价值观体系会因为新观念的介入而改变。

⑤价值与价值体系的性格化：指学习者通过对价值观体系的组织，逐渐形成个人的品性。各种价值被置于一个内在和谐的构架之中，它们的层级关系已确定。个人言行受其所确定的价值观体系的支配。观念、

信仰和态度等融为一体。最终的表现是个人世界观的形成。这一阶段的行为是一致的和可以预测的。例如保持良好的健康习惯，在团体中表现合作精神等。

3．动作技能领域的目标分类

动作技能领域的目标分类目前认为较好的一种是辛普森（E.J. Simpson）等人于1972年公布的成果。他们将动作技能的教育目标分成七级。

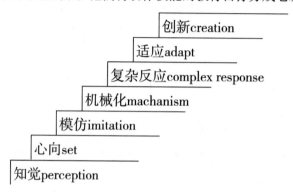

创新creation
适应adapt
复杂反应complex response
机械化machanism
模仿imitation
心向set
知觉perception

①知觉：指运用感官获得信息以指导动作，主要了解某动作技能的有关知识、性质、功用等。

②准备：指对固定的动作的准备，包括心理定向、生理定向和情绪准备（愿意活动）。知觉是其先决条件，我国有人把知觉和准备阶段统称为动作技能学习的认知阶段。

③有指导的反应：指复杂动作技能学习的早期阶段，包括模仿和尝试错误。通过教师或一套适当的标准可判断操作的适当性。

④机械动作：指学习者的反应已成习惯，能以某种熟练和自信水平完成动作。这一阶段的学习结果涉及各种形式的操作技能，但动作模式并不复杂。

⑤复杂的外显反应：指包含复杂动作模式的熟练动作操作。操作的熟练性以精确、迅速、连贯协调和轻松稳定为指标。

⑥适应：指技能的高度发展水平，学习者能修正自己的动作模式以适应特殊的装置或满足具体情境的需要。

⑦创新：指创造新的动作模式以适合具体情境，强调以高度发展的技能为基础进行创造。

近年来，受国外教学目标分类研究的启发，国内一些学者结合中国国情，也对教育活动中的行为目标划分问题做出了有益的尝试，依照认知、情意、动作技能三个大的领域，对各自欲达到的具体目标进行了分类的探索。如表7-1、7-2、7-3。

表7-1　认知领域学习水平分类

学习水平	具体行为
记　忆	记住学过的材料
理　解	1. 将学习材料从一种形式转换成另一种形式 2. 理解学习材料 3. 对学习材料做简单判断
简单应用	学习过的材料用于新的具体情境中去解决一些简单问题
综合应用	1. 对具体综合问题各组成部分的辨认 2. 部分之间各种关系的分析 3. 识别组合这些部分的原理、法则、综合运用解决问题
创　见	1. 突破常规的思维格式，提出独到的见解或解题方法 2. 按自己的观点对学习过程的材料进行整理分类 3. 自己设计方案，解答一些实际问题

表7-2　情感领域学习水平分类

学习水平	具体行为
接　受	1. 在适当的环境中注意对象的存在 2. 给予机会时有意地注意对象 3. 集中注意教师的讲解或演示
思　考	1. 能遵照教师指示做出系统动作 2. 能主动和对象打交道，且与过去的经验发生联系 3. 能有意愿地、兴致勃勃地和对象打交通
兴　趣	1. 有深入研究的意愿 2. 愉快地和对象打交道 3. 不愿意立即停止自己的思考或动作
热　爱	1. 关心对象的存在和价值 2. 价值经过内化成为自己坚定信念 3. 认识到对象的美，成为自己的理想信念
品格形成	依据自己的价值观所形成的信念，内化为自己的品格，并用于指导自己的言论与行动

表7-3　动作技能领域学习分类

学习水平	具体行为
模　仿	1. 对演示、动作的模仿，对工具和装置的使用 2. 把描述语言转化为实际动作
对模仿动 作的理解	1. 装置结构原理 2. 动作作用解释 3. 动作结果的解释和概括
动作组合 协　调	1. 动作分解和组合协调的实现 2. 动作组合计划设计 3. 实验结果的解释和概括，并写出实验报告
动作评价	1. 对动作作用估计 2. 对组合动作、设备进行设计、计划 3. 动作熟练进行 4. 结果的解释、推论及评价
新动作的 创　造	1. 新情景下对动作的设计和实现 2. 新情景下对结果的解释、整理

引自吴也显主编：《教学论新编》，教育科学出版社1991年版。

三、未来人的素质特征

世界即将步入21世纪。教育作为一项面向未来的事业，教育目的作为对未来理想人才的一种理性规定，要想使其确定的人才规格和标准比较好地符合未来社会发展的需要，一个重要的前提就是必须认真研究未来社会的种种变化和需求。对于未来，许多社会学家曾有过种种预测，如未来社会是海洋的世纪、是计算机的世纪、是遗传工程的世纪、是宇宙空间世纪等等。这些说法虽然不同，但有一点是一致的，即21世纪将是人类的科技、经济、社会迅速发展的时代。中国经过20世纪末改革开放，以经济建设为中心的社会发展道路调整，进入21世纪以后也将同世界发展的总体走向一样，处在一个加速发展变化的新时代。科学技术将成为推动社会发展的主导因素，科学技术与社会发展之间的相互依赖性将越来越强，科学技术在社会各方面发展中的作用将越来越大。社会经济迅猛发展，产业结构不断变化，多元生产方式并存，技术密集型产业渐居主导。针对这些新的变化，未来社会的未来人只有具备一些新的素质才能更好适应社会发展的需要。有研究认为，这些新的素质主要有以下几方面^①：

（一）未来社会要求人进取、开拓、创新、勇于迎接时代挑战

进取、开拓、创新精神是人的创造性的体现。在竞争异常激烈的社会，只有那些具有开创进取意识的人，才不至于被时代所抛弃；只有那些永不满足，积极向上的民族，才能永远立于不败之地。未来是一个竞争激烈的时代，我国市场经济体制的确立把竞争引入社会生活的方方面面。在国际上，我们又面临着世界各国飞速发展的压力，面临着国际社会政治、经济、科技等不断变化发展的挑战。中国要在国际竞争中处于有利地位，跟上世界各国发展的潮流而不陷于亦步亦趋的被动局面，需要全体中国人的智慧和才能得以充分的发挥，要求他们能有敢于拼搏、善于应变、勇于开拓的精神以及高度的责任心和坚韧不拔的意志力来迎接挑战。未来又是一个急剧变化的社会。社会的发展变动使人们已有的关于世界、关于人类、关于社会等等的认识发生改变；人们的生活经验、思想观念、行为方式处于不断的消长起落的变动状态；劳动世界中，职业类型、职业要求、职业流动都更为严格并变动加快，社会发展对人的挑战已成客观存在。在如此的社会中，唯有人们具有开拓、进取、创新精神，才能适应不断变化的社会，跟上时代潮流。开拓、进取、创新精神既是国家和民族发展对全体人的要求，也是时代和社会发展对个人的要求。唯有人民具有这样的素质，国家才能快速发展，个人才能适应时代要求，跟上社会发展的步伐。

（二）未来社会要求人具有合理的知识结构

客观世界是相互联系的有机统一体。反映客观世界的各门学科虽然有本质的差别，但它们不是孤立的、封闭的体系，而是相互渗透、相互联系的。随着社会的发展，科学技术向社会各领域的渗透，未来人必须具有合理的知识结构。这种合理的知识结构是由多种不同知识有机结合、互为联系、互为整体的网络化综合型的知识结构。

未来社会是一个财富和繁荣越来越依赖于知识和技能的社会，是一个

---

① 刘佛年主编：《中国教育的未来》，安徽教育出版社1997年版，第15页。

以脑力和创造性为基础的新产品和新服务充斥于世界的社会，是一个到处都打上科技烙印的社会，还是一个技术向社会各个领域渗透，知识的更新日益加快的社会。在这样的社会条件下，只有那些具有扎实宽厚的知识基础和基本技能，有合理的知识结构的人才能适应社会的需要。

社会的发展是伴随着一个淘汰过程，必将引起社会生活的深刻变革。新技术的发展和突破运用于劳动生产领域，一方面使劳动技能越来越快地变得陈旧，尤其是以较新知识为基础的工业中表现更为突出。另一方面使工作种类发生很大变化，旧职业不断消除，新职业不断由新技术创造出来，有些职业即使保留，但其工作方式将整个发生变化；而在一些技术领域分工界限变得模糊，掌握单一技能难以适应。科技的发展以及由此带来的知识陈旧、职业变更，要求人具有广泛的知识。然而，现代科技发展，科技信息量不断膨胀，人类无法穷尽这些广泛的知识海洋，要想在这个信息化的时代跟上社会的步伐，必须形成一个合理的知识结构。

（三）未来社会发展要求人有合理的能力结构

未来社会的日趋多样化、复杂化、技术化、现代化、信息化使生活、职业瞬息万变，由此带给人们的压力是可想而知的。面对这样的社会发展，未来的人不仅需要扎实的基础知识和合理的知识结构，还需要与社会发展相适应的能力结构。能力结构的构成是多方面的，它既包括一个人适应社会变动的能力，在复杂变迁的时代生存的能力，也包括人的开拓能力、创造能力，正如世界经济和合作组织的柯林·博尔所指出，未来人应具备三本教育护照，一本是学术性的，一本是职业性的，另一本是证明人的事业心、进取精神、创新能力和协调组织能力的。未来社会发展需要人有第三本证书，也就是要有合理的能力结构。

在所有的能力中，最主要的是独立获得知识的能力，也就是学会学习。学会学习是指在学校教育以及其他形式的教育中，充分重视培养终身学习所必需的兴趣、动机、知识和能力，为以后学习做好准备。未来社会处于一个知识信息急速膨胀，新旧知识更替加速的时代。这样的时代使人们所学的知识面临不断过时的危险，要适应社会的这种发展趋势，人们需要有能力自觉地掌握、扩充、更新自己的旧知识，学会学习，不断吸取新知识。

（四）未来社会要求人们有开创意识、竞争意识、效益意识和法律意识

这是未来市场经济条件下对人提出的新要求。未来中国社会主义的发展，市场经济的逐步建立完善，是一个艰苦复杂的探索实践过程，特别是使其既要适应中国的国情，同时又要与国际经济接轨，在国际经济竞争中立于不败之地，更不是一蹴而就、一劳永逸的事，要求人们有强烈的开创意识。

优胜劣汰是市场经济的客观规律，市场经济竞争是先进的科学技术、先进的经营管理、先进的市场信息的竞争，而最根本的还在于人才的竞争。这要求人们有一定的竞争意识。

在市场经济的竞争中，效益就是生命。一个企业参与市场竞争，特别是一个国家的经济参与国际市场竞争，只有靠效益才能取胜。这同样要求参与竞争的人有效益意识。

市场经济是法治经济，要求人有法律意识和法制观念，能自觉运用法律来维持市场的正常运转。

（五）未来社会还要求人有较高的道德和理性

未来社会的发展在提高人民生活的同时，也给人们带来新的伦理挑战和困惑。未来科技的不断发展，社会的变化将不断冲击人们的种种观念，迫使人们改变自己的社会态度、价值标准和伦理道德。高度发展的科技，会给人类带来比现在更为优裕的物质生活，而丰富的物质生活则可能带来道德的沦丧、理想的泯灭，许多优秀文化和价值观念受到侵蚀。面对物质繁荣带来的压力，人们只能具有较高的道德和理性素质才不至于受到负面影响。

（六）未来社会还要求人有国际意识

21世纪是我国实现现代化的历史时期，走向世界，成为中国人的历史使命。在这一时期，改革开放必将进一步扩大和深入。中国不仅要在自己的土地上建合资公司、独资企业，还要走出国门，建立跨国公司，打开中国商品的国际市场，创造我们自己的国际名牌。不仅要引进外资、智力和技术，还要输出资本，技术和人才。无论是引进与输出，都需要强烈的国际意识。

总之，人的发展是一个历史和发展的概念。未来社会对人的要求是多方面的，它要求人有全面的素质，从身体素质到文化科学素质到思想道德素质都缺一不可，而较之今天的社会，对人的要求最为不同的是以上几点。除此之外，任何时代所需的人的一些共同的素质特征也为未来人所拥有。

第八章 教育内容

社会主义的教育目标是造就德、智、体诸方面全面发展的社会主义事业建设者和接班人。人的全面发展的教育目标是通过社会主义全面发展教育和德、智、体、美、劳等全面发展的教育内容实现的。全面发展教育内容具体体现在课程计划、教学大纲和教科书中。

第一节 教育内容概述

一、教育内容的概念及其特征

教育内容是教育活动中传授给学生的知识技能、思想观点、行为习惯等的总和。它包括对学生进行德、智、体、美、劳等各育的内容。

教育内容的构成发展到现代社会变得丰富多彩。从其涉及的范围看，包括人类社会各个领域活动的知识、经验和技能；从其价值来说，它具有发展人的智慧、品德、体力、审美能力等各方面的作用；从其表现形态来说，有物质的，符号的，精神的，行为的。因此，不能把教育内容与学校课程所包括的内容完全等同起来。因为教育内容是学校中显性课程与潜在课程的统一体。

一般地说，学校教育与非学校教育相比，在内容上更注意全面性与系统性，更注意目的与内容之间的吻合。学校教育内容与非学校教育的影响物相比，具有以下几个特点：

1. 学校教育内容具有明确的目的指向性和预定性

学校教育内容直接反映着不同时代、不同阶级、不同社会、不同国家、不同学校层次、类别的人才培养目标。我国目前小学教育中开设的数学、语文，中学的数、语、外、物、化等课程都是为学生奠定良好的知识基础。而不同类别的学校所以在教育内容上各有特色，其原因正由于培养目标和人才类型的不同。至于不同时代、不同国家之间的内容之别，除其文化传统不同外，主要还是社会对人才的具体需要、具体规格不同所致。

学校教育内容不仅有明确的目的性，还有较强的预先设定性。学校教育内容通常是在教育活动开始之前就已准备就绪的，良好的教学秩序不允许无内容充分准备的教育活动，或随机捕捉的或偶然决定的教育内容。

2. 学校教育内容具有高度的信息含量和科学的富于逻辑的排列组合

学校教育的基本职能是人类经验的传递与继承。人类在社会实践中积累起来的经验分为两大类型：直接经验和间接经验。直接经验表现为直观的感性经验，间接经验则是人类在长期社会实践中积累起来的各种认识成果。人类社会发展至今创造积累的各类经验浩如烟海，任何人即使尽其毕生也只能了解其中的极少部分。为此，学校根据教育目的、社会需要、学生在校时间有限等诸多条件，从人类大量经验中筛选出典型的、有限的、基本的材料构成教育内容，我们将其称为基础知识、基本理论和基本技能，美国布鲁纳称其为"学科结构"，德国瓦·根舍因称其为"典型的范例"。由于教育内容是人类经验的高度浓缩，具有举一反三，闻一知十，触类旁通之效，因此，学生学了以后便可在有限的时间内，使他们的认识达到当代人类认识的高度。高度的信息含量表现为学校教学内容是以反复筛选的理性知识为主，是一门学科知识中的基本概念、定义、原理、规则、规律、公理、公式等等，而不是烦无巨细的具体经验。

学校教育内容的排列组合是根据人的思维发展特点，接受知识的先后次序和科学知识本身的逻辑顺序进行的，而不是按照知识本身发展的自然历史顺序进行编排。知识的逻辑顺序和人的心理认知顺序的吻合使教育内容的编排富于高度的科学性，从而使学生能够循着由浅入深、由表及里、由具体到抽象、由现象到本质的逻辑轨道，高效率地去获得人类的大量经验。

3. 学校教学内容不仅具有认识价值，还具有形成价值

学校教育内容传授的直接结果是不断丰富学生的知识宝库，提高学生的认识能力，即提高学生的观察能力、判断能力、思维能力、想象能力，使他们由无知到有知，认识自我、他我、自然、社会、过去、现在和未来。教育内容的逐渐消失，即是学生认识大厦的逐渐完成，最终教育内容消失在学生的认识之中。教育内容为学生建构了认识基础，提供了认识依据。

借助教育内容的学习，学生不仅可以认识世界，而且还可培养学生具有改造世界的能力，即培养学生具有分析问题和解决问题的能力。教育内容的功效，不仅在于要让学生知，而且要教会学生行。实现知行统一，理论和实践结合这才最终完成教学任务。

4. 学校教育内容具有高度的科学性和纯洁性

学校教育内容不仅是经过严格筛选的科学知识、科学定理、科学成果、科学真理，而且其内容构成、例证说明及其所贯穿的教学思想都必须符合科学的要求。任何违背科学要求的宗教、迷信、虚假等内容都不能进入教学过程，这便与小说、戏剧、电影等艺术形象的真假混杂、良莠并存有着重大区别。学校传授教育内容遵循的宗旨是必须有利于学生身心的健康发展。凡有悖于学生健康发展的内容、语言、例证、练习等都是教育活

动所不允许的，这也是任何教育管理、教育理论对教师的基本要求。

5. 学校教育内容被两个处于不同地位而又密切联系的主体共同使用

在学校教育活动中，教师虽然对教育内容是已知的，但他还必须从教的角度，即从如何使学生掌握、运用并转化为学生个体认识的角度重新研究、掌握和运用教育内容，以实现教育目的。学生对教育内容是未知的或知之不多、知之不系统的。他们对教育内容的掌握是为了认识世界，促进自己的成长。因此，学校教育内容的组成与结构必须顾及教与学两方面的可能与需要。

6. 教育内容的构成具有连续性

与科学知识的发展过程相比，教育内容呈现着螺旋递进、持续不断的特征。教育过程中的教育内容不同于科学知识、科研成果的汇集，它是以学科课程的形式进入教育过程的。课程内容是人类认识精华的汇聚，但绝不是它们简单地机械地堆积。这是因为任何一门课程内容的编排，都必须根据受教育者的心理发展顺序和认识规律去考虑知识在教材中的先后逻辑顺序。根据这样的规则，整个教育内容的排列，要体现由易到难、由简到繁、由浅入深的螺旋式递进的指导思想，使其既能为各年龄阶段的学生所接受，同时又能促进其心理的发展。就一本教材的知识排列来看，也要体现层级递进和由易到难的总特征。以小学生为例，他们的认识特点是：感知觉的笼统不准确、记忆的机械性、思维的具体形象性等等。在这样一个特定的认识水平制约下，如果教育内容无视他们认识发展的客观实际，没有逐渐递进的坡度安排，只是按科学知识发展的自然顺序去进行知识的呈现，语文始自《诗经》《楚辞》，数学始自几何计算，那么学生必然无法接受。

所以，学校教育内容与科学知识发展的自然进程及其排列方式根本不同。教育内容遵循的是学生接受知识的心理顺序、认知顺序和科学知识构成的逻辑顺序的有机结合，前面内容是后面内容的基础，后面内容是前面内容的逻辑展开和继续。科学知识发展遵循的是社会发展需要的顺序。科学研究中虽也要借助历史研究的成果，但并不完全依靠于它们，主要的是靠直觉思维，形成突破性的成果和认识。教育内容的螺旋式上升表明了知识的层级递进、难度渐增的总特点，而不是像科学研究成果产生那样带有很大的跳跃性；连续性则表明了教育内容的前后相继和各知识间的有机联系，而不像科学研究成果那样时断时续地出现。

7. 学校教育内容具有多种形式的信息载体

学校教育内容具有多种形式的信息载体。其主要载体是教材。教材包括教学大纲，教科书和教学参考书。此外，各种报纸、杂志、声像资料、激光视盘、微缩胶卷等也承载着与教科书、教学目的相关的教育内容。教师自身也是一个重要的信息载体。教师的口头语言和书面语言中都含有大量的信息，有助于学生消化理解教科书的内容。

总之，学校的教育内容是社会文化中一种极为特殊的信息资料，它既不同于社会文化，也不同于科学研究的所有成果。

二、教育内容的价值

教育内容是教育活动的实体成分，它在保证人才培养质量方面有着重要的意义。

（一）教育内容是培养一定规格人才，实现一定教育目的的基本保证

教育内容直接反映教育目的和培养目标，是培养人才、保证教育质量的核心。任何社会任何阶级都是通过特定的教育内容去实现教育目的，培养自己所需的人才。中国的封建社会，通过"四书""五经""六艺"去培养"齐家、治国、平天下"的统治人才；欧洲的僧侣封建主则通过"七艺"即文法、修辞、辩证法（三科）、算术、几何、天文、音乐（四学）的教会教育去培养虔诚于上帝、服从教权和神权、能进行宗教活动的僧侣；而世俗封建主则通过"骑士七技"，即骑马、打猎、游泳、投枪、击剑、下棋、吟诗的宫廷教育把自己的子弟培养成勇武善骑的骑士。到了资本主义社会，科学技术的进步和大工业的发展，要求每个劳动者必须学习

读、写、算的内容，于是，自然科学、社会科学以及体、音、美、劳等逐步进入学校课程。当代社会科学技术的飞速发展和急剧变革，要求教育内容的不断更新，充实进最新的科技成果，加强基础课程教学，实行课程的综合化，为学生更好适应社会需要奠定宽厚的知识基础，赋予科学的能力结构及广泛灵活的适应性。

（二）教育内容是教师教学的主要依据和准绳

教师在教育过程中起主导作用，决定着人才成长的方向和速度。然而，教师的教育和教学不是任意的，而是有计划、有目的、有组织地进行的。这种计划性、目的性与组织性是以有效实施既定的教育内容为核心的。教师要依据具体的教育内容来组织教育过程、选择教育方法，要以全面实施既定教育内容为准绳来控制、评估教育、教学活动。没有严格的教育内容深、广度的限制，教师的"教"和学生的"学"便失去了重要的量化依据。

（三）教育内容是学生学习的基本材料和扩大知识领域的重要基础

学生在校学习的知识量的扩大主要是借助教学内容完成的，科学完善的教学内容使学生由无知到有知，由认识主观世界到认识客观世界，不断提高自己的认识能力和分析问题、解决问题的本领。不仅如此，学生对教育内容的获得亦为他们奠定了扩大知识领域的基础，可使学生把知识由书本扩大到社会，由课内扩大到课外，由校内扩大到校外。

（四）教育内容也是检查教师教育质量和学生学习质量的重要依据

教育行政部门检查教育质量和学生的学习水平亦要以教育内容对德、智、体、美、劳等方面的安排和规定来进行。教育内容的安排要对国家负责，也对学生负责。国家通过学生对教育内容掌握情况的检查，既可检查教师教学质量和业务能力，促其提高教育水平；检查学生的学习结果，促其奋发向上，也可检查学校的教育质量，促其改进工作。

三、教育内容的社会制约因素

（一）生产力和科学技术发展是制约教育内容的根本因素

在科学技术不发达的时代，教育内容主要是生产和生活经验的汇聚，如原始社会，口耳相传的教育活动主要以狩猎、捕鱼、采集等生产经验和基本的生活准则为主。奴隶社会和封建社会则主要以维系与处理人与人之间关系的社会生活经验即社会典章制度为主。到了近现代社会以后，人类社会从蒸汽时代进入电力时代，又从电力时代进入电子时代，从刀耕、牛耕，发展到航海、航天，这一切都是科学技术不断发展的结果。科学技术的发展不仅推动了生产力的进步，同时也为学校教育内容的丰富提供了多方面的资料，从此，反映科学技术发展成果的数学、物理、化学、生物等内容开始逐渐进入到教育内容之中，形成自然科学与社会科学两大类内容平分秋色的局面。当代社会，科学技术的飞速发展和科研成果的急剧增加，促使学校课程不断改革，教育内容不断更新。

（二）社会政治经济的需要是教育内容的决定因素

生产力和科学技术为教育内容的丰富更新提供的可能能否变成现实，一个重要的因素是统治阶级的需要。古往今来，生产力和科学技术发展水平大致相似的国家，其教育内容不尽相同，其原因之一便是社会政治经济需要不同所致。

中世纪欧洲，所以把神学视为一切课程的王冠，是因为当时统治西方社会最强有力的因素是教会。因此，学校教育内容也都集中在宗教和道德的学习上。

中国封建社会的教育目的是造就封建帝王阶级的继承人，于是，在教育内容上便把"四书""五经"奉为至宝。国民党统治区的学校，为了驯化一代适合其需要的效忠者，他们在中小学开设了"党义""童子军""军训"等反动课程，向青少年灌输那些封建的、买办的、法西斯的反动思想，并千方百计防范、打击与排除异端。当代社会的一些资本主义国家，为了对抗社会主义和马克思主义思想，在学校中开设"马克思主义批判""共产主义批判"，也都是出于政治的需要。

（三）文化传统

不同的文化传统下也会有不同的教育内容。因为学校课程属于观念形态的文化，任何一个社会的文化都是民族的文化。教育内容具有历史继承性，各个时代的教育内容都是那个时代人类文化史的缩影，体现了人类世代积累起来的成果；同时各国学校的教育内容中，又都有着各自本民族的历史传统和特色，如中国古代的蒙养教材《三字经》，今天的中小学语文教材，历史教材等。

（四）教育对象身心发展的规律和水平

教育内容，不仅应该准确地反映各该学科的科研水平和发展状况，而且必须符合教育对象身心发展的规律和水平，易于为他们所接受，并促成他们身心的发展。为此，教育内容的深度、广度以及组织安排，既要符合教育对象的发展水平，又要能促进他们的积极思维活动；既要符合他们在有限时间内接受大量前人认识成果的特点，以传授间接知识为主，又要体现人类的一般认识发展规律，保证他们能够获得足够的丰富感性知识；既要以大量的现代文化科学技术技能武装他们，使其继承前人的精神财富，又要发展他们的智力，使他们成为应变能力强、富有创造和开拓精神的新型人才。脱离教育对象身心发展规律和水平的教育内容，就失去了教育内容的重要作用。因此，教育对象身心发展规律和水平是制约教育内容的一个极其重要的因素。

（五）未来社会发展的趋势

教育事业是一个具有鲜明超前性的事业，它的社会效益则滞后体现。今天的工作要在明天，乃至后天显现成果。今天的育人，要满足明天，乃至后天的要求。对现实教育内容的组织，必须考虑未来的需要。可见，组织和选定教育内容，必须考虑未来社会发展的趋势。

四、教育内容的改革与发展趋势

教育现象产生以来，教育内容就作为教育的重要构成因素而存在着，并随着社会生产方式的变革及科学文化的发展而不断变革和发展。人们不仅在实践上不断调整它，充实它，而且在理论上也在不断对它加以研究、探讨。进入现代社会以来，由于教育内容的社会制约因素不断变化和发展，教育内容也要不断改革。课程和教育内容的改革是当代教育改革的核心和关键。

当代，在中外教育内容改革和发展方面，越来越呈现如下趋势：

第一，教育内容的现代化、综合化。随着现代科学技术的高速发展、知识更新的加剧，旧的教学内容不断剔除，新的学科不断增设，有些国家的数学课已冲破了算术、代数、几何、三角等旧的分科体系，而把集合论、数理逻辑、程序设计、线性规划等新的知识和理论编入了教材。为适应科学综合化发展和培养应变能力的需要，许多综合性课程在各级各类学校开设起来。美国中学开设的社会研究（Social Studies）囊括了历史、地理、经济、社会、人口、心理等七种内容。

第二，课程体系的结构化。各门学科的体系日趋结构化，即在内容上去粗取精，缩减描述、描绘性和经验性的知识，增强知识的理论性和概括性，突出其间的联系，抓住基本结构进行表述，使得教学内容更加简练、紧凑、浑然一体。

第三，重视学习能力的培养。适应培养新型人才的要求，当代工业发达国家在教育内容组织过程中，都把培养学生研究、探讨和创造的态度与能力作为一项重要准则，都力图使组织的内容有助于把受教育者培养成有学识，肯钻研，既能掌握前人大量认识成果，又会通过自己的努力不断有所发现、有所创新的人。如苏联的新教学大纲中不仅包括了科学事实、概念、规律、理论等知识性的内容，还包括了科学研究的方法和合理的智力工作方式及内容。日本的许多教材已用引导学生对自然现象的观察代替了烦琐地对现象的描绘；用科学方式引导学生对问题的思考和联想，代替了对问题不分巨细的解释和简单化地给结论。

第四，重视个体差异，实行因材施教。为了更好发掘人才、培养人才，大多数国家都在课程的深广度方面加大了弹性，以便于教师针对学生个体差异因材施教。许多国家增开了选修课，供不同基础和不同兴趣爱好的学生选用。中国近年来实施的"分层次教学"也促进了学生个性和主体性的发展。

第二节　我国现行的教育内容

基于造就全面发展年轻一代的需要，我国的教育内容由德、智、体、美、劳五个方面构成。各级各类的学校，由于其具体教育任务和培养目标的不同，教育内容在深、广度及具体门类上有所差异，但从总体上看，是由以下部分构成的不可分割的有机整体。

一、系统的文化科学知识、技能和技巧

完成智育的任务要借助具体的内容去实现。我国中小学教育的性质是基础教育，总的培养目标是为上一级学校输送合格新生和为社会生产输送劳动后备力量。根据这一目标，确定智育内容的原则是考虑知识的全面性、基本性与基础性，以系统的文化科学基础知识和基本技能去武装学生。

知识是人类认识客观世界过程中积累起来的认识成果；技能是经过反复练习而形成的顺利完成某种任务的动作方式；技能经过进一步的练习，达到定型化、自动化的程度便成了技巧。

知识是人类认识客观世界的结晶，掌握知识对人们特别是对正处于成长阶段的年轻一代是至关重要的。借助知识可以使他们更好地认识客观世界与改造客观世界，为社会生产力的提高与发展做出贡献，推进现代化建设的进程；借助知识可以促进他们科学世界观和共产主义道德品质的形成，加速个体社会化的实现，从而促成其全面发展。

科学知识浩瀚无涯，学科门类繁多，作为以学习为主要使命的年轻一代——学生，他们的时间和精力是有限的。要想把人类长期积累起来的知识全部继承下来，是根本办不到的。为此，只能从全部科学知识中选择那些最基本的东西，按照教学任务的要求和不同年龄阶段学生的身心发展特点与水平组织起来，形成学科，向学生进行传授。这些学科知识一般包括：

1. 本民族语文知识和技能技巧

本民族语文知识是进行普通教育的基础，故称语文课为工具课。语言是同思维紧密关联的，如果不能首先并很好地掌握语言，从事任何活动，包括从事接受文化科学知识的学习活动都将无法进行。

2. 数学知识和技能技巧

数学是普通教育的又一门重要学科。它被广泛地应用于其他许多学科和领域。数学也是一门工具性较强的学科。学习数学，掌握各种计算、测量和几何作图本领，可以帮助学生顺利接受劳动技术，学会各种现代基本生产技术；帮助学生形成辩证唯物主义世界观；有利于学生学好其他相关学科（如物理学、天文学、化学）等；还有利于发展学生的空间想象力，促进他们逻辑思维的发展。

3. 外国语知识和技能技巧

外国语是吸取世界各国先进文化科学技术知识的基本工具，也可以借此加强彼此联系，增进友谊。掌握外语是现代建设者必备的条件。通过外国语的学习，还可以帮助学生加深对本民族语言特色和规律的理解。

4. 政治理论知识

它是对学生进行马克思列宁主义、毛泽东思想教育的主要学科。通过社会发展史、政治经济学、辩证唯物主义等学科的学习，可以使学生理解和系统地掌握马克思主义的基本原理，运用马克思主义的立场、观点和方法去分析、观察、解决问题，逐步形成共产主义的世界观和道德品质，为学习其他学科奠定理论基础。

5. 历史知识和技能技巧

学习历史知识除了可以帮助学生掌握历史现象和发展规律外，在帮助学生形成历史唯物主义世界观、树立共产主义人生观和养成爱国主义和国际主义情感方面有着重大作用。特别是通过本国历史知识的学习，能够有力地激发起民族自豪感，增强民族自信心。

6. 地理知识和技能技巧

通过地理知识的传授，可以使学生了解本国和世界各国的自然情况、居民情况和经济情况，以及人类改造与征服自然的系统知识。这不仅对年轻一代未来从事改造自然的宏伟建设事业是必需的，而且对培养学生热爱祖国的情感，培养各族人民之间兄弟般的合作和友爱精神都有极大作用。

7. 物理、化学等方面的知识和技能技巧

物理学知识是揭示各种物理现象及其变化规律的知识，是各种科学技术的基础。学习物理学知识，不仅是进一步从事某种基本理论研究的需要，而且对学生掌握各种技术科学也有十分重要的意义。

化学是研究物质结构、物质变化现象及其规律性的科学。化学在工业、农业、国防和医药等部门中都被广泛运用。通过化学的学习，不仅可以使学生掌握化学的基础知识，了解有关各种物质变化的基本原理及其在生产中的应用，掌握化学实验的技能、技巧，培养和发展学生的能力，而且可以使学生认识物质的成分、化学元素的构成、物质不灭、物质的量变和质变的规律等基本原理，有助于形成学生辩证唯物主义世界观。

8. 生物学知识

生物学知识能使学生理解有机体和其生存条件的统一，生物由简单到复杂的演化史，了解动物植物的最基本的分类、结构、习性和生态学特点，以及分子生物学的成就，遗传和变异等基本理论。使学生从小热爱动植物，掌握植物栽培和家畜饲养的一些主要方法，获得相应的栽培与饲养的技能技巧，为学生进一步参加学习或从事生产、生活做好必要准备。

二、辩证唯物主义世界观和社会主义道德品质

培养未来社会的建设者和推动社会生产力发展的中坚力量，除了要向他们传授系统的文化科学知识、技能和技巧外，还必须以辩证唯物主义世界观和社会主义道德品质武装他们的头脑。对年轻一代进行辩证唯物主义世界观和社会主义道德品质教育，既是社会主义物质文明建设的需要，也是社会主义精神文明建设的需要。1993年国家发布的《中国教育改革和发展纲要》和1995年颁发的《中华人民共和国教育法》均对学校的德育内容做出了明确的规定。《教育法》第六条指出："国家在受教育者中进行爱国主义、集体主义、社会主义的教育，进行理想、道德、纪律、法制、国防和民族团结的教育。"根据《纲要》为德育规定的任务和《教育法》的要求，学校的德育内容应有下列方面：

1. 马克思主义基本理论常识教育

马克思列宁主义和毛泽东思想是无产阶级的世界观和方法论，是无产阶级认识世界和改造世界的强大思想武器，是无产阶级政党制定方针的理论依据。因此，它是我国现代化建设的指导方针。马克思列宁主义作为科学社会主义学说是社会主义意识形态的重要组成部分。以马克思列宁主义观点武装学生，可以为形成科学的世界观奠定基础。

马克思列宁主义是无产阶级解放运动的理论和无产阶级根本利益的科学表现。马克思主义有三个主要的组成部分，即辩证唯物主义与历史唯物主义、政治经济学和科学社会主义。它通过大量的实际材料和严密的论证，阐明了自然界、人类社会和思维发展的普遍规律，揭示了资本主义生产方式的固有矛盾及其特殊的运动规律，证明了资本主义必然灭亡和共产主义必然胜利。要教育青少年树立共产主义的远大理想，就必须以马克思

主义基本理论武装他们的头脑，认识社会发展规律，才能使他们成为自觉的共产主义者。

中国特色社会主义理论是中国共产党人对马克思主义的创造性发展，是把马克思主义基本原理同当代中国实际与时代特征结合起来，在继承和发展毛泽东思想基础上创立的当代中国的马克思主义。在实践中形成和发展起来的中国特色社会主义理论的主要内容有：在社会主义发展道路上，强调走自己的路，不照搬外国模式，以马克思主义为指导，解放思想，实事求是，尊重群众的首创精神，建设中国特色的社会主义。在社会主义发展阶段上，强调我国还处在社会主义初级阶段。在社会主义根本任务上，指明社会主义的本质是发展生产力、解放生产力，消灭剥削和两极分化，最终实现共同富裕。在社会主义发展动力上，指明改革是解放生产力，实现中国现代化的必由之路。与之相关的重要内容还包括：和平与发展是社会主义建设的外部条件，坚持四项基本原则是社会主义建设的政治保证，中国共产党是社会主义的领导力量和依靠力量等。[①]

2. 理想教育

理想是人们对未来美好事物的向往或追求，也是人们的奋斗目标。理想就其结构来说，主要有四个层次。社会理想，即对未来美好社会制度、政治结构和社会面貌的追求、设想和预见；道德理想，即对理想人格的向往或追求；职业理想，即对未来的职业种类和部门的设想；生活理想，即对未来的衣、食、住、行、娱乐及婚姻家庭的追求和向往。在这四种理想中，社会理想是最根本、最重要的，它贯穿和制约着其他理想，反映着一定阶级的利益和要求。

建设社会主义现代化强国是我们近期的共同理想，建立共产主义社会是我们的最高理想。共产主义理想是以社会发展规律为依据的科学预见。进行理想教育的根本目的就是促使受教育者在社会、事业、人生等方面树

---

① 江泽民：《在中国共产党第十四次全国代表大会上的报告》，人民日报，1992年10月12日。

立远大的奋斗目标，引导他们懂得人生的价值在于奉献，能够自觉地把个人理想同国家的前途命运紧密地结合起来。共产主义理想教育的具体内容是：树立对共产主义的认识——使受教育者懂得共产主义是人类社会发展的必然趋势，是人类最美好、最合理的社会，从而树立为共产主义而奋斗的信心和决心。共产主义人生观教育——使受教育者运用共产主义世界观去观察和对待人生问题，把实现共产主义作为人生最高理想，把为共产主义而奋斗终生作为人生的崇高目的。树立正确的人生目的、人生理想和人生态度、人生价值，正确处理生死、苦乐、荣辱等重大人生课题。革命传统教育——继承和发扬革命前辈在长期革命斗争和建设过程中形成的革命精神、优良作风和高尚品德，如全心全意为人民服务，理论联系实际，实事求是，开展批评和自我批评，谦虚谨慎，勤俭朴素等。

当代中国，建设中国特色的社会主义是全国各民族人民的共同理想，因而，理想教育的核心就是培养学生逐步树立献身社会主义现代化建设事业的坚定信念。理想教育应与世界观、人生观教育结合，与科学信仰相联系。通过教育使学生在社会、人生、事业等方面树立正确的理想和奋斗目标。

3. 爱国主义和国际主义教育

爱国主义是指人们对自己祖国的深切热爱和为祖国的独立富强贡献一切的崇高精神。国际主义是全世界无产阶级和劳动人民不分民族和国家，在为共同的共产主义事业而斗争时所表现出来的团结一致、互相支持的精神。爱国主义作为一种巨大的精神力量和重要的道德规范是任何一个国家和民族都不可缺少的。人们的各种政治思想、道德品质，只有把为了祖国富强作为出发点和归宿，才具有崇高的社会价值和强大动力。我们培养的各级各类人才，不论他们知识多么渊博，智能多么高强，只有同时具有爱国主义思想才具有坚实的根基。因此，爱国主义教育是其他一切教育的基础和起点。无论学校还是社会都应把爱国主义教育放在十分突出的重要地位。爱国主义和国际主义教育的内容是：紧密联系学生的思想实际和社会实际，把爱国主义教育同国情教育，同热爱社会主义和热爱中国共产党的教育结合起来；使学生从小就知道什么是剥削、压迫，了解帝国主义侵略中国的历史，逐步懂得没有共产党就没有新中国，只有社会主义才能救中国，只有社会主义才能发展中国的道理，教育学生能够坚持与发展社会主义；通过了解祖国的河山、矿藏、人民及悠久的历史和灿烂的文化，教育学生树立民族自尊心、自信心和自豪感，树立鲜明的国家观念，高度的公民责任感和自力更生、艰苦奋斗、建设祖国、为国争光的献身精神；教育学生热爱和平，同世界人民友好交往，平等相处，互相支持。

当代中国的爱国主义教育主要包括中华民族悠久历史教育和优秀传统文化教育，党的基本路线和社会主义现代化建设成就教育，中国国情教育，社会主义民主和法治教育，"和平统一、一国两制"的方针教育。通过教育使学生了解我国的基本国情，从而形成热爱祖国的思想和情感，树立保卫祖国和维护祖国尊严的坚强意志。

4. 集体主义教育

集体主义是无产阶级在大工业生产中，在同资产阶级进行斗争中形成的一种思想品德。它集中体现了无产阶级大公无私的品质和新型的道德关系，成为贯穿各种道德规范体系的总纲，是共产主义道德区别一切旧道德的基本特征。1958年9月，中共中央、国务院发布的《关于教育工作的指示》，就提出在一切学校对学生进行集体观念的教育。1986年9月，中共中央在《关于社会主义精神文明建设指导方针的决议》中又指出："鼓励人们发扬国家利益、集体利益、个人利益相结合的社会主义集体主义精神。"

集体主义精神是共产主义道德的实质。个人与社会集体的关系，从来都是道德的基本问题。如何解决这个问题，历史上不同的阶级有着不同的道德原则与态度。剥削阶级奉行利己主义，视个人利益高于一切，强迫他人服从他们的个人意志。无产阶级与剥削阶级道德原则有着根本区别，要求一切从人民的利益出发，把集体利益看得高于一切，既坚持集体主义，同时又考虑个人需要；既鼓励人们发扬国家利益、集体利益、个人利益相结合的社会主义、集体主义精神，维护集体和国家的利益，也充分注意调动个人的积极性与创造性。

在我国，集体主义是社会主义成员之间及个人和集体、个人和国家关系的基本特征，是人们对待集体、对待国家的基本行为准则。

集体主义教育包括尊重、关心、理解他人，集体成员间团结协作的教育；为集体服务，维护集体荣誉的教育；关心社会，为家乡、社区的公益事业贡献力量的教育；正确处理个人与集体、国家利益关系的教育；以集体主义为导向的人生价值的教育。通过教育使学生养成在集体中生活的习惯，具备集体主义情感和大公无私的思想，树立人民的利益高于一切、全心全意为人民服务的信念。

5. 劳动教育

热爱劳动是中华民族的传统美德。劳动创造了世界，创造了人类自身，创造了一切物质财富与精神财富，促进了社会的发展和完善。然而，千百年来，劳动一直被剥削阶级视为卑贱之人所行之事。他们一贯鼓吹"劳心者治人，劳力者治于人"的剥削阶级意识。这种封建意识的余毒至今尚存。学校教育作为影响学生思想的一个重要渠道，应担负起向学生进行劳动教育的重任，弥补家庭娇生惯养给儿童人格发展造成的缺欠。通过学校的劳动教育，使学生认识到劳动的价值和意义，劳动的分类及其各自在发展中的作用。教育学生认清社会主义社会劳动的平等性质，培养学生热爱劳动和劳动人民及各类劳动者的思想感情。反对鄙视劳动、好逸恶劳、贪图享受。使学生通过劳动教育，养成热爱劳动、珍惜劳动成果的优良品质。

劳动教育的内容主要有：马克思主义关于劳动基本观点的教育，如劳动的意义、价值、作用，社会主义劳动的性质，劳动的分类等。

组织学生参加一定的、力所能及的工农业生产劳动，学习一定的生产知识技能。教育学生养成热爱劳动的习惯，从自我服务、家务劳动和学校的清扫劳动做起。

教育学生爱护公共财物，如桌椅、教具、文体用品、实验仪器、电教设备等。树立爱护公物光荣，损害公物可耻的好风尚。教育学生不仅在学校爱护公物，在社会上也应如此。

教育学生爱惜劳动成果，进行合理消费教育。如金钱的价值、来源、使用方式、管理方法、储蓄等。合理消费教育是我们面临的一个新课题，应引起学校和教师、家长的充分重视和研究。

6. 自觉纪律和法制教育

纪律是一定社会条件下形成的每个社会成员应共同遵守的秩序、规则、章程、制度等。无论人们从事什么活动，为了协调一致，就必须有一定的秩序和规则，否则活动就无法进行。

纪律具有社会性、历史性和阶级性。一般地说，封建社会是棍棒纪律，资本主义社会是饥饿纪律。这些纪律的一个共同特征，就是都建立在剥削阶级强迫命令和绝对服从的基础之上，为其专制统治服务。社会主义的纪律，从本质上说是自觉纪律。自觉纪律是指依靠人民的高度自觉性和对革命事业的责任心而自愿遵守的纪律。它是建立在对各种活动必要性的充分理解和个人与集体、与国家之间根本利益一致的基础之上的。

在进行自觉纪律教育的同时还应进行社会主义法制教育。法制是统治阶级实行专政的工具之一。社会主义国家的法制是无产阶级和广大人民根本利益的体现。它是由人民来决定，由人民来实行，用来保护人民的利益。

自觉纪律和法制教育的主要内容有：教育学生遵守学校制定的各项规章制度，遵守国家发布的"学生守则"和"中小学生日常行为规范"。培养学生自觉遵守这些纪律的习惯。

教育学生了解公民的基本权利和义务，提高对纪律与自由的认识，正确处理人与人之间的关系。

进行初步的法制教育，使学生知道什么是违法行为，开始培养守法习惯。帮助学生了解我国的基本法律，教育他们自觉遵守和维护国家的法令，坚决执行党和政府的有关命令、决议和指示，服从学校领导和教师的教育，与违法现象进行坚决的斗争。

7. 社会公德教育

社会公德是人们在公共生活中必须共同遵守的最起码的行为准则和道德风尚，如文明礼貌、互助友爱、诚实守信、讲求小节、遵守公共秩序等。社会公德的功能是协调人们公共生活的关系，自觉承担社会义务，约束自己的言行以符合大多数人的共同利益。尤其在公共场合和集体生活中，在纪律与法制的规定范围之外的各类生活小节，只能靠社会公德去发生作用。社会公德是一个人做人最起码的德性。只顾私人方便而置他人于不顾的行为就丧失了最起码的做人准则。因此，除纪律和法制教育外，社会公德教育是一个重要的补充。

社会公德教育的主要内容有：教育学生尊敬长者，养成扶老携幼的品德；教育学生拾金不昧，讲文明，有礼貌；教育学生遵守公共秩序，如交通、车站、食堂、礼堂、图书馆、阅览室等各种公共场合的秩序；教育学生养成文明行为，如说话不大声喧哗，不乱扔垃圾，不随地吐痰，不欺负幼小等；教育学生养成谦虚、谨慎、诚实、正直和热情、大方等良好品质。

8. 国防和民族团结教育

国防教育包括国防意识和国家安全意识的教育，捍卫祖国独立、维护国家主权和领土完整的教育；军民团结教育和对普通高等学校、高级中学在校生进行基本的军事训练。通过教育增强学生的国防意识和国家安全意识，使他们初步具备基本的军事素质和技能，自觉地捍卫祖国的尊严、独立和统一。

民族团结教育包括树立马克思主义的民族观、宗教观的教育，党的民族政策、宗教政策教育，民族团结的悠久历史教育。通过教育使学生了解我国的民族团结政策和宗教政策，树立民族平等的思想，自觉维护民族团结和祖国统一。

1994年中共中央颁布的《关于进一步加强和改进学校德育工作的意见》和《爱国主义教育实施纲要》，是新时期德育工作的纲领性文件。为了更好地实施和开展德育工作，原国家教委先后颁发了《小学德育纲要》《中学德育大纲》，以及《普通高等学校德育大纲》。这些文件针对不同年龄阶段学生的特点，分别制定了相应的德育目标、德育内容，从而使德育得以真正贯穿在学生成长的整个过程中。

开展德育工作，要采取丰富多彩、灵活多样的教育形式。除了要更好地利用学校政治理论课和思想品德课这一主渠道和基本环节外，还应注重建设健康向上的校园文化，净化校园环境；加强社会实践；利用广播、影视、报纸、文艺、新闻媒介进行爱国主义、集体主义和社会主义思想的主旋律的宣传；因地制宜，利用博物馆、历史遗迹、风景名胜以及展示我国两个文明建设成果的重大建设工程等作为德育的基地；等等。

德育是一项社会系统工程，需要全社会的共同参与，需要学校教育、家庭教育和社会教育的紧密配合。

三、体育知识和技能、技巧

体育，从广义上讲，它是文化教育的重要组成部分，是增强人民体质，提高人们运动水平和健康水平，丰富社会文化生活和提高社会生产力的重要手段。从狭义上讲，体育即指学校体育，它是促进学生身体全面发展，增强体质，提高运动技能，增长体育知识，并借以培养优良道德品质的教育活动。对于造就全面发展的人来说，对他们施以体育知识和技能、技巧的教育，有着十分重要的意义。

学校体育的内容是根据体育的任务和学生的年龄特点确定的，它包括两个方面：体育运动和卫生保健。

（一）体育运动

田径运动，包括跑、跳跃、投掷等运动项目，是学校体育的重要内容。田径运动能促进人体的新陈代谢，改善和提高内脏器官的机能，发展速度、灵敏、力量和耐力，是促进身体发展的基础项目。

体操。中学体操内容包括：队列队形的操练、徒手操、轻器械操、跳绳、攀爬、负重等基本技能和技巧，支撑跳跃、单杠、双杠等项目。

球类。有篮球、排球、足球、羽毛球、乒乓球等。球类是青少年普遍喜爱的一项体育活动，它综合运用各项基本技能，促进身体协调发展，同时，对培养集体主义、团结协作、机智果断等品质有重要作用。

游戏。游戏有活动性和竞赛性两类。游戏的特点是趣味性强，生动活泼，可以吸收所有学生参加，颇受学生欢迎。游戏既能发展学生身体素质，又能对学生进行道德教育，提高对参加体育活动的兴趣。

军事体育活动。包括无线电、航空模型、航海模型、射击、划船、跳伞、驾驶摩托车以及投弹、障碍跑、匍匐前进等。学生参加军事体育活动，不仅可以增强体质，培养坚强的意志和勇敢作战的精神，还可以从中获得军事科技知识，树立加强战略、保卫祖国的观念。

游泳。游泳对人体肌肉、骨骼、内脏器官等的生长发育及各种身体素质的发展都有重要作用。游泳技能对于国防和生产有直接的现实意义。充分利用江河湖海开展群众性游泳活动，可以培养学生不畏艰险、勇敢顽强的意志。

武术。是我国传统的体育运动项目，外国人将其称为"中国功夫"。武术的内容丰富多彩，一般分为拳术、器械、对阵，包括各种腿法、手法、身法、气功等。练习武术可强身健体，增强内脏器官功能，培养勇敢顽强，坚韧不拔的意志，弘扬中华民族传统文化。

学校体育内容除上述各项外，亦可利用自然条件进行锻炼，如野游、爬山、日光浴、冷水浴、滑冰、滑雪等。

（二）卫生保健

卫生知识教育。通过生理卫生课教学和课外学习、宣传活动，使学生掌握生理卫生知识，学会科学地生活，这是达到身体健康的必要条件。

生活保健和疾病防治教育。要建立合理的生活作息制度和卫生保健制度，注意劳逸结合，注意环境卫生和饮食卫生。

注意各项活动的卫生要求。学生卫生必须受到普遍的、经常的注意。要合理地处理课业要求，避免负担过重，要注意培养学生良好的学习方法和习惯，科学用脑，保护视力，要注意阅读、书写姿势，注意学习环境、设备的卫生要求。

四、审美观点和审美能力

培养学生的审美观点和审美能力，是全面发展教育的重要内容。审美观点和审美能力的教育，对年轻一代的成长具有重要意义：第一，它可以培养学生高尚的情趣，丰富他们的精神生活，提高他们的道德水平。第二，可以丰富学生的知识，发展学生的智力，帮助他们认识世界。第三，可以增进学生的身心健康，提高他们的体育运动水平。体育是健与美的有机结合。美的教育可以促进学生机体及其机能的协调发展，调节人的精神活动。诸如，动听的乐章可以使人的大脑得到积极的休息，并增进食欲、促进消化等。

对年轻一代实施美育，其具体内容主要包括：

（一）文学艺术的美

各种形式的艺术作品和文学、艺术形象，都是对学生进行美育的丰富内容。

第一，文学。在各种文艺作品中，文学占有显著的地位。一部好的文学作品，犹如一部生活百科全书，它能从各个方面有力地影响和教育青少年，会使学生从中得到广泛的生活知识和经验，激发学生的想象与憧憬，鼓舞他们信心倍增地创造新生活，为追求美好的未来而努力奋斗。欣赏文学作品，进行文学创作，对学生不仅是美育过程，而且是很好的智育与德育的过程。

第二，音乐和舞蹈。音乐和舞蹈是对青少年学生进行美育的一项重要且受欢迎的内容，它符合青少年身心发展的年龄特征，对青少年感染力强，吸引力大。优秀的音乐和舞蹈，能使学生振奋精神，激发热情，鼓舞斗志，增添干劲。有助于学生养成积极、乐观、勇敢、豪放和集体主义的优秀品质，使学生体态匀称而健美地发展，形成学生的优美举止言行等。

第三，绘画。一幅优美的图画，不仅可以使学生从它的形象和色调美中体验到愉快或某种感情，而且可以从它内在的意境和隐含的思想情绪中加深对生活的认识，从而激发对生活的热爱。图画对培养学生理解现实对象基本特征的能力，细致入微的观察能力，丰富生动的想象能力，深刻全面的分析综合能力，以及空间观念等，都有很大的作用。

第四，影剧欣赏。电影和戏剧，都是综合性艺术，是各种艺术手法的综合运用，不仅艺术性强，知识性也强，很受青少年学生的欢迎，容易对青少年学生产生影响和感染作用。如果指导欣赏工作搞得及时得当，这种影响和感染，会在学生生活和学习过程中长时间地发挥作用。

（二）大自然的美

大自然的美，尤其是家乡山河风光美，对发展学生美的情感具有极大的影响。在我们辽阔的国土上有无数风景如画的锦绣山河和一望无际的肥田沃野。这对培养学生鉴赏美的能力，丰富美的感受，都有极好的作用，也是美的重要源泉。通过大自然进行美育，可以丰富他们的精神生活，开阔他们的胸襟，充实他们的知识，陶冶他们的情操。

（三）社会生活的美

日常生活和生产劳动中的美，是美育的一项重要内容。在我们社会主义的伟大时代里，全国人民斗志昂扬，到处表现出高度的创造精神、革命英雄主义和乐观主义，这是我们时代的新面貌。特别是在社会主义劳动和生活中，新人新事层出不穷。这种火热的社会生活，对学生来说，好像是一座大熔炉。豪迈的语言和雄壮的调子，"我为人人，人人为我"的风尚，废寝忘食、兢兢业业干社会主义的高贵品格，"亏了我一个，幸福十亿人"的精神境界，像熊熊的烈火，冶炼着一代青年的品德，熏陶着他们的情感，使他们饱尝着美的感受。火热的社会主义现实生活，有取之不尽用之不竭的美育内容。

五、劳动技术

以基本劳动技术武装年轻一代，这是全面发展教育的又一个基本内容。通过劳动技术教育，一方面可以使学生掌握一定的基本劳动技术知识和技能，另一方面还可以帮助他们树立正确的劳动观点和养成良好的劳动习惯。这对年轻一代的健康成长，有着极其重要的意义。对学生进行劳动技术教育的具体内容，主要包括下述几项：

（一）工业生产劳动和手工艺生产劳动的知识和技术

让学生掌握现代工业生产劳动的一些基础知识和基本技能，既可为教学与生产劳动、理论与实践相结合创造有利条件，又能使学生在未来的劳动和专业学习中具有广泛的适应性，有利于为"四化"培养建设人才。为此，在普通学校的校办工厂中，应积极创造条件，大搞技术革新，改造和更新设备，改进生产工艺流程，实现生产系列化和自动化。这不仅可以提高生产效率和经济效益，而且可以改善劳动技术教育状况，使学生通过劳动技术教育学习到比较先进的生产技术，了解到现代化大生产的发展趋势。与此同时，还应努力组织学生到附近现代化大工业企业进行参观。如果可能，还应争取组织学生到现代化水平较高的一些企业从事辅助性的劳动，进行一些简单的实际操作。这样不仅有利于开阔学生的科学技术眼界，而且对增强他们为祖国四化建设做出新贡献的信心与决心，都有重要意义。

对学生进行劳动技术教育，还应该充分重视组织学生参加各种手工艺劳动。手工劳动是现代化技术性生产劳动的基础，它可以使学生初步熟悉各种工具和材料的性能，获得初步的生产知识和劳动技能，为从事复杂的生产劳动做好准备。现代生产技术，使许多体力劳动智力化，减轻了体力劳动的强度，改善了劳动条件。然而，不仅现在，就是将来从事生产劳动也要付出一定的体力。基本技能，应包括体力方面的技能。从事手工艺劳动实践既可以使学生有更充分的条件去广泛地接触生产工具、原材料，而且可以使学生更有机会从事体力劳动锻炼。从事手工艺劳动，还可以更有效地养成学生手脑并用的好习惯，并可以使学生更直接地体察到劳动成果来之不易，使学生养成勤俭节约的优良品德。而且，一般的纸工、木工、金工、电工、瓦工、缝纫、编织等手工劳动，也是日常生活中所必需的，掌握这些方面的劳动技术，更有现实意义。当然，重视手工劳动技能的培养和锻炼，并非手工劳动越多越好，体力劳动越笨重越好。在教育实施中，应当力争实现手工劳动现代化，体力劳动智力化。既要面对现实，又要放眼未来。在劳动技术教育过程中，把出全面发展的人才和出现代化的新产品统一起来。

（二）农业生产劳动的知识和技术

在我国目前情况下，农业生产劳动的知识和技术，应该是劳动教育的一项重要内容，特别是对广大农村学校的劳动技术教育来说，它应是一项主要的、基本的内容。农业生产劳动的内容很多，有各种种植活动，如种树、种菜、种茶、种草药、种各种农作物和经济作物等；有各种饲养活动，如养猪、养鸡、养兔、养鱼、养蚕等。由于各地学校具体条件不一样，农业劳动技术教育内容的安排，一方面要力求学习些最一般的基础知识；另一方面又要从实际出发，扬长避短。有条件的，应尽可能多地搞些现代化的技术性劳动，条件暂不具备的，可搞些体力性强的手工劳动。

在进行农业生产劳动知识和技术的教育过程中，要大力开展科学种田活动，要创造条件，搞小实验农场，帮助学生学习科学种田的本领，把当地种田的先进经验与现代科学技术结合起来，积极地进行科学实验，种好种子田、高产稳产田和各种试验田。有条件的学校还要建立农机实验室，学习农机原理和农机的操作与维修。

（三）服务性劳动、公益劳动的知识和技术

对学生进行劳动技术教育要更新观念，把第三产业劳动知识和技术教育提到重要议事日程上来，搞好服务性和公益劳动知识和技术教育。

学校可以根据具体情况，有计划地组织学生参加一些力所能及的服务

性劳动，进行服务性劳动的基础知识和基本技术的教育，如无线电修理、缝纫、编织、刺绣、烹调等。公益劳动，如整修校园，植树造林和为社会服务等。公益劳动是直接服务于公共事业的不计报酬的义务劳动，它是共产主义的萌芽。组织这种劳动，对青少年学生有着不可代替的重要意义。家务劳动，如洗晒衣服、扫地、擦桌、烧饭菜、带弟妹等，自我服务性劳动，如洗涤缝补、整理床铺、清扫房间等，对培养学生的劳动观念、劳动的行为习惯、劳动技能以及责任心、义务感和自理能力等都很有好处。学校也要予以提倡和引导，使他们从中受到教益。

（四）管理生产的知识和技能

向管理要质量、要效益，已是现代化生产领域的普遍呼声。要发展生产、提高效益，不仅靠科学技术，还要靠科学管理。特别是搞现代化大生产，不懂科学管理必然事倍功半，寸步难行。所以，生产管理的一些知识和技术，也是劳动技术教育的重要内容之一。在劳动技术教育过程中，学校应根据具体情况，适当向学生介绍我国工农业生产的管理体制情况，组织生产过程的基本知识，制订生产计划的基本知识和技能，以及各种生产责任制和规章制度的基本知识，物资管理、财务管理的一些初步知识和技能等。生产管理是一种生产性的以脑力劳动为主的劳动，我们必须改变那种认为劳动技术教育只是从事体力劳动的传统观念，把生产管理的基础知识和基本技能纳入劳动技术教育之中，以适应造就新型劳动者的需要。

第三节　教育内容的科学规范

学校教育内容的规范形式是课程计划，教学大纲（课程标准）和教科书。课程计划是关于教育内容安排的总的规划；教学大纲（课程标准）是某门学科内容的具体规划；教科书是对教育内容的具体表述。

一、课程计划

（一）课程计划概述

课程计划（原称教学计划）是国家根据一定的教育目的和培养目标制订的有关学校教育和教学工作的指导性文件。它是学校领导和教师进行教学工作的依据和准绳。在中国，基础教育阶段的课程计划是全国统一的。为了保证教育质量和进行统一的质量检测，各级学校必须执行统一的课程计划。

课程计划由下述基本部分组成：

1. 教学科目

即根据总的教育目的和各级各类学校的任务、培养目标和修业年限，确定学校应设置的学科。

2. 学科开设的顺序

即依据学校总的年限、各门学科的内容及其联系以及教学法的要求，确定各门学科开设的顺序。

3. 各门学科的教学时数

即根据培养目标的需要和各门学科的教学任务、教材分量、难易程度及教学方法上的要求规定各门学科的教学时数，包括各门学科授课的总时数、每门学科在一学期的授课时数、每周的授课时数及各年级的周学时数等。

4. 学年编制和学周的安排

即学年阶段的划分、各学期的教学周数、学生参加生产劳动的时间、假期和节日的规定等。同时，在保证教学时数的前提下对教学、课外教育工作、生产劳动和假期等做出明确规定。

（二）1998年教育部对教育内容的调整

1998年教育部根据实施素质教育的要求，于1998年2月6日下发了

《关于推进素质教育，调整中小学教育教学内容，加强教学过程管理的意见》，决定调整中小学部分教育教学内容和教学要求。

1. 调整的原则与要求

本次对教育教学内容和教学要求的调整，要在不改变现行课程结构、课时、教材体系的前提下，本着有利于实施素质教育、促进学生全面发展，有利于减轻学生过重的课业负担，有利于教育教学秩序稳定的原则进行。调整后，要保证大多数学校在规定的授课时间内能较好地完成教学任务。

2. 调整的内容

（1）学科类课程

义务教育阶段重点调整的学科，小学为语文、数学；初中为语文、数学、外语、物理、化学。对小学自然、社会和初中生物、历史、地理等学科，如有需要，也可适当调整。

（2）活动类课程

活动类课程旨在丰富学生的感性学习经验，提高观察、分析、动手能力，培养学生自主参与精神和创造能力。活动课的调整要点有二：一是要防止活动类课程学科化倾向，或形式主义走过场；二是活动类课不要编写学生用书和加重学生负担。各省、自治区和直辖市教研部门可根据实际需要，编写供教师使用的教学指导书。

（3）专题性教育

除课程方案规定开设的学科类和活动类课程之外，其他诸如人口教育、青春期教育、健康教育、国防安全教育、环境教育、减灾教育、消防教育、交通安全教育、禁毒教育等均属专题性教育。专题性教育的调整要点是：①加强管理，使之规范。凡进入学校的专题教育内容必须经省级教育行政部门根据本地课程计划的具体情况审批。②专题性教育应尽可能结合相应学科课程进行，不再另编学生用教材。③禁止通过组织专题教育内容的知识竞赛，以赛促销，加重学生的经济负担。④建立对开设专题教育的管理制度，杜绝随意增减课时的情况。

（4）政治课

政治课调整是根据1997年11月原国家教委下发的《关于调整和完善中学政治课教材内容的通知》、结合《中共中央关于进一步加强和改进学校德育工作的若干建议》及《九年义务教育小学思想品德课和初中、高中思想政治课课程标准》进行的。调整的主要点是：从青少年的实际和特点出发，组织、引导他们比较系统地学习领会邓小平理论的主要内容和精神实质。具体做法是：把九年义务教育划分为1—2年级、3—5年级、6年级和初中四个阶段。小学以"五爱"为中心教育内容，进行具体的文明行为指导和"五爱"情感教育。在初中阶段，新增健康心理品质教育。初二集中进行法律常识教育，初三主要进行社会发展常识教育。高中阶段三年的安排分别是：高一经济常识教育、高二哲学常识教育、高三政治常识教育。

3．调整的方式与总体要求

①适当删减教学内容，即删除不影响学生继续学习的烦琐要求或内容，或学科间不必要的重复，或当前理论界、学术界仍有争议的或使用价值较少的内容。

②适当降低教学要求层次。教学要求过高，实际教学很难达到，或不降低要求层次，就很难控制相关内容的教学内容的深广程度，故要把教学要求切实降下来。

③将部分教学内容改为选学内容。对仅与部分学生生活经验相关，或必须有较高的物质条件做保证，或学生今后仍要重复学习的教学内容改为选学内容。

④适当缩小考试内容范围。《调整意见》规定：对只在学习过程中起辅助作用的，或只要求学生初步了解的内容，或教学中不要求全体学生掌握的内容，或教学要求不明确的内容，要限定只学不考。对在本次调整中所删减的或改为选学和定为不考的内容一律不得作为中考和其他考试的内容。考试命题的标准一律以本次调整后的内容和要求为依据，不得任意拔高。

二、教学大纲（课程标准）和教科书

教学大纲（课程标准）是根据教学计划以纲要形式编定的有关学科教学内容的指导性文件。它的内容一般包括说明和本文两部分。说明部分要叙述设置这一学科的目的任务、教材编选的依据及教法上的原则要求。本文是教学大纲的基本部分。它系统地规定教材的全部课题、要点及教学时数、实验、实习、练习、作业等，有的还列出参考书、学生课外读物及教学仪器、教具等方面的提示。

教学大纲（课程标准）是国家对一门学科教学的统一要求，是编写教科书的直接依据，也是教师进行教学工作的基本依据。它对统一教学要求，保证教学质量有重要作用。

教科书是根据教学大纲系统表述学科内容的教学用书，亦称课本。一般由目录、课文、作业、注释、附录等部分构成。

教科书是教师教学的基本材料，是教师课前备课，学生课后复习的基本工具。教科书的质量在很大程度上决定着学生的学习质量。

表8-1 义务教育全日制"五·四"制小学教学计划（初稿）

（1986年10月25日）

科目 周课时 \ 年级	一	二	三	四	五	上课总时数	与现行五年制计划比较	占上课总时数百分比
思想品德	1	1	1	1	1	170	-10	3.7%
语 文	11	11	9	9	9	1666	-206	36.5%
数 学	5	6	6	6	6	986	-166	21.6%
社 会			2	2	2	204	+60	4.5%
自 然	1	1	2	2	2	272	+56	6.0%

续表

科目＼周课时＼年级	一	二	三	四	五	上课总时数	与现行五年制计划比较	占上课总时数百分比
体　育	2	2	2	3	3	408	+48	9.0%
音　乐	3	3	2	2	2	408	+48	9.0%
美　术	2	2	2	2	2	340	+52	7.5%
劳　动			1	1	1	102	+30	2.2%
并开科目	7	7	9	9	9			
周总课时	25	26	27	28	28	4556		
活动 自习	1	1	2	2	2			
班队会	1	1	1	1	1			
体育活动	2	2	2	2	2			
兴趣活动	2	2	2	2	2			
周活动总量	31	32	34	35	35			
集体教育活动和机动时间	全年两周							

表8-2 义务教育全日制"五·四"制初级中学教学计划（初稿）

（1986年10月25日）

科目＼年级＼周课时	一	二	三	四	上课总时数	与现行教学计划总课时数比较	占上课总时数百分比
思想政治	1	1	2	2	200	＝	5.1%
语 文	5	5	5	5	670	+70	17.0%
数 学	5	5	4	4	604	+38	15.3%
外 语	4	4	4	4	536	+36	13.6%
历 史	2	3		2	234	+64	5.9%
地 理	3	2			170	＝	4.3%
物 理			3	2	166	+2	4.2%
化 学			3	2	132	+36	3.3%
生 物	2	2	2		204	+4	5.2%
体 育	3	3	2	2	336	+136	8.5%
音 乐	1	1	1	1	134	+34	3.4%
美 术	1	1	1	1	134	+34	3.4%
劳动技术	2	2	2	2	266	+268	6.8%
总开科目	11	11	11	11			
选修课			2	3	164	+164	4.1%
周总课时	29	29	30	30	3952		
活动 时事政策 班团队活动	1	1	1	1	134		
课外活动	4	4	4	4	536		
周活动总量	34	34	35	35	4622		

表8-3　义务教育全日制"六·三"制小学教学计划（初稿）

（1986年10月25日）

周课时　　　年级 科目	一	二	三	四	五	六	上课总时数	与现行六年制计划比较	占上课总时数百分比
思想品德	1	1	1	1	1	1	204	=	4.1%
语　文	10	10	9	8	7	7	1734	−204	34.9%
数　学	4	5	5	5	5	5	986	−170	19.9%
社　会				2	2	2	204	+68	4.1%
自　然	1	1	1	1	2	2	272	+68	5.5%
体　育	2	2	3	3	3	3	544	=	11.0%
音　乐	3	3	2	2	2	2	476	=	9.6%
美　术	2	2	2	2	2	2	408	+68	8.2%
劳　动			1	1	1	1	136	+34	2.7%
并开科目	7	7	8	9	9	9			
周总课时	23	24	24	25	25	25	4964		
活动　自　习	1	1	2	2	2	2			
活动　班队会	1	1	1	1	1	1			
活动　体育活动	3	3	3	3	3	3			
活动　兴趣活动	2	2	2	2	2	2			
周活动总量	30	31	32	33	33	33			
集体教育活动和机动时间	全年两周								

表8-4　义务教育全日制"六·三"制初级中学教学计划（初稿）

（1986年10月25日）

科目　　　周课时　　　年级	一	二	三	上课总时数	与现行教学计划总课时数比较	占上课总时数百分比
思想政治	2	2	2	200	=	6.4%
语　文	6	5	6	566	−34	18.1%
数　学	6	5	5	534	−32	17.1%
外　语	5	4	4	434	−66	13.9%
历　史	2	2	2	200	+30	6.4%
地　理	2/3	2		153	−17	4.9%
物　理		2	2	132	−32	4.2%
化　学			3	96	=	3.1%
生　物	2	3		170	−30	5.5%
体　育	3	3	2	268	+68	8.6%
音　乐	1	1	1	100	=	3.2%
美　术	1	1	1	100	=	3.2%
劳动技术	1	2	2	166	+166	5.3%
总并开科目	11	12	11			
选修课						
周总课时	31/32	32	30	3119		
活动　时事政策　班团队活动	1	1	1	100		
课外活动	3	2	2	234		
周活动总量	35/36	35	33	3453		

表8-5　1989年调整的高中教学计划

时数 科目＼年级	高　一	高　二	高　三	授课总时数
政　治	2	2	2	184
语　文	4	4	5	392
数　学	5	4	5	426
外　语	5	4		306
物　理	3	3		204
化　学	3	3		204
生　物		3		102
历　史	2	2		136
地　理	3			102
体　育	2	2	2	184
劳动技术	每学年4周	每学年4周	432	
社会实践活动	每学年安排2周，在劳动技术课、课外活动或学科教学活动的时间内进行			
每周必修总课时数	29	27	14	2240
选修课	3	4	16	
课外活动	6（体育锻炼：3　其他：3）	6（体育锻炼：3　其他：3）	6（体育锻炼：3　其他：3）	
每周活动总量	38	37	36	

　　注：1. 时事课每周一课时，利用选修课或课外活动时间安排。

　　2. 学校可根据场地、器材和师资等条件安排体育课和体育锻炼活动，但二者总量不应少于5节。

第九章　教育活动

　　"教育是一种培养人的社会活动"，是长期以来人们对教育的概括性认识。按照形式逻辑下定义的规则，即被定义的概念等于属概念（上位概念）加种差，教育的属概念即为活动。然而长期以来，活动作为一个重要的教育学概念，在理论上一直没有引起人们足够的重视，有关教育活动的研究文献更是屈指可数。教育活动理论研究的贫乏与教育活动实际运作间的强烈反差，迫使理论工作者对其进行深入的研究。

第一节　教育活动概说

一、教育活动的界定

　　什么是教育活动（Educational Activities）？这是深入研究教育活动必须予以回答的问题。到目前为止，有关活动范畴的界说尚未取得确切一致的意见，其状况犹如Л.尼科洛夫所介绍的：

"'活动'概念本身的含义是极不确定的……直到今天，无论是心理学著作，还是社会学和哲学著作，都在各种不同的意义上使用'活动'概念。"①有人把活动界定为"实现着主体—客体两极之间相互转变的过程。"②有人定义为："能动性的最高形式，是合目的的能动性。"③也有人把活动看作是："社会和人存在和发展的方式，是人改造周围的自然现实和社会现实（包括人本身）以适应它的需要、目的和任务的过程。"④而马克思主义者则特别指出，如果"运动是物质的存在方式"⑤的话，那么活动则是人（有生命物质）的一种存在方式，人类的特征恰恰就是自由自觉的活动。我们认为，活动是主体能动地、现实地改造客体（包括自然、社会与人类自身）以满足其某种需要的社会互动过程。这一概念可从以下几方面去理解：

第一，主体与客体是构成活动的最基本的因素。无论是缺少主体的客体还是缺少客体的主体，都不能构成活动。作为主体的人的活动是一种对象性的活动。这里所说的对象性活动不仅指活动主体有自己的活动对象，而且指作为对象的活动客体要依赖于活动主体的对象性而存在。客体地位的确立是主体本质力量的对象化和外化，对象也就不能获得客体的属性而进入活动领域。作为主体改造对象的客体既可以是自然，也可以是人。因此全部的主客关系有三个层次：一是以人为主体，以自然为客体的"人天"主客关系；二是以我为主体，以你、他为客体的"人际"主客关系；三是以我为主体，以我为客体的"心身"主客关系。在这三种主客关系中，只有在它由主体自己所建构而非外部力量强加的时候，才能实际地突

① Л.尼科洛夫：《人的活动结构》，国际文化出版公司1988年版，第12页。
② 阿·尼·列昂节夫：《活动、意识、个性》，上海译文出版社1980年版，第51页。
③ 《苏联"活动理论"蠡测》，载于《哲学动态》1987年第2期，第7页。
④ 同上。
⑤ 《马克思恩格斯选集》第3卷，中共中央马克思恩格斯列宁斯大林著作编译局编译，人民出版社1972年版，第98页。

出自己的地位，表现出自己的本质力量。

第二，能动性与现实性是人的活动的基本特征。活动的能动性是人的活动区别于动物的活动的根本特征。在马克思看来，人的活动的能动性是与人的受动性密切联系的。人的活动的受动性要求人的活动合乎规律，而人的活动的能动性则要求人的活动合乎目的。只有实现了合乎规律性和合目的性统一的人的活动，才是"自由自觉的活动"。活动的现实性主要包括两方面：一是活动主体的现实性。马克思指出："全部人类历史的第一个前提是有生命的个人的存在。"二是活动对象的现实性，即"外部的、感性的实践活动，从发生上来说，是人类活动的、原始的和基本的形式"①。

第三，社会交往或互动是人的活动的内在基础。活动就其本质来看是交往的、互动的，活动本身就是以"个人之间的交往为前提的"②。交往是人存在和发展的基础，没有交往，个人就不能社会化，因而也不能个性化，最终就不能成为健全的个人。每个人对需要的满足包括两方面：一是自己通过活动满足自己需要的"自我满足"；二是人与人之间相互交换活动成果而达到的"互相满足"。在正常情况下，人对满足的需要和对需要的满足之间存在动态的差距，即需要总是相对高于满足，但需要与满足持平或满足超过需要时，人的活动就将趋于停止。

基于上述对活动本质和特点的探讨，我们认为，教育活动就是教育主体能动、现实地改造世界（包括物理世界、心理世界和文化世界），以促进人的素质全面生动发展的社会互动过程。

二、教育活动的结构

（一）教育活动的基本结构

苏联著名心理学家列昂节夫指出：活动既不是反应，也不是反应的

---

① 阿·尼·列昂节夫：《活动 意识 个性》，上海译文出版社1980年版，第57页。
② 《马克思恩格斯选集》第1卷，中共中央马克思恩格斯列宁斯大林著作编译局编译，人民出版社1972年版，第25页。

总和，而是具有自己的结构、自己的内部转变和转化，自己的发展的关系系统。教育活动也不例外。深入地认识和把握教育活动的结构，有助于提高教育活动的质量和效益。教育活动的结构可从内外两个层次加以分析。教育活动的内在结构即教育活动主体参与要素的构成有：教育者、受教育者、教育内容、教育方式。教育活动的外部结构即教育活动平面种类的构成。种类的划分可以有不同的标准，这里主要从教育活动的任务、性质和时空三个维度进行分类。

1. 以教育活动的任务为标准，可划分为德育活动、智育活动、体育活动、美育活动和劳动技术教育活动

教育活动的任务是由教育目的决定的。教育目的是从总体上对学生发展的一种期望，教育任务是教育目的指向特定活动的具体化。为了实现学生全面发展之目的，学校教育要开展德育、智育、体育、美育和劳动技术教育五种活动。德育活动（Activities of moral education）是把一定社会的思想观点和道德规范转化为学生个体的思想意识和道德品质的一种教育活动，其任务是形成学生一定的政治观点、思想意识、道德品质、法律观点和良好的心理品质。智育活动（Activities of intellectual education）是使学生掌握一定的科学文化基础知识和基本技能、技巧，发展学生认知能力，并形成科学精神的一种教育活动。体育活动（Activities of physical education）是使学生掌握基本的体育知识、技能和技术，发展学生身体，增强体质，养成自觉锻炼身体和讲究卫生的习惯，培育他们优良品质的一种教育活动。美育活动（Activities of aesthetic education）是培养学生正确、健康的审美观点和感受美、欣赏美和创造美能力的一种教育活动。劳动技术教育活动（Activities of technical education）即技术教育活动，是向学生传授基本的现代生产技术知识与技能，培养他们从事生产劳动的实践操作能力的一种活动。

以上五种活动是学校全面教育的重要组成部分。在理论上，我们可以把教育活动划分成五个类别，而在实践上，它们又是相互联系的有机整

体。当我们说德育活动的时候，并不能逻辑地推知有"非德育活动"。教育活动是全方位的，即：①教育活动是由德育、智育、体育、美育和劳动技术教育构成的。其中，体育是个体全面发展的物质基础，追求的是身体的健美；德育、智育、美育是个体全面发展的精神力量，追求的是真、善、美；劳动技术教育是个体全面发展的实践操作手段，追求的是对物质世界的改造。②每一种单一的教育活动的实现必须依靠其他多方面活动的辅助，体现了全面的联系性。③每一种教育活动都要体现对学生的全面负责。但是，教育活动的全方位并不否认在特定条件下以某一种活动为中心或重点。

2. 以教育活动的性质为标准，可划分为教授活动、学习活动和管理活动

教授活动（Didactic activities or teaching activities）是以施教者主动讲授、传递等为主要方式，通过求教者的领受、接纳来产生教育上的效果与价值，实现求教者素质全面发展的一种活动过程。教授活动体现了教师的主导地位，教师对活动的设计组织、评价和对传授内容、方法、途径的选择展示了其不可替代的作用。学习活动（Inquiry activities or learning activities）是求教者以主动探究、发现为主要方式，通过施教者的点拨、指导来产生教育上的效果与价值，最终实现求教者素质全面发展的一种活动过程。学习活动体现了学生的主体地位，特别是学生观察、思考与实践活动，使他们处于主动、自由的地位。管理活动（Administrative activities or controlling activities）是师生（施教者与求教者）为保证教育活动的质量和效益而展开的计划、组织、指挥、协调和控制的一系列活动过程。管理活动是教授与学习活动正常进行并取得实效的前提和基础，"如果不坚强而温和地抓住管理的缰绳，任何功课的教学都是不可能的"①。我们所说的教育活动的"有目的、有计划、有组织"就是管理活动的一个生动体现。

---

① 赫尔巴特：《普通教育学》，载张焕庭《西方资产阶级教育论著选》，人民教育出版社1979年版，第267页。

在现实的学校教育生活中，教、学、管三者构成了一种不可分割的教育整体，是"教师施教、学生求教"，师生双边、双向互动交流的过程。要真正实现教师的活动与学生活动的整合，还需要管理活动的计划、组织和控制。离开了管理，教师的教就不利于学生的学，学生的学也达不到预先要求的标准，而且教与学有分裂为两个独立的活动而不是一个完整的活动的危险。

3. 以教育活动的时空为标准，可划分为课内活动和课外活动

课内活动（Curricular activities）又称课堂教学，它是以班级课堂为空间，以国家规定的课程计划中的学科为主要内容，以法定的时间为依据来开展教与学，从而达到系统文化科学知识的掌握和基本身心素质的发展的一种教育活动。课堂教学所占的时间最多，教育人员最稳定，教育内容最系统，教育组织最严密，是学校教育的核心，也是最基本的教育活动。课外活动（Extra curricular activities），简单地说就是在课堂教学时空之外的时空里所进行的所有的教育活动。

课内活动与课外活动是完整的学校教育活动不可缺少的两部分。在课内活动、课外活动关系历史上，两者一直是一种主辅关系。课堂教学是学校教育活动的中心，担负着系统的文化科学知识传递的任务。而课外活动只是课内活动的补充、拓展、延伸和深化，仅在学校正课以外的边缘时空里展开。今天，这种认识已经发生了根本的变化，现代课外活动有其独立的教育价值，是学校教育（The whole schooling）和"全人教育"（Education for the whole person）的必要组成部分，与课内活动是一种并列互补的关系。它以真实生活的问题情境为对象，通过学生自由自觉的活动达到人性的丰满，主体性的提升，最终实现人文关怀之目的。

（二）教育活动的运行机制

1. 动力系统

在人类所有持久的活动背后，都可以找到它的动力来源，教育活动也不例外。教育活动的动力作为一个系统，主要由需要、动机和目的等构

成，其中需要是教育活动进行的原动力。从教育发生学的角度看，人类教育活动的出现就是源于人类社会生产和社会生活的需要，同时也是这种需要才使教育活动不断发展和完善。从个体教育的角度看，其活动是由动机激发的。如果说社会生产和社会生活的需要是人类教育活动的最终动因，那么作为意识到了的需要动机，则是现实教育活动的直接动力。所以，激发动机是教育活动（特别是学习活动）的关键一步。从长远观点看，需要和动机只有转化为目标，才能维持长久的活动，因此，教育活动重要的动力来源还是教育目标。全面激发学生的动力是教育活动得以维系的前提，也是施教者的重要任务。

2. 工作系统

工作系统是教育活动运行的主体部分，它是教育活动的基本要素——施教者、求教者、教育内容和教育方式展开的过程。教育目标的实现和教育效益的达成均在工作系统内完成。在工作系统中，施教者要调动求教者求知的积极性，实现教育内容和传授任务，指导和协调求教者的活动，促成求教者对教育内容的内化和外化；求教者会主动求教，通过自己的对象性活动，改造自身，改造自己的主客观世界，最终实现教育目标。

3. 监控系统

教育活动的运行不同于机器运行的特殊点在于人是具有主观能动性的。这种主观能动性既可能成为教育活动的动力，也可能成为教育活动的阻力。为了保障教育活动朝着教育目标的方向发展，有必要对教育活动的进程和结果进行监督和控制。教育活动的监控系统来自两个方面：一是求教者自己的认知、情感、意志和信念等对自己学习行为的监控；二是施教者以教育目标为准绳对求教者学习行为的监控。通过负反馈，调节教育活动的方向、方式，保证教育活动严格按照教育目的进行。

三、教育活动的意义

教育活动是一个重要的教育学概念，"教育学离开了活动问题就不可能解决任何一项教育、教学、发展的任务。然而，在许多教育学著作中，常常只是宣布一下活动方式，它的用途则十分贫乏，活动的丰富内容和可能性也没有得到揭示，活动方式仅仅与程序型、问题型方式列为一类的情况也不少见"[①]。之所以会出现这种状况，从哲学本体论的意义看，与对教育活动自身意义认识不够直接相联。教育活动的意义是多方面的，我们可从以下几个方面加以分析：

（一）教育活动是教育现象得以存在的基本形式

教育是人类社会所特有的一种社会现象，它同人类社会同时产生，又随人类社会发展而发展。马克思和恩格斯在《德意志意识形态》中说："人们为了能够'创造历史'，必须能够生活。但是为了生活，首先就需要衣、食、住以及其他东西。因此，第一个历史活动就是生产满足这些需要的资料，即生产物质生活本身。同时这也是人们仅仅为了能够生活就必须每日每时都要进行的（现在也和几千年前一样）一种历史活动，即一切历史的基本条件。"[②]人类在社会活动中所积累起来的有关社会生产和社会生活的经验、知识和技能，既需要经过横向的社会传播为当代社会成员所掌握，又需要经过纵向的历史继承为新生一代所接受。人类在共同的社会生产和社会生活过程所进行的经验、知识和技能交流、传授活动，便是人类社会的教育现象。从教育发生角度看，最初的教育活动是与社会生产和社会生活融为一体的。随着学校的出现，虽然学校教育已脱离了物质生产劳动，但却并没有脱离礼、乐、射、御、书、数这些教育活动，相反却成为主要的教育存在方式。现代一些教育思潮还极力主张教育的返璞归真，如杜威的"教育即生活"和陶行知的"生活教育"等。现代的教育更是从全时空的角度，立体开发教育的活动，全面促进个体身心的发展。可

---

① 休金娜：《活动——教育过程的基础》，载瞿葆奎主编《教育学文集·课外校外教育活动》，人民教育出版社1991年版，第3页。

② 《马克思恩格斯选集》第1卷，中共中央马克思恩格斯列宁斯大林著作编译局编译，人民出版社1972年版，第32页。

以看出，教育就是活动，任何教育都是活动的教育，教育一天一时也离不开活动，就像物质一天一时也不能停止运动一样。正是教育活动才使得教育产生、存在并获得了发展。

（二）教育活动是教育功能真正实现的根本环节

学校教育功能实现是一个过程。有人把教育社会功能的形成分成了四个阶段：即功能取向确立阶段、功能行动发生阶段、初级功能结果的产生阶段和次级功能结果的衍生阶段。四个阶段的划分都说明一个问题，即学校教育功能是在具体的教育活动中实现的，无论是在此之前的期望、准备还是在这之后的功能衍生，都离不开教育活动这一根本环节。

（三）教育活动是个体全面素质形成发展的动力源泉

人的活动不仅是社会及其全部价值存在与发展的本源，而且是人的生命以及人的个性形成与发展的源泉，为人的精神力量和肉体力量在多种水平上的发展提供了丰富的动力。为个体素质全面地、集中地、高水平地发展提供动力源泉的主要是学校教育活动。因为学校教育活动目的明确、组织严密、计划合理、系统性强，比较彻底地符合个体身心发展的客观规律，反映了社会对个体素质的时代要求，特别是随着现代终身教育（Long life education）、全民教育（Education for all）和素质教育（Quality education）思想的提出，全民接受全面的终身的素质教育的实施，个体素质之全面形成与发展便得到了更加强有力的动力保障。

教育活动还为个体主体性的发展提供了现实基础。我们知道，任何主体都是活动着的人，离开了感性的、实在的、具体的活动，他就无法使自己获得主体的地位；同样，任何活动也总是主体的活动，反映着主体的需要和愿望。而人的主体性正是主体自己在对象性的活动中形成、发展和确证的。离开了活动，人的主体性就成了无源之水、无本之木，既不可能形成，更不可能发展。可见，学校教育活动是与学生的主体性培养相统一的。如果个体脱离了教育活动，特别是感性的、实在的、具体的教育活动，脱离了由自身所规定和建构的主客关系，那么人的主体性的培养就只能成为一句空话。

第二节　教授活动

一、教授活动在教育活动中的地位

（一）教授活动在教育活动中的地位的历史考察

纵观历史，教授活动在教育活动中的地位曾发生几次变化。在原始社会和早期文明社会，"能者为师"是一条普遍的原则。由于有经验的长辈掌握着社会活动的知识、经验和技能，自然成为公认的教师。为了尽快适应社会生产与生活，满足世代生存与发展之需要，教什么、怎么教完全由能者决定。社会现实决定了教的主导地位。

进入奴隶社会以后，个别施教成为当时官学和私塾的主要活动方式，因材施教成为一条重要的原则。此时教与学矛盾双方的地位发生转化，学习活动由从属地位上升为主导地位。其代表是孔子的施教原则，即"不愤不启，不悱不发，举一隅不以三隅反则不复也"。孔子既不对弟子同时施教，也不教授同样的内容，他教与不教的取舍完全看弟子是否达到一定的条件，即弟子的状况。例如，中国古代的孔子开讲《诗经》之前，要求有所闻或能背诵。由于当时的教育既无统一、固定的课程，又无统一固定的进度，根据学生学习的状况自由开展教育活动便是历史的必然。

资本主义的兴起，出现班级教学制，教与学的地位发生第二次逆转，教授开始成为矛盾的主要方面，居于主导地位。在班级授课制情况下，教育活动的内容和进度则完全取决于教师。为了"节省教与学的时间和精力"，提高教育效率，实现"把一切事物教给一切人"的愿望，夸美纽斯提出了一套教授的理论、原则和方法。赫尔巴特更是以"课堂中心、教师中心和教材中心"这一教授活动中心思想把教授活动的地位提高到了顶峰。

受资产阶级民主化思想的影响，进步主义教育家杜威又一反赫尔巴特的传统三中心，提出了"生活中心、儿童中心和经验中心"的以学习活动为中心的思想。促使教与学的地位发生了第三次转换。杜威针对传统教育的弊端而引发出的教育即生长，教育即经验的不断改造和改组及做中学的观点，以及克屈伯以活动为中心的设计学习的理论又把学习活动的地位推向极端。在20世纪30年代，永恒主义和要素主义教育流派又从理论与现实的思考中看到了实用主义教育之弊端，引发了回归传统的重教轻学运动。

（二）教师教授活动地位的现实分析

从理论上讲，我们非常欣赏杜威的理论，但从实际上看，世界各国的现实教育活动又概莫能外地、不自觉地接受赫尔巴特理论的指导。事实让我们得出结论：在师生双方各自进行的活动中，教师"教"的活动居于主导地位，起着支配作用。教师的主导地位主要表现在以下几方面：

第一，教师是教育活动的设计者。设计是一种体现出创造性的筹划与规划活动。设计包含着目标的确定以及做什么、怎么做与何时做的筹划等内容，因此它体现着设计者的愿望。而学校教育活动的整个过程从总体上说是教师根据教育目的、教育任务和学生的实际状况设计的，即使微观到教学活动领域，教学内容、教学方法以及具体的活动方式也都是由教师决定的，主动权基本上掌握在教师手里，而不是在学生手中。由于教师有目的设计的活动本身就是教授活动的重要组成部分，因此不管后继的传授和训练活动是否与预定的计划相符，但都不能改变作为教的活动设计者的主导地位。

第二，教师是教育活动的实施者。在教育活动中，教师扮演着领导者的角色。教师通过直接或间接的方式完成着对学生的训练、传道、授业和解惑的任务。教师在实施活动中也处于主导地位，至于客观上处于"主导地位"的教师是否真正发挥了主导作用，则取决于教师的主观努力与实际教育活动中主客体关系的变化。

第三，教师是教育活动的评价者。教师还担负着对教育活动的全程管理的任务。评价是一种对教育活动现实的或潜在的价值做出判断的过程。其功能有二：一是鉴定功能，即对学生学习结果给以优良程度的区分；二是反馈功能，即诊断教育特别是学习活动过程中存在的问题，为教师提供反馈信息，以利于针对性地采取措施，保证教育活动向着预定的教育目标发展。教师正是通过评价的反馈功能达到对教育活动的控制，使之朝向预定教育目标，确保自己在教育活动中居主导支配地位。

确认教师的教在教育活动中的主导地位，并不否认学生在认识活动中的主体地位。之所以要强调教师的主导地位，是因为学生作为一个发展的主体，还不能完全按教育规律去活动，自觉满足社会要求。因此需要由专门的教师来设计、组织和评价教育活动，以便有效地实现社会价值。

二、教授活动的主体与客体

"三体论"认为教育活动是由教育者、受教育者和环境（或教师、学生、教材）三要素构成的三边活动；"四体论"认为教育活动是由主体（包括主体—教师和主体—学生）、客体（即客观世界）、介体（主客体之间的中介，包括精神介体如课程、心理过程和物质介体如工具、设备）和周体（即周围环境）四要素构成的多边活动[1]；"五体论"认为教育活动是由教师、学生、教育内容、教育手段和教育环境五要素构成的多边活动[2]；"六体论"认为教育活动是由教育者、受教育者、教育内容、教育手段、

---

[1] 邹有华：《教育认识论》，《课程、教材、教法》1982年第1期。

[2] 富维岳、唱印余主编：《教育学》，东北师范大学出版社1991年版，第181—182页。

教育途径和教育环境六要素构成的多边活动①。它们的结构关系如下:

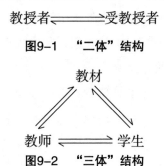

图9-1 "二体"结构

图9-2 "三体"结构

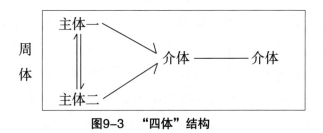

图9-3 "四体"结构

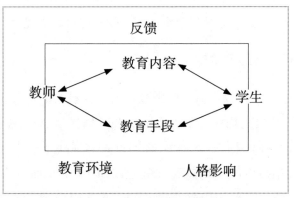

图9-4 "五体"结构

人类迄今为止的教育活动包括两类不同性质的活动,即教授活动和学习活动。虽然教授活动和学习活动都具有"认识"和"实践"两种功能,但教授活动更多地侧重于实践的属性,也就是说,教师的"教授"是一种

---

① 石佩臣主编:《教育学基础理论》,东北师范大学出版社1996年版,第375页。

特殊的实践活动，即教师能动性改造的对象既不是自然，也不是社会，而是处于发展中的人类本身。对教授活动形成一个骨架性的印象，我们倾向于"三体论"的分析。

在教授活动中，教师是活动的主体，是整个活动计划的设计者、实施者和控制者。学生和教材是活动的客体。学生与教材又有着不同的情况。首先，学生客体是一个具有主观能动性的、不断地处在发展变化中的客体。一方面，他要对来自教师的影响进行选择、改造，表现出相对的独立性和创造性；另一方面，他又经常不断地变化着自身，在不同的活动中表现出不同的内心状态，表现出独立的个性。其次，教材客体是组织化和系统化的人类精神客体。它属于"世界3"①的范畴，它依赖于各种物质载体而存在，并独立于人类主体之外，属于精神的客体。因此在教授活动中存在着两种主客体关系：教师和学生的关系与教师和教材的关系，教师与教材的关系是一种认识与被认识、改造与被改造的关系，即教师要对教材进行改革，使之符合学生认知的心理顺序，从而达到教学的逻辑顺序与学生心理顺序的内在的、有机的统一。教师与学生之间的关系则是一种特殊的主客体关系，它除了表现为教师的外在影响与学生内在发展这样一种促进与发展关系之外，更多地表现为一种交往性的主客体关系。在交往的过程中，使师生的主客性质经常地处于变化之中。这种平等的对话式的交往关系中，双方探讨的内容成了真正的客体，教师与学生都成了主体。

以上两种主客体关系体现了教师的主体性，确证了教师的主体地位。除上述两类主客体关系之外，教师还把教授的方法、手段、途径和环境当作客体，加以选择、利用和改造。

---

① "三个世界"的理论是由著名的科学家波普尔（K.Popper）提出的，他认为宇宙可划分为三个世界：世界1是物理世界，即物理实体的宇宙；世界2是人类的精神状态世界，它包括意识状态、心理素质意识状态；世界3是思想内容的世界，即人类精神产物的世界。

三、教授活动的方法

对教授活动的分类方法需避免两个误区:一是把教授方法的外延无限地扩大,以至于扩大到与教育方法等同的地步,即教育方法就是教授方法,教授方法也是教育方法。我们知道,教育是师生的一种共同活动,就其方法而言,它包括教师的教法和学生的学法两个有机部分,教授方法只是整个教育方法的一半,而且是不能离开学法而独立存在的一半。二是把教授方法的外延无限缩小,缩小到与知识传授的方法相等同,即教授方法就是传授知识的方法,如讲授法、谈话法、阅读指导法、讨论法、演示法、参观法、练习法、实验法等等。实际上,教授的任务既有知识传授、技能训练和能力培养等认知方面,也有品德的培育、态度的影响和情意调控等非认知方面,教授方法也应包括非认知的内容。因此,教授方法是教师为完成教育任务而组织教授活动的全部动作体系。

为了从总体上对教授方法有一个概括性的认识,我们拟选择纵横两个维度加以分类。首先,从纵向立体角度对教授方法加以划分。根据教授方法的抽象程度的不同,可把教授方法划分成三个层次:第一个层次是理论性的教授方法,如启发式教授法、注入式教授法等。该类方法是教育理论观念、教育哲学理念和教育科学思想在实际教授活动中的反映,它对教育实践的作用主要是通过教授主体的思想、观念体现出来的,具有宏观的理论指导意义和方法论的性质,是"理论的实际运用"或"行动中的理论"。①第二个层次是技术性的教授方法,如讲授法、谈话法、阅读指导法、讨论法、演示法、参观法、练习法、实验法等等。该类方法是通过一整套的逻辑程序和规范要求体现出来的,可一般地适用于学校各个科目的教授活动,具有较广泛的实用性。它既接受着理论性教授方法的指导,同时又对各学科具体的教授方法有借鉴意义。第三个层次是操作性的教授方法,如美术课的写生法、音乐课的试唱法、外语课的听说法、劳技课的工

---

① B.A. 什托夫:《科学认识的方法论问题》,知识出版社1981年版,第5页。

序法等等。该类方法是以具体的基本固定的操作程序与方式体现出来的，且与具体学科的内容特色相结合，具有具体的适用性。其次，从横向平面角度对教授方法以形态划分。第一种形态是语言性教授法，是以口头语言和书面语言为主要传递形式，它比较适合于以文字和其他符号为载体的教授内容，其特点是间接经验的传递准确、迅速、量大。正因如此，现代教育把教师的语言表达能力作为重要的素质之一予以高度重视。第二种形态是直观性教授法，如演示法、参观法等。该类教授法是以实物、直观教具的演示，或者组织学生参观直观感知为主要活动形式，适合于帮助学生理解抽象性的教育内容，具体特点是生动形象、真实具体。第三种形态是身教性教授法，如榜样法、示范法等。该类教授方法是以先进人物或教师自身模范事迹与表率行为做媒体来对学生施加影响的活动形式，它比较适合于品德性内容的教授，其特点是真实可信、感染性强，有较大的情意调控作用。第四种形态是陶冶性教授法，如暗示法、情境法等。该类方法是教师借助自然的或人工创设的环境与情境来开展教授活动的，它既适合于品德培养，也适合于智力开发，其特点是教育影响的自发性、无意识和知情意行的全面性。

四、教授活动的形式

教授活动的形式就是教师利用教育空间，分配教育时间，合理组织学生，实现师生相互结合的方式。从教授活动的历史进程看，先后经历了如下四种主要模式：

（一）个别教授式

个别教授式是教师分别对个别学生进行施教的组织形式。中国古代的私塾和欧洲中世纪的学校基本都采用这种形式。这种形式的特点是教授对象的年龄、文化程度参差不齐，即使年龄和文化程度相近，教师也分别授课，采用不同的进度，甚至内容也互不相同，没有固定的教授时间和修业年限。个别教授的优点是教授形式灵活，有利于教师因材施教和学生潜力的发挥。但是，由于一个教师只能教一个学生，效率很低。

（二）班级教授式

班级教授式要求把年龄和知识程度相同或相近的学生编成固定人数的班集体，按各门教学大纲规定的内容，组织教材和选择教授方法，并按固定的时间表向全班学生同时授课的形式。

班级教授式是以学生集体为对象的一种形式。早在我国汉朝时期，由于太学里的太学生过多，曾采用过大班上课和高年级学生教低年级学生的尝试。但由于学员间年龄相差悬殊，且缺乏严格的组织，所以还谈不上现代意义的班级和学年，具有一定的偶然性。随着资本主义工商业的发展和科学技术的进步，扩大教育对象和丰富教育内容成为社会的客观要求，因此也要求新的教授组织形式的出现。在16世纪，西欧一些国家创办的古典中学里，出现了具有现代意义的班级教授制度的萌芽，如法国的居耶讷中学、德国斯特拉斯堡的文科中学，以及天主教设立的耶稣会学院。17世纪捷克教育家夸美纽斯（Comenius J.A.）总结了前人和自己的实践经验，在《大教学论》和其他一些著作中系统地加以论证，从理论上确立了班级教授制的地位。

班级教授制的运用，可以大大地提高教授规模与效率。但是，班级教授式也因此带来了一定的局限：不能充分地适应学生的个别差异，不能照顾每个学生的兴趣、爱好和特长，同时难以兼顾学生的学习与发展，从而衍生出了教育过程社会化与个性化之间的矛盾。

19世纪末20世纪初，由于广泛推行的班级教授制忽视学生个别差异，压抑学生个性发展，与科技发展、民主进步的社会要求抵触，因而掀起了一场改革班级教授制，实行灵活的个别教授制度的浪潮，道尔顿制（Dalton Plan）和文内特卡制（Winnetka System）就是这一改革浪潮的产物。

（三）分组教授式

19世纪末20世纪初，随着科学技术的发展和资本主义民主化进程的加快，培养"学业拔尖，个性突出"的新型人才的呼声日益高涨。小型化的集体教授制（即分组教授制）和灵活性的个别教授制应运而生。

分组教授式是一种小型化的集体教授制，是班级教授制的一种改良。分组教授的形式有两种：一是能力分组，即按照儿童能力的大小，把他们分成若干组，他们学习的课程相同，但学习的年限不同，如当时德国的曼海姆制（Mannheim Plan）、美国的波特兰制（Portland Plan）；另一种是作业分组，即根据儿童能力的教授制，建议组成教授团（Teaching team），把教师、实习教师、视听教育人员、图书馆员或助手等组织起来共同制订教学计划，集中集体力量展开教育活动。学生的学习活动为眼看、耳听、口说、手做和脑想等综合的教授模式（见图9-5）。其具体活动过程模式如下表：

表9-1　分组教授式活动过程模式

教学形式	教材性质	活　动	过　程
大班级①	应用视听教具和资深人员演讲的	引起动机	准　备
班　级②	需要讲解说明和研读课文的	研读课文	提　示
小　组③	需要搜集资料、互相讨论的	小组讨论	比　较
班　级④	需要搜集资料、互相讨论的	整理发展	总　结
个　别⑤	需专门研究、练习或专题研究的	实践检讨	应　用

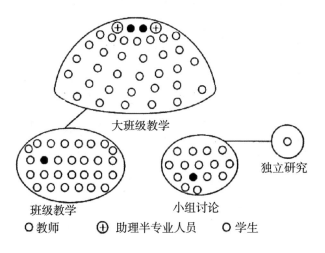

图9-5　协作教授制的组织形式图

第三节　学习活动

一、学习活动的特点

（一）关于学习活动本质的认识

回顾近年来有关学习活动本质的探讨，大致形成了以下几种有代表性的观点：①特殊认识说。该论点从马克思主义认识论原理出发，特别是列宁"由生动的直观到抽象的思维，再由抽象的思维到实践，这是认识真理、认识客观实在的辩证的途径"的论述和毛泽东"实践、认识、再实践、再认识"循环往复以至无穷的认识公式，指出学生的学习过程与人类的认识过程既有一致性，又有特殊性，即学生的认识是在教师指导下完成的，以获得间接经验为主，以自身素质的全面发展（即德、智、体、美，知、情、意、行）为目的。②认识—发展说。该论点认为：1）学习过程是以认知为基础的知、情、意、行统一发展的过程；2）学习过程是以智力为关键的品德、智力、体力全面发展的过程；3）学习过程是个性全面发展的过程。学生的学习过程既是一个认识过程，又是一个发展过程，还是一种发展性的认知过程；③多重本质说。该论点认为学习过程既不是单一的认识过程，也不是单一的发展过程，而是一个多层次、多方面、多形式、多序列的复杂过程。从认识论方面看，学习过程是一种特殊的认识过程；从心理学方面看，学习过程是各种心理过程（认识、情感、意志）以及个性特征和行为习惯的发展的过程；从生理学方面看，学习过程是生理素质（大脑、骨髓、肌肉以及内脏等）发育成熟的过程；从伦理学看，学习过程又是道德品质、思想意识和行为习惯的养成过程。④认识—实践说。该论点认为人类的所有活动归根到底可以归为两大类：认识活动和实践活动。学习过程也包括两大方面：反映和被反映的关系（即认知关系）；改造和被改造的关系（即实践关系）。学生既要掌握人类已有的知识、技能、发展能力（即认识过程），还要改造自己的主观世界，形成个性，促进自我社会化（实践过程）。⑤联结—认知说。这是自20世纪以来教育心理学界两大对立的学习本质观。联结派以行为主义心理学为基础，认为学习是刺激与反映的联结（S-R）或者反映与刺激的联系（R-S）的过程，它是通过"试误"和"强化"来实现的。代表人物有桑代克、华生、斯金纳等。认知派则以认知心理学为基础，认为学习是认知结构（图式）建构和重组的过程，它是由"顿误"来实现的。他们不同意学习是一种行为的变化，认为学习是人的倾向或能力的变化，它涉及了个人的目的、愿望、信念、已有知识以及个人的知觉、信息的加工和消化、洞察力和意义的发现等内部因素，代表人物有苛勒、皮亚杰、布鲁纳、加涅和奥苏贝尔等。

从以上探讨中可以看出，关于学习活动本质的认识从根本上说是一致的，特别是一些具体内容的阐述有诸多相近之处。但是在表述形式和逻辑结构上有很大差异。我们认为，这些论述都不同程度地受到了先验的"形式""框框"等绳索的束缚，而不是从学生学习的实际出发研究学习的本质。我们抱着回归现实的良好愿望，抛开先验概念的纠缠，得出以下两点认识：①学习是一种以认识为主的活动。我们不否认学生有实践的活动，甚至学生的学习具有实践的性质，但相比较而言，教师的教授更多地表现为实践的特性，学生的学习更多地表现为认识的特性。②学习是一个全面发展的过程。承认学生的学习以认识为主和承认学生的学习是全面发展并不矛盾。实际上，学生任何素质的发展，无论是品德的、智力的、体力的，还是知、情、意、行和个性的，都离不开认识的基础作用；同样，认识不仅可以促进知识、技能和能力的变化，也可以改变人的态度、价值观念、品德修养和行为习惯。

（二）学习活动的一般特点

从总体上说，学生的学习与非学生的学习具有内在的一致性，但从具体的学习过程上看，又表现出了自己独特之点。

首先，有教师参与指导。学生的学习活动是在教师指导下进行的，对教师的教授和指导有一定的依赖性。有教师参与指导的学习的目的在于使学生能走捷径，使学生的认识达到当代科学发展的最高水平，能在较短的时间里掌握人类总体的认识成果。教师的指导关键在于导，使学生学会学习、学会发现、学会创造。最后达到不导的目的。

其次，以教材作为对象。学生的学是以间接经验为主，但又不是以人类积累起来的所有知识为对象，而是有所选择，有所加工。教材，特别是教科书，是科学家与教育学家们一起，根据知识本身的内在联系和逻辑系统，以及学生学习的心理顺序和内在规律，精心地选择和排列的基础知识、基本技能和价值体系。学生正是通过对教材的系统学习来掌握人类总体的认识成果，并据此进行迁移，达到闻一知十、举一反三的目的。

最后，求自身全面发展。学生的学习活动同非学生的学习活动不同，目的在于求得自身全面发展。非学生的学习活动往往带有功利性和片面性的特点，较少具有全面的自我教育性和自我发展性。学生的学习，特别是基础教育阶段的学生则是以自身的全面发展为目的的。所以学校评价一个学生学习是好还是坏，不只是看学生的智育成绩，而是德育、智育、体育等各方面全面考察，不仅要看学生知、情、意、行的发展，而且要看个性和主体性的状况。

二、学习活动的主体与客体

关于学习活动的构成要素问题，也有诸多不同的看法。我们认为，学习活动至少应包括活动主体、活动客体和活动工具三大部分。

在学习活动中，学生是学习的主体，是整个学习活动的发起者、执行者和控制者，以及学习结果的占有者。教师和教材是学习活动的客体，是学生的本质力量和认知方式所把握了的对象性的存在。学具则是学生认识和把握主体的工具，是主客体相互作用的中介。它既可以是以精神形式存在的科学的思维方式、学习方法，也可以是以物质形式存在的各类工具书、实验仪器等。学具的使用标志着学生学习能力的增强和学生主体性的提高，展示着学生本质力量的拓展与延伸。对学生来说，教师与教材是两类不同性质的客体。首先，教材是物化形态的有严密逻辑体系的人类文明成果，是教师在教授活动中积极建构的结晶，它是以"世界3"的方式存在的精神客体。而教师是以"世界2"的方式存在的具有主体性的客体。因此他们对学生来说具有两面性：一方面，教师作为学生本质力量的对象存在着，如教师的知识水平、个性品质、人际关系、教学风格等自觉或不自觉地被学生所认识；另一方面，教师作为学生学习活动的指导者、辅助者和合作者存在着，与学生一起在完成认识教材的任务中共同扮演着主体的角色。因此，在学习活动中由学习主体所构建的主客关系也具有两种性质：一种是学生与教材之间的认识和被认识的关系，通过这对主客关系的运动，使学生把凝结在教材之中的客观精神内化和同化为学生自己的主观精神，实现由"世界3"向"世界2"的转移，最终变为学生本质力量的一部分。另一种则是学生与教师之间的交往关系，通过这种师生交往活动，使学生获得有效的学习指导和帮助，减少了学习过程中的盲目的、随意的和被动的行为，使自己的学习能力不断增强，学习的主体地位更加巩固，自身所具有的主体潜能得到充分的发挥，最终实现由学习主体向一切活动主体的过渡。

三、学习活动的方法

（一）学习方法地位的还原及其分类

《学记》中说："善学者师逸而功倍，又从而庸庸，不善学者勤而功半，又从而怨之。"孔子从"学而知之"的唯物主义观点出发，提出学—思—习—行。荀子则主张闻—见—知—行，"不闻不若闻之，闻之不若见之，见之不若知之，知之不若行之"。《中庸》中提出"博学之、审问之、慎思之、明辨之、笃行之"的学习模式。然而自近代以来，在教育方法的研究中有一种错误的倾向：即用教法来代替学法，致使学法的相对独立性地位丧失。

这些论述告诉我们，教育活动的顺利进行，既要求教师教授有方，又要求学生学习得法。但归根到底，是学法决定着教法，而不是相反。判断教师教法优劣的重要标准之一就是看它是否符合学生的学法。近年来，教育界提出了一个口号："教会学生学习！"由"教学生学会"到"教学生会学"的转变，实质上是学习方法地位的重大转移。这一转换既符合教授的规律，也符合学习的规律。学习方法由以学定教到以教定学，再到教学（教会学生学会学习）促学的地位的还原与提升，体现着时代的必然和教育规律的使然。

学习方法是学生为完成学习任务所采用的一些方式的总和。首先，根据学习方法的概括程度和适用范围从纵向划分为三个层次。第一层次是理论性学习方法，如接受式学习法、发现式学习法等。该类方法是不同的教育理论观点、教育哲学理念和学习本质认识在学习方法问题上的表现。严格地说，它并不是一种具体的可以操作的方法，而是一种方法观、方法论或方法的指导思想。由于该类方法的概括程度高，因而具有较广泛的适用范围。第二层次是技术性的学习方法，如预习法、听课法、复习法、作业法、小结法、课外阅读法、观察法等。该类方法是受一定的学习任务所制约的，并通过一系列的逻辑程序和规范要求表现出来。由于该类方法有一定程度的概括性，其范围使用局限于学习活动的某一阶段或某类内容上。第三层次是操作性学习方法，如外语单词的联想配对学习法、历史年代图表记忆法、文学作品的赏析法等。该类方法是直接服务于某一特定学科，甚至某一特定目的，并通过具体的操作方式表现出来。由于它概括性低，其适用范围较窄，有一定的局限性，但它比较具体，容易操作，有时甚至与学习内容融为一体，可以立即变为学生的学习技术。其次，根据学习法的特点和性质，从横向划分为两种形式：第一种形式是接受性学习法，如听讲法、鉴赏法、观察法、读书法等。该类方法是全面运用自己的感官从外界接受信息的一种学习方式，其特点是学生通过听、看、读的方式与学习对象接触来内化学习对象，同化认知结构，促使内部联系发生变化。第二种形式是表达性学习法，如表达法、写作法、实习法、实验法、表演法、练习法、劳作法、创作法等。该类方法是全面运用自己的感官向外界表达信息的一种方式，其特点是学生通过讲、写、用的方式与学习对象发生相互作用，来外化自己的认识，进而形成和巩固认识成果，使学生达到知行统一的学习境地。这两类方法都是学生学习所必需的，不可偏废。

（二）接受式学习法

"接受"是与"传授"相对应的概念。所谓接受式学习法就是教师以口头语言传授的方式，把学生要学习的全部内容以现成的定论的形式呈现给学生，学生只需把这些内容内化而无须独立地发现知识内在联系的一种学习方法。

接受式学习法的哲学基础是唯物论，遵循的是由一般到个别的认识顺序。它的优点是时间省、效率高，有助于学生的迁移，缺点是不利于学生发现问题和解决问题能力的培养。接受式学习法是学生最主要的学习方法，但不是唯一的学习方法。

（三）发现式学习法

"发现"是与"启发"相对应的概念。所谓发现式学习方法是学生在教师不加讲述的情况下，通过独立的探索去发现知识的内在联系，寻求创造性地解决问题方法，发展多种能力的一种学习方法。与传统的接受式学习不同，发现式学习并不靠提供并说明现成的结论，而是由学生自己体验所学概念和原理的形成过程，并掌握科学的结果和发展过程。

发现式学习法的思想渊源可以追溯到古罗马的昆体良，甚至18世纪法国的卢梭，但系统、完整的思想的确立是20世纪50年代末由美国著名的教育心理学家布鲁纳完成的。他认为发现学习是培养探究性思维方法的重要手段。他把发现定义为"发现以前未曾认识的各种关系法则的正确性和各种观念之间的类似性，以及伴随而来的对自身能力的自信"。

发现式学习法的一般程序分为四段：①引疑。教师向学生展示蕴涵着学习中心问题的观察材料，如实物、实验演示、图片阅读资料等。学生需对材料进行全面细致的观察，在强烈问题意识的驱动下，充分感受材料所蕴含的矛盾和问题。②假设。经过观察，或师生间、生生间的讨论，使问题本身获得意义，经顿悟构造成一个完形，建立一个解决问题的假设。③检验。学生从理论上和实践上，运用实验讨论或推理方法对原假设进行验证，最后得出肯定或否定的结论。如果结论是否定，则需要重新假设和检验，直到得出肯定的结论为止。④总结。学生要对自己得出的认识成果及其认识过程进行比较、反思，特别是与其他同学比，最后得到一个最优的结论的方法。

发现式学习法的哲学基础是经验论，遵循的是由个别到一般的认识顺序。它的优点有助于激发学生内在的学习动机，使学生对学习活动和学习内容本身感兴趣；有助于学生学会学习，学会发现的方法，提高发现的能力，培养创造精神。由于发现过程常伴随猜想、惊讶、困惑、紧张地沉思、寻求理由和证明等，容易使记忆建立在意义识记和良好的组织上，有利于知识的巩固。但是，发现式学习法完全由学生独立去探索、发现，是一种不经济、花费时间较多的学习方法。日本学者的实验表明，发现学习要比系统接受学习多花1.3—1.5倍的时间。

四、学习活动的形式

（一）导学式

所谓导学式（Supervised Study）就是学生在教师的精心指导下开展学习的一种组织形式。有教师指导是学生学习的一个特点，因此也是学生学习活动组织的主要形式。

导学式是一种师生双方交互活动的形式，它包括两项内容：一是学生的自学；二是教师的指导。教师的指导主要是由系统的讲授转变为定向、辅导和启发。教师的具体职责是激发学生的学习兴趣，指定学生学习的作业，提供学生学习的参考资料，指点学生自学的方法，解答学生学习上的疑难，以及评定学生学习的成绩。学生的主要任务是准备学习时要使用的工具书，如字典、辞典等。依据教师所指定的作业，按照教师所指导的学习方法，进行自学。导学式的展开顺序大致可分三个阶段：对学生来说，第一阶段是预习检查，目的在于引起学生的动机；第二阶段是练习—深究，目的在于锤炼意志；第三阶段是复习—应用，目的在于变成实际行为。对教师来说，第一阶段在于诱导、矫正，第二阶段是检查、补救，第三阶段是整理、评定，其具体顺序可如下表[①]所示：

表9-2　导学式学习阶段

所处阶段	第一阶段	第二阶段	第三阶段
占用时间	20%	60%	20%
完成任务	1. 学生预习	5. 学生练习	9. 学生复习
	2. 教师诱导	6. 教师检查	10. 教师整理
	3. 学生检查	7. 学生深究	11. 学生应用
	4. 教师矫正	8. 教师补救	12. 教师订正

导学式的学习组织在我国应用得比较多，比如上海育才中学的"读读、议议、练练、讲讲"模式，黎世法的"制订计划—课前自学—专心上课—及时复习—独立作业—解决疑难—系统小结—课外学习"八环节学习模式，魏书生的"定向—自学—讨论—答疑—自测—自结"的六步模式，以及卢仲衡的数学自学辅导模式均属导学式的范畴，其优点是调动了学生学习的积极性、主动性，培养了对问题的探究能力，同时也发挥了教师的主导作用，是一种比较好的学习方式。

（二）互学式

所谓互学式（Mutusal Study）就是学生之间相互直接合作学习的一种组织形式。由于学生之间具有共同的心理特点，彼此比较了解对方的学习难点，因此也是学生学习组织的一种重要形式。具体来说，它又可分为小组互学式与伙伴互学式两种。

小组互学式是把学生按一定的标准划分成具有一定人数的学习小组

---

① 徐珍：《中外教学法演进》，群言出版社1996年版，第72页。

展开学习的形式。小组的规模要依据学习的内容和性质而定，小组的类型也有同质和异质之分。同质小组是把学习程度、年龄状况相同的学生编制在一起，异质小组是把学习程度、年龄状况不同的学生编制在一起。实际上，18世纪末19世纪初在英国盛行的"贝尔—兰卡斯特制"即导生制，中国陶行知的"小先生制"都是小组互学式的实践形式。

伙伴互学式是个别学生之间展开相互帮助、相互学习的组织形式。具体有同伙伴体和异伙伴体。同伙伴体主要指同年级学生之间的个别互助学习。异伙伴体主要指不同年龄学生之间的个别互助学习。伙伴互学式利用了学生间的共同心理，相互帮助比较有针对性，能融洽学生之间的交往关系，提高学习效果。但是如果双方在知识、能力、年龄方面相差太大，就会使一方形成依赖心理。

（三）自学式

所谓自学式（Independent Study）是学生以教材为对象借助各种工具、手段独立展开学习活动的一种形式。自学是学生整个学习活动的最基本的形式，也是整个教育活动的一个重要的目标。现在的教是为了将来的不教，现在的导学、互学是为了将来的自学，特别是随着学习化社会的来到，终身教育、终身学习观念的确立，能独立学习就显得更重要了。自学式的特点是每个学生可以按自己的速度调整学习进度，有利于照顾每个人的个别差异，有利于培养学生独立学习和独立工作的能力，以及克服困难的顽强意志等。随着近年来电子信息技术的迅猛发展，大大地推动了自学式学习活动的开展。诸如程序学习（Programmed learning），计算机辅导学习（Computer assited learning）及网上学校等。

第十章　教育过程

　　教育是一种活动。活动的延续与展开即为过程。

　　教育作为一种独特的社会活动，它的动态形式是一个发展人、塑造人的过程。社会上任何一种培养人、发展人的因素，只有统整到教育过程中，才能对受教育者的发展发挥积极作用。换言之，所有的教育因素及其相互关系，所有的教育规律，所有的教育效果，无不通过教育过程体现出来。这一切如果离开了教育过程，培养人的教育实践就成了一句空话。

第一节　教育过程的本质与特点

一、教育过程的概念

1. 过程的规定性

　　什么是过程？所谓过程就是现实世界中的事物或活动产生、发展、变化的连续性在时间空间上的表现。过程是世界的普遍属性。过程概念是对世界的这种普遍性的反映。恩格斯在批评17、18世纪的唯物论时指出，这种唯物主义，除了具有机械性的局限性外，另一个"特有的局限性在于：它不能把世界理解为一个过程"。①恩格斯也因此而认为黑格尔一个伟大的基本思想，就是他认为"世界不是一成不变的事物的集合体，而是过程的集合体，其中各个似乎稳定的事物以及它们在我们头脑中的思想映象即概念，都处在生成和灭亡的不断变化中"②。恩格斯赞扬说："黑格尔第一次——这是他的巨大功绩——把整个自然的、历史的和精神的世界描写为一个过程，即把它描写为处在不断的运动、变化和发展中，并企图揭示这种运动和发展的内在联系。"③

过程概念既是抽象的又是具体的。它的具体的逻辑展开可以把过程分为宏观过程和微观过程，或总过程与具体过程。总过程包含具体过程，并通过具体过程表现出来；具体过程是总过程的一部分。无数具体过程汇集成总过程。

2. 教育过程的界说

确定教育过程的定义，除了明确过程的内涵而外，还要分析构成教育活动的要素。

一般说来，任何教育活动都由六个要素构成，这就是教育者、受教育者、教育内容、教育手段、教育途径、教育环境。所谓教育，简单地说，就是教育者根据一定社会需要，在一定的教育环境中，借助一定的教育手段，通过一定的教育途径，有目的、有计划地把教育内容传授给受教育者的活动。教育由活动所引起并通过活动去完成。

① 《马克思恩格斯选集》第4卷，中共中央马克思恩格斯列宁斯大林著作编译局编译，人民出版社1972年版，第224页。

② 《马克思恩格斯选集》第4卷，中共中央马克思恩格斯列宁斯大林著作编译局编译，人民出版社1972年版，第240页。

③ 《马克思恩格斯选集》第3卷，中共中央马克思恩格斯列宁斯大林著作编译局编译，人民出版社1972年版，第63页。

教育活动的要素同样就是教育过程的要素。即：教育者、教育对象、教育内容、教育手段、教育途径、教育环境。

从马克思的劳动过程基本原理看，教育过程中的受教育者犹如劳动对象一样是被加工的对象，他与物质生产过程中的自然物并无差异，都是将劳动者的劳动加于其上，以改变其原有的状态，使其符合社会和劳动者的要求。然而，这一对象与其他自然物根本不同的是，他是一个独立的能动的生命体。这个独立的活动着的生命体有两个重要特点：一是他有自身的历史形成的身心发展规律，人们只能认识这一规律，利用这一规律，但不能以教育者的主观意志随心所欲地违背和改变这一规律；二是他一旦形成了一定的主观精神世界，他就会以其能动的力量对教育者的影响和指导产生极大的选择性和调节性，教育者的教育和需要落到这个独立、能动的主体人的需要上才能生效。这远比物质生产过程中劳动者对钢铁、木材、粮食等无生命劳动对象的加工复杂得多。

教育过程中的教育者犹如劳动过程中的劳动者一样，都是把人作为能动的活的主体，在过程发展中都是起决定作用的主导因素，都是按照一定社会需求所进行的有目的的活动。然而，教育者与劳动者亦有明显不同。在劳动中劳动者凭借自身智力和体力总和作用于劳动对象。而教育者在教育中，除了要以智力和体力总和作用于受教育者外，还有道德的、人格的、情感的、艺术的力量参与教育过程，影响受教育者。

教育内容类似物质生产中的设计方案、图纸、施工计划等，而教育内容并不仅仅是对教育活动结果的设计，对教育目标的确立，它以科学的体系并遵循道德规范和儿童年龄特征编排起来的文化科学知识的系列。它是教育活动的实体，教育者传授的是它，受教育者接受的也是它。

教育手段与劳动中的手段一样，都是在人的实践活动中用以改变或影响加工对象的物质资料和物质条件。教育者利用物质的、机械的、物理的和化学的属性，当作发挥力量的手段，其手段性质虽然相同，但使用任务和目的却是不同的。教育者对教育手段的利用，任务在于帮助明确抽象的原理，目的在于使学生更容易掌握教育内容、形成劳动技能。但不像劳动者那样去直接获得某种物质产品。

马克思的劳动过程理论是我们思考教育过程一般理论的指导，但我们不能将其置于僵化的境地，简单机械地套用。随着生产的发展，环境因素已成为生产过程的因素之一，环境的优劣直接影响着生产过程的运行。因此，教育环境也是教育过程的一个重要因素。任何教育过程都要在一定的环境中进行，受教育时空的规定。所以，教育环境、教育时空以及教育途径，都是参与教育过程运行必不可少、各具独特作用的重要因素。

从教育活动诸要素的分析中，对教育过程可做出这样的界说：教育过程就是教育者根据一定的教育目标，通过一定的教育手段和途径，在特定的教育环境中，将一定的教育内容传授给受教育者，引导其身心健康发展，加速实现个体社会化的过程。

二、教育过程的本质

什么是本质？黑格尔在《小逻辑》中指出，"本质主要地包含有差别的规定"[1]，"本质的差别即是'对立'。在对立中，有差别之物并不是一般的他物，而是与它正相反对的他物；这就是说，每一方只有在它与另一方的联系中才能获得它自己的（本质）规定"。[2]恩格斯肯定了黑格尔的解释，在《自然辩证法》中指出："'本质'的各个规定的真实性质，黑格尔自己已经表明了（《全书》第1部第111节，附释）：'在本质中一切都是相对的'。"[3]

列宁说："规律和本质是表示人对现象、对世界等等的认识深化的同一类（同一序列的）的概念，或者说得更确切些，是同等程度的

---

① 黑格尔：《小逻辑》，商务印书馆1980年版，第250页。

② 同上书，第254—255页。

③ 《马克思恩格斯选集》第3卷，中共中央马克思恩格斯列宁斯大林著作编译局编译，人民出版社1972年版，第536页。

概念。"①

研究教育过程的本质，其实也就是研究教育活动过程与社会其他活动过程的区别，而且这个区别是反映了教育活动规律的差别。就此看来，教育过程的本质可从如下四方面去认识：

第一，教育过程中教育者和受教育者互为主体、客体的特性决定了教育过程是一个施教与受教的双向活动过程。

活动是人类为达到某种目的而采取的一种行动。活动总是在一定的社会关系中实现，在与他人的交往中进行。教育作为一种特殊的活动与其他的活动形式不同，它是由施教、受教共同组成的一种活动。只有保证双方在空间上的并存时，这种活动才能实现；只有保证共存双方的交往确有价值，活动才有意义。否则，离开有价值的交往，时间的连续便成为一种无效的流逝，师生的活动便成为一种浪费。教育过程亦不复存在。

有价值的交往，不独表现在具有明确的交往目的、交往内容和科学设计的交往程序、交往方式和艺术，更重要的是使交往成为交往双方的共同需要，具有强烈的获知动机和期望，即强调交往双方高度协调的配合，把教育活动变成双方共参的活动，把教育过程变成双方共同争取自我实现的过程。

客观地说，教育过程是教师和学生平等协作、共同劳动的统一过程，而不是单纯的传授与接收过程。

历史上，有两种观点把教育过程视为单向过程。

行为主义者把学生当成机械的个体，把学习看作刺激—反应过程，把教育过程中学生行为的变化单纯归结为外部刺激。

而人本主义心理学则强调学习以学生为中心，教师只不过是学习的促进者。罗杰斯更提出"学生中心教学法"认为促进学生学习的关键"不在于教师的教学技能，不在于他的课程计划，不在于他的视听设备，不在于

---

① 《列宁全集》第55卷，中共中央马克思恩格斯列宁斯大林著作编译局编译，人民出版社1990年第2版，第127页。

他采用的程序教学、不在于他的讲授和演示，不在于图书馆的丰富……"关键在于学生自己是否具有"自我实现"的力量。罗杰斯的这些说法实际上是把学生完全看成是一种"自变量"，看成是决定教育过程的单一主体。教育理论上的"学生中心论"，其心理学基础就是人本主义心理学。

无论是行为主义心理学，还是人本主义心理学，都是从不同角度把教育过程当成单向的过程，以其中一方否定另一方，不适当地夸大了某一方的地位和作用。

科学的教育过程理论，把受教与施教看成是教育过程展开不可或缺的要素，把教育过程看成是教育者与受教育者在一定的教育情境中实现相互影响、相互作用的过程。无论施教的一方，还是受教的一方，都共同具有双向的影响和制约功能。教师在教育过程中，既要有对学生的全面了解，也要有对自己的清醒认识。受教与施教的共存和平等协作，积极的期望和交往的严格选择与设计，使得教育过程能够在彼此联系的正确协调中存在和发展。

第二，教育过程中社会需求和个体需要的统一决定了教育过程是促进个体社会化的过程。

人的发展是教育过程运行的目的。正因此，认识教育过程的本质便离不开人的本质的研究。

人是生物实体和社会实体的统一，人的发展过程是人从出生的生物实体向出生后的社会实体渐进发展的过程。

作为生物实体，人与动物一样，具有生物共有的一些属性。但人所以为人，在于人不仅是自然界长期发展的产物，而且是社会的产物；不仅离不开自然，而且也离不开社会。人在社会活动中形成，在社会影响下发展。马克思为此概括说："人的本质并不是单个人所固有的抽象物。在其现实性上，它是一切社会关系的总和。"马克思的这一思想说明，人不能撇开既定的社会关系去设定自己的活动，社会关系是活动得以进行的社会形式。同时，在现实中，不同的社会关系对活动发生不同的影响和作用，不同的活动又创造着不同的社会关系。从这种最广泛的定义说，教育也是一定社会关系对个体发展进行影响的特殊形式。

人的本质规定了人的发展方向。

迄今为止的人类发展史表明，人的发展包括不可分割的两个方面：即人的社会化和人的个体化。前者是说，任何个人的发展必然要通过社会化途径，通过人我之间的联系与交往；后者指的是，人的社会化须以作为独立存在的个体人为基点。

任何教育过程都是在社会规范下，以个体身心发展规律为根据去发展人的身心的过程。教育者作为社会的体现者，他的活动反映着社会需要，他的目的反映着社会需求。他对受教育者施加的任何影响都与社会密切联系着。

然而，教育过程作为一个双向的交流与合作，教育者在施行自己的教育时，还必须要充分考虑教育对象的个体需要和个性特点，要把教育对象作为一个独立的人去认识。受教育者不仅有自己的认知方面的素质基础和个人特点，还有自己的兴趣、态度、动机、情感、需要，这些都反转过来制约着教育者教育活动的进行。

就教育过程的完成来说是社会需要的实现，但就教育过程的进行来说，则必须考虑个体的需要和特点。二者的有机协调与统一，才能实现教育过程中的生物人向社会人的转化。

教育过程中受教育者的社会化过程，一方面反映了社会对教育的要求，另一方面也体现了人自身发展的客观规律。

教育有多种职能。但其根本职能是根据社会目标去培养合格的社会成员。在教育过程中，受教育者将外在的教育内容内化为个体的知识与技能，实现个体身心发展与成熟的过程，其实质就是个体社会化过程的实现。

由教育过程所实现的个体社会化的具体表现是：个体通过社会文化的吸收而形成社会生活技能，掌握社会行为规范，具有社会生活目标，承担社会责任义务，获得社会群体赞许的社会行为，最终成为社会一员。

反之，人若游离于社会之外，拒绝或脱离社会内容的陶冶，人便不称其为人。这是人自身发展的客观规律所决定的。自幼处在动物中间的儿童的发展实例证明，人的发展不能只归结为遗传和先天特征的量变，发展首先是人的机体和心理的发展。"狼孩"虽具有人所具备的遗传素质，但一当他们脱离了社会和周围人际关系的影响，其先天素质中所含的可能发展成人的某些潜能也会泯灭，而且其生命一般都极为短暂。

因此，教育过程是人的社会化的过程，不仅是教育过程的本质特征和作用，也是人的本质实现的客观规律的反映。

第三，教育过程中教育者与受教育者的相互作用决定了教育过程是教育与自我教育协同统一的过程。

教育过程不独是教育者与受教育者空间上的并存，仅此，则毫无意义，而且是彼此的相互作用，更确切地说是教育与自我教育两种活动及其目标的同步达成。

在教育过程中，教育者的教育是活动的主体。人类所以经由社会分工，使教育成为一种独立的社会活动，其重要原因在于，教育在进行人类经验的转移方面，在使年轻一代以最短的时间和最大的容量掌握人类千百年积累的认识成果方面，有着任何一种其他活动形式都不能替代的特殊作用。人类任何一点科学知识的发现和形成都经历了漫长的过程。然而教育却能创造"学生在一小时内就能学会二项式定理"[①]的奇迹。原因何在？恩格斯回答说："现代自然科学已经把全部思维内容起源于经验这一命题加以扩展，以致把它的旧的形而上学的限制和公式完全推翻了。由于它承认了获得性的遗传，它便把经验的主体扩大到类；每一个体都必须亲自去体验，这不再是必要的了；它的个体的经验，在某种程度上可以由它的历代祖先的经验的结果来代替。"[②]有前人认识的阶梯，又有教育的选择，

---

① 《马克思恩格斯全集》第26卷，中共中央马克思恩格斯列宁斯大林著作编译局编译，人民出版社1972年版，第377页。

② 《马克思恩格斯选集》第3卷，中共中央马克思恩格斯列宁斯大林著作编译局编译，人民出版社1972年版，第564—565页。

才使人类经验的延续与发展成为可能。

教育过程中，教育者作为经验转换的直接体现者，以高度的热情去完成着这一历史使命，以各种科学的方法去实现知识技能与受教育者的对接。

教育过程中，受教育者的自我教育意识和能力首先是教育的结果，然后便转为自我教育的力量。受教育者最初就是完全作为一个少知少能的被动的个体而参与教育过程的。但是，人具有发展的巨大潜力和逐渐完善起来的自我调节系统。经过一段教育之后，教育者不仅使受教育者身心由贫乏走向丰富，而且使其自我教育的方法和能力逐渐发展起来，并转而作为一种巨大的推动力量，使传授、学习和受教育者自身都获得了新的性质，跃上了一个新的层次。受教育者发展至此便由被动的教育客体逐渐成为自我教育的主体。

受教育者的自我教育能力越发展，教育者的教育越顺利；教育者的教育越深化，受教育者的自我教育独立性就越强。教育与自我教育就是在这种反复作用中逐渐向前发展。

教育过程中教育与自我教育越发展，教育过程就越完善，教育过程的使命也就日益趋于完结。过程消失在目的中，从而达到一个教育过程周期的理想境界。这个理想境界的特点是在这个特定的过程周期内把教转为不教。

因此，教育过程就是教育与自我教育相互促进、提高，最终达成目的，使教育过程完成一个周期使命走向一个新层次、新周期的过程。辩证的否定，使一特定的教育过程不断解体，又不断产生，在原有过程的基础上不断孕育出新的需要、新的使命，形成一个新的过程。

教育与自我教育的等位转换机制是彼此的互相制约与转化。教育者作为教育的具体实施者，对受教育者的知识、技能和道德、情感起着主导作用，此时受教育者是教育过程客体。但经过几轮反复之后，受教育者的自我教育能力逐渐形成。一旦受教育者的自我教育能力由微弱转变为足以主导自己、影响他人时，它便成为一种能动的力量去制约教育者的教育。此时，受教育者便由客体跃居于主体。在这种状态下，教育者每一项教育内容的传授，都不能依自己主观意志决定，而必须进一步考虑受教育者的知识程度、品德发展、个体需要等条件。如果教育者无视对方的存在，主观主义的自我决定，学生的"逆反心理"就会使教育过程陷入被动的状态，导致产生浪费的结局。

受教育者自我教育能力的形成，既是教育的目的，又是教育的结果。

第四，教育过程中受教育者身心的不断发展决定了教育过程始终是一个内化与外化交错递进的螺旋式上升的运动过程。

内化与外化是又一对贯穿教育过程始终的矛盾和关系。所谓内化，即个体将来自外部的各种影响和动作行为通过认知和动作行为定向的结构性改组转化为自身的德、智、体等素质的过程，相对于内化而存在的外化，是指个体将已纳入主体个性结构的各种素质反馈到主体与外部交往的过程之中。

在赫尔巴特的理论中，内化是指个体通过"统觉"过程将刚刚得来的观念纳入"统觉团"中去。而在皮亚杰的认知发展观中，内化则是指主体将外界刺激有效地整合在已有的图式中。皮亚杰认为，心理同生理一样，也有吸收外界刺激并使之成为自身一部分的过程。不同的是涉及的变化不再是生理性的，而是机能性的。在奥苏伯尔的有意义言语学习理论中，内化指新知识被认知结构中的原有的适当观念吸收，新旧观念发生相互作用，新知识获得心理意义且使原有认知结构发生变化的过程。

教育过程中的内化首先由教育者的教育活动所引起，其一般过程是由生动的感知到抽象的思维。

教育过程中的外化是检测内化的重要形式。外化的作用，一是可以反映主体的内化能力，鉴别彼此的个别差异；二是可以判定内化的程度和水平，划分内化的层次，如全部内化、个别内化、无内化；三是可以通过外化过程的同步反馈，进一步强化内化过程；四是可以反映主体的外化能力，鉴别内化程度与外化程度的差异。总之，外化的作用在于为教育过程的修正提供客观的依据；帮助主体确定努力的目标。

任何一点品德、知识、技能的内化都不可能是一次完成的，而要经过多次内化与外化的反复，才能嵌入认知结构、思想品德、技能系统中。即使如此，随着科学的发展，还将出现新的完善的需要，导致新的内化与外化过程。

因此，从教育者与受教育者的活动来看。教育过程就是教育内容的内化与外化的循环往复过程。循环不是同一水平的周转，往复不是同一内容的重复，由此而推动教育过程递进上升。内化是目的、内容，外化是手段、形式。内化通过外化表现出来。没有外化，内化毫无价值；没有内化，外化则无从谈起。所以，教育过程是教育内容的内化与外化统一实现的过程。从这个意义上说，教育过程也就是教育者将一定外在的教育内容向受教育者主体转化，实现人类文化的传递，促使个体身心发展达到社会化的过程。

三、教育过程的基本任务

教育过程的基本任务是培养素质全面发展富于创造力的人，培养社会需要的各种人才。社会需要的复杂性决定了人的品质的多面性，因而也就决定了完成教育过程基本任务的活动内容和活动方向。

教育过程的基本任务是通过一个个特定具体的任务而完成的。通过这些具体任务的达成，最终形成符合社会需要的品质。这些具体任务，概括起来主要是：

（一）向学生传授系统的文化科学知识

通过教育过程实现人类文化科学知识的传递，这是教育过程的主要任务之一。

知识是人们对客观事物规律性的反映，是人类在长期的社会实践中积累的认识成果。科学是经过实践检验、具有严密逻辑论证，反映客观事物本质和规律的理论体系。系统的文化科学知识是具有一定内在联系、合乎逻辑规范、经过实践检验的稳定可靠的科学真理和理性经验，而不是概念或范畴的堆积。

知识既有不同的类别，也有不同的性质。

从其类别来看，有基础知识和专业知识、感性知识和理性知识、直接经验和间接经验等。从其性质上看有自然科学知识和社会科学知识。教育过程所要传授的知识不仅包括各个类别的知识，也包括各种性质的知识。

应该指出，不应该把向学生传授的知识狭隘片面地理解为只是传授数理化、写字和作文。其实知识的内涵极为丰富。教育过程中向学生传授的知识，除了人们通常以为的数学、语文等工具性知识外，当然也毫无例外地包括思想教育的知识、美学的知识、体育的知识以及劳动技能知识等等。因此，不可把知识的内涵只聚集在一个极为狭窄的范围内，而把有关德育、体育、美育以及劳动技能方面的知识性内容排除在外。

当今世界是一个科学技术飞速发展、人类知识总量激增的时代。在这个特定时代里，教育过程传授的知识应具有这样的特点与功能：

第一，在动态发展的历史进程中相对保持稳定不变的基础知识与基本理论，即含有极强稳定性和极广适应性的内容，这些知识不会迅速陈旧。

第二，学生获得的这个知识应该达到：对过去具有诊断性，对现实具有指导性，对未来具有预测性。实现传统与现实的统一，理论与应用的统一，过去与未来的统一。

（二）培养学生形成良好的品德修养

任何教育都是特定社会的教育，都要为特定社会培养所需要的人。人具有了知识只是具备了为社会服务的才能和本领，与此同时还具有良好的思想与态度，才是一个德才兼备的完整的人。

经由教育过程所要形成的良好品性包括三方面内容，即良好的政治、思想和道德品质。

政治品质是指使学生形成正确的政治观点、信念和政治信仰。在社会主义中国，其主要内容为：坚持社会主义道路，坚持无产阶级专政，坚持中国共产党的领导，坚持马列主义、毛泽东思想。

思想品质是指使学生形成正确的世界观和人生观，培养他们勇于实践的精神、实事求是的态度和科学的思想方法。

道德品质是指使学生具有正确的道德认识、高尚的道德情感，顽强的道德意志，崇高的道德行为，以及自觉纪律、集体主义、热爱劳动和劳动人民，讲究社会公德等。

（三）训练形成学生的基本技能

技能是通过练习而形成的顺利完成某种活动任务所必需的行为活动方式和心智活动方式。技能就其类别来说主要有两种：

一是人们在头脑中借助内部言语表示的事物映象，以极简约的形式进行智力活动的方式叫智力技能，如默读、构思、心算等。

二是由一系列外部直观可见的行为动作构成，通过机体运动所完成的随意行动方式叫操作技能，如书写、绘画、劳动等。

教育过程中，知识的传授与技能的培养两者是不可分的。因为使学生掌握知识的目的在于能使学生运用这些知识，而要运用知识就必须有相应的技能。

知识的传授与技能的培养的不可分性表现为知识是形成技能的必要前提，技能是掌握知识的必要条件。

技能的形成途径有三：一是学习者借助书本知识通过自己的练习形成；二是在教师的讲解与示范动作表演下通过模仿形成；三是完全靠个人的尝试摸索形成。因此，如果有了书本知识，又有教师的指导帮助，就可大大加速技能形成的速度，提高技能形成的质量。同时，技能的形成也可加速知识的掌握。

（四）发展学生的智力和体力

智力是人的各种基本能力的综合，包括观察力、注意力、记忆力、想象力，其中核心是人的抽象思维能力和创造性解决问题的能力。

智力与知识、技能都不相同。知识着重表现为认识成果，技能着重表现为动作方式，而智力则着重表现为运用知识于实际，从事某一活动的能力。由于三者的职能不同，对人的活动所起的作用不同。因此，对学生进行教育时就必须将发展智力作为一个独立的任务来完成。

体力的发展也是教育过程的基本任务之一。保证学生形成良好的身体机能是知识传授、技能形成的物质保证。毛泽东曾说："体者，载知识之车而寓道德之舍也。"教育过程要实现人的全面发展的目标，就不能忽视对学生进行提高机体素质和运动能力的教育，生理卫生常识和运动保健教育，等等。符合社会需要的人是德、智、体、美和谐发展的人。任何一个方面的缺失所导致的人格缺欠都会使人在社会生活中失去平衡，不能满足社会的要求。因此，教育过程决不能以某方面的突出去代替别的方面，以学生某方面的发展去代替其他方面的发展。

总之，教育过程的任务决定于社会的人才规格需要，决定于受教育者身心发展的潜能。这两方面忽视任何一方都会使任务落空。

四、教育过程的特点

特点，即一事物有别于他事物的特殊品质。一谈到特征或特点，一个至为关键的前提是参照系问题，也就是特征是相对于什么而言的。因为有参照才能进行比较，有比较才能从中看到彼此的区别和独特之处。教育过程的参照系是社会的其他过程，如艺术过程、宗教过程、科学研究过程等等。教育过程的特点是在与它们的比较中得出的。

（一）对人施加影响的整体性

对人施加影响的整体性是指教育者在教育过程中是把受教育者作为完整的社会人施加影响的，而不像艺术、宗教等过程那样，只侧重于影响人的某一个方面。

教育对人施加影响的整体性是由人的发展的完整性决定的。

宇宙是一个整体，人也是一个整体。人只有整体发展才能成为一名合格的社会成员。

人的身心发展本身客观具有整体统一性。人是德、智、体、美等多种因素的综合体。人的发展不仅要以这多种素质为基础，而且也是在多种素质交织统一的运行机制中，最终走向全面发展的最高境界。

人的身心发展是一个过程。人的各种素质在人的发展过程中，既各有其相对独立的意义和作用，同时又不可分割地处在互为基础和前提、互相促进与提高的内在联系之中。人只有各种素质统一发展，才能成为完整的社会人。

各种素质的统一发展不仅是人的身心发展的客观规律，更是社会发展对个体发展的客观要求。特别是社会发展到今天，社会上的任何一个职业部门，任何一个工种，都要求人具备全面的素质去适应。因此，社会对人的素质的全面影响和全面要求更决定了教育的全面性。

另外，人的身心整体发展也是个体自身发展的需要。

社会发展带来了社会生活的复杂化和个体自身完善的需要。因此，多方面发展与个体的成长密不可分。个体要保持自己与社会生活要求的协调，要取得社会生活资格，把自己由一个自然人转化为一个能够适应一定社会环境、参与社会生活、履行一定社会责任、担当一定社会角色的社会人，就必须使自己的发展与社会要求相统一。只有按照社会需要，完整发展自己，个体才有可能更好地立足于社会。

教育过程作为专门为社会培养合格人才的特定过程，要圆满完成社会赋予的人才培养任务，就需要根据人的身心整体发展的客观规律，对人施加全面的影响，通过全面施教去实现受教育者品格的全面完善。教育过程所以能成为一个独立的过程，其根本原因在于它有着全面培养人的独特功能。其他社会活动过程只是从不同的侧面对人施加影响，它们的作用远不及教育过程那样系统、全面，那样高效高质，那样始终朝向社会需要的统一目标。因此，教育过程对人的影响的全面完整性这一特点是任何其他过程都无可比拟的。

（二）传递过程内化—转化—外化的统一性

内化—转化—外化的统一性，指教育过程作为一个信息传递过程，是把信息内化、转化与外化统一在一个过程里完成的。对受教育者来说，对现有信息的接受、理解和消化然后再经过信念、情感、意志的转化，最后落实到理解、转化基础上的实际应用与问题解决，这是一个统一的教育过程。

教育过程的最终目标是促使个体完成社会化的转变，使受教育者的身心发展与社会需要吻合在一起。促使个体社会化，也就是将社会规范、社会需要、社会本质内化于受教育者的过程。在教育过程中，教师作为社会的代表，借助一定的教育手段，把国家规定的教育内容传授给受教育者，变成学生的知识技能、思想品德和智力能力。教育过程消融在受教育者的主体中，教育活动对象化了。教育过程以动态形式呈现出来，而教育结果则以静态形式存在于受教育者的主体内部，这就是教育的内化。教育内化活动还只是全部教育过程的开端，已内化的信息还必须进入转化过程。已获得的信息不仅需要巩固，更需要向信念、情感、意志转变。思想品德教育需要内部转化，科学知识教育同样需要转化。因为无论道德、知识，都需要有信念、情感和意志的支持，否则都不可能变成自觉的行动。

教育过程还有另一端，即已获得的信息经巩固转化以后，还必须能够外化出来，即能应用于实际去解决实际问题。知识、技能能否顺利外化，是检验内化、转化效果的根本标志。

信息的内化、转化和外化，统一于教育全过程。"三化"不能统一，便是教育过程的失败。其他的社会活动过程则不具备这一特点。如文学艺术等一般活动过程。它们只是对人发生影响，都不像教育要承担内化、转化和外化任务。信息传递内化—转化—外化的统一，这是教育过程的重要特点之一。

（三）教育者与受教育者的共同参与性

要认识教育过程的特点，还必须研究教育活动的结构。事物的质是由结构决定的。教育活动过程与生产劳动过程以及一般的认识过程的结构不同，因而其特点和目的也不相同。

劳动过程的结构要素是：劳动者、劳动对象、劳动资料。劳动过程就是劳动者通过自己的有目的的活动，借助于劳动资料，作用于劳动对象，使之发生预定的变化，其结果是产生出适合人的需要的物质产品。在生产劳动过程中，一方是人，一方是物，是人与物之间的联系和作用的过程。在这里，具有主体性质的只有劳动者一方，劳动对象是被加工、改造的纯粹的客体。

而教育过程结构则不同。它是由教育者、受教育者、教育内容、教育手段等组成的。教育过程就是教育者按照一定社会的要求，通过师生双方有目的有计划有组织的各种教育活动，把教育内容内化为受教育者的知识技能和思想品德，改变受教育者的原有状态，促使其身心发展走向社会化的过程。教育过程的结构表明，在教育过程中，一方是人，另一方也是人，是人与人之间发生联系的过程。而不是生产过程的"人—物"过程或"人—机"系统。

教育过程也不同于人的一般认识过程。在一般的认识过程中，作为主体的人是直接地自觉地认识客体，发现规律。教育过程中受教育者的活动是学习，是学习认识世界和改造世界的方法。作为教育对象的受教育者是缺乏经验和知识的，所以才需要具有丰富知识和经验的专门教育者来指导。教育过程中的教育者与受教育者之间的关系反映着知与不知，多知与少知的矛盾。教育过程要有专门教师进行组织和领导，这也是教育过程所具有的特殊性。

（四）知识再生产的主导性

物质生产过程的主导活动是通过人与自然之间的作用，谋求符合人类需要的物质产品。钢铁工人冶炼矿石是为获得钢铁，煤矿工人进行地下开采是为得到煤炭，农民播种五谷是为生产粮食。

教育过程的主导活动是通过师生之间的双边活动实现人类科学知识的再生产，这是教育过程的基本职能决定的。教育从其产生的那天起，特别是学校教育诞生以后，它就承担起了人类文化科学知识传授的基本职能。

教育过程中教师付出的种种努力和对教育方法、原则、形式的探究，最终目的都是为了加速知识再生产的进程的基本职能。

教育决定了教育过程的任务是通过科学知识的再生产而实现劳动力的再生产。在这个过程中，学生只有接受人类间接经验的任务，而没有生产新的科学理论、发现新的科学规律的任务。至于高等院校里由教授、专家们进行的各种科学研究，的确使得高校的教育活动不单单是知识的再生产。但由于此时科学研究拥有着自己相对独立的任务，成为一个独立的过程，因而也就与教育过程构成了两个不同的概念，不能将二者相提并论。高校里的教授、专家们在面向学生施教时，此时他们的主导活动是知识再生产，活动性质是教育过程。而一旦他们转向科研，此时他们的活动便不是教育过程而是科学研究过程了。为此，必须在理论上做出明确的区分。

由教育过程所进行的知识再生产是人类经验保存、继承与转移的最佳形式。各个时代、各个社会所以都重视教育在人才培养中的独特作用，也正是因为教育拥有着这样一个其他任何社会活动过程都无可比拟的高效率进行知识再生产的突出作用。

（五）教育内容螺旋式上升的连续性

与科学知识的发展过程相比，教育内容呈现着螺旋递进、持续不断的特征。教育过程中的教育内容不同于科学知识、科研成果的汇集，它是以学科课程的形式进入教育过程的。课程内容是人类认识精华的汇聚，但绝不是它们简单地机械地堆积。这是因为任何一门课程内容的编排都必须根据受教育者的心理发展顺序和认识规律去考虑知识在教材中的先后逻辑顺序。根据这样的规则，就整个教育内容的排列来看，要根据学生的年龄特征，体现出由易到难、由简到繁、由浅入深的螺旋式递进的指导思想。使其既能为各年龄段的学生所接受，同时又能促进其心理的发展。就一本教材的知识排列来看，也要体现这一特征。

教育内容的螺旋式上升还体现在教育内容的必要的循环性。人的认识是逐渐加深的。科学知识的传递，思想品德的形成，也不是可以一次性完成的。根据教育对象的年龄特点和认识规律，教育内容的阶段性循环是必要的。但是必要的循环并不是简单重复，而是螺旋式上升，即在循环中逐渐加深，向更高层次发展。

所以，学校教育内容与科学知识发展的自然过程及其排列方式根本不同。教育内容遵循的是学生接受知识的心理顺序、认知顺序和科学知识构成的逻辑顺序的有机结合。前面内容是后面内容的基础，后面内容是前面内容的逻辑展开和继续。科学知识发展遵循的是社会发展需要的顺序。科学研究中虽也要借助历史研究的成果，但并不完全依靠于它们，主要的要靠直觉思维，形成突破性的成果和认识。

教育内容的螺旋式上升表明了知识的逐级递进、难度渐增的总特点，而不是像科学研究成果产生那样带有很大的跳跃性；连续性则表明了教育内容的前后相继和各知识间的有机联系，而不像科学研究成果那样时断时续地出现。

（六）信息选择的精练性

教育过程对教育内容不仅强调其排列的顺序性，而且更注重内容选择的精练性。

精练，即选择人类经验中的精华，选择对学生发展最有价值的东西构成教育内容。

人类在400万年的漫长历史岁月里，在同自然搏斗和社会改造而获得生存的生产和生活历程中积累了无以数计的经验和知识。特别是20世纪以后，人类知识总量更以惊人速度猛增。对人类的全部知识，一个人即使尽其毕生精力也难以学完，而学生在校学习时间却是固定的、有限的。要解决这个问题，唯一的解决措施就是信息的精选。瓦·根舍因的"范例教学"，强调内容的"基础性、基本性和范例性"；布鲁纳的"结构论"强调内容构成中的"学科结构""知识结构"。这些思想追求的都是一个目标，就是如何从浩如烟海的人类知识经验中选择出那些最富稳定性和基础性，最具有能以一变而应万变、能闻一知十、举一反三性质的东西去构成学生学习的内容。课程改革曾为此进行了长期的奋斗，将来还要继续奋斗下去。因为教育过程要追求高效率高质量，就要求有精选的内容相配合，而不能以繁杂、无用的知识去充塞学生的头脑。

当然，作为艺术过程、宗教过程、科学研究过程等也都进行信息的精选，但相比而言，都远没有教育过程有这么高的要求、这么严的标准。千百年来，世界各国组织数以万计的专家专门进行教材的编写，目的就在于能通过专家的甄别，考虑社会对人才的多方面需要，从汗牛充栋的人类已有知识中选取精华，从而使得学生在教育过程中学到的每一个知识都对他们的未来有着极大的适应性。

信息选择的精练性，不仅表现在内容构成上的少而精，也表现在教育过程中教师对例证的引用、问题的解答、结论的归纳等等方面，而不像艺术过程那样，再现生活的每一个细节，几个小时的电影表现几分钟就可以概括出的主题。教育过程是通过高度浓缩的信息让学生认识自然和社会，以达到在短短的十几年里掌握人类千百年积累起来的全部知识财富的目标。

知识的庞杂巨大、无限增长和学制不能无限延长的客观实际决定了教育过程必须进行信息精选的客观必然性特点。

（七）传播方式的简洁性

传播是人与人之间的一种信息交流活动。实现这种交流可以借助于多种方式，如书籍报刊、电影电视、无线电广播、报告座谈等等。这些传播方式各有特点，也各有优点和缺点。与这些传播方式相比，学校教育过程集中了各种传播方式之优点，克服了其不足，以自己独到的简捷性完成着信息转移的任务。

传播方式的简洁性，首先表现为传播的直接性。教育过程中师生之间的信息交流主要是在特定的空间中，面对面直接进行的。教师不仅直接实现信息的发送，而且直接进行与学生的对答。教师是信息的载体和源头，教师和学生之间的信息传递不需通过任何中介、中转去完成。教育中虽有各种电教手段的运用，但亦离不开教师的言语说明。

传播方式的简洁性，还表现为传播的简便性。教师授课主要是借助口头语言的讲授，辅之以板书。良好的讲授当然需要一番精心的准备和设计。但若仅就传播方式来说，讲授无疑要省去大量的时间和物质花费。一本书的出版，即使以最快的速度也要几个月的时间才能产生传播信息的作用，且要花费印刷过程所需的各种支出。讲授则不然，对于一个熟悉教材、富于经验的教师无须花费几个月的时间去准备一节课。因此，授课对信息传播的简便性是电影电视的繁杂制作、书籍、报纸、杂志的长周期发行所不能比的。

传播方式的简洁性，还表现为传播效果的及时反馈。在教育过程中，教师传授的各种知识是否为学生所接受，是否产生了效果，可以从学生的反应那里直接获得反馈信息，即教师对教育效果的了解是及时的。由于教师可以获得及时反馈，因而也就能够迅速对讲授进行修正，选择新方法，调换新的角度去进行及时的补救和改正。

传播方式的简洁性，还表现为教育过程对信息的传播是选择了人类认识客观世界的捷径进行的，即从间接经验的传播开始，从人类认识精华的传播开始，这样就省去了人类在获得这些认识时所走过的漫长而曲折的道路，使学生的认识直接逼向人类总体认识的发展水平，而不是事事从直接经验开始。由于这种传播方式带领学生走的是人类认识客观世界、获得改造世界的知识和能力的捷径，所以才能使学生在短暂的有限时间内完成认识世界和准备改造世界的任务。

总之，教育过程既是一种社会活动过程，也是一种认识过程，因而教育过程离不开一般社会活动过程和认识过程的共同规律的制约。但是，教育过程又是一种特殊的认识过程，有其特殊活动规律。由于教育过程的性质和任务的不同，就决定了这一过程具有独特的特点。我们只有正确认识这些特点，才能更好地掌握教育过程的客观规律。

第二节　教育过程的基本结构

教育过程是横向内容与纵向时序的有机构成，是静态要素与动态阶段的和谐统一。从横向看，完整的教育过程是由多方面的要素整体构成的。若干方面的局部整体构成了完整的教育过程的总的整体。从纵向看，过程是一个时间的连续。若干个相对完整的时间单位其实就是若干个彼此相连又彼此不同的阶段。由此概括地说，教育过程的基本结构的研究就是关于教育过程横向要素与纵向阶段的探讨。

一、教育过程的横向整体结构

（一）横向整体结构

教育过程的整体结构是指教育过程由哪些局部的、具体的整体来构成，及各个整体之间的关系。

在阐明具体的整体之前，必须首先把握的一个思想方法是系统论的整体性原则。根据系统论的整体性原则，世界上各种对象、事物、过程都不是杂乱无章的偶然堆积，而是一个合乎规律的由各要素组成的有机整体。这一整体的性质和规律，存在于组成其各要素的相互联系相互作用之中。在教育过程理论研究的历史上，分析方法的历史功绩是把原始笼统的、模糊不分化的教育过程划分成了德育、智育、体育、美育等若干个具体的教育过程。这种划分在教育过程理论研究的历史长河里是一个必要的阶段。但是教育过程不同于物质产品的加工过程。在把模糊不分化的教育过程划分成各种具体的教育过程以后，想象物质生产过程加工产品那样，先通过各具体过程对人的各种品质进行分门别类的加工，最后再"组装"到一个人身上，这是不现实的。教育过程研究不能停留在分析阶段，而应沿着人类认识发展的正常逻辑轨道，从分化走向综合，从认识局部走向认识整体。顺应现代科学从高度分析走向高度综合的历史趋势，运用系统科学的整体方法，既看到部分决定整体，又看到整体支配部分；既看到部分是整体的基础，又看到整体是部分的归宿，整体由局部组成，又要服从整体。这是整体与局部科学辩证的统一关系。

根据这一思想方法，整体的教育过程并不是若干个局部教育过程的机械合并和若干局部整体的简单叠加，它应是在深入研究这些构成要素之间关系的基础上形成的寓于新质特点的综合体。

1. 教育目标整体

现代学校教育目标是多种内容和多种层次构成的整体。

在目标内容上，有德、智、体、美、劳的全面发展；有合格公民、建设者、接班人的培养；有知识技能的获得，思想品德的提高，智力体力的发展；等等。

在目标层次上，有国家的宏观方针、目的，有各级各类学校的具体目标，有每门课的教学目标。但不论各层次的具体要求如何不同，蕴含其中的内容与社会总的教育目标都应是一致的。

在目标实现上，教师应以整体的思想方法去统帅教育行为，使任何一项具体的教育活动都具有实现整体目标的功能。功能重心可以因活动内容不同而有所突出或侧重，但不能互相代替和抹杀。

2. 教育内容整体

学校教育目标整体要通过教育内容整体才能转化为受教育者的整体素质。国家课程计划规定的各类学科是内容整体的集中体现。这些学科是经课程专家精心构想和研究以及历史反复检验，充分考虑了社会需要和个体需要确定下来的。在这些学科中融汇着个体在未来社会生产和社会生活中需要的各种知识、思想、情感、态度、信念、能力、行为、技能、意志、品质等等。这些内容反映在基础与专业、学科与活动、必修与选修、显性与隐性等各类课程中。

贯彻国家教育方针，实现学生身心全面发展，学校需树立整体教育观，不能人为突出某科，削弱某科，要正确认识各学科的作用，摆正各学科的地位。教育内容改革要有系统思想，要把某一门或某一类课程的改革放到课程的整体结构中权衡考虑，放到学生的整体素质发展需要中去决定取舍。

3. 教育方法整体

学校教育内容的传授要借助各种具体的教育方法和手段去完成。这些方法和手段包括：

语言的方法——讲授（讲解、讲读、讲述、讲演）、谈话、讨论、读书指导、说服等。

直观的方法——演示、参观、榜样示范等。

实践的方法——练习、实验、实习作业、实践活动等。

教育任务、教育内容、教育要求和学生身心发展特点的不同决定了教育方法的不同。任何一种方法都有自身独有的功能，都不能适用于一切教育活动和教育内容。因此，教师在教育活动中应改变一种方法包打天下的僵化做法，善于根据具体的教育情境实行多种教育方法的综合运用。

4. 教育途径整体

教育途径是教育者进行教育活动时选择的基本渠道。

学校实施教育活动的教育途径有：

①课堂教学活动。这是教育因素容量最大、功能最全、所占时间最多、最可控和最有效的教育时空。由此人们将其称之为"学校贯彻教育方针，实现教育目的的基本途径"，强调学校工作要以教学为主，以教学作为学生获取知识的主要途径。在基本途径之下又可分为辅助途径和特殊途径。属于辅助途径的有现场教学、分组教学、个别指导；属于特殊途径的有复式教学等。

②课外活动。这是在国家规定的教学大纲之外由学生自愿参加的有计划、有组织的教育活动的总称。广义的课外活动包括正式课程以外的校内外各种教育活动；狭义仅指校内课外活动。课外活动包括的内容相当广泛，如艺术和文娱体育活动、科学技术活动、公益劳动和其他社会活动等。课外活动又可继续分为群众活动、小组活动、个人活动等亚途径。

③劳动活动。劳动活动是学生运用知识技能、形成思想品德、锻炼意志品质、培养生活能力和正确的劳动态度、劳动观点和劳动习惯的重要渠道。它对形成学生的健全人格是非常必要的。国家教委已于1987年先后颁发《全日制中学劳动技术课教学大纲》和《全日制小学劳动课教学大纲》，把劳动正式列入教学计划。

④社会活动。组织学生走出校门，在校外的一定场所进行的了解社会、服务社会的教育活动称之为社会活动。社会活动可使学生直接接触社会实际，亲身参加社会实践。从具体生动的事实和实践中提高认识，陶冶情感，培养良好的思想品德和灵活运用知识的能力。社会活动的具体途径有：参观、访问、调查、考察、咨询、宣传等。

⑤学生群体组织的活动。学校中的学生群体组织主要有少先队、共青团、学生会以及各种科技、文艺、体育社团等。学生群体是学生走出家庭、步入社会之后遇到的第一个政治组织和群众组织。这些群体组织的活动，对形成学生正确的政治倾向和信仰，产生积极的人生追求和理想，发展业余兴趣和爱好等都有着积极的意义。

⑥校会、班会、晨会、周会、班主任工作等亦是学校教育不可缺少的途径。这些途径各有自己的功能，在完成学校教育任务、实现育人使命方面发挥着重要的作用。

细细考究，学校教育途径的确是众多的。这些途径之间既有区别，又有联系。学校要把全部教育途径结成一个有机的科学的系列，实行功能互补，发挥整体合力，才能有助于全面提高教育质量，顺利完成教育任务。

5. 教师和学生整体

教师和学生是学校教育活动的主要成分，他们虽各有不同的任务和活动，但却有着共同的活动空间、活动内容、活动形式，特别是活动目标。教师和学生在教育过程中既互为主体，又互为客体。从群体的划分看，他们各自属于不同的群体。但教和学的目标却把两者紧紧地连在了一起。众多的经验证明，教师和学生双方只有具备共同的愿望和需要，具有共同的完成任务的积极性和主动性，具有情感和需要上的共鸣时，才会有良好的教育效果和教育质量。反之，两者不能合为整体，各自为战，各行其是，彼此没有配合和融洽的联系，则必然产生内耗，影响质量。在把教师和学生作为教育过程中的整体来说，其中也包括教师和教师、学生和学生之间的整体结构。

6. 学校、家庭、社会影响的整体

学生是在家庭、社会、学校三种基本教育形态的综合影响下成长的。学校教育主导作用充分发挥的一个重要前提就是必须协调好与家庭和社会的关系，得到家庭和社会的积极配合。具有三者协调的良好配合可强化学校教育的主导作用，否则则会削弱甚至抵消学校教育的效果，使学校的种种努力成为一种无效劳动，故不可小视家庭和社会教育的负向功能对学校教育的干扰和冲击。在具体实践中，应通过家长学校、社区教育等有效的方法，系统构建学校教育为主体的学校、家庭、社会三结合的立体教育网络，以积极向上的教育影响占领学生所及的整个时空，形成三方教育的整体合力，共同作用于受教育者。

7. 德、智、体、美、劳各育过程的整体

相对于教育过程而言，德育过程、智育过程、体育过程、美育过程、劳动技术教育过程等都是局部的单项的具体的过程。在教育过程的历史发展中，人们把单项教育过程从总体过程中分离出来，并赋予其专门的任务和功能，这是一个巨大的历史进步。但是我们必须承认，这种划分仅仅是一种观念上理论上的划分，在具体的育人实践中，其功能、任务可能有所侧重，但绝没有孤立的单一的纯而又纯的德育过程或其他几育过程。任何一育的进行都包含着其他各育因素的存在。对此，我们在明确各育的专有功能，发挥各育对人的身心发展特殊作用的同时，更应将五育纳入整体联系中，在侧重突出各育定向作用的同时，应融汇着其他几育功能的共同实现，而不应硬性地把客观上的整体肢解为一个个孤立的部分。企图通过一个个孤立的教育过程——对应地实现德、智、体、美、劳各方面的发展，事实上是办不到的。因此，我们应站在整体教育过程的高度，看到各育过程之间的紧密联系，通过各育过程的齐施并举完成学生身心的全面塑造。

8. 上下年级和学校的衔接整体

学校教育整体不仅表现为教育活动的横向联系，也表现为上下年级和上下学校之间的纵向衔接关系。学生发展和教育活动的连贯系统性，要求学校教育应把上下年级和上下学校之间的教育衔接起来，成为一个相互吻合的整体。上下学校之间衔接的作用是使学生顺利完成学习方法的过渡和学习阶段的转折，避免内容的重复，心理的不适应，学习方法的不习惯等种种现象的产生和学习焦虑的尽快消除，愉快迎接新的学习环境和学习任务。

上述可见，教育过程的整体结构是由多方面的整体构成的。在每一方面的整体中包含着若干更为具体的整体。因此，整体是由多个层次、多个方面组成的，不是单一的整体，而是系统的整体。各个整体之间既相对独立，又密切联系。完成学生身心的全面发展，需要我们树立起整体教育的观念。实行学校整体教育改革，要求改革者具有系统的思想。

（二）整体教育过程的客观规定性

完形心理学的一个基本原理是："认为靠研究组成部分来解释整体是不可能的。"以往教育科学研究的一个重要弊端就是企图通过对德育、智育、体育、美育等局部过程的研究，最终实现提高教育过程整体功能的目的。反映在实践上，是把古代模糊不分化的教育过程变成工场手工业加工产品的生产方式，把社会对人的需求进行分类，形成德、智、体、美、劳等各单项教育过程，并研究设计了进行每一项教育过程的全套策略，从任务、内容到途径、方法，最后试图把各个单个过程的结果在人的身上统一起来。结果，由于各个过程之间缺乏整体设计和协调，各自强调重要而付之以时间、人员等保证，大量的重复和浪费严重降低了教育的整体功能。

教育过程整体理论所遵循的一条重要原理是：把各局部教育过程放到一个整体的教育过程中去考虑各自的技术和策略，形成一个统一的教育机制。这样，教育过程理论的整体图景是：教育过程的整体理论是有部分的整体，各部分则是整体中的部分，而不是各自孤立、没有统一核心的散在部分。

在各局部、各具体教育过程之上建立一个完整、统一、元层，概括各局部教育过程的整体教育过程理论和策略是发展的教育理论和教育实践的共同呼唤。整体教育过程理论与策略的建立，不仅从科学理论形成的规律上看是可能的，从当代科学理论发展高度分化又高度综合的总趋势上看是必定的，从教育改革实践的分析上看是必需的，而且从教育对象自身的发育、发展需要和本质特点上看也是必然的。这是因为，整体教育过程的系统理论和应用技术不是玄妙的描述、未来的设想和纯粹的理性推测，它的提出和建立是基于教育对象自身发展的客观事实和教育实践本身的客观实际，是有着坚实的科学依据和理论基础的。换言之，借助理论思维的帮助，可能使我们超越目前局部教育过程研究的现有状况和对教育过程个别方面突破的现有水平，形成完整的教育过程理论与策略，它的整体性质从其最终根源上看，不是纯粹理论思辨的产物，而是直接导源于客观教育实践中人的活动、人的发展、人的技能形成、人的品德完善等多方面的整体统一。

二、教育过程的纵向序列结构

教育过程纵向序列结构是指教育者和受教育者为达到教育过程目标，形成受教育者的知识技能、思想品德、智力和体力等而科学安排的施教顺序，是教育者为完成其特定使命而安排的进行每一教育活动时应予遵循的一般时间模式。

唯物辩证法认为，世间任何事物都是作为过程而存在，作为过程而发展的。过程由有机联系的阶段组成，阶段是过程的构成要素。两个以上有着内在联系的阶段的常住性和继承性的有机统一便构成过程。因此，任何客观事物都是过程与阶段的统一。

过程与阶段广泛存在于自然、社会和人的思维的所有领域之中，是一切事物存在与发展的普遍现象。

在自然界，任何事物都有一个产生、发展、衰亡的变化过程，大至宏观寰宇，小至微观粒子，概莫能外。如恒星，从星际气体聚集为原始星云开始，经历原始星、主序星、红运星、白矮星等阶段，最后通过超新星爆发而结束寿命。

在人类社会，人类社会形态与各个社会形态内的各种社会历史现象都是作为过程和阶段的形式存在与发展的。从人类社会总的发展历程看，到目前已经历了原始社会、奴隶社会、封建社会、资本主义社会和社会主义社会等五个不同的历史阶段，而在每一大的历史阶段中又存在着若干小的阶段要素。

在人类思维中，人的认识也是一个过程。毛泽东将其划分为感性认识与理性认识以及实践三个阶段。而列宁则将其概括为从生动的直观到抽象的思维，再由抽象的思维到实践。这说明，人类思维活动同样是过程与阶段的统一体。

教育过程的进行，首先是一个时序的集合，这个时序集合可以相对划分成若干个阶段，从而构成教育过程进行的基本阶段，即基础准备、信息传递、信息内化、存储转化、信息外化、综合调控。

（一）基础准备阶段

基础准备阶段是教育过程运行前所进行的各种预备。准备是过程进行的前提和基础。有充分的事前准备才能保证过程展开后顺利运行。

1. 目标准备

目标准备即师生在他们行动之前必须首先决定他们的行动方向和行动结果，从而避免行动的盲目性，增加活动的科学性。目标准备包括师生对教育活动总目标和每次教育活动具体目标的认识和理解。

2. 内容准备

内容是课程计划、教学大纲和教科书的总体。对教师来说，充分的内容准备就是在了解课程计划，通读教学大纲的基础上，经过对教科书内容的仔细研读，反复思考，达到融会贯通之后，对内容的再创。再创水平和内容准备，甚至可使教师在他们的头脑中再造一个内容的原型和内容产生的情境。教师对内容准备的具体工作包括内容重组、内容的补充和内容的设计，最后将其物化成活动方案或教案，方告一段落。对学生来说，内容准备主要是课前预习和活动前对内容意义的理解。

3．环境准备

环境是保证目标达成、内容实现的重要条件。环境是多层次、多类别的。从类别来看，如家庭环境、学校环境、社会环境。从层次来看，如自然环境、人际环境、文化环境等等。不同的环境对学生的成长有不同的影响作用。对教育过程的顺利进行来说，环境准备就是在宏观上协调好家庭、社会、学校的影响，使之统一地促进学生健康成长；在微观上，围绕学生的全面发展目标，造就一个良好的教育空间和教育氛围，使学生能在一个健康向上的环境中受到良好的熏陶。

4．物质准备

教育过程的进行需要各种必要的物质保证。大者从房舍、桌椅到各种电化手段，小者从粉笔、实验药品到各种挂图、教具等等。物质保证是师生活动顺利进行的先决条件，是制约教育质量的主要因素。为此，在过程展开前应设法购置齐全，准备妥当，以满足活动的需要。

5．动机准备

动机是一切学习的原动力，一切成功的学习都伴有强烈的动机。教育过程要使学生以积极的渴望完成各种活动，也必须设法唤起学生的学习动机，产生学习的需要和内驱力，使学习成为他们最有乐趣的活动。引起动机的方法很多，且因学科不同而有差异，如：引人入胜的典故，直接面临的困难，新异问题的探究，教具的恰当运用，问题的巧妙导入，生动形象的实例，知识的意义与价值，社会、生产、科技发展的需要，实际生活的需要，学习目标的获悉，竞争性学习方式，合适的作业要求和标准，获得成功的满足，奖励与谴责，等等，都是唤起动机的方法，至于教师以何种方法、何种艺术去唤起学生的学习动机，的确找不到一个金科玉律式的模式，完全要靠教师根据所教学科内容特点和学生实际，运用教育机制和经验去发挥各自的创造性。

具有强烈动机的教育过程是充满活力、富于"生命"的过程。它不仅可以保证教育过程的顺利展开和各阶段任务的圆满完成，而且可以使教育过程的结果超出预定的目标。

（二）信息传递阶段

完成学习动机激发随之继起的实施阶段是知识的传授，用信息论的术语来说，即信息传递。教育过程是个典型的信息运动过程。它是在教师的引导下，在特定的认知环境中，实现信息传递、内化、存储、转化、应用的过程。

传递与输出不同。输出是单方面的活动，它强调的是输出的效能，不管有没有接收，它都以同等的效率进行工作。而传递则隐含着输出和接受两个方面及其活动。"传"是过程，"递"是对象，即递给谁。所以信息传递是教师的信息输出与学生的信息接收两个方面活动同时进行的过程。在这个过程中，教师不仅要考虑怎样进行信息的传输，而且要识别把信息传递给谁，弄清传递的对象。传递对象作为这同一过程的参与者，其角色作用是积极的期待和与教师的默契配合，轻松愉快地完成信息的转移。

信息传递的主要艺术是教师如何根据信息接受对象的身心发展特点和认识规律，对信息进行科学的组织。美国学者巴特勒（F. Coit Butler）在1985年发表的《Educational Technology》一文中认为，"如果在教学过程中按照下列经验规则组织信息的话，通常能起到促进学习的作用：

——从具体到抽象再回到具体；

——从简单到复杂再回到简单；

——从熟悉到不熟悉再回到熟悉；

——从现在到过去再回到现在；

　　——从一般到特殊再回到一般；

　　——从整体到部分再回到整体；

　　——从如何到为何再回到如何；

　　——从要旨到细节再回到要旨；

　　——从归纳到演绎再回到归纳；

　　——从概览到内容再回到概览"。[①]

　　对学生来说，保证良好的信息传递的关键是积极唤起已有的经验，集中注意和思考，跟随教师的思路一道前进。"跟随"不是被动爬行，而是使自己的思维与教师的思维同步。不仅知悉是什么，脑中还应经常闪现为什么。师生之间不能保持同步的思维就不能实现信息的传递。

　　师生之间的信息传递需借助一系列传递方法和传递渠道去完成。

　　从传递方法看，如言语讲解、行为示范、直观演示、实地参观、自我练习、情境陶冶、实际感知、师生交谈以及各种现代化教育手段的运用，如电视、录像、录音、电影等。不同的信息需要采用不同的方法实现传递。每种传递方法都是一个相对独立完整的知识体系，具有一系列的具体运用技巧。苏联教育家马卡连柯曾说过："如果一个教师不能用十五种声调说'到这里来'时，那么他还是一个没有掌握教育技巧的人。"说一声"到这里来"尚且如此复杂，包含着美学、心理学、教育学等多学科的艺术，那么就可以断言，任何一种传递方法都是一系列经验、技术、机智与艺术的结合。没有深入钻研，浮于皮毛之上，就根本不能把握其真谛。所以，一位教师，若想使自己的信息传递确能成为理性与情感融合后的信息输出过程，就必须对教育方法有殚精竭虑的深刻思考和选择。这样才能使信息传递过程成为师生联结的顺利通道，而非只有输出，没有接受，或输而不出，接而不受。

　　从传递渠道看，各育共同的传输途径主要是教学、生产劳动、社会实

---

① F.C.巴特勒：《教学过程系统分析》，《外国教育资料》，盛群力编译，1990年第
　3期。

践、各种课外活动等。在这里不论教学还是劳动、实践活动，都有一系列应予遵循的原则和基本要求。这些原则，看似大同小异，枯燥乏味，实质却是传递规律的具体概括。教师要顺利实现信息的转移，就必须在各自的教育活动领域内，结合自己的活动内容和学生对这些内容接受的特点，钻研摸索出适合于自己特点和教育对象特点的最佳途径。优秀教师所以能取得理想的教育效果，能在各种内容里顺利实现信息的传递，其原因之一是他们不落尘规，常以自己独特的构想去选择最能有效完成任务的方法和途径。

总之，方法和途径是进行信息传递必须考虑的条件，也是教育者完成信息传递必须借助的工具和手段。方法和途径哪一个方面都是一门独立的艺术、独立的学科，其内容之丰富绝不是几节教育学内容所能容纳得了的。

（三）信息内化阶段

信息内化是通过理解，把刚刚得来的信息纳入相应的知识结构中去，成为精神宝库中的新成分。

人从出生来到社会，开始有了交往就开始建立自己的知识背景和认知方式。知识背景和认知方式的巧妙结合成为一个人特有的认知结构。认知结构是由众多知识存储单元构成的体系。对这样的结构体系，德国教育家赫尔巴特称其为"统觉团"，马克思主义认识论称其为"已有经验"，心理学则称之为"图式"。每一社会个体，在后天成长中，在社会和教育多方面因素作用下，都形成有一定的认知结构，按皮亚杰的学说即形成一定"图式"。当外部信息传入大脑，与已有图式发生作用时，便经过心理机能和结构——图式的过滤作用，对信息进行处理。外来信息如与已有结构同质，并被理解，便顺利"同化"，进入已有网络体系，发展成新的图式。若是进入的信息为异质，或不被理解，则新的信息便被已有图式拒入网络，而成为游离状态。这时只有经过信息加工，改变原有图式，使新质信息进入已有网络，发生网络重组，即通过"顺应"作用，从而形成"图式"的质变，这样才能使新的信息完成内化。例如：学习中有些知识，虽经过学习，但过后常被遗忘，原因就在于这些知识虽然同已有知识同质，但由于缺乏真正理解，因而这些知识未能进入已有知识结构，处于游离状态，所以，虽在考试时勉强记忆，而过后便被遗忘。另如：当一个人接受新的科学世界观与他原有世界观矛盾时，没能打破旧的世界观体系，原有世界观体系没有发生改组，因而新的世界观便处于游离状态。这种人虽然在口头上也能对新世界观谈得头头是道，但实际上对其行动并不起指导作用，这种人便是一种双重人格。这些都是信息内化的失败。所以，信息内化，必须深入了解教育对象的原有状态，做好"同化"和"顺应"，用教育的观点即重视"接受"和"改造"环节。

"同化"和"顺应"，"接受"和"改造"关键又都在于理解，在于理解的程度、方式和态度。

积极的态度有助于思维的调动，因而有助于理解的速度。而理解的方式则决定于教师所引导的思维路线是否科学，是否符合人们一般的推理逻辑和比较、分析、综合、概括等具体的思维形式，能否最广泛地利用学生已有知识背景所提供的理解基础和经验，从而最终决定着理解的质量。教师的传授越是富于艺术、富于科学，学生理解的程度也就越高，内化的百分比也就越大。反之，教师自身尚未理解，或理解不透，以其昏昏，想使学生昭昭，内化便无从谈起，这样就必然大大降低学生内化的效率和质量。

因此，内化绝不是简单的、机械的信息接纳。要真正达到内化的水平，达到变成学生知识财富和思想品德组成部分的程度，就必须通过深入理解的过程才能实现。

（四）存储转化阶段

经信息内化将得来的知识纳入相应的知识结构中以后，便进入了存储转化的阶段。存储转化是"酿造"的过程，是把得来的知识进行巩固，转变成解决问题的能力和思想品德以及相应的审美能力和操作技术的过程。

转化的过程是复杂的。它既需要已有知识经验做基础，又要求转化主体具有良好的思维方式。已有的知识经验如同种子的胚基一样，有了它，在外界条件的催化作用下，知识的"种子"才可能生长成"一株有用的树"。尤其像思想品德的形成，转化的过程要经历一系列思想内部的矛盾斗争，出现正确与错误、先进与落后、真善美与假恶丑之间的交锋，才可能最终把得来的品德理论转化成自我的思想品德与行为习惯。

存储转化，从总体上说是主体内部的运动过程。这一阶段首先是对已内化的信息的巩固，使知识牢固地保持在记忆里，这样才能保证随时提取应用。

信息的巩固是以理解为基础的，只有被真正理解了的信息，才能得到巩固存储。所以，教育过程必须重视理解。

在信息内化过程中除了注意理解外，为了信息巩固，还必须进行一些专门巩固工作，这就是必要的复习和练习。对已有信息采用各种方式使其重现，会促进记忆痕迹的强化，达到巩固的目的。一些优秀教师采用"精讲多练"的方式以提高教育质量的经验，就是这个道理。

学生对已获得的信息仅仅达到巩固和存储的目的还不够，还必须实现信息的转化。

转化既表现为知识与能力的转化，技能与应用的转化，也表现为思想与行为的转化。一个教育工作者仅注意对所授信息的巩固，而忽视转化，就不会使教育获得真正成功。

信息的转化尤为重要的是知识向信念、情感和意志的转化。没有信念、情感、意志力支持的知识，仍不过是一种外在的知识。外在的知识是没有自觉行动力的。知识只有在巩固基础上完成转化，变为信念和信仰，并同情感和意志融合，才真正化为人的内在品质。无论自然科学知识还是社会科学知识，同样都有这种转化过程。文艺复兴时期的意大利哲学家布鲁诺，在"日心说"和"地心说"斗争中，临上刑场，仍坚信"日心说"

不变。许多无产阶级革命先烈，直到牺牲生命，共产主义的理想不动摇。其所以如此，就是他们的知识转化为信念，并有积极的情感和坚定的意志在起作用。所以，教育过程不仅要注意知识的传授和巩固，更要关心知识的转化。在传授和巩固知识的同时，更要把信息转化为受教育者的科学信仰和信念，并同他们的情感、意志相融合，这是教育过程的重要任务，也是保证教育成功的关键环节。

转化的实质，就是要把外来的信息变成人的内在品质。不能完成转化的教育不是成功的教育。

（五）外化应用阶段

认识由经验到理论，获得了关于事物的本质和规律性的知识，但这并不是认识的最终目的。学生获取信息是为了能够解决各种问题，完成教师向他们提出的教学任务。

信息外化有两个作用。

1. 强化理解

人对信息的接受有两种水平：有意识与无意识。当人们面临着急欲完成的任务，有明确的获取信息的意识时，对信息的感知就会更清楚、更明确。因此，应用前摄控制着信息的接受，后摄可以使学生对被应用的信息存留更深刻的印象。客观地说，应用和理解实质上是不可分的。应用的过程时时伴随着思考，因而也就时时伴随着理解，强化着理解。反之，没有应用，有些信息在接受之后，可能会稍纵即逝。同时，应用的过程也是学生对信息进行分类、整理、归纳、编序的过程，使广泛得来的信息条理化、系统化，有助于实现新信息的再次内化，进入认知结构中。

2. 应用检验

外化应用的过程也是检验的过程。学生能否实现信息的外化，首先就检验了学生对知识的掌握与否，以及掌握的熟练程度如何。如果学生在外化应用中能顺利地完成教师给定的应用任务，这说明学生已经掌握了教师传授的内容，教学可继续前进。反之，若学生外化困难，应用中错误百出，乃至根本不能外化，这就说明学生对教师的讲授根本没有理解，或教师的讲授存在问题，从而为教师和学生提供反馈信息，提醒他们进行自我检查，分析问题产生原因。

信息外化的方式是多种多样的，口答、练习、讨论、实际操作、测验以及实验和实践等都是外化的适当方式。

高水平的外化不仅表现在学生对教师给定任务的出色完成，而且能够实现知识的迁移，闻一知十，举一反三。

（六）综合调控阶段

综合调控就是通过教育过程实施结果的考评与分析，对既定设计和实施进行的调整和控制。

科学的教育过程是一种周密的设计。这种设计虽从主观上力图是科学的、周密的，然而毕竟具有很大的假设成分。在教育实施历程中，这些假设究竟是否实际发生功能，导致过程产生了预期的效果，促进了学生身心的变化，就须做一番周延的检核。只有通过考评，才可使我们知晓预定设计的优劣程度如何，过程各要素间关系处理的结果怎样，原因何在，需对设计做出哪些修正，等等。所以，考评可以协助我们检核预定教育方案所依据的基本假设的效度，提供调整教育过程设计的反馈资料和依据，以使再度实施的过程更加理想和科学。

结果考评是运用教育评价、心理测量和教育测量相结合的方法和技术，对教育过程实施结果进行测验和评定。为实现这种考评，必须通过一系列具体的施测方法去完成，如论文式测验、客观测验、问卷法、标准测验以及实践检验等等。至于采用什么方法施测，这是一个专门性的技术问题，有待专门研究。

经过效果考评而对过程所进行的综合调控是多方面的，概括起来主要有下列三方面：

一是对整个过程的调控。这种调控是指站在整个过程优化的高度，对整个过程运行状态、操作效果进行检验和评定，以获悉整个过程的综合效能如何，问题所在及原因是什么。

二是局部阶段的调控，指对过程中某一个局部阶段效果和状况进行检验，以提供局部调整的依据。如对基础准备阶段进行检验，就是看教师对教育活动的进行有无充分的物质准备、精神准备、活动的内容准备、学生的状况准备等等，如准备不充分或某方面缺乏准备，就可对此进行及时的局部调整，以保证整个过程的效果。

三是对教育过程各构成要素的调控，如教育者、受教育者、教育内容、教育手段、教育环境、教育途径。所谓综合调控就不是单方面的分析和调整，而是要求全面分析各要素在教育过程运行中各自作用发挥得如何，综合考虑各要素之间的联系和制约条件，从而对薄弱环节进行调整，以获得过程运行的整体效能。

教育过程基本阶段由基础准备开始，经由信息传递、信息内化、存储转化、外化应用到综合调控，结束一个教育活动历程周期。经过调整后，继而开始一个新的历程。

必须指出的是，把一个连续的教育过程划分成上述几个阶段，这完全是出于理论研究的需要，是一种理论上的划分，而在实践中，各个阶段之间总是相互交叉，彼此渗透的，没有纯而又纯、截然分明的某一个阶段。

第三节　教育过程的实践形态

教育过程是教育者和受教育者运用多种多样的教育技术手段完成认识活动，形成思想品德、获得基本技能的过程。这些教育技术手段在实际运用中虽然经常是交错在一起的，但用理论抽象的方法，从总体上看基本呈现着四种形态，即语言传授过程、实际训练过程、情境陶冶过程、实践锻炼过程，这四种教育过程基本形态的存在方式及其作用各具特点。

一、语言传授过程与作用

语言是具有意义的符号系统。首先，语言是人类所特有的反映活动，人们在进行抽象思维时，语言充当思维的刺激物。巴甫洛夫说："言语，主要是从言语器官传入到皮层的动觉刺激作用，就是第二级信号，信号的信号。它们是对现实的抽象作用，并使概括作用成为可能；这就构成了附加上去的、人所特有的高级思维。"[①]其次，语言是记录、巩固、存储知识的工具。语言把人们认识活动的成果，用词和由词组成的句子记录下来，传递开去。语言记载着各个时代、各个民族、各个国家的经验知识和理论知识，成为现实世界知识的负载者和人类社会历史知识的储存者。

语言又是交际的工具。它是教育过程中学生获得知识的基本媒体，是师生进行交往和传递知识的基本手段。在间接经验传授中，属于知识、思想观点、规律规则一类的内容，不能靠行为训练、环境陶冶，只能靠语言进行分析综合、归纳演绎等逻辑思维才能获得。借助语言，不仅可以实现同代人的思想交流，而且可实现不同时代的人之间的理智交往与情感交往。师生通过语言的中介，继承历代积累的知识，把古今中外的人的认识活动联结成为无限发展、不间断的认识过程。

教育过程中的课堂教学语言是多种形式的综合的语言表达，包括口头言语、书面言语、体态言语、演示言语等。

1. 口头言语和书面言语

口头言语是人凭借发出的语言表达思想的言语，它以听觉和动觉的形式为人所感受。口头言语有对话言语和独自言语之分。书面言语是在口头言语基础上发展起来的，凭借文字符号表达思想的言语，它以视觉和动觉的形式为人所感受。

---

① 巴甫洛夫：《条件反射演讲集》，人民卫生出版社1954年版，第377页。

教育过程中师生间的信息传递一刻也离不开口头言语和书面言语的帮助。教育者介绍、讲解、提问、解答、诱导、评议、推理、叙述、鼓励、批评等，受教育者的阅读、朗读、听写、笔记、作业、计算、回答、质疑等，都需借助语言这个中介去完成。

因此，言语是教育劳动的基本工具。教学言语是一种专门的工作言语，它具有针对性，受到学科性质、教学内容、教学空间、教学时间、教学时所处的物质环境、自然环境、教师的教学经验和教育机制、学生的知识水平、身心发展程度、思维方式等语境因素的严格制约，教师语言表达的方式和表达水平，直接影响着学生智力活动的方式和效率。所以，教师只有把握教学语言的特点，努力选择最佳的语言表达形式，才能提高教学质量，强化教学效果。

2. 体态言语和演示言语

体态言语也是一种信息载体，是传递信息、增强语言表达效果的辅助手段。体态言语不限于手势，它涉及人体各部分的动作和姿势，包括手势、身姿、表情、眼色等诸多方面。由体态言语进行的交际与交流，就是非词语交流。体态言语主要是靠视觉形象，通过意会的方式来进行情意表达。它的教学功能不仅可像有声言语那样交流思想、传达感情、进行暗示、表示强调和指代、表示态度和关系、描摹形状、渲染气氛等，而且也可借助体态语言，帮助组织教学、暗示提问对象、节约教学时间、维护教学常规、激发学习兴趣、突出教学重点、了解教学效果、活泼课堂气氛等等，使教师的一言一行、一举一动密切配合，相得益彰，强化教学艺术效果。

二、实际训练过程与作用

人的技能技巧、行为习惯、智力体力的形成和发展与知识获得、思想提高不同，仅靠语言传授是不行的，最有效的方法是练习，对教育过程来说就是靠实际训练。

训练有三种基本方式或层次。

一是组织性训练。练习之初，需要教师对学生进行系统的组织，如观摩教师的示范表演。然后，亦在教师的组织之下进行统一的训练，如小学生写字的书空、算术练习等。

二是指导性训练。这是在学生有了初步的练习知识基础之上进行的训练。此时学生的练习活动可以从对教师的模仿中摆脱出来，进行初步的独立练习，但还离不开教师的指导。

三是独立性训练。这是在指导性训练之后的练习。此时，教师可完全放手，让学生按照固定的练习程序独立进行练习。独立练习的最终结果可推动学生走向熟练。

实际训练过程中教师和学生花费的时间和精力比语言传授过程要多得多。如理解写作知识同形成写作能力，理解某一数学定理与形成运用该定理演算习题的能力，理解道德观念与形成道德行为习惯等，所消耗的精力和时间，后者都要大于前者几倍甚至几十倍。所以，实际训练过程，往往被看成是教育过程的主要形态。

实际训练同语言传授的不同之处还在于它具有相对独立的特征。在教育过程中，只要受教育者理解、明确了教育者为他们设计的训练程序，他们就可独立完成训练的任务。而教育者则处于组织、指导、监督、评价的地位。因此，训练主要靠受教育者自身去完成。教育者的作用是指导其练习的技术和要领，并进行必要的示范。

三、情境陶冶过程与作用

陶冶是一种富于传统而有效的方法。在整个教育过程中，它同语言传授、实际训练相结合，构成相对独立的一种教育形态。

陶冶是让受教育者处于一种与教育要求一致的"真实"活动情境中，利用其中"自然"的积极诱因，使受教育者在身临其境的感受下，在不知不觉与潜移默化之中受到预定因素的感染和熏陶。

由于陶冶不是在外力强迫下接受的一种教育，所以它的功效不是迅即实现的，而是在天长日久的影响中逐渐发挥作用的。可能也正因为如此，影响一旦产生便具有持久的力量，甚至具有主导终生的效果，如在整洁环境陶冶下成长起来的人养成了爱整洁的习惯，无论在哪里他都会以这种习惯力量统治其周围的生活空间。

陶冶的形式是多样的，归纳起来有：

环境的陶冶，如校园、班级、图书馆、阅览室、家庭及学校的各个学习场所。优美的环境不仅可以培养人爱美爱清洁的卫生习惯，也可以提高学习的效果和大脑的工作效率。

教师人格的陶冶，如教师的工作精神、生活习惯、衣着服饰、言谈举止都可以给学生以影响。

同代群体的陶冶，如学校中的共青团、少先队、科技小组，以及各种文艺社团、体育俱乐部等。发生在这些团体中的特殊文化可以给他们的思想、学习、人生理想等以横向交叉的陶冶，在他们的人生道路上留下不可磨灭的一页。

此外，还有学校优良传统的陶冶、健康向上的气氛的陶冶、教育者严与爱的陶冶等。

陶冶是一种具有普遍意义的教育手段，在各种教育途径中都能发挥不同程度的作用。在传统观念里，陶冶只能用于德育和美育，用于课外活动、社会活动和家庭教育之中。可是，现代教育实践和教育理论已经证明，陶冶对智育、体育、技术教育都有不可忽视的作用，应该在教育过程中恰当地加以运用。把陶冶同语言传授、实际训练巧妙地结合起来，可以激发学生产生自觉、自动、愉快的学习动机，丰富学生的各种生活体验，形成有益的兴趣爱好和强烈的求知欲望，发展综合性的适应能力和创造能力，培养纯朴的道德和审美情操，养成有利于身心发展的生活习惯。总之，陶冶的教育作用，现在已远远超出德国李特、凯兴斯泰纳、福禄培尔、赫尔巴特以及康德最初论述它们时那种狭窄的领域。对此，我们应深入研究，以充分发挥其作用。

四、实践过程与作用

实践是融语言传授与实际训练于一体的教育方法。实践中，不仅是对语言传授内容的验证与强化，而且是对实际训练结果的检验。

教育过程中的实践与社会实践不同，它的内涵主要是指教学实践，它的活动范围主要是学校课堂、实验室、校办工厂与农场，以及与教学需要有关的一些社会活动等。

实践是教育过程不可缺少的方法。它的作用在于：

第一，实践有助于知识的运用、技能的强化和记忆的巩固。当学生把学得的知识用于实践中时，可进一步加深对知识的理解和领会，促进知识的系统化和条理化，从而增强记忆。

第二，实践可以锻炼与培养学生的能力，尤其是动手操作能力，实现知识与能力的平衡发展。一个人能力的强弱虽与知识多寡有关，但更主要的是实际锻炼，熟能生巧。没有实践，实际上就不可能有运用知识解决问题的能力和技术。

第三，实践可激发学习兴趣，维持集中持久的注意力。实践是一种动觉刺激。学生在课堂上的绝大部分时间是聆听教师的讲授，长时间单调的听觉刺激，神经容易疲劳。在这种情况下，如果教学的任务由讲授转向实践，由于刺激的变换，学习兴趣和集中注意可重新唤起。所以，实践的运用，对提高教学效率和效果有着不可忽视的功效。

第四，实践又可检验知识技能的掌握程度。实践的过程是个综合输出的过程，它不仅是知识的输出，还是技能、思想、毅力等多种品质的协同作用。实践中，运用的不仅有即时获得的东西。还常常需要以往经验的帮助。所以，难度较大的实践可能是对学生的一次全面检验。令其认识到自己的过去和现在，优点和缺失，从而唤起努力的渴望，明确奋斗的方向。

应该指出，上述教育过程的四种形态，在实践中是经常结合在一起相互运用的，运用的技术水平高低直接影响着教育效果。

第十一章　教育规律

　　"规律是宇宙运动中本质的东西的反映"[①]，规律又是事物"本质的关系或本质之间的关系"[②]。这说明规律蕴藏在客观事物本质及其相互联系之中。教育规律也是同样，它也是在教育的各方面的本质关系中得到反映。本书前面几章综合分析了教育同社会发展和教育同人的发展的基本关系，并且从这些关系中揭示了教育的本质，这就为我们认识教育规律奠定了必要的前提。但是，我们应当了解，规律是有层次性的，不同层次的关系，反映着不同层次的规律。教育的基本关系，反映的是教育的一般规律。所以，在这里我们将要揭示的只是教育中最普遍的一般规律。在这些一般规律之外，随着研究领域的深化，也还有不同层次规律的存在。

---

① 《列宁全集》第55卷，中共中央马克思恩格斯列宁斯大林著作编译局编译，人民出版社1990年第2版，第127页。

② 同上书，第128页。

第一节　规律的规定性

一、规律与教育规律

规律亦称法则，是事物间本质的、必然的联系。列宁说："规律就是关系。……本质的关系或本质之间的关系。"①

世界上的事物、现象千差万别，它们的规律也不相同。就其内容可分为自然规律、社会规律和思维规律，自然规律、社会规律同属于物质世界的规律。其不同在于社会规律要通过人们的实践活动来实现；思维规律的形式是主观的，其内容则是客观规律的反映。按作用范围大小，可将规律分为一般规律和特殊规律。特殊规律是某些或某种事物所特有的规律，只在某特定领域内起作用；一般规律（普遍规律）是事物共同具有的规律。

一般规律和特殊规律的区分是相对的。在一定范围内为一般规律，在另一种范围则可变为特殊规律，反之亦然。如生产关系一定要适应生产力性质的规律，对整个客观世界而言是人类所特有的特殊规律，但在人类社会中，它就是一切社会共有的普遍规律。

客观事物运动都有它自身的规律性，教育这个社会现象同其他自然和社会现象一样，也有它自身的规律性。教育规律就是教育现象同其他社会现象或教育现象内部各构成要素之间的固有矛盾，或彼此间的内在联系。例如，教育事业发展的规模和速度，从根本上说，要受社会生产力发展的制约，一个国家的生产发展水平是与它的教育发展程度成正比的，这就是规律。又如，教育为人类社会所共有，而在不同的历史阶段上或不同的社会里有不同的性质，这主要是由社会制度决定的，即受经济政治制度决定的，这也是规律。再如儿童的年龄特征是进行教育和教学的依据，而教育又能促进儿童的身心发展，这也是教育规律。如此等等。唯物主义认为，

---

① 《列宁全集》第55卷，中共中央马克思恩格斯列宁斯大林著作编译局编译，人民出版社1990年第2版，第128页。

这些规律是教育本身固有的，是不依人的意志为转移的。唯物主义承认教育活动的客观实在性，也就承认教育规律客观存在的实在性。

二、规律的特征

列宁在《哲学笔记》中反复强调规律和本质是同等程度的概念，强调规律是对事物更深刻的认识，这即是说，规律不是现象，是属于事物本质层次的东西；规律不是通过感官能直接把握的，规律性的认识属于理性思维的更深刻的认识。但是，本质和规律又有一定的区别。

规律有其自身的特点：

1. 必然性

一是指规律的存在、作用及规律作用的后果的不可避免性，如任何悬空的物体一旦失去支撑的力量则必然要以相同的加速度（9.5米／秒）向地面下落，这是由于有质量的物体之间存在着引力这个本质决定的。二是指规律的重复出现，即无论何时何地，只要规律发生作用的客观条件没有发生变化，只要决定规律的本质原因没有消失，规律就必然会重复出现并发生作用，如生产关系一定要适应生产力的发展。三是指事物之间必然的纵横联系，如一事物的发展变化必然引起相应事物的变化。

2. 普遍性

列宁在《哲学笔记》中说："规律是现象中同一的东西。"①对于同一本质的事物和现象具有普遍的支配作用，如新陈代谢、四季更替，它适用于所有的阶段、社会、领域、层次等。

3. 客观性

列宁说："规律是现象中巩固的东西。"②规律的客观性是指规律和规律的作用存在于人的意识之外，不依人的主观意志为转移，人们不能创

---

① 《列宁全集》第55卷，中共中央马克思恩格斯列宁斯大林著作编译局编译，人民出版社1990年版，第126页。
② 同上书，第126页。

造它、改变它，只能设法认识它、利用它，如价格围绕价值上下波动。规律的客观性也就同时带来了它的强制性。

4. 永恒性

列宁说："规律是现象中持久的东西。"①无论自然界还是人类社会，不仅都按照本身固有的规律向前发展，而且规律贯穿着事物发展过程的始终。开始如此，过程如此，将来也必然如此。

根据唯物主义哲学所阐述的规律的一般原理，可以使我们更加清晰地认识教育规律。

根据规律是现象中同一的东西，那么教育规律也就是众多种类教育现象中同一的东西。教育现象，千千万万，教育的类型和形式，多种多样。但不管是小学教育、中学教育、大学教育，不管是家庭教育、学校教育、社会教育，还是课内教育、课外教育、团队教育等等，虽然其具体形态不同，但蕴含其中同一、普遍的东西只有一个，即它是青年一代身心发展的工具。这种同一的东西，就是教育中规律性的东西。

根据规律是现象中巩固的东西，教育规律也就是教育现象中巩固的东西、稳定的东西。古往今来，教育一直处在不断的变化与发展之中，各个历史阶段的教育有着许多的不同，但任何社会需要教育，是因为教育是各个社会进行社会物质财富再生产和人类自身再生产的重要手段，这是教育在一切历史时代都保存的有共同特征的同一的基础。

根据规律就是关系，本质的关系或本质之间的关系，教育规律就是教育现象与其他社会现象之间本质的必然的联系或关系。教育中这种关系有许多，如生产力发展与教育发展，社会发展需求与教育结构，等等。当然，并不是任何关系都是规律，只有各种现象间本质的关系才是规律。一个事物有多种属性，只有本质属性间的联系才是规律。

---

① 《列宁全集》第55卷，中共中央马克思恩格斯列宁斯大林著作编译局编译，人民出版社1972年版，第126页。

三、教育规律的理论结构

关于教育规律的构成，理论界有多种说法。有人把教育规律分成内部规律、外部规律；有人将其分成上位规律、下位规律；也有的将其划分成一般与特殊，宏观与微观。本书比较赞同后一种划分方法。

教育的一般规律，即教育的基本规律、普遍规律，指存在于教育领域之内为一切教育共有的规律，这类规律只有两条，即教育与社会发展之间的关系和教育与人的身心发展之间的关系。教育的一般规律和特殊规律是相对的，如教育与政治相联系的规律，在阶级社会是个普遍规律，但相对于整个人类社会则是特殊规律。

教育的特殊规律即教育的局部规律、具体规律，指存在于教育的不同方面、不同阶段、不同层次、不同活动之中的规律，如德育过程、体育过程、智育过程等的规律。

同时，根据上面的分类亦可将规律划分成宏观规律和微观规律。宏观规律的范围等同于一般规律，微观规律的范围则等同于特殊规律。

教育的一般规律与特殊规律是相互连结的。一般包括特殊，但不是特殊的全部，而特殊却不能完全进入一般，特殊规律比一般更丰富。

第二节 教育规律

一、教育要适应并促进社会的发展

（一）教育与国民经济发展相适应

1. 教育同国民经济发展的相互制约性

国民经济指的是一个国家和地区工业、农业、建筑业、商业、交通运输以及科学技术等生产和劳动部门的总称。国民经济发展即指这些部门整体的增长效率和变更状况。

国民经济发展的标志是国内生产总值和国民收入，它是以经济增长率为依据的。

教育同国民经济发展相适应的规律包含着两方面的含义。一是教育的发展必须符合国民经济发展的要求，随国民经济状况的改变而改变；二是国民经济的发展也要为教育的发展提供物质条件，使教育能更好地为国民经济发展服务。教育与国民经济发展的这种相互制约性具体体现在：

（1）教育与现有生产力发展水平的适应与促进

教育要适应现有的经济发展状态，并促进经济的发展。适应即适应一个社会现有的生产力发展水平状态。任何一个社会的教育都是一个庞大的运行系统，这个系统的正常运行无疑需要人、财、物等各个方面的物质保证。从学校教育产生的历史来看，奴隶社会中学校之所以能成为一个独立的社会成分，其根本原因是奴隶社会生产力发展水平的提高，使社会产品有了一定的剩余，从而为一部分人专门从事脑力劳动创造了条件，由此才出现了以专门传授知识为主要职能的学校。学校的开设，不仅需要大量的专门人员和这些人员的生活保证，同时需要一系列相关条件的支撑，如校舍、设备、各种各类的辅助设施，像大学里的理科系。因此，一个社会办多少学校，招收多少学生，聘用多少教师，这是不能按主观意志行事的，而必须考虑现有的经济发展状态和社会可能提供的物质保证，其中，国家投入多少是权衡教育发展规模和速度的重要条件。从一个社会来看，在其不同的历史发展阶段上，经济发展水平不同，教育发展水平也随之不同。从世界各国的比较来看，一个社会的经济实力不同，教育发展的规模亦不同。因此，考虑教育的发展必须首先考虑社会现有的经济条件，适应现有经济可能。这是前提。

与此同时，教育在寻求自身发展时又必须时时考虑到社会经济发展的需要，根据社会需求确定教育发展的总体战略，从而反过来促进社会经济的发展，即教育从不是消极地适应社会，而是能动地、积极地反作用于社会，促进社会的进步。如：为社会经济部门提供适合需要的各类人才；通过科学研究，提供新的生产技术和工艺；通过农科教、经科教的结合，促进社会经济的发展；通过开办各类校外教育，提高人口素质，所有这些都是教育反作用于经济的具体表现。

（2）教育与现有科学技术发展状态的适应与促进

科学技术作为社会第一生产力，不仅与现代化大生产息息相关，与一个国家的经济实力、国防军事紧密相连，也同样关系着教育发展的国际地位。因为教育中的许多成分都离不开科学技术的发展，如教育中的科学实验、理论研究、教学内容、教学设备、组织形式、教学方法等等的变革都需要以现有的科学技术发展为前提。前面说教育的发展不能超越现有的生产力水平空想地进行，同样，教育的发展也不可能超越现有的科技发展水平（当然是世界范围的）。没有科学技术发展为教育提供科研成果、科研设备及其有关的科学理论，我们的教学内容等就只能维持在现有水平。

同理，教育也不是消极地适应科技发展，而是以自己的专门活动促进着科学技术的发展和进步。如：各层次科技人才的培养；科研理论研究（搜集、整理、传播、延续）；科学技术研究和应用开发。

教育对科学技术的促进作用是全方位的，不管是学科领域，还是研究方向，不管是高精尖的，还是中低应用的。从各国的情况看，教育尤其是高等教育，是一个国家科技研究的主要组成部分。德国的科学之宫，美国、中国、日本等各国的高等学府都是一身二任，发挥着人才培养和科学研究的双重功能。

2. 教育同国民经济发展的平衡与不平衡

教育同国民经济发展相适应，并不是说二者发展永远平衡。事实上，国民经济发展与教育发展不平衡却是经常的事情。即使暂时处于平衡状态，随着社会发展也会出现新的不平衡。教育同国民经济发展永远处在平衡—不平衡—平衡的发展状态中。

一个国家和一个地区，总有先进和落后的差别。国民经济发展的不平衡，必然带来教育发展的不平衡。这种不平衡通常表现在：①地区的不平衡。如我国东南沿海地区和我国内地、西北地区，由于地区条件的不同，经济发展状况也就存在重大差距，由此也就带来了教育发展的不平衡。②城市和乡村的不平衡。在不发达的国家中普遍存在着城市与乡村发展不平衡的矛盾，这种发展不平衡在相当长时期内依然会存在。

我们是社会主义国家，我们的目标是共同富裕，逐渐消灭地区差别和两极分化。承认差别是为了最终消灭差别，承认不平衡是为了最终取得发展平衡。解决不平衡的正确的措施是通过国家政策，在承认差别的前提下，为积极消除这种历史造成的差别而努力，使发展的不平衡达到平衡。

3. 教育发展的"超前"与"滞后"

"教育滞后"是指教育投资不能超过国民经济发展的承受力。教育的投资若超出了国民经济发展状况所能承受的限度，就是对教育同国民经济发展相适应规律的破坏。而"教育先行"，则是指教育的发展要先于社会的发展，教育投资的增长要适当超越于国民经济的增长。现代社会发展的成功经验证明，教育的发展先于经济的发展，社会才能得到更好发展。我国的《义务教育法》也明确规定："国家用于义务教育的财政拨款的增长比例，应当高于财政经常性收入的增长比例，并使按在校生人数平均的教育费用逐步增长。"这点也正是"教育先行"的体现。

"教育先行"或"教育超前"，不仅限于经济投入的速率上，还体现在培养目标和教育内容等方面。今天的教育要着眼于未来社会的发展需求，积极改革陈旧的教育内容，广泛吸收科学技术的新成果，瞄准未来科学技术的发展趋势，这样的教育才能培养出未来社会需要的新人。所以，在一定意义上可以说，今日的"教育是为尚不存在的未来社会培养未来的新人"①。邓小平同志提出的"教育要面向现代化，面向世界，面向未来"，深刻反映了教育的"超前"意识。因此，"教育先行"和"教育超前"也是教育同国民经济发展相适应的一个重要内容。

（二）教育要适应并促进社会政治经济的发展

教育对政治经济的适应和满足具体表现在：

（1）对社会政治活动的直接介入，途径有二：

其一是通过学校的教育内容和学生的思想政治工作，传播统治阶级的政治观点、政治理论或执政党的政治路线与方针，为某种政治活动的需要做思想准备。在历史和现实中，无论是掌握政权的阶级，还是企图推翻政权的阶级，都不会忽略学校这个阵地。究其原因，主要是因为学校是知识分子高度聚集的地方，政治灵敏性强，追求真理和正义。如中国五四运动前后的思想准备，马克思主义的传播等都先发自学校，由此学校成为社会安定与否的晴雨表；其二是组织学生直接参加社会政治活动，把学生作为一支现实的政治力量使用。如土地改革、抗美援朝、"三反"、"五反"等。

在上述两种情况下，学校作为阶级斗争工具的作用显得十分突出，教育对政治斗争起了直接的推动作用。

在此，我们必须注意，教育采用直接方式去满足社会政治需要的情况并不是经常出现的。如果经常地使用这样的方法，学校自身的秩序必然受到冲击，学校本身的职能将遭到淡化乃至丧失，导致政治取代教育的危险。故学校教育对社会政治需要的适应和满足在正常情况下，更多地应通过间接的方式完成。

---

① 联合国教科文组织编著：《学会生存》，上海译文出版社1979年版，第39页。

（2）营造与社会政治需要相吻合的学校政治文化氛围，培养符合社会需要的人才

学校是社会的缩影，它通过学校党、团、少先队等政治组织，从社会层面塑造学生的政治觉悟和政治倾向性，从而为社会上各级政治组织做好组织上的准备。关于这一点，我国在新中国成立后，虽曾在短暂的时期要从工农兵中直接选择政治干部，但在以后的常态历程中，干部队伍中新鲜血液的输送主要来源于教育，尤其是各级党校、团校及大学中的政治系、管理系等。

除专门学校外，我国各级教育积极向上，与社会政治要求相一致的文化氛围也在陶冶着每一个受教育者，使他们的思想意识、人生观、价值观受到潜移默化的影响。

（3）排除一切不利于政治统治的因素，为贯彻落实统治阶级的人才规格和思想标准扫除障碍

任何社会的教育都是统治阶级的教育。这样的教育无一例外地忠实地执行统治阶级制定的教育目的、方针与宗旨，尽一切办法培养本阶级所需要的人才。在阶级社会里，政治控制在谁的手里，教育就必须为谁服务。或者说，政治决定着教育为哪个阶级服务，培养什么样的人，以及与此相关的其他一切方面。不管人的主观愿望如何，不管披上什么外衣，阶级社会的教育在骨子里总是阶级的教育，并且大多数是在政府的管理下进行的，其教育内容、培养方向、活动目的都要符合本阶级的需要。任何一个执政党，执政的阶级，都不会花费人、财、物去培养自己的对立派。所以，它要利用一切有利于本阶级的思想、舆论、教育内容、行为方式、理论观点去影响人才的培养。

（4）以学校教育为主导，协调社会和家庭等各种教育形式，共同完成政治的需要和任务

通过各类学校制度，进行人才的选择和分配；通过学校中的理论研究，对家庭教育和社会教育，如广播、电视、报纸起到导向作用；通过学

生影响家长的思想和观点（双向影响）；通过毕业生，把他们在校得到的政治思想观点向社会各个领域横向扩散。

二、教育要适应并促进人的发展

教育的对象是人，教育是专门培养人的活动。人的发展是有规律的。教育只有依据人的发展规律去进行，才能达到既定目的，发挥教育的主导作用。人的身心发展特点是人的身心发展规律的具体体现。教育必须依据人的身心发展规律，就是使教育影响同教育对象的身心发展特点相适应。

人的身心发展是内因与外因的统一。教育就要遵循人的发展的内外因统一规律，正确对待内外因的相互作用关系。教育首先要了解教育对象的生理发展特点和学习程度，然后根据其身心发展特点，充分调动受教育者的主观能动性，使之积极接受教育影响。

人的身心发展是量变与质变的一致。量变即渐变，质变即突变。所以，人的身心发展又是渐变与突变的统一。教育必须紧紧把握教育对象身心发展的量变与质变关系，从渐变过程中抓住突变机遇，充分利用发展的"最佳期"，适时促进人的身心发展。

人的发展是有年龄阶段的，不同年龄阶段身心发展具有不同特点。教育要注意年龄阶段差别，不同的年龄阶段，采用不同的教育方法和手段进行教育。

年龄特点不仅有阶段性，而且具有顺序性。人的身心发展是一个连续不断的过程，是一个从较低水平向较高水平连续有序地发展的。因此，教育应该由浅入深、循序渐进地进行。无论是知识的掌握还是道德水平的发展，以及身体的锻炼，都应注意系统性和连贯性，防止"揠苗助长"。

人的发展由于自身的生长特点、生存环境及教育影响的不同，个体发展又具有差异性。教育必须根据个体差异性"因材施教"，针对其发展的个别差异，"长善救失"，有的放矢地进行教育。

人的发展的各个方面又是完整的统一。要使每个人都成为完整的社会人，就必须坚持"全面教育"，促进教育对象身心的全面发展，使每个人都成为全面发展的社会成员。

总之，人的身心发展是有规律的，教育要适应人的身心发展特点并对其进行影响，这是教育的总体规律之一。教育目的、任务的贯彻，教育过程的组织，教育内容的安排，教育方法手段的选择，教育组织形式的规划，教育环境的建设等，都应与人的身心发展相适应，这也是对教育的总体要求。

教育要同人的身心发展水平相适应，这是客观规律。教育活动不能背离这一规律。但是，我们对"适应"不能片面理解为消极地"顺应"，而应是积极地推动。教育的积极适应表现在对人发展的前导性上。在人的身心发展水平和状态基础上，教育要适当地走在发展前面，这是教育同人的身心发展相适应的积极含义。

苏联心理学家维果茨基针对儿童心理发展研究提出了"最近发展区"理论。他在研究中发现儿童发展有两种水平。第一种是儿童现有的发展水平，即"由一定的已经完成的儿童的系统的结果而形成的儿童心理机能的发展水平"[1]。第二种是发展的可能水平，即"在有指导的情况下借成人的帮助所达到的解决问题的水平"[2]。在这两种水平之间的区域就是所说的"最近发展区"。维果茨基认为，第一种水平表明儿童发展的今天，而"最近发展区"则标志着儿童身心发展的明天。他由此得出结论："教学如果是以已经完成的发展系统为目标，从儿童的一般发展的角度看来，这种教学是没有积极作用的，它不会引起发展过程而是充当发展的尾巴。"[3]"只有那种走在发展前面的教学才是良好的教学。"[4]

---

[1] 维果茨基：《学龄期的教学与智力发展问题》，《教育研究》，龚浩然译，1983年第6期。

[2] 同上。

[3] 同上。

[4] 同上。

维果茨基"最近发展区"理论的意义在于，他强调教育不只是适应于儿童心理和智力发展的现有状态，它还应对儿童的身心发展具有较大的促进与发展作用。人的智力、体力以及道德品质的发展都有"最近发展区"。真正能促进人身心发展的教育，决不能仅着眼于人的发展的已经完成的水平，而是要了解"最近发展区"，把着眼点移到"最近发展区"上。教育对人的发展要有前导性，要在可能性的范围内经常走在学生现有发展的前面，这才是教育对人发展的积极适应。

但是，我们也不能因此而一概否定教育对人的发展的同步和滞后作用。维果茨基的"只有那种走在前面的教学才是良好的教学"的结论，应该说只是对新质的发展才是有意义的。因为教育和教学都不仅要促进人的"新质"的发展，而且也要巩固加深已形成的"旧质"。对刚形成的"新质"和已形成的"旧质"的巩固和熟练同样是教育和教学的任务。因此，教育与人发展的同步和滞后也是不能全部否定的。然而对于人的新的发展来说，教育则必须是走在发展的前面的。

三、教育与生产劳动相结合

（一）教育与生产劳动相结合是马克思主义教育的基本原理之一

教育与生产劳动相结合，是教育思想史上的重要课题之一。早在资本主义萌芽初期，有些进步思想家和教育家就产生了有关教育同生产劳动相结合的朴素思想。例如：16世纪初，英国早期空想社会主义者托马斯·莫尔（Thomas More，1478—1535）就主张儿童"从小就学习农业，部分是在学校接受理论，部分是在城市附近的田地里实习。……除从事农业外，还须学一种手艺作为专门职业"[1]。17世纪的英国早期经济学家约翰·贝勒斯（John Bellers，1654—1725）指出："不与体力劳动相结合的教学略胜于不学。""游手好闲的学习并不比学习游手好闲好……劳动给生命之灯添油，而思想把灯点燃……愚笨的儿童劳动……会使儿童的心

---

[1]　托马斯·莫尔：《乌托邦》，商务印书馆1959年版，第66页。

灵愚笨。"①因而，马克思称贝勒斯为"政治经济学史上一个真正非凡的人物"②。其后的18世纪法国民主主义者、资产阶级启蒙思想家卢梭（J.J. Rousseau，1712—1778）也提倡儿童既要学习，又要劳动，并且称不劳而食和游手好闲的人是流氓，是骗子。而裴斯泰洛齐（J.H. Pestalozzi，1746—1827）不仅明确提出"使功课劳作合一，提倡职业训练"和"学习与手工劳动相联系，学校与工场相联系，使它们合而为一"③的主张，而且还亲自创办了孤儿院和学校，进行教育与生产劳动相结合实验。特别是19世纪英国的伟大空想社会主义者罗伯特·欧文（Robert Owen，1771—1858）则不但认为"从原则上讲，人类劳动或人类所运用的体力与脑力的结合是自然的价值标准"④，而且亲自创办了在当时较为现代化的工厂和新型学校，把他的思想付诸实践。如，1800年欧文在新拉纳克棉纺厂设立学校进行教育同生产劳动相结合的尝试，持续了30年之久；1823年又在美国印第安纳州建立起著名的"新和谐村"，取得了很大成就。马克思对欧文的实验曾给予很高评价，认为从他的工厂实验中"萌发了未来教育的幼芽"⑤。

马克思恩格斯批判继承了历史上有关教育与生产劳动相结合的优秀思想遗产，揭示了教育与生产劳动相结合的客观规律，建立了马克思主义教育与生产劳动相结合的原理。

马克思主义创造人，全面分析了资本主义发展的历史，指明教育与生产劳动相结合是现代生产的必然趋势。

---

① 《克鲁普斯卡雅教育文选》，人民教育出版社1959年版，第154—199页。

② 《马克思恩格斯全集》第23卷，中共中央马克思恩格斯列宁斯大林著作编译局编译，人民教育出版社1972年版，第535页。

③ 《马克思恩格斯全集》第23卷，中共中央马克思恩格斯列宁斯大林著作编译局编译，人民教育出版社1972年版，第530页。

④ 《欧文选集》第1卷，商务印书馆1979年第2版，第309—310页。

⑤ 《马克思恩格斯全集》第23卷，中共中央马克思恩格斯列宁斯大林著作编译局编译，人民教育出版社1972年版，第530页。

众所周知，教育与生产劳动的分离与结合有一个历史的发展过程。

在原始社会，由于生产力水平的低下，教育与生产劳动原始地结合在一起。人们是在直接的劳动中进行教育，在劳动实践中学习和掌握必要的劳动知识和技能。这时的教育和生产劳动是处在一种原始的结合状态中。

随着生产力的发展，生产有了剩余，社会为脑力劳动与体力劳动的分离创造了条件，社会开始出现了实质性的分工。于是一些人从生产劳动中分离出来，专门从事文化和管理等脑力劳动，同时社会也出现了一些人靠占有别人的剩余劳动来生活，社会也就出现了阶级。

当社会生产力进一步发展，不仅允许脑力劳动独立存在，而且也创造了文字。有了文字以后，学校开始出现，于是便使教育从生产劳动中分离出来，形成了有组织的专门的教育机构。学校是传递社会生活经验和培养人的得力工具。这一工具一产生便被统治阶级所垄断，专门为统治阶级培养本阶级的接班人服务。劳动人民子女被排斥在学校大门之外，只能继续在劳动生活实践中接受教育。因此，从学校产生起，便形成了学校教育同生产劳动的分离。这种教育同生产劳动的分离被奴隶社会、封建社会继承下来，直到资本主义社会。

到了资本主义时代，一切都开始发生了变化。社会生产已开始由机器大工业取代工场手工业，科学技术在生产上得到了广泛运用。科学技术同生产的日益结合，就迫切要求教育打破从前那种同生产劳动的分离状态，实现教育与生产劳动相结合。因为现代的生产知识和技能，再也不能靠生产劳动中父子相传和师傅带徒弟的形式来完成了，只有通过学校的专门教育才能获得。所以，教育与生产劳动相结合，便成为大工业生产的历史必然，于是便有各种教育同劳动结合思想的出现。不过，这些教育同生产劳动相结合思想，只是看到了教育同生产劳动分离，反映了社会的不平等，是对人性的违背，并不了解是大工业生产的客观要求。只有马克思和恩格斯，从历史唯物主义观点出发，经过对人类社会发展历史的全面考察，才从根本上揭示了教育同生产劳动相结合是大工业生产的必然规律，由此才使教育同生产劳动相结合的思想从空想变为科学。教育必须同生产劳动相结合，已被现代生产所证实，这完全是社会发展的客观规律。今天，这一规律已为全世界所重视，成为现代教育的一条重要原则。

（二）教育与生产劳动相结合的社会意义

教育与生产劳动相结合，是现代教育和生产的普遍规律。加强教育与生产劳动的相互作用，已成为目前国际教育界所普遍关心的一个问题。马克思主义认为教育与生产劳动相结合的意义是多方面的，其作用不仅在改造生产，而且是改造社会和改造人的统一。

1. 教育与生产劳动相结合，是改造现代社会最强有力的手段之一

马克思认为，实行教育与生产劳动相结合的一个重要任务是改造社会。马克思在谈到教育与生产劳动相结合的社会意义时曾明确指出："在按照各种年龄严格调节劳动时间并采取其他保护儿童的预防措施的条件下，生产劳动和教育的早期结合是改造现代社会的最强有力的手段之一。"[①]这里所说的"现代社会"，指的是资本主义社会。

改造资本主义社会的任务和内容是多方面的。

第一，实施教育与生产劳动相结合，是保护工人阶级后代免遭资本主义摧残的重要措施。

资本主义制度对机器运用的一个直接后果就是将妇女和儿童卷入劳动过程。马克思指出："就机器使肌肉成为多余的东西来说，机器成了一种使用没有肌肉力或身体发育不成熟而四肢比较灵活的工人的手段。因此，资本主义使用机器的第一个口号是妇女劳动和儿童劳动。"[②]资本主义童工制度，使工人阶级后代从小就遭受资本的摧残，造成了他们身心发展的严重残缺片面。儿童不仅很小便被雇佣，并且劳动时间很长，有的每天劳

---

① 《马克思恩格斯全集》第3卷，中共中央马克思恩格斯列宁斯大林著作编译局编译，人民出版社1960年版，第24页。

② 《马克思恩格斯全集》第23卷，中共中央马克思恩格斯列宁斯大林著作编译局编译，人民出版社1972年版，第433页。

动时间竟长达十四五个小时。这种童工劳动，不仅"人为地造成了智力的荒废"，而且使"他们身体也发育不良"。资本主义对工人后代的这种摧残，结果使工人阶级"整代整代的人都毁灭了"[①]。

如何对付这一社会趋势？马克思主义创始人认为在资本主义条件下最有力的措施就是迫使国家通过普遍立法，实行教育与生产劳动相结合。所以，马克思号召工人阶级要努力为争得受教育权而斗争，要求"小学教育最好不到9岁就开始"，认为争取教育同生产劳动早期结合，是抵制资本摧残工人后代的"一种最必要的抗毒素"[②]。

第二，实行教育与生产劳动相结合，有利于促进旧分工的消灭和改造资本主义的社会关系。

旧的社会制度是以旧分工为基础的。旧分工的实质和表现是智力劳动与体力劳动的分离和对立。资本主义大工业本来为消灭旧分工、促进脑体劳动相结合创造了条件。可是，资本主义的社会制度却阻碍了脑体劳动的结合，并且加剧了旧分工的发展。

资本主义对工人的剥削，就是建立在这种旧分工基础上的。教育与生产劳动相结合，是消灭旧分工的有利因素。古典经济学家亚当·斯密为了防止劳动人民智力的萎缩，建议实施国民教育。而作为法兰西第一帝国参议员的热·加尔涅却坚决反对，他认为消灭了脑力劳动与体力劳动的分离，就会"消灭我们的整个社会制度"[③]。可见，消灭旧分工同资本主义制度是不相容的。社会主义的教育与生产劳动相结合，正是以消灭旧分工，改造旧的社会关系为最终目的的，这也是我们社会主义的教育与生产

---

① 《马克思恩格斯全集》第2卷，中共中央马克思恩格斯列宁斯大林著作编译局编译，人民出版社1957年版，第453页。

② 《马克思恩格斯全集》第16卷，中共中央马克思恩格斯列宁斯大林著作编译局编译，人民出版社1946年版，第217页。

③ 《马克思恩格斯全集》第23卷，中共中央马克思恩格斯列宁斯大林著作编译局编译，人民出版社1972年版，第401页。

劳动相结合的实质所在。

第三，教育与生产劳动相结合也是改造旧传统、旧意识和旧习惯的有效途径。

数千年来学校教育同生产劳动的分离，对人们的思想意识和行为习惯造成了深刻的影响。轻视劳动、轻视劳动人民，几乎成了以往旧社会的传统意识。人们争取受教育不是为了参加劳动，而是恰恰相反，把受教育当作脱离劳动的特权。

社会主义是劳动者的社会，只有人人都参加劳动，才能使社会获得充分的发展。所以，马克思主义创始人明确指出：在推翻了资本主义社会的新社会里，人人都应该是生产者，任何人都不能把自己在生产劳动这个人类生存的自然条件中所应参加的部分推到别人的身上。而改变这一旧社会制度的影响是长期艰巨的任务。同轻视劳动、轻视劳动人民等旧传统、旧习惯做斗争的有效途径便是实行教育与生产劳动相结合。通过教育与生产劳动的结合，就会逐渐树立起劳动观念、形成热爱劳动，热爱劳动人民，珍惜劳动果实的新思想，养成热爱劳动，勤俭节约的新习惯。

2. 教育与生产劳动相结合是提高社会生产的一种方法

教育与生产劳动的社会作用，不仅体现在改造旧的社会制度和生产关系，而且是"提高社会生产的一种方法"[①]。通过教育与生产劳动相结合，提高社会生产力，这是现代大工业的重要特点。

马克思曾指出："劳动生产力是由多种情况决定的，其中包括：工人的平均熟练程度，科学的发展水平和它在工艺上应用的程度，生产过程的社会结合，生产资料的规模和效能，以及自然条件。"[②]在诸多因素当中，科学在生产上的应用成了提高生产力的关键，"生产过程成了科学的

---

① 《马克思恩格斯全集》第23卷，中共中央马克思恩格斯列宁斯大林著作编译局编译，人民出版社1972年版，第530页。

② 同上书，第53页。

应用，而科学反过来成了生产过程的因素即所谓职能"①。这就是现代大工业的突出特点。现代大工业的这一特点就决定了社会生产力的提高已不再是取决于劳动时间和应用劳动的数量，而是取决于科学水平和技术的进步程度及其在生产上的应用。现代大工业的特点也决定了劳动力素质的改变。现代化生产的劳动力，再也不是从事从前那种简单的劳动，劳动力的内涵也发生了新的变化。钱学森认为现代化的劳动力应当是：具有一定生产经验、劳动技能、智力和知识的劳动者。这种劳动者不仅要有高度的熟练程度，更要具有丰富的知识，通晓现代科学的基本原理。

通过教育与生产劳动相结合提高社会生产力，是现代大工业的客观要求，同时也已为大工业生产的发展历史所证实。无论是提高社会生产力，还是实现教育的现代化，都离不开教育与生产劳动相结合。列宁有一著名论断，即："没有年轻一代的教育和生产劳动的结合，未来社会的理想是不能想象的：无论是脱离生产劳动的教学和教育，或是没有同时进行教学和教育的生产劳动，都不能达到现代技术水平和科学知识现状所要求的高度。"②

马克思关于教育与生产劳动相结合有利于提高社会生产的结论，已为现代生产发展所证实。今天，教育与生产劳动相结合之所以能引起全世界的普遍重视，并得以积极推广实施，其根本原因也正在于此。

3．教育与生产劳动相结合也是造就全面发展的人的唯一方法

教育与生产劳动相结合，对个人的全面发展具有特别重要的意义。马克思从欧文的教育与生产劳动相结合的实践中看到，这是社会发展的未来方向。他指出："正如我们在罗伯特·欧文那里可以详细看到的那样，从工厂制度中萌发了未来教育的幼芽，未来教育对所有已满一定年龄的儿童

---

① 《马克思恩格斯全集》第47卷，中共中央马克思恩格斯列宁斯大林著作编译局编译，人民出版社1979年版，第570页。

② 《列宁选集》第2卷，中共中央马克思恩格斯列宁斯大林著作编译局编译，人民出版社1984年第2版，第461页。

来说，就是生产劳动同智育和体育相结合，它不仅是提高社会生产的一种方法，而且是造就全面发展的人的唯一方法。"①

个人的全面发展最根本的是个人智力、体力的广泛、充分、自由和统一的发展。其实质是在智力、体力广泛、充分发展基础上，实现脑力劳动与体力劳动相结合。这一伟大目标的实现，唯一的方法就是教育与生产劳动相结合。

生产劳动是人类最基本的实践活动，它不但对社会、对生产具有重要作用，而且是人的智力和体力发展的源泉。马克思认为：劳动是人与自然界之间的物质变换过程。恩格斯也指出："人的思维的最本质和最切近的基础，正是人所引起的自然界的变化，而不单独是自然界本身；人的智力是按照人如何学会改变自然界而发展的。"②由此可见，劳动不仅是财富的源泉，也是人自身发展的源泉。

但是，生产劳动在资本主义条件下，不仅不能成为劳动者智力、体力发展的手段，反而压抑着个人的发展。造成这一结果的原因，一方面是机器的资本主义运用，另一方面也是劳动人民受教育权的被剥夺。所以，马克思认为消除这种人为的脑力劳动与体力劳动的分离，唯一的方法是实行教育与生产劳动相结合。正因如此，在资本主义条件下，如何对待儿童参加社会劳动的问题上，马克思坚决反对蒲鲁东主义者禁止儿童劳动的做法。他认为：儿童参加生产劳动，在资本主义制度下尽管是畸形的，但是"现代工业吸引男女儿童和少年来参加伟大的社会生产事业，是一种进步的和合乎规律的趋势。"③问题只是要消灭资本主义的童工制度而不是消

---

① 《马克思恩格斯全集》第23卷，中共中央马克思恩格斯列宁斯大林著作编译局编译，人民出版社1972年版，第530页。
② 《马克思恩格斯全集》第3卷，中共中央马克思恩格斯列宁斯大林著作编译局编译，人民出版社1972年版，第551页。
③ 《马克思恩格斯全集》第16卷，中共中央马克思恩格斯列宁斯大林著作编译局编译，人民出版社1964年版，第216页。

灭儿童劳动。相反，在合理的社会制度下，凡达到一定年龄，儿童和少年都应参加生产劳动。由此可见，教育与生产劳动相结合，是人类普遍全面发展的重要条件，是消除旧分工，造就全面发展新人的唯一方法。

教育与生产劳动相结合是马克思早在一个多世纪以前做出的科学论断。西方发达国家直到20世纪60年代"人力资本"理论问世后才逐步形成共识。在资本主义社会，教育与生产劳动早期结合的社会意义，诚如上文所讲，它是改造旧社会的强有力的手段之一，是提高社会生产的一种方法，是造就全面发展的人的唯一方法。

（三）教育与生产劳动相结合的基本含义

教育与生产劳动相结合，实际上包含两个方面：一是生产劳动与教育的结合。包括生产操作者的劳动与教育的结合和生产管理者的劳动与教育的结合；二是学校教育与生产劳动的结合。在资本主义早期阶段，工人后代很小就参加生产劳动，成为资本的雇佣劳动者。他们很早参加社会生产，但是却失去了受教育的机会。所以，马克思强调的是生产劳动同教育结合，号召工人阶级为自己的后代争取受教育权。为保护儿童和少年的健康成长，马克思在《临时中央委员会就若干问题给代表的指示》中明确要求："如果不把儿童和少年的劳动和教育结合起来，那无论如何也不能允许父母和企业主使用这种劳动。"[①]在这里，马克思提出的斗争目标是争取生产劳动同教育相结合。

但是，在合理的社会条件下，马克思的着眼点转移到了教育同生产劳动相结合。因为在合理的社会制度下，社会有义务使儿童很小就受到教育，这时往往会产生教育脱离生产劳动。所以，马克思和恩格斯在国际工人运动的斗争纲领里，明确提出实施教育与生产劳动相结合。恩格斯在《共产主义原理》中写道："所有的儿童，从能够离开母亲照顾的时候

---

① 《马克思恩格斯全集》第16卷，中共中央马克思恩格斯列宁斯大林著作编译局编译，人民出版社1964年版，第218页。

起，由国家机关公费教育把教育和工厂劳动结合起来。"①后来马克思和恩格斯在《共产党宣言》中进一步提出：无产阶级取得政权以后，"对一切儿童实行公共的和免费的教育。取消现在这种形式的儿童的工厂劳动。把教育同物质生产结合起来"②。

现代社会劳动形式的发展变化表明，现代教育与生产劳动相结合的含义，决不能再仅仅局限于和直接劳动即体力劳动的结合。它应该既包括同直接劳动的结合，也包括同生产过程中的科学技术劳动的结合，同时还应是共同劳动，即同社会化劳动的结合。认为教育同生产劳动结合，就是同直接体力劳动结合，这完全是一种误解。

（四）顺境条件下教育与生产劳动相结合的特殊意义

第二次世界大战结束以来的半个世纪，全球基本处于和平稳定的环境之中。顺利平和的社会环境不仅为世界各国的经济发展和人的身心发展创造了各种有利条件，而且同时也使世界各国教育普遍面临一个共同的时代难题：如何教育生活在顺境中的年轻一代具备健全的人格和基本的生产与生活能力？通过怎样的理想方式与途径教育年轻一代学会生存？这已成为今日乃至未来教育必须正视和研究解决的共同课题。

所谓顺境，即能使人类各方面活动顺利进行、目标顺利达成的社会环境。它的直观社会表现包括政治稳定、社会安定的政治顺境；经济持续发展、社会财富不断增加的经济顺境；和平安宁、物价平稳、人民幸福的生活顺境；等等。顺境是人类追求的理想和奋斗的目标。

所谓逆境，即对人的成长构成种种磨难的艰苦的社会环境。政治黑暗、腐败、专制；经济萧条、萎缩、贫穷；社会动荡、混乱、无序；战乱频仍、生活艰难等，也都属逆境范畴。

不论顺境还是逆境都是相对而言的。

---

① 《马克思恩格斯全集》第1卷，中共中央马克思恩格斯列宁斯大林著作编译局编译，人民出版社1972年版，第220页。

② 同上书，第273页。

对于人的成长，顺境与逆境并不存在一般事物的绝对的价值判断：或好或坏。任何一个人类个体的发展均可证明，通常是顺境与逆境的交互作用造就了人的完善人格。不论对社会还是对人，都既有其矛盾对立的一面，又有其相对统一的一面。"自古英雄多磨难，从来纨绔少伟男"的著名人生箴言便恰如其分地说明了顺境与逆境对人的成长的作用，说明了二者对人良好发展的不可或缺性。

在世界和平与发展的宏观顺境和中国改革开放、集中精力于经济建设的微观顺境并存的现时代，无论是社会经济的持续健康发展，还是个体人格的健全与完善，都迫切要求把教育与生产劳动结合起来，这不仅是世界各国教育发展的共同趋势，而且在我国特定的国情与教育条件下，对促进人的全面发展更具有特殊的意义和作用，它是完善顺境、代替逆境，顺利达成学生健全人格塑造的唯一有效形式。

第一，中国要在经济发展水平上赶超世界发达国家必须实行教育与生产劳动相结合。马克思曾高瞻远瞩提出的"教育与生产劳动相结合是提高社会生产的一种方法"的英明论断，当时虽不能被资本家所采纳，但后来由大工业的本性所决定的"劳动的变换、职能的更动和工人的全面流动性"使教育与生产劳动相结合成为不以人的意志为转移的客观规律，从而迫使资本家不得不接受这一现实。资本家要提高劳动生产率，提高原材料利用率，提高生产的工艺水平，提高产品质量及竞争力，首先的一条便是提高劳动者的受教育程度。教育经济学的研究表明，劳动者的受教育程度与劳动生产率成正比，教育与生产劳动结合可极大地促进社会的经济增长。定量研究也表明，一个人接受小学教育程度可提高生产率43%，中学程度可提高108%，大学程度可提高300%。提高劳动生产率就意味着降低生产成本，提高经济效益。美国著名经济学家丹尼森于1962年根据总体生产功能这一概念，计算出美国劳动者受教育程度提高在1929—1957年美国经济增长中的贡献为23%，知识应用的贡献为20.1%（其中五分之三来自教育影响），全部教育水平提高的贡献为35%。①日本的汽车和家用电器之所以能行销全世界，富于全球竞争力，依靠的不仅是推销术，更重要的是产品质量，即蕴含在产品中的科技含量和文化附加值，而这一切又来自于生产过程中工人的受教育程度。中国正处于经济发展的迅速增长时期，但当前中国经济的迅速增长是建立在廉价劳动力和资源大量损耗基础上的。中国要想在21世纪继续保持经济的高速增长，并使产品具有竞争力，就必须把经济发展模式转移到"依靠科技进步和提高劳动者素质的轨道上来"，通过多层次的教育与生产劳动相结合，提高生产管理者和操作者的受教育程度，走内涵发展的路子，这样才能保持经济发展具有充足的后劲，才能在我们的产品中注入更多的智力因素、科技含量和文化附加值，从而在世界市场上立于不败之地。同时，中国经济的腾飞还应吸取发达国家充分重视生产过程中教育与生产劳动相结合作用的有益经验，紧密结合本国国情，大胆借鉴，为我所用。

第二，中国教育的社会主义性质与培养目标决定了我们必须实行教育与生产劳动相结合。江泽民同志在1994年全国教育工作会议上的讲话中指出：教育与生产劳动相结合"是我们教育方针的重要组成部分，是坚持社会主义教育方向的一项基本措施"。我国素来有通过教育与生产劳动相结合培养人才的优良传统。众多的事实也证明，如果只是让学生关起门来读书，不参加劳动，不接触社会实践，不了解工人农民是怎样辛勤创造社会财富的，不养成对劳动人民的积极的思想情感，不懂得珍惜他人的劳动成果，就不利于他们的健康成长和全面发展。知识青年"上山下乡"，在他们的人生历程中可算是一段逆境，但正是这段不平常的生活经历，增强了他们对社会的深刻认识，锤炼了他们坚韧不拔的性格，培养了他们顽强的生活能力，丰富了社会经验，提高了环境适应力，在农村广阔的天地里学到了许多在任何书本和课堂内都无法学到的东西，为他们现在从事的各种工作奠定了良好的基础。正是得益于这种教育与生产劳动相结合的人生磨砺，北京的很多知青在寒暑假组织"老三届子女返乡夏令营"，让他们的

---

① 舒尔茨：《人力资本投资》，蒋斌译，商务印书馆1990年版。

下一代能踏着父辈的足迹去体验当年父辈生活的艰辛，以现实教育年轻一代珍惜今天的幸福生活，激发他们的学习动力，培养他们的集体责任感和社会义务感，树立为祖国的强盛而贡献力量的远大理想。

第三，中国特殊的家庭结构也决定了实施教育与生产劳动相结合的特殊必要性。为了使人口增长与物质增长相适应，我国于70年代末提出"一对夫妇只生一个孩子"的号召。十几年过去了，独生子女已成为现今中小学的主体。尤其在城市，绝大部分家庭都呈现出中国特有的"四二一"结构，独生子女生活在六位长辈的呵护宠爱之中。他们的身心发展有很多独到的优势，但由于父辈的过分忍让、屈从和溺爱，都自觉不自觉地使儿童形成自我中心、固执任性、奢侈浪费、好逸恶劳、缺乏责任感和义务感、生活自理能力差等不良品行。导致这些不良人格产生的关键原因与儿童在家庭中失去了参加家务劳动的机会有关。家庭中教育与生产劳动的分离给学生健全人格中高尚的道德品质、全面的生活能力、顽强的意志力以及独立性、抗挫折、富于理想、勇于拼搏、积极进取、正视困难、乐观自信、关心他人、甘于奉献、勤劳节俭、艰苦奋斗等良好品行的形成带来了种种障碍。为此，学校应通过家长会、家长学校等形式，教育家长重视家庭中的教育与劳动有机结合的问题，为家长提供必要的咨询，教育儿童从家庭生活中的点滴小事做起，从"我为他人服务"做起，有目的、有意识地培养儿童正确的劳动观念和态度，形成一定的生活技能。家庭是孩子的第一所学校，家庭中的教育与生产劳动相结合对儿童健全人格的形成具有极为重要的作用。溺爱孩子又反过来被孩子虐待的大量实例足以证明这一点。

第四，中国目前特殊的学校教育决定了实施教育与生产劳动相结合的特殊意义。所谓中国目前特殊的学校教育是指片面追求升学率指导下的应试教育。应试教育的突出特点是只重智育，忽视德、体、美、劳等其他几育；只重课堂教学，忽视课外活动和生产实践；只重书本知识的传授与理解，忽视实际技能的锻炼与培养。办学指导思想上的偏颇，导致学校中的劳动技术教育没有应有的位置，劳技课教师队伍不稳定、水平低，劳技课教学脱离生产劳动，劳技课考核敷衍了事。具体讲，我国学校中执行教育与生产劳动相结合方针的实际情况并没有因其被法律化而形势大好，这主要表现为两种倾向：一种倾向是城市的执行情况不如农村。据1993年对城市和农村中小学劳技课开课率及学期开课时数的调查[1]（见表11-1）表明，农村学校随着年级的升高呈递增趋势，而城市则相对递减。

表11-1　城市中小学劳技课开课率及学期开课时调查

		一年级	二年级	三年级	四年级	五年级	六年级	初中预备班	初一	初二	初三	初四	高一	高二	高三
开课率(%)	城市中学 农村中学	77.4 59.1	77.4 59.1	100 97.7	100 100	100 100	100 100	100	100 95.4	100 95.4	75.8 87.7	100	97.2 100	94.4 100	55.6 71.4
开课时数（节）	城市中学 农村中学	28 18	28 18	28 18	28 18	28 18	28 18	36	21 34	21 34	28 34	68	36 38	20 38	18 38

　　不仅如此，在其他方面城市也差于农村。某省调查表明，农村小学有50%的学校建立了不同形式的劳动基地供学生参加实践劳动，而城市仅有5%的学校开辟了劳技课的教室和实验室。[2]另一种倾向是高年级的执行情况不如低年级，特别是毕业班最差。某省的自查和抽样调查显示，小学开课率为95%，初中开课率为90%，高中开课率为70%。[3]这一状况实质表明了教育与生产劳动相结合在学校中无足轻重的地位。而教育与生产劳动相

---

① 　王孝玲等：《部分省市中小学教育与生产劳动相结合调查报告》，《教育研究》，1994年第9期。

② 　宋景文：《中小学劳动及劳动技术教育的困境及出路》，《教学与管理》，1995年第1期。

③ 　陆仁林：《对目前中小学实施劳动技术教育的现状及其对策措施的调查与研究》，载卓晴君主编的《教育同生产劳动相结合的理论与实践》，教育科学出版社1992年版，第189页。

结合是理论联系实际的最佳结合点，中国目前的学校教育要解决理论脱离实际的严重现实，就必须加强教育与生产劳动相结合环节，突出教育与生产劳动相结合在培养学生基本生产和生活能力中的重要地位。

第五，中国目前特殊的社会发展即都市化生活更突出了教育与生产劳动相结合的特殊必要性。中国普及教育的重点和难点在农村，而中国贯彻教育与生产劳动相结合方针的重点和难点却在城市。随着中国改革开放向纵深发展，社会生活的各个方面都发生了明显的变化，其突出特征便是社会发展的日趋都市化。大规模的城市扩建工程忽视儿童少年应有其自由活动的空间。市场经济的浪潮不断侵吞着孩子们圣洁的领地；操场越来越小，校门口云集着的各类摊贩，少年宫变成了证券交易市场……孩子们在高楼大厦林立的都市夹缝中艰难地生存。他们远离大自然，远离乡村，流水不见，鸟鸣不闻，对万物生灵缺乏感应；他们远离现代工农业生产，生活的范围仅仅局限于学校和家庭的狭小区域，虽对一日三餐百般挑剔却不知粮如何种、菜怎样长。城镇中小学生生活技能常识的缺乏更令人忧虑。有问卷调查表明：四年级的城市儿童不知怎样刷牙的达85%，寄信时不知道收信人的地址如何写的占64%；六年级的城市儿童在回答手被刀子划破时应涂些什么药的问题，正确率仅为22%，而横穿马路时应怎样注意来往车辆，答对的人也只占18%。[①]可见，我们曾经批判过的"四体不勤、五谷不分"的现象正悄悄地卷土重来。今天的少年儿童要在20世纪和21世纪初去实现中华民族第二步和第三步发展的宏伟战略目标，去迎接世界激烈的经济竞争和科技竞争。中国教育要满足21世纪的人才需要，不仅要注重课程的时代性，系统知识传授的先进性，更需要注重人的身心发展的全面性。尤其在生活方式都市化的情况下，以车代步，以机代劳使人滋生的种种不良品行（如懒惰、虚荣、好逸恶劳、不思进取、过分依赖等）使教劳结合对形成学生应有的生产和生活能力及提高其生存和竞争能力的必要性就更为突出了。

---

① 王少华：《现代中小学生生活技能的调查研究》，《教育评论》，1994年第1期。

（五）当代教育与生产劳动相结合的基本模式

党的十一届三中全会以来，特别是1985年《中共中央关于教育体制改革的决定》的发表，极大地推动了我国教育事业的发展和改革的深化，使教育与生产劳动相结合也走上了蓬勃发展的道路。几年来，通过改革教育的管理体制、办学体制、教学体制以及科研体制，各校依据自己的实际情况和当地社会主义经济建设的具体实际需要，创造出了多种多样的教劳结合形式，对这些绚丽多彩的结合形式进一步进行总结和研究，对于促进教育与生产劳动在更深层次上的结合，具有重要的理论意义与实践意义。

教育与生产劳动相结合发展到今天，已经形成了比较成熟的三个层次的三种结合模式，即宏观的事业适应型模式、中观的办学合作型模式、微观的过程结合型模式。事业适应型模式是指教育事业的发展必须同国民经济发展的要求相适应，这是一种根本性的结合模式。结合的具体形式有：产学研联合开发工程；农科教结合。办学合作型模式，即产学双方建立一种比较稳定的体制和机制，共同合作办学，以达到提高人才培养质量和促进产业部门发展的目的。结合的具体形式有：育人主导式、科技主导式和生产主导式等。过程结合型模式，即在学校的教学过程中，以培养目标为中心，适当引入科学研究和生产劳动，实行教学、科研和生产（社会实践）三种要素的有机结合。结合的具体形式有：教学全过程的结合，教学阶段性的结合，教学环节上的结合等。

四、教育要优先发展

（一）教育优先发展是现代教育的普遍规律

世界进入20世纪50年代以后，国际竞争日趋激烈，科学技术发展迅速。世界范围的经济竞争、综合国力竞争，已由农业社会、工业社会的资源、资本竞争演变成当代科学技术和民族素质的竞争，而这些竞争聚焦于一点是教育的竞争。由此可见，教育优先发展是现代社会，特别是当今世界各国经济、科技发展的关键。它所带来的巨大社会效应将波及物质文明发展、精神文明进步等各个方面，其作用将持续到21世纪中叶以后。

教育优先发展有两个内涵：其一是从纵向上，社会用于发展教育的投资要适当超越于现有生产力和经济发展状态而超前投入；其二是从横向上，教育发展要先于或优于社会上其他行业和部门而先行发展。故教育优先发展又可称超前发展或教育先行。

教育先行思想和命题的明确提出最早始自1972年联合国教科文组织国际教育发展委员会编写的《学会生存》一书。作者在书中这样写道："现在，教育在全世界的发展正倾向于先于经济的发展，这在人类历史上大概还是第一次。"[①]在中国，教育优先发展战略的提出当归功于邓小平同志。早在1977年，邓小平同志基于中国长远发展目标之需要指出："我们要实现现代化，关键是科学技术要能上去。发展科学技术，不抓教育不行。"[②]不抓教育就不会有科技的发展，没有科技的现代化，四化就化不了。同年，邓小平同志又指出："我们要赶上世界先进水平，从何着手呢？我想，要从科技和教育着手。"[③]着手点即起始点，即在国家千头万绪工作中，在方方面面争先发展中，要先从科学和教育的发展抓起。尔后，邓小平同志的这一思想得到了中央高层的进一步明确和认同。1980年，李先念同志在中央干部会议上说："经济建设同科学、教育是相互依存、相互促进的。科学、教育应当走在前面，并且很好地为经济建设服务。"[④]到1989年，江泽民同志在《国庆讲话》中进一步将其明确为"要坚持把教育放在优先发展的战略地位"。至此，优先发展成为中央发展中国教育的一条坚定不移的宏观总体战略方针。

从历史上看，世界各国的教育发展主要有三种基本模式，且模式不同，社会发展质量各异。

---

① 《学会生存》，上海译文出版社1979年版，第38页。

② 邓小平：《邓小平文选》（1975年～1982年），人民出版社1983年版，第37页。

③ 同上书，第45页。

④ 《十一届三中全会以来重要教育文献选编》，教育科学出版社1992年版，第48页。

一是后行模式，即经济发展起来之后再去发展教育。古代社会的后行是适应当时生产力发展水平做出的必要选择，近现代社会中的后行则是社会不重视教育的具体表现。在农耕为主、手工为力、生存为社会第一需要时，要他们饿着肚子去丰富脑子是不现实的。所谓"仓廪实则知廉耻"则较为确切地概括了古代社会生产和教育的关系，而孔子与其弟子周游列国时的一段对话更具体地反映了古代社会教育后行的普遍现实。当孔子走到齐国时，叹曰："庶矣哉！"冉由曰："既庶矣，又何加焉？"曰："富之。"曰："既富矣，又何加焉？"曰："教之。"[①]教育后行的结果是古代社会生产单一原始，人口素质愚昧落后，社会发展进程极其平缓与漫长。到了近代社会，像英国这样第一个完成工业化的国家，虽曾一度雄踞世界，号称"海上霸主""日不落帝国"，但由于其鼠目寸光，看不到人才培养对其社会发展未来的作用，不肯在发展教育上花费财力，甚至长期沿袭工业革命之前学校由教会管理的旧模式，由此在其进步之初便埋下了导致其衰落的内病。这是英国百年之后由巅峰跌落低谷，霸主地位丢失，并在后来的资本主义竞争中长期一蹶不振的重要原因。作为一个国家，这是国策上的一个重大失误。

二是并行模式，即教育发展与经济发展同步，教育投资多少依经济发展程度不同而波动。能够保持教育与经济发展同步就可使教育对社会的促进作用得到较好发挥，并使生产力和科学技术保持在较好的发展状态，如法国、比利时、瑞典、新加坡等。并行模式的典型表现是国家对教育发展保持比较积极的态度，既无对教育发展的强烈关注和高度重视，也谈不上对教育的轻视。

三是先行模式，即教育发展先于其他行业或经济发展的现有状态而超前、提前发展。在政府行为上，先行模式体现着国家对教育的高度重视。在20世纪里，世界上有三个发展最快的国家：德、美、日。导致三国经济腾飞的根本原因之一是三国早在一个世纪前就极富远见地把重视发展教育、重视人力资本投资作为其迈向现代化的重要因素。日本教育先行的成

---

① 《论语·子路》篇。

功经验已为世人皆知，无须再言。德国和美国也是发达国家的后来者。它们所以能在20世纪初后来居上，并保持长久不衰的竞争优势，一个很重要的原因也是人力资本开发上的高投入。德国是世界上第一个实施义务教育的国家。早在1763年普鲁士邦便颁布了普通学校规程，规定5—13岁儿童必须接受义务教育，并于1885年实行全部免费上学。1871年德国统一后，国家在继续致力于初等义务教育的同时，又根据当时生产力发展的需要，大力发展职业技术教育。德国人自己说，德国的高等教育和初等教育不是世界上最好的，但德国的职业教育则是世界上最强的。在德国，不是先有工厂再有技工学校，而是先有技工学校然后才有工厂。初等教育和职业技术教育的普及为德国的经济腾飞插上了翅膀，推动德国用100年多一点时间便由一个小邦林立的封建锁国一跃成为资本主义世界的后起之秀。美国也是借助重视人力资本投资而保持其世界领先地位的。

邓小平同志突破中国千年传统思维定式，率先提出了"教育先行"的思想。早在1977年邓小平同志就指出："我们要实现现代化，关键是科学技术要能上去。发展科学技术，不抓教育不行。"[1]1982年邓小平同志又说："战略重点，一是农业，二是能源和交通，三是教育和科学。"[2]1988年邓小平同志再次强调："我们要千方百计，在别的方面忍耐一些，甚至于牺牲一点速度，把教育问题解决好。"[3]在邓小平同志的反复倡导下，从1982年党的十二大把教育确定为经济发展的三大战略重点，到1987年党的十三大把发展科学技术和教育事业放在首要位置，再到1992年党的十四大提出把教育摆在优先发展的战略地位，进而到1994年全国教育大会提出进一步落实教育优先发展战略，从此把教育由后位提到首位，由教育后行到优先发展，这绝不是文字叙述上的简单变化，而是我们党对教育在推进现代化进程中的地位和作用认识的飞跃，是一次重大的历史性突破。

---

[1]　邓小平：《邓小平文选》（1975年～1982年），人民出版社1983年版，第37页。

[2]　邓小平：《邓小平文选》第3卷，人民出版社1993年版，第9页。

[3]　同上书，第275页。

（二）现代教育优先发展的客观必然性

人力资本投资的教育先行所以具有推动社会加速发展的巨大力量，其根本原因是历史唯物主义揭示的社会发展基本原理：生产力决定生产关系，生产力和生产关系的矛盾运动推动社会发展。在生产力中，人是第一要素。现代社会上升为第一生产力的科学技术源于人，故人是推动社会发展的最终动因。人力资本投资的主体形式是对教育的投资。社会越是向前发展，科技越是主导社会，教育之于社会发展的推动作用就越来越重要。

第一，教育成为当代社会经济增长的强大推动力。在劳动和生产资料投入既定的情况下，经济增长率的大小主要取决于劳动生产率和生产资料消耗率的高低。而提高生产率和降低消耗率的首要途径是提高劳动者的劳动熟练程度和采用先进的生产技术。教育的基本职能是通过科学知识的再生产而实现人的劳动能力的再生产，即实现科学知识与人的结合，从而提高劳动者的科学文化素质和劳动熟练程度，把自然的劳动力培养成熟练的劳动力，进而提高经济效益。近年来，教育之于社会经济增长的巨大作用已得到定量研究的证明。苏联一位经济学家计算，一个工人进修一年可提高劳动生产率1.6倍。我国科学工作者的测量结果证明，一个人接受小学教育程度可提高生产率43%，中学程度提高108%，大学程度可提高300%。提高劳动生产率就是降低生产成本，就是提高经济效益。由此，很多经济学家指出，教育对劳动者素质的培养和科学技术的传播已成为当代社会各国经济增长的重要源泉。美国著名经济学家丹尼森（E.F.Denison）从60年代初开始根据美国的历史统计资料进行经济增长因素的寻找、分析并度量各自作用的大小。丹尼森于1962年根据总体生产功能这一概念，计算出美国劳动者教育程度的提高，在1929—1957年美国经济增长中的贡献为23%，知识进展和应用的贡献为20.1%，全民教育水平提高的贡献为35%。丹尼森运用同样方法对西欧国家1950—1962年期间的经济状况进行了计算，1967年他得出结论：教育程度的提高对经济增长的贡献，美国高达15%，联邦德国2%，英国12%，比利时14%，丹麦4%，法国6%，荷兰

5%，挪威7%，意大利7%。美经济学家舒尔茨（T.W. Sohultz）在分析了传统的经济理论不能满意地解释许多国家经济的迅速增长后，指出人力资本投资是这种经济迅速增长的主要原因。在他的代表作《人力资本投资》这部书里，他的核心观点可概括为："有技能的人的资源是一切资源中最为重要的资源；人力资本投资的效益大于物力资本投资的效益。"[①]

第二，教育是提高社会经济质量的重要支撑力。一个国家经济的高质发展除结构合理、运行高效外，还包括人们能从一种社会责任感去完成经济行为，而不是单纯的贪图财富和牟取暴利；能够以一种工业精神和实业精神去主导社会经济行为，而不是单纯的重商主义、流通致富。中世纪末期，西班牙、葡萄牙、荷兰的殖民掠夺、商业投机、海上强权贸易，也曾聚敛大量财富。但它们最终都没有成为工业强国，原因就在主导其经济行为的不是工业精神、实业发展，而是投机取巧、侥幸发财。近几年，中国经济处在高速增长之中。但中央一再强调这种增长走的是扩大外延再生产的粗放经营道路。据统计，在全国100家效益最好的企业当中，排在前面几位的不是烟厂就是酒厂。社会上乱云飞渡的是期货热、股票热、房地产热、经商下海热，唯独不是基础工业热、科技教育热、实业发展热。中国成为发达工业强国的目标靠这类泡沫经济的拉动是实现不了的。为此，中央多次提出要把经济发展转到以提高经济效益、以内涵扩大再生产为主的轨道上来。以内涵发展为主即降低经济发展中的硬投入，提高软投入。硬投入指资源、能源、财力的有形投入。软投入指科技文化的无形投入。在现代经济发展中，降低有形硬投入、提高无形软投入已成为企业富有竞争力和经济富有质量的重要标志。而要提高无形投入在经济发展中的比重，唯一的途径仍然是发展教育。教育还给社会的软投入不单是人的劳动熟练程度和创造力的提高，更有驱动人尽职尽责工作，为企业发展无私奉献的敬业精神、工作态度、荣辱感、责任心、良好的个人品性和公德修养等。

第三，现代社会中科技是第一生产力，科学技术的产生靠人才，人才

[①] 舒尔茨：《人力资本投资》，蒋斌译，商务印书馆1990年版，第1页。

培养靠教育。世界发展到今天，经济发展已变成一个依靠科技文化驱动的智力系统，世界开始走向知识经济社会，国际间的经济竞争已由资源、资本的竞争发展成科技、人才、智力的竞争。如果说，在传统的农业社会，农业劳动是经济发展的主要动力；工业社会，大机器生产是主要动力；那么到了当代社会，经济发展的主要动力已变成科学技术。科技成为经济发展动力意味着在资源、能源、劳动、科技、教育的各项投入中，科技、教育的投入越多，产品中的科技含量和文化附加值越高，经济运行中科技、教育因素利用的成分越大，其社会产出也就越多，商品的辐射力、竞争力也就越强，经济发展的速度也就越快。科技革命的兴起已降低了经济发展过程中自然资源的重要性。拥有自然资源未必能致富，资源贫乏也未必是致富的障碍。国家间的真正优势不再是资源资本，而是拥有技术和人才。瑞士，面积41288平方公里，人口650万，除水力较丰外，几乎没什么自然资源。然而瑞士却以世界上最富有之国度而著称于世，靠的就是以精湛之技术求产品之完美，借增加产品的科技文化附加值来发展经济，提高产品竞争力，而这一切都是靠教育完成的。由此有人说，教育是瑞士国富民丰的发动机。日本、新加坡也都是国土狭小、资源贫乏的国家。它们所以能建成高度发达和富裕的社会，也都是依靠科学技术，充分利用国内外资源，对原料和产品进行深加工、精加工，使产品的附加值大大提高；积极参与国际经营大市场、大流通、大循环。一句话，他们能够使有限的资源转化为无限的财富，能够在少消耗甚至不消耗本国资源的条件下创造巨额财富。中国要强盛发达，在自然状况相似的情况下，有必要借鉴他们的成功经验，通过提高智力和科学技术在生产中的比重去实现我们的宏伟目标。

（三）教育优先发展的实践策略

优先发展，重在落实。要把优先发展的中央决策从理论推向实践，需要全党上下共同努力，以战略眼光认识和完成这项决定21世纪中国命运的伟大工程。

提高认识，转变观念——落实优先发展的启动点。从党的十二大开始，中央三令五申要把教育搞上去，但从目前情况看，中央的决策并未完全落实，"还有相当一部分同志，包括一些高级干部，对于发展和改革教育的必要性，认识不足，缺乏紧迫感，或者口头上承认重要，到了解决实际问题时又变得不那么重要了"①。教育能否实现优先发展，确有许多实际问题。但问题能否得到解决，首先是一个认识问题。从近几年不同经济发展程度的省市均有优先发展的典型来看，决定能否实现优先发展已不是经济发展状况，而是各级领导是否真正认识到了发展教育的必要性，是否有决心和魄力去抓。近年来，中国的经济状况已有根本改观，人民和国家已具备落实优先发展的承受能力。现代社会发展史证明，社会越向前发展，生产中应用的科学技术成分越多，生产过程对劳动者素质的要求就越高，由此对教育的要求也就越迫切。在这种情况下，谁能审时度势，及时抓住发展教育这个关键，谁才可能在超越自我、超越他人的民族崛起、国家竞争中争时间，抢速度，拿金牌，领风骚。这种情况对于一国一省都是一样的道理。近年来，在云南、四川、北京、吉林等省市和某些企业涌现出一批重教典型。这些实例说明，只要领导决心重教，即使条件比较困难，优先发展依然可期可至。

投入优厚、预算优先——落实优先发展的物质保证。保证投入是实现优先发展的物质前提。教育优先不仅需要领导优先，建立各级党政一把手抓教育的领导体制，宣传优先，使优先发展的伟大意义众人皆知，政策优先，在重大政策措施的制定上配套制定优先优惠的政策等，而且尤为关键的是在安排预算和经费划拨时要优先安排、优先划拨教育投资。教育是一个庞大的运行系统。教育优先发展所需的硬道理是保证投入、加大投入。

实现"两基"，保证"两全"——落实优先发展的核心内容。"两基"与"两全"②是量与质的双重要求，普及与提高的同步目标。它说

---

① 邓小平：《邓小平文选》第3卷，人民出版社1993年版，第121页。

② "两基"："基本扫除青壮年文盲，基本普及九年制义务教育；"两全"：全面贯彻党的教育方针，全面提高教育质量。

明，中央要实现的优先发展，不仅为加快发展速度，实现"量"上的翻身，同时亦要求"质"上的保证。没有质量保证的单纯数量增长只是一种毫无价值的社会浪费，并产生一种严重的恶性循环。实现"两基"是优先发展的"重中之重"。基础教育是提高全民族素质的奠基工程，是培养各类高级人才和改善劳动力文化构成的关键。它关系着高等教育的质量和高层次人才的水平。为此，在优先发展的具体落实上要作为第一步的任务去完成，尤其是农村，国家要通过优先发展的主渠道，而不是靠"希望工程"去完成"两基"目标。提高质量注重效益是优先发展的生命。邓小平同志说："我们要在科学技术上赶超世界先进水平，不但要提高高等教育的质量，而且首先要提高中小学教育的质量。"①提高质量除改革内容和方法外，其首要问题是教师质量。振兴民族的希望在教育，振兴教育的希望在教师。有一流的教师才有一流的教育，教师质量决定教育质量。建设一支素质合格的教师队伍，要求国家在师范培养、在职进修、社会待遇三大方面做好文章，充分正视师范教育的独特功能，坚定不移地走以师范质量求师资质量，以师资质量求教育质量的良性道路。

依法治教、依法施教——落实优先发展的制约机制。法律都带有强制性，它是进行各种活动的依据和保证。实行教育立法的基本作用有二：外治社会，内治自己。外治社会即依法处理教育与社会的关系，如教育投入、计划落实、招生分配、教师待遇、学校的法人地位、教师的权益等都需借助法律武器才能使其走上正常轨道，保障学校工作正常进行，不受干扰。近几年中央出台了不少好的教育政策法规如《义务教育法》、《教师法》、禁止乱摊派、杜绝教师工资拖欠等等。但有些地方就是目无中央、目无法纪，变着法顶着不办。对于这些口是心非、变相对抗中央指令和教育法规的领导行为，要动用法律武器，以法开路，才能排除人为设置的种种障碍，理顺各种关系，保证教育健康发展。内治自己即依法处理教育内部的各种关系。学校工作的正常运行也要靠法律做保证。乱收费、乱办

① 邓小平：《邓小平文选》（1975年~1982年），人民出版社1983年版，第101页。

班、乱罚款、乱放假、任意更改教学计划、滥发复习资料等，屡禁不绝，督导不力，政策无效，都是因为没有法的制约，才使其能为所欲为，严重干扰了学校的正常教学秩序，加重了学生的负担，影响了教学质量的提高。不少教师面对这些不正当的教育行为，苦不堪言，但又无力抵抗。可喜的是，《中华人民共和国教育法》已经出台，它的颁布必将为教育带来新的生机，有诸多教育行为有法可依、有法可治、有法可行。

第十二章　教师

第一节　教师职业的产生与发展

一、教师的概念

古今中外的思想家和教育家曾经对教师下过许多不同的定义，有过不同的解说，仅就我国而言，就有："师者，教人以道者之称也。"[1] "师也者，教之以事，而喻诸德者也。"[2] "智如泉源，行可以为仪表者，人之师也。"[3] "师者，人之模范也。"[4] "师者，所以传道受业解惑也。"[5] 以上这些定义有的是按教师的功能和作用做出解说的，有的是从教师所具备的品质来加以说明的。他们都从某一方面表述了教师的基本特征。

我们认为，对于教师，如同对待其他社会成员一样，决不能离开他在社会整体关系中所占有的特定位置，离开他与其他人的关系来对他进行考

---

① 《周礼·地官司传序》。

② 《荀子》。

③ 《韩诗外传》。

④ 扬雄：《法言学行篇》。

⑤ 韩愈：《师说》。

察。教师特定的活动对象是学生，而他与学生的关系是以"传道、授业"为中介的。当然，在人与人所结成的各种社会关系中，都存在一种相互影响的关系，诸如思想感情的交流、行为习惯的模仿等。如果其中的一方，有意识地利用这种影响以使对方的身心发生某种变化，这可以说是一种广泛意义上的教师。但是，作为以学校为其活动背景的教师，他与受影响的对象所发生的关系，一般说是一种相对稳定的和经常的关系。不仅如此，学校的教师在影响学生方面，还对社会成员有义务和责任，具有相应的社会约束。因此，接受社会的一定委托，在学校中以对学生的身心施加特定的影响为其主要职责的，即是我们所称的教师。

二、教师职业的产生与发展

教师是历史悠久的社会职业，早在人类社会初期，教师还没有形成独立职业的时候就存在着教的活动。我国古籍所载，伏羲氏教民以猎，神农氏教民耕种的传说，表明原始部落的首领承担了教的职责，那时一般情况下只能是"长者为师"，教师还不是专门职业。当教育从生产劳动与日常生活中分化出来，产生了专门的教育机构——学校，则要求有专门从事教育工作的人员，大致是在奴隶社会初期，教师成为一种独立的社会职业。然而，学校产生后一个相当长的阶段，教师并不完全是专职的，更不是经过专门训练的。中国奴隶社会很长时期是"政教合一""以吏为师"，吏就是官学中的教师，封建社会里的私塾先生以及在"书院"讲学的学者，虽然是以教师为职业，也只是掌握较多的文化知识，并未接受从师的专门训练，当时教师职业的专业化程度不高，从事教师职业的人数也很有限。

现代社会适应经济发展与社会进步的需要，实行义务教育制度，并逐步发展大批职业技术学校，不仅需要教师人数大量增加，更要求教师掌握丰富的文化科学知识与教育工作技能，因而产生了专门培养教师的教育形式——教师教育。教师教育的产生与发展，既为教师职业不断补充新的成员，又为教师职业提高其专业化水平创造了条件。当今随着现代社会的经济发展与科技进步，教育日益被提到更为重要的地位，教师职业的劳动力投入，尤其是发展中国家的教师从业人数呈大幅度增加的趋势，从联合国教科文组织的统计中明显可以看到这一特点。

表12-1　1965—1990年世界教学人员增长情况

年份	全球教师			发达国家教师			发展中国家教师		
	初等学校	中等学校	高等学校	初等学校	中等学校	高等学校	初等学校	中等学校	高等学校
1965	100	100	100	100	100	100	100	100	100
1975	179	221	209	102	173	177	285	309	327
1985	217	299	287	104	192	206	358	500	582
1990	241	341	332	118	204	245	397	595	728

资料来源：根据《联合国教科文组织统计年鉴》（1978、1979、1983、1993）综合整理。

上列统计说明，1990年前的30年间全球各级教师总数增加了二到三倍以上，发展中国家由于原有教育发展程度低，教师基数小，相对发展较快，其教师人数，初等、中等、高等教育分别增加四倍、六倍、七倍左右。

在教师人数增加的同时，各国教育相应得到发展与提高，普遍提高了师资培养标准，通过立法规定教师资格，不断提高教师的学历标准和任职条件，推进了教师的专业化程度，教师职业的社会地位在逐步提高。

第二节　教师与社会发展

一、教师的社会地位

（一）我国教师社会地位的分析

一门职业的社会地位，是由多种要素构成的。一般地说，它主要由四个部分组成，即专业地位、经济地位、政治地位与职业声望。由此推之，教师的专业地位、经济地位、政治地位与职业声望是评价教师社会地位高低的主要标准，以下将从这四方面来分析我国教师的社会地位问题。

1. 教师的专业地位

要探讨教师的专业地位即教师职业的专业性问题，首先必须弄清"专业"一词的含义。所谓"专业"（profession），是"专门职业"的简称，是指"具备高度的专门知能以及其他特性而有别于普通的'职业'或'行业'（occupation or trade）而言"[1]。对于专业工作所应具备的特征，通常是以美国社会学家利伯曼（Lieberman M.）所提出的定义为基准的。利伯曼做出的专门职业的定义如下所述[2]：

①范围明确，垄断地从事社会不可缺少的工作。

②运用高度的理智性技术。

③需要长期的专业教育。

④从事者无论个人、集体，均具有广泛的自律性（autonomy）。

⑤在专业的自律性范围内，直接负有做出判断、采取行为的责任。

⑥非营利，以服务为动机。

⑦形成了综合性的自治组织。

⑧拥有应用方式具体化了的伦理纲领（code of ethics）。

---

[1] 陈奎憙：《教育社会学研究》，台湾师大书苑有限公司1990年版，第183页。

[2] 筑波大学教育学研究会编著：《现代教育学基础》，钟启泉译，上海教育出版社1986年版，第442页。

根据利伯曼的定义，人们往往把建筑师、律师、医生等看作是典型的专业人员，至于教师能否称为专业人员，则有较大争论。国外有的学者如美国的尹特齐尼（Etzioni A.）等人认为，教师与护士、社会工作者三种人员只能归为"半专业"（semi-profession）人员[①]，日本的市川昭午则将教职视为"准专门职"[②]，因为他们都认为教师的专业性不及医生、律师等，不能称之为"完全"的专业人员。但自联合国教科文组织在《关于教师地位的建议》（1966）文件中明确肯定"教师的工作应被视为专业性职业"[③]以来，各国逐渐趋于认同教师的专业地位，并为确保教师的专业性，提高教师地位做出了不懈的努力。我国也将教师职业确认为专门的职业。1986年6月21日，中国国家统计局和国家标准局发布了《中华人民共和国国家标准职业分类与代码》，将所有职业分为8个大类，63个分类和303个小类，其中，教师列在"专业技术人员"这一大类中。在1993年10月颁布的《教师法》中写道："教师是履行教育教学职责的专业人员。"但由于我国师范教育发展水平不高，教育专业训练不足，教师队伍专业水准较低，加之长期以来形成的"只要有知识，人人可当教师"的旧观念的影响，使人们往往对教师职业持有偏见，甚至贬低教师劳动的社会价值与作用，致使教师地位难以提高。可见，教师的专业训练之好坏、专业意识之强弱、专业水准之高低，都对教师社会地位的稳固与提高具有非常重要的意义。

2. 教师的经济地位

教师的经济地位是由教师的工资收入及其福利待遇与其他职业相比较的结果来确定的。教师的经济地位是其社会地位高低的直接表现之一。在中国，由于历史与现实的种种原因，我国教师的待遇至今仍较低。在工

---

① 陈奎熹：《教育社会学研究》，台湾师大书苑有限公司1990年版，第183页。

② 筑波大学教育学研究会编著：《现代教育学基础》，钟启泉译，上海教育出版社1986年版，第442页。

③ 金龙哲：《试论日本关于教师职业的争论》，《外国教育研究》1991年第1期。

资收入普遍偏下的情况下，许多地区又屡屡存在工资拖欠问题，这些现象不时见诸广播、电视、报纸等各种新闻媒体中。改革开放以来，党和国家政府非常重视提高教师的待遇。邓小平同志率先为教师呼吁，"要不断提高教师的社会待遇"。1993年发布的《中国教育改革和发展纲要》中郑重写道："要使教师待遇和生均公用经费逐年有所增长"，"要把教师待遇提到社会的中等偏上水平"。应该说，在国家的努力下，近年来，教师的社会待遇正逐渐好转，逐年提升，教师职业正渐渐成为一种令人羡慕的职业。虽然，国家面临的问题很多，但解决教师待遇一直是各届政府共同致力于很好解决的重大问题之一。21世纪是智力、是知识、是教育的世纪。教师的社会待遇在一个重视科技、重视人才，同时必须重视教育的时代里将得到更加明显的改善。

3. 教师的政治地位

教师的政治地位主要反映在以下几个方面："①社会对教师的评价；②教师职业的社会价值与作用；③教师的社会关系体系在全社会所具有的影响及其这种影响所产生的教师在政治上所享有的各种待遇。"[1]教师政治地位的高低是与时代及社会制度的性质紧密联系在一起的。在等级森严的奴隶社会与封建社会，教育只是统治阶级愚弄和驯服人民的工具，教师也只不过是统治者的雇佣劳动力，必须完全服从于统治者的意志，因而根本没有什么政治权利与地位可言，甚至常常受到政治上的压制与迫害。所以，教师职业便成为那个时代处于穷途末路之境的知识分子为谋求生存而进行的最后选择。

随着时代的进步，社会的发展，我国进入了社会主义社会，教师与其他劳动者一起成为国家的主人，其政治地位随之大有提高。特别是到了80年代后，随着我国经济的蓬勃发展，随着经济发展对人才的巨大需求，人们越来越认识到教育的重要性，进而更注重从各方面充分发挥教师对培养

---

[1] 赵卫：《教师职业威信及社会地位问题的教育学考察》，《教育研究》1994年第10期。

人才、发展经济的重要作用。国家不仅多次强调要"提高人民教师的政治地位和社会地位"[①]，而且专门制定《教师法》，以法律的形式规定教师应享有的权利和待遇，确立每年9月10日为教师节，要全社会尊重教师。同时，各级政府还选举教师当人大代表，参政议政，公开表彰、奖励优秀教师，以及从教师中选拔人才进入各级政府的领导班子，等等。这些都有力地提高了教师的社会影响和政治地位。这使广大教师看到了希望，受到极大鼓舞。

但由于"左"的思潮影响，社会上"官本位"的思想仍较严重，因而教师的政治地位还未提高到应有的地位，以致影响到教师工作的积极性以及教师队伍的稳定。

4. 教师的职业声望

教师的职业声望是指"他人和社会对教师职业的有利评价和承认，如公众的认可和称道，尊敬和钦佩，荣誉和敬意等"。[②]中国素有尊师的传统，更由于新中国的教师有着为祖国、为人民、为下一代甘当"蜡烛"、甘当"人梯"，以及辛勤耕耘、无私奉献的精神，因此，教师一向被社会公认为最佳形象，享有较高的职业声望。1985年，我国就"国民的职业评价与职业选择"问题，对76000多人进行了一次较大规模的问卷调查，中小学教师被公认为经济收入处于低层（仅位于待业青年之前，在真正意义的职业中属最后一位），但在职业选择时却位居第五，高于工人、商业服务人员、个体户、民办企业人员与农民。[③]1989年，中国科技促进发展研究中心与中国社会调查所对北京市民进行的一次民意调查，结果发现中国21种全民所有制职业者中，教师形象最佳，排位第一。[④]然而，值得注意的是，教师的职业声望与教师实际的社会地位之间有相关性，但二者之间并无绝对的关系。而且，教师职业声望高，往往"只能反映一般人对于传

---

① 邓小平：《邓小平文选》（1975年～1982年），人民出版社1983年版，第106页。

② 《教育大辞典》第6卷，上海教育出版社1992年版，第452页。

③ 董泽芳：《教育社会学》，华中师范大学出版社1990年版，第313页。

④ 《报刊文摘》1989年6月20日。

统价值观念的向往与怀念，并不能用以说明或预测社会的实际行为"①。

综上所述，判定教师的社会地位，应持全面的、客观的、发展的观点，而不能仅以经济收入水平来妄下结论。同时，也应看到，教师的社会地位问题是一个历史遗留问题，加之我国现有经济发展水平、劳动人事与工资制度及法制建设诸方面的不足与缺陷，造成我国教师地位偏低问题难以得到彻底解决。这需要广大教师对此予以充分的理解，当然国家也应更加妥善地尽快解决好这个问题。

（二）提高教师社会地位的途径

1. 影响教师地位的因素

我国教师社会地位不高是由多种因素造成的，但主要因素可归结为以下两点：

一是待遇偏低。待遇，是对人的劳动应给予的权利、社会政治地位和物质报酬的总称，包括政治待遇、经济待遇和社会声望各个方面，其核心是工资报酬的问题。它通常是某种劳动及从事该种劳动的人在社会中被重视程度的标志。虽然经济收入高低并不是影响教师社会地位的唯一因素，但待遇不高，特别是工资收入低，则是教师社会地位难以提高的根本原因，也是影响教师工作积极性与工作能力发挥的主要原因。据广州的调查资料表明：广州市属中学229名教师中，66.8%的教师认为教师待遇低、社会地位低是教师队伍不稳定的主要原因；另在广州市区八所中学的260名教师中，也有52.7%的教师认为待遇低影响了教师工作能力的发挥。②可见，待遇低下已极大地影响到教师队伍的稳定与发展，它造成的后果也是相当严重的：第一，教师待遇低，造成教育质量下降。特别是基础教育质量滑坡；第二，使教师职业受到无情的嘲弄，使教师的人格与自尊都受到很大伤害；第三，直接影响到教师的身体健康，导致教师早衰、早亡现象严重；第四，背离了教师劳动力的价值，严重挫伤了在职教师的工作积极

---

① 陈奎熹：《教育社会学研究》，台湾师大书苑有限公司1990年版，第183页。

② 李子彪：《论提高中小学教师的职业地位》，《教育研究》1986年第9期。

性，造成很多在职教师工作热情不高，得过且过，不思进取；第五，导致教师队伍不稳定，流失现象日趋严重。1992年，全国流失的各类教师达45万人，其中大部分是具有专科学历以上的骨干教师；第六，导致教师职业缺乏吸引力，造成师范院校生源不足、素质不高。上述种种后果，都说明提高教师待遇是真正提高教师社会地位之首要。联合国教科文组织在其发布的《关于教师地位的建议》第114条中，也曾特别提到"在影响教师地位的诸要素中，应格外重视工资"①。

二是教育认识不高。有的人甚至个别领导干部头脑中长期存在着这样一些观念：教育是纯消费性事业，只有投入没有产出，因此没有必要在教育上投入太多资金；教师劳动是一种简单的、重复性的廉价劳动；教师是受人恩惠、靠别人养活的人；等等。诸如此类的陈旧观念，影响着人们对教师职业的正确理解，也使教师地位问题成为历来受重视，又历来难以解决的老大难问题。可见，一个国家教师待遇的高低并不完全取决于经济发展水平。一个国家教师的待遇与地位，最终取决于政府和社会对教育重要性的高度认识，对教师劳动的充分理解，以及政府为提高教师待遇与地位所制定的法规及采取的有效措施。

2. 提高我国教师社会地位的途径

从上述分析可知，要提高教师社会地位，必须做到以下几点：

①提高教育认识，树立教育是立国之本、教师是教育之本的观念，切实保障教育优先发展的战略地位，形成尊师重教的社会风尚。

②提高教师待遇，使教师职业真正成为高收入，人皆羡慕与向往的职业。

③改进师范教育，提高师资素质，加强教师职业的专业性。

④教师权益法制化，使教师合法权益不受到任何损害，给教师创设一种良好的生活环境与工作环境，让教师能全心全意地投入教育工作中去，顺利完成培育年轻一代的艰巨任务。

---

① 万勇译：《关于教师地位的建议》，《外国教育资料》1984年第4期。

二、教师在教育过程中的地位

教师是教育过程中"教"的主体。

我们知道，在教育活动中存在着"教"与"学"两种活动，更确切地说，是"教"与"学"两种活动复合构成教育。虽然，参与到教育活动之中的所有人都有"教"与"学"的责任或义务，但各自的职责重点不同，一部分人主要以"教"为职责，一部分人主要以"学"为职责。

在教育活动中以"教"为职责的人是教育者。

从广义的教育角度看，教育者包括一切对他人施加有意识的教育影响的人，在有明确目的且独立进行的自学活动中，教育者就是受教育者本人，他自己承担着教育自己的责任。从学校教育的角度看，教育者主要指教师（包括专职教师和兼职教师）。

教育过程不同于对人的身心发展发生影响的其他过程，它是教育者的有目的的活动过程。所以，离开了教育者及其有目的、有意识的活动，也就谈不上什么是教育。教育者是教育实践活动中的人的因素，而且是一个基本要素。

教育者不仅是教育实践活动的一个基本要素，而且是教育实践活动的主体，他把受教育者作为"教"的对象，以教育影响为手段，把引导和促进受教育者身心的发展变化作为活动目的，力求使自己"教"的对象的身心发生合乎自己要求的变化。因此可以说，教育者作为教育活动中的人的因素，是教育实践活动的主体，更确切地说是"教"的主体。

教育者的主体性有多方面的表现，诸如活动的目的性、意识性、自觉能动性、社会历史制约性等。由于教育者在教育实践活动中是"教"的主体，所以他在教育过程中处于领导、控制和执教的地位，在社会的专门委托下，他以社会要求的体现者的身份参与教育过程，以其有目的的活动来调整、控制教育对象、教育影响以至整个教育过程。

因为教育者的"教"必然要面对"教什么"和"教谁"这样两个问

题，所以，作为"教"的主体的教育者自然有两种"教"的活动对象或客体，其一是教育内容，其二是受教育者。在具体的教育实践活动中，两种"教"的客体是共同存在于一个统一的教育过程中，而不是作为单独的客体独立存在，所以教育者"教"的客体不是双客体，而是一种复合客体。

教师作为教育过程中"教"的主体，其主体性具体表现为：教育过程设计的目的性、教育内容安排的计划性、教育方法选择的科学性、疑难解答的即时性、品德陶冶的全面性以及技能训练、能力形成、智力发展的意识性等等。

三、教师职业的社会作用

教师职业是人类社会发展中不可缺少的，现代文明社会的产生与历史上教师们的劳动密切相关，当今社会的文明与进步更加依赖教师作用的充分发挥。从总体看，教师职业在社会发展中起着三方面的作用。

（一）教师是人类文化科学的传播者，在社会的延续和发展中起桥梁与纽带的作用

现今的人类文明是由文化科学的世代继承而来，没有对前人文化遗产的继承就不可能有社会的巨大发展与进步，教师把人类长期积累起来的文化科学知识经过整理传授给下一代，对社会的延续与发展发挥着极其重要的作用，正如俄罗斯教育家乌申斯基所说："一个教师如果不落后于现代教育的进程，他就会感到自己是克服人类无知和恶习的伟大机构中的一个活跃而积极的成员，是过去历史上所有崇高而伟大的人物跟新一代人之间的中介人，是那些争取真理和幸福的人的神圣遗训的保存者，他感到自己是过去和未来之间的一个活的环节……"这主要是从社会发展的纵向来说的，再进一步从社会文化交流的横向看，教师通过对文化科学知识的传播，使世界各民族的先进文化科学成果得以相互吸收，促进了社会的文明和进步，也在起着桥梁与纽带的作用。社会越向前发展，科学技术越进步，知识积累越多，无论是文化科学知识的世代传递，还是民族之间的文

化交流，都需要教师发挥更大的作用。

（二）教师是人类灵魂的工程师，对塑造一代新人的思想品德起着特别重要的作用

社会的文明进步不仅需要文化科学，同时需要人们有正确的政治方向、良好的思想品德，形成高尚的社会道德风貌，建立和谐的人际关系。教师对新一代人在教授知识、发展智能的同时，还在培养其思想品德，把人类社会发展中形成的道德观念、行为准则传播给年轻一代，并在实践中教育学生养成良好行为习惯。学生良好思想品德的形成有赖多方面的因素共同发挥作用，教师是多因素之中的主导者，对学生，特别是可塑性最大的基础教育阶段的学生，教师的教育作用十分重要。中小学阶段不仅要为学生智力、体力发展打好基础，更要在思想品德方面为学生打好做人的基础，使学生终身沿着正确方向发展成才。教师在思想品德方面的育人作用，具有巨大社会价值，不仅为学生健康成长提供保证，更是为社会的文明进步，提高道德水准，树立良好社会风气，形成和谐人际关系等创造基础性条件。正是在这种意义上，加里宁称教师是"人类灵魂的工程师"。

（三）教师是人的潜能的发掘者，对人的智力开发起着奠基作用

现代脑科学、神经生理学研究探明，人的智力发展具有巨大潜力，140亿脑神经细胞的功能尚未被充分开发利用。人从遗传获得的发展潜能是动物所无法比拟的。它给人的发展带来巨大可能性，然而人的智力发展的潜能并非随着生理上的成熟就自然显现，成为现实的智能。潜能的充分开发依赖于社会生活条件和正确的教育，在社会生活条件基本相同的情况下，教育对人的潜能的开发具有决定性的意义。教师是学生群体的潜能开发者，使每个学生固有的发展可能性转化为现实，智能得到良好发展。学生整体的智能水平普遍提高。但是，人的潜能是存在个别差异的，个体在发展方向与发展水平上可能有着很大差异，这种潜能上的差异要求教师及时认识、创造条件，施以正确的教育，从这一角度讲，教师早期发现学生潜能中的优势，并能做到因材施教，给予及时引导和培养，便是对杰出人才的迅速成长，对潜能巨大的超常学生进行了及时的智力开发。无论是对学生群体还是对学生个体来说，教师对人的潜能的认识和早期开发，都是对整个社会智力开发具有重大意义的。

总之，随着现代社会的文明进步，文化科学、思想品德、人的智能都在人类社会活动中发挥着日益重要的作用，社会发展的轨迹明确显示这一特征。因此，教师职业的社会作用客观地提升到历史上从未有过的新高度，教育提升了人类的地位，提高了人的价值，必然要求教师在社会发展中充分发挥其作用，也必将赋予教师崇高的社会地位。

四、教师的法定权利与义务

教师所享有的社会权利，尤其是专业权利的多少，不仅反映国家和社会对教师职业的重视与保护程度，而且直接影响到教师在社会民众及学生心目中的威信与地位。因此，以法律手段确立、保障教师的权利，是提高教师社会地位的必要措施。我国为此于1993年10月颁布了《中华人民共和国教师法》（以下简称《教师法》）。《教师法》，既是国家与各级政府部门制定教师政策、惩戒各种损害教师利益的违法部门及个人的法律依据；也是广大教师维护自身正当权益与地位的法律武器。它的颁布与实施，对于我国教师队伍的建设与发展乃至整个教育事业的发展具有非常重大的意义。因此，全社会都要学习、宣传《教师法》，政府部门更要采取有效措施，认真贯彻、实施《教师法》。

在《教师法》中，对教师的权利、义务、任职资格、待遇、职责、培养提高等都有具体的规定。但作为教师或未来教师来说，要维护自己的合法权益，首先要了解的是自己应享有的权利及应履行的义务。因此，在此主要探讨教师的合法权益与义务问题[①]。

---

① 全国人大教科文卫委员会教育研究室主编：《教师法学习宣传讲话》，北京师范大学出版社1993年版，第129—148页。

（一）教师的法定权利

所谓教师的权利，是指法律对教师在履行国家教育教学职责时，必须享有的权利，是得到法律的许可和保障的，具有不可侵犯性，《教师法》第7条（共6款）规定，教师享有以下权利：

①教师享有"进行教育教学活动"的权利。教书育人是教师的职业特点和根本职责。只要教师没有违反国法校规，任何人都无权随意剥夺教师从事教育教学工作的权利，那种让教师靠边站，甚至对教师实行专政与劳动改造的历史悲剧绝不能重演！

②教师享有"从事科学研究、学术交流、参加专业的学术团体、在学术活动中充分发表意见"及"开展教育教学改革和实验"的权利。这是党的"百花齐放、百家争鸣"方针在《教师法》中的具体体现。它不仅有利于教育科学事业的发展，而且，鼓励教师参加学术活动，进行教育教学改革与实验也是提高教师业务素质的途径之一。

③教师享有"指导学生的学习和发展，评定学生的品行和学业成绩"的权利。这条规定充分肯定了教师在教育教学过程中的主导地位，使教师能在教学大纲和计划的指导下，自主组织教学内容和选择恰当教育教学方法，更好地完成教育教学任务。

④教师享有"按时获取工资报酬，享有国家规定的福利待遇以及寒暑假的带薪休假"的权利。教师待遇问题直接关系到教师地位的提高。因此，必须在教师的工资收入及住房、医疗、退休金等福利待遇方面给予根本的保障，尤其要注重解决农村民办教师与公办教师同工同酬、提高生活水平问题。

⑤教师享有"对学校教育教学、管理工作和教育行政部门的工作提出意见和建议，通过教职工代表大会或者其他形式，参与学校的民主管理"的权利。教师参与学校管理，成为学校的主人，成为管理学校的主体。可以说，《教师法》这一规定正是将宪法规定的公民的政治权利落到了实处。

⑥教师享有"参加进修或者其他方式的培训"的权利。我国教师学历达标率低、素质不高、教育专业水平不强等问题已严重影响到教师队伍的整体水平。因此，加强教师培训工作，保障教师参加进修的权利，是提高教师队伍整体素质的必要措施。

（二）教师的义务

教师的权利和义务是统一的，不可分割的。教师在享有一定权利的同时，必须履行一定的义务。而且，当教师享有的权利越多时，对其素质的要求就会越高，相应地，他们必须承担的责任和义务也会更重、更多。

所谓教师的义务，是指法律对教师在从事教育教学活动中一定行为的约束，它要求教师必须做出一定行为或不得做出一定行为。《教师法》第8条（共6款）规定，教师必须履行下列义务：

①教师有"遵守宪法、法律和职业道德、为人师表"的义务。作为中华人民共和国的公民，首先必须遵守宪法、法律。但作为教育工作这一特殊职业的从事者，教师又必须具备高尚的职业道德，为人师表。

②教师有"贯彻国家的教育方针，遵守规章制度，执行学校的教学计划，履行教师聘约，完成教育教学工作任务"的义务。教育工作是在教育方针指导下进行的，而教师是教育方针的具体执行者，国家的教育方针最终是在教师的教育教学活动中体现出来的。因此，教师必须认真贯彻国家制定的教育方针，把握教育的方向，坚持教育为社会主义现代化建设服务，培养德、智、体全面发展的建设者和接班人。

③教师有"对学生进行宪法所确定的基本原则的教育和爱国主义、民族团结的教育，法制教育以及思想品德、文化、科学技术教育，组织、带领学生开展有益的社会活动"的义务。这条规定要求教师有计划、有目的、有组织地对学生传授科学文化知识、进行思想政治观点和道德品质的教育。

④教师有"关心、爱护全体学生，尊重学生人格，促进学生在品德、智力、体质等方面全面发展"的义务。这条规定要求教师不能随意侮辱、歧视、打骂学生，对所有学生都应一视同仁，使学生身心健康发展。

⑤教师有"制止有害于学生的行为或者其他侵犯学生合法权益的行为，批判和抵制有害于学生健康成长的现象"的义务。这条规定是要求教师关心爱护学生的具体体现。它可从以下几方面理解：第一，减轻学生负担，变"应试教育"为素质教育；第二，对学生家长不恰当的教育方法，甚至摧残虐待儿童的现象绝不能等闲视之；第三，对一些不健康的音像、图书、报纸、杂志等制品，教师要坚决予以抵制、斗争，绝不能让他们毒害青少年一代。

⑥教师有"不断提高思想政治觉悟和教育教学业务水平"的义务。教师的思想政治条件是教师素质的重要因素，也是左右教育成就的重要条件。因此，教师要在提高教育教学水平的同时，努力学习马列主义理论，不断提高自己的理论修养及思想政治觉悟。

第三节　教师的任务与劳动特点

一、教师的任务

教师的根本任务是教书育人，全面实现教育目的。我国学校教师现阶段实现这一根本任务，就是全面贯彻教育方针，培养德、智、体等方面全面发展的社会主义事业的建设者和接班人，为提高民族素质奠定良好基础。落实在具体工作中，要教人长知识、长道义、长智慧。

为完成教书育人的根本任务，教师的具体工作任务包括多方面：首先教师必须教好功课，因为教学是学校培养人才的基本途径，学校工作以教学为主，体现在教师工作上首先要完成教学任务。一名教师如果是做了许多其他工作，而教学任务完成得不好，教学质量很差，则不能认为他是合格的教师。显然，教好功课不能理解为单纯传授知识，应是通过教学使学生在德、智、体等方面都得到发展，同时促进其个性发展。

其次，教师还要做好班主任工作、组织课外、校外教育活动，通过多种渠道对学生进行思想品德教育，提高学生的思想觉悟，养成良好的品德行为习惯。

此外，教师又要关心学生健康，保护学生身体正常发育，促进体质的增强，并培养其高尚的审美情趣，具有良好的身心素质，使学生在全面发展的基础上形成良好个性。

二、教师的劳动特点

马克思在《资本论》中指出："劳动过程的简单要素是：有目的的活动或劳动自身、劳动对象和劳动资料。"[①]教师的工作从社会劳动的形态上加以考察，它的构成要素也离不开有目的的活动、劳动对象和劳动手段等方面。教师所从事的是一种复杂的脑力劳动。它既不同于物质生产劳动，也不同于一般的精神生产劳动。这是因为教师的劳动是通过教育活动进行的，教师的劳动对象是身心正在发展成长中的、具有各自个性特点和年龄特点的儿童和青少年。教师劳动的手段是用自己的知识和才能、品德和智慧，在和劳动对象的共同活动中去影响他们。教师作为劳动的施行者与劳动手段是融为一体的。因此，教师的劳动具有自己的特点。

1. 复杂性

①从劳动目的上看是复杂的。教师劳动的目的不是生产某种物质产品，而是要"生产"一种新人。要实现这一目的，教师既要向他们传授文化科学基础知识和基本技能，使他们具有为社会主义现代化建设服务的本领，又要提高他们的思想政治觉悟，使他们具有为社会主义现代化建设服

---

① 《马克思恩格斯全集》第23卷，中共中央马克思恩格斯列宁斯大林著作编译局编译，人民出版社1972年版，第202页。

务的高尚思想和献身精神；既要发展他们的智力，培养能力，使他们能够根据时代的发展学会如何学习，同时又要发展他们的体力，使他们具有为国家富强而艰苦奋斗的健康体魄。这多方面的规格要求比起物质产品的固定可量的具体指标来说，无疑要复杂多了。

②从劳动对象上看是复杂的。教师的劳动对象不是物而是人。他们有自己的需要和态度，彼此间存在着一定的个性差异。他们生活在不同的家庭环境中，经受着不同的影响。遗传素质不同，家庭环境不同，接受教育的基础不同，这一切都决定了教师在进行教育劳动时，就不能像物质生产劳动那样，采取千篇一律的方式，而必须善于根据每个学生的不同特点采取不同的方法，使所有的学生都得到较好的发展。

③从劳动方式上看是复杂的。教师的劳动虽以个体劳动为主，但要在学生身上形成最佳的教育效果，教师还必须善于协调家庭、社会和学校教师之间的各种影响。要看到，影响学生成长的因素不仅来自学校，来自教材，来自教师教、学生学的课堂上，而且也来自社会生活的各个领域。所以，教师要使学生能够做到德、智、体全面发展，就必须善于全面了解学生的情况，善于组织利用学生成长的多方面的积极因素，使学生在最佳影响中不断进步。然而，要把这复杂多样的影响都组织到有效的教育过程中，要做到教师之间的协调一致和密切配合，则是十分艰巨和复杂的。

2. 创造性

①从劳动对象上看需要创造性。前面说过，教师的劳动对象是人。一个班级的学生，虽然年龄相近，程度相似，具有很多共同特点。但是由于每个学生的生理条件、周围环境、个人努力程度和所受教育的具体情况的不同，使得彼此的身心发展各有特点，心理面貌上存在着个别差异。这就要求教师在教学中必须创造性地选择不同的方法，对不同学生要区别对待，因材施教；对课堂上偶然出现的新情况，要善于利用教育机智，创造性地妥善处理。

②从劳动内容上看需要创造性。教学内容虽然已为教学大纲和教科书

所规定，但怎样把这些死板、生硬的东西变成形象具体、容易为学生所接受的东西，这就需要教师在备课时，通过深入钻研教材，考虑学生特点，研究教学方法，参考先进的教学经验，进行创造性的加工和设计安排。没有这样一番绞尽脑汁地加工制作功夫，僵化刻板地按照教材的安排去照本宣科，必然使教学陷于失败。

③从劳动方法上看需要创造性。教学上从来没有，也不会有适用于一切年级、一切教材的固定的金科玉律式的程序和模式。教师在教学中具体怎样去组织教学过程，采用什么样的教学方式把教学内容传授给学生，怎样调动学生学习的积极性，唤起学生对学习的渴望，怎样培养学生优良的思想品德，怎样充分地发挥学生的爱好、兴趣和特长等，无不需要教师进行创造性的思考和实施。因此，可以说，教师在教学环节中的每一个决断都是创造性思维的结果。不仅如此，广大教师也是从事教育科学及其他科学研究的重要力量。尤其在高等学校，广大教师不仅承担着教学任务，同时也义不容辞地承担着科学研究的任务。通过科学研究，发明新的科学原理，发现新的科学规律，用这种创造性的劳动所提供的新的劳动工具和劳动方法，推动社会生产力的发展，推动教育科学的前进。这一切，正如加里宁所说："真正的教师工作实实在在是个创造性的工作。"

3．长期性

通过教师的劳动要把教育对象培养成社会所需要的人，需要一个长期的过程。不仅从人的整体发展来看，教师劳动需要一个较长的周期，就是某一具体、局部的身心特点的发展变化也往往要经过一个长期反复的过程。例如，任何一种思想品德的形成和完美化，都不是一朝一夕的教育和实践所能实现的，而要经过多次的再认识和再实践才能逐步达到较高的境界。况且，社会是不断向前发展的，对人的要求是不断变化的。这就决定了教师对学生的教育和培养必须反复进行、长期进行。

4．繁重性

①需要完成的任务的多方面性决定了教师劳动的繁重性。教师担负着

全面发展学生德、智、体、美、技等身心品质的任务。一个教师要完成好这多方面的任务就必须付出艰辛的汗水，通过呕心沥血、潜心钻研才能达到理想的目标。

②工作时间的无限性决定了教师劳动的繁重性。教师的工作不仅有八小时以内，更有八小时以外的大量时间。家访、备课以及搞科学研究常常是在八小时以外进行的。为了搞好专业工作，他们常常舍去了业余消遣，周日休息和节日的欢乐，这些看不见的劳动是其他任何一个行业都不曾有的。

③商品经济的冲击使得教师劳动的这种繁重性更为严重。在当前教师工资较低、福利待遇微薄而物价又猛涨、飞涨的情况下，许多教师被迫从事第二职业。农村教师不但要上课，还要完成责任田。一身多用，哪有不繁重之理。

5. 高度的责任性

教师劳动的高度责任性来自两个方面：一是社会。社会把培养人才的重任交给了教师，教师的工作质量如何，将直接影响到国家科技的进步和经济的发展，教师教学水平的高低与人才质量的高低之间存在着极高的正相关。光阴似箭，且一去不返。在学习阶段能否得到教师的良好教育，能否一寸光阴得到一寸金地度过，有限的时间得到高效的利用，这完全取决于教师水平的高低。教师对学生负责也就是对国家负责。二是家庭。家长把学生送到学校，就等于把学生的未来命运交给了教师。教师劳动的优劣将直接关系到学生的前途。因此，教师对学生负责也就是对家长负责，也就是免除家长的担忧，保证学生学好的重要一步。

社会、家庭的双重需要，要求一个教师必须具有高度的责任心，要尽自己的最大努力去从事教育工作，不辜负社会、家庭和学生本人的期望。

6. 示范性

教师不仅通过知识技能的传授，武装学生的头脑，而且通过自身的行动影响学生的思想品德。教师渊博的学识会成为学生努力的方向，教师对某一学科领域的赞赏和专精会成为学生追求的理想。总之，教师的世界观，他的品行，他的生活，他对每一现象的态度都这样或那样地影响着全体学生，在学生头脑中留下不可磨灭的印象。所以，教师必须身体力行，以身作则，充分认识身教重于言教的意义，无论在言论行动上，还是在思想感情、立场观点方面都应成为学生的榜样。

第四节　教师的职业素质

一、国外有关教师素质的研究

综观国外有关教师素质的研究，可从以下三方面去考察：

第一，现代社会发展所设计的未来教师形象。值此新旧世纪交替之际，国外专家、学者从未来教育即将面临的社会发展课题，诸如社会生活迅速变化与知识迅速增加，现代科技发展使人类即将进入信息时代，现代科技发展正深刻地改变着社会的生产方式、生活方式与思维方式，科学、技术和社会相互作用使社会问题日益突出、社会关系日益复杂等方面，探讨教育对社会进步的作用，教师在社会变革中所负的使命及其角色，并得出结论：教育将指导社会进步，教师势必成为社会变革的精神导航。由此，各国都认为未来的教师应是"完整型"或"全能型"的人，都强调在20世纪末要结束单科教师和传统教师的历史使命，现代教师应全面发展。因为只有具备和谐完整的全面发展素质的教师，才能培养出人格完善、各方面素质全面发展的新一代。

第二，教师角色理论指明的现代教师素质。教师角色特点，也就是社会对教师角色的素质要求。因此，国外许多人士都很注重研究教师在现代教育中的角色变化，以此提出现代教师角色所应具备的素质。各种研究结果及教师实际角色行为都表明：现代教师早已冲破了传统的教材和纪律专家的角色，其角色范围有了相当大的扩展。正如联合国教科文组织第三十五次国际教育会议所提到的："学校教师的任务已不是只限于教授科目，还要在完成本职任务外，真正完成为青少年做好社会生活、家庭生活、生产生活等方面履行责任。除特别教育活动、校外活动外，教师必须有机会参加对儿童、少年、父母的辅导和生活辅导，有时还应亲自组织儿童课外活动等。"在教师角色理论研究中，近二三十年来，国外一些心理学家更为注重教师的"心理定向角色"（包括教育心理学家、人际关系的艺术家、社会心理学家、催化剂和心理卫生工作者等角色）的作用。他们认为，在教师达到必要的智力和知识水平后，其教育能力（如思维的条理性、逻辑性、口头表达能力与组织教学能力等）与教学效果有较高的正相关，而教师的人格特征则是对学生学习和成长有重大影响的要素或"变量"。

第三，各国教育对象期待的现代教师素质。各国在研究教师素质时，都很重视现代学生所期待的教师素质的信息。如美国的保罗·韦地博士，在对9万名中学生进行调查后，归纳出学生心目中好教师的12种素质：

①友善的态度，"课堂像一个大家庭一样"。

②尊重课堂内每个人，"不会把你在他人面前戏弄"。

③有耐心，"绝不放弃一个人，直到你做到为止"。

④兴趣广泛，"带给学生课堂以外的观点"。

⑤良好的仪表，"语调和笑容，使人舒畅"。

⑥公正，"没有丝毫偏差"。

⑦幽默感，"欢乐而不单调"。

⑧良好的品性，"从不发脾气"。

⑨对个人的关注，"帮助认识自己"。

⑩伸缩性，"说出自己之错"。

⑪宽容，"装作不知道我的愚蠢"。

⑫有方法，"我完成任务，竟然没有觉察到这是因为他的指导"。①
还有苏联及日本等学者的著名调查，在此不一一列举。这些调查结果虽有
出入，但反映现代学生对现代教师素质的期待之结论与基本趋向却是十分
一致的。

国外关于现代中小学教师素质的研究，所得到的成果非常丰富，这对
我们研究教师素质，提高教师素质都具有重要的参考价值。

二、国内有关教师素质的研究

国内对于教师素质的研究，一般也是从现代社会发展对未来教师新形
象的设计、教师角色与任务的变化对教师素质的新要求以及对优秀教师素
质的调查分析三方面来进行的。在此，仅从国内有关优秀教师素质的调查
结果这方面来介绍我国教师素质研究的一些成果。

国内关于教师素质的调查，大多是以学生为对象，用学生对教师的角
色期望和观点来描述好教师的形象。但由于学生知识、经验的局限和自身
看问题的角度，有时难免不全面或过于偏颇，使我们不易看到一位优秀教
师应具备素质的全貌。

著名学者查有梁教授等人在其合著的《教育人才素质研究》一书
中，呈示了三份对学生、家长以及校长和教师的"优秀教师素质调查结果
表"，较好地反映了人们心目中好教师形象的全貌。特摘录于下②：

---

① 　许霆等：《国外现代中小学教师素质研究述要》，《外国中小学教育》1989年第4
期。

② 　说明：①此项调查在四川省成都市、自贡市、大竹县等地进行。②调查表中列举
40项教师素质内容，要求被调查对象从中选出10项他们认为优秀教师应首先具备
的重要素质。

表12-2 优秀教师素质

序号	编号	项目	百分比
1	A02	有责任感	56%
2	A15	不刺伤学生自尊心	52%
3	A35	对学生一视同仁	52%
4	A10	教法生动有趣，容易领悟	44%
5	A17	敢于承认自己的失误	43%
6	A20	愿意参与学生活动，多和学生接触	41%
7	A28	重视学生能力的培养	39%
8	A37	理解当代学生的思想	37%
9	A01	有组织能力	34%
10	A04	对学生有耐心	33%

（1988年，学生1025人）

表12-3 优秀教师素质

序号	编号	项目	百分比
1	A02	有责任感	86%
2	A01	有组织能力	64%
3	A06	知识面广	59%
4	A05	重视品德教育	53%
5	A10	教法生动有趣，容易领悟	47%
6	A40	敢于创新，有进取心	43%
7	A22	教学能抓重点，突出关键	38%
8	A16	注意教与学的及时反馈	37%
9	A17	敢于承认自己的失误	34%
10	A28	重视学生能力的培养	32%

（1988年，校长、教师241人）

表12-4 优秀教师素质

序号	编号	项目	百分比
1	A02	有责任感	87%
2	A05	重视品德教育	59%
3	A10	教法生动有趣、容易领悟	54%
4	A01	有组织能力	49%
5	A28	重视学生能力的培养	48%
6	A18	鼓励学生自己思考问题	46%
7	A06	知识面广	46%
8	A22	教学能抓住重点，突出兴趣	45%
9	A38	严格要求学生	45%
10	A07	讲解透彻明白	32%

（1988年，家长142人）

从上述三份调查结果表中可以看出，学生、教师、家长从不同的视角和认识出发，对教师素质的看法有所不同，但并无大的差异。他们普遍认为教师应有对教育事业的责任感，应当重视学生的品德教育，要有组织能力，知识面宽广，要培养学生能力，讲究教学方法，同时也应具有良好的个性修养。

三、未来教师必备的素质

从国内外有关教师素质研究的结果看，不同国家、不同观点、不同角色的人对教师看法不尽相同。从教师本身来说，提出一种统一、标准且具体的素质要求来对待处于不同生活环境与教育情况、具有不同个性与态度并担负不同任务的所有教师也是不公正、不现实的。但不管怎样，人们对未来教师必备的基本素质还是有着较为一致的要求，这就是学高为师，德高为范。具体包括以下几个方面：

（一）职业道德素质

教育学是"人学"，教师则要做"人师"。为此，教师必须具有良好的职业道德。

职业道德是从事一定职业的人们在共同活动中逐步形成的具有行业特点的行为规范。教师的职业道德，简称师德，是指教师在教育教学活动中应当遵循的道德准则和行为规范。师德在教育过程中有着重要作用。

关于教师职业道德的具体内容，我国中央教育行政部门和全国教育工会联合颁布《中小学教师职业道德规范》中提出依法执教、爱岗敬业、热爱学生、严谨治学、团结协作、尊重家长、廉洁从教、为人师表等八项要求。综合起来有以下四方面：

1. 高尚的职业道德观念

①对教师职业社会定位的认同及其表现——敬业意识。教师如何看待自己所从事的职业，是否认同和追求岗位的社会价值，是职业道德观念的核心。如果一个从教者对自己从事的职业没有任何认同，就不会有

热爱和忠实于职业的敬业精神；而认同的方面不同，也会产生不同的敬业态度。因此，教师职业道德建设的第一环节，是要从职业认同入手培养敬业意识。人民教师崇高敬业精神的具体表现是无限热爱自己所从事的教育事业，愿意以积极的态度去从事教育劳动。对教育劳动之于社会发展和进步，对个人的前途和未来的伟大意义有着深刻的认识。当教师能够从自己的工作中看到它的伟大历史作用，产生工作的自豪感、光荣感、责任感的时候，他才能以其忘我的敬业与奉献精神，尽善尽美地完成自己的工作。

②教师职业目标理想的确立及其表现——乐业意识。人们通过职业追求什么样的目标和理想，选择什么样的社会价值和自我价值，是职业道德观念的进一步表现。教师在职业岗位上是否能够做到敬业而安心，取决于教师的职业追求，取决于他能否从教师的工作中找到人生的意义和生活的乐趣。教师职业生活方式是教师乐业的基础和最高表现。只有当一个教师把教师工作当作他一生追求的生活方式，而不是谋生的手段时，他就可以摆脱任何困难、挫折、痛苦和懊悔等的困扰，摆脱人生虚荣的累赘和患得患失的浮躁，而心情畅快地投入到工作中，真正做到"乐在业中"，乃至到欲罢不能、欲弃不忍的境地。

总之，教师的敬业乐业精神，包括高度的职业责任感和使命感，高尚的职业尊严感和荣誉感，目标明确的事业心和成就感，以及实事求是、艰苦奋斗、勇于创造、进取开拓的职业信念、信心等，并通过守规、勤业、精业的职业态度和职业行为表现出来。

2. 崇高的职业道德精神

教师的勤业与精业是教师对其职业价值的积极追求和具有崇高职业道德精神的重要表现。勤业表现为忠于职守，认真负责，执行规范，坚持不懈，积极进取，它是实现教师职业功能的基本保证。精业表现为本职工作的业务纯熟、精益求精、不断改进，它是实现职业劳动最高效益的价值追求。勤业与精业是相辅相成的辩证统一。勤业是精业的前提，精业是勤业的必然。中国古代荀子说："业，精于勤而荒于嬉。"爱因斯坦说："成功等于九十九分汗水加一分灵感。"人生而有别。别即差异，差异并不可怕，怕的是懒惰、不求进取。每一位教师，不论你的个人学历出身如何，也不论你的天赋如何，只要你肯于花时间，勤钻研，善于拜师求教，总结经验教训，积累方法技巧，就有可能使自己的工作达到精益求精的境界。以精益求精的工作完成国家赋予的人才培养重托和学生全面发展的期望，这是一名教师对国家、对家庭、对学生最道德的表现。

3. 良好的职业道德态度

教师对职业规则的信奉和职业规范的遵守是教师具有良好职业道德态度的具体表现。职业规则包括经济的、行政管理的、业务技术的，也包括道德等方面的行为规定，通常表现为必要的规章制度和必需遵行的道德行为规范。职业规则是维系职业和岗位生命的自我保证。对每位从教者，是否能够充分理解、正确执行这些规则，不仅表明他是否具备基本的职业素质，也直接反映出他的职业道德水平。具有高度自觉的职业规范意识，意味着不仅能充分认识和执行职业规则，而且能很好地完成职业工作。教师的职业规则很多，其中对学生、对集体、对各项职业规定的态度是对其是否爱岗敬业的最直接的折射。一个具备着积极职业道德态度的教师，应表现出对教育对象的积极热爱、尊重和关怀，对教师集体的团结合作与集体荣誉感，对各项规章制度的充分理解和认真遵守，对教育劳动的积极投入和忘我奉献。良好的职业道德态度不仅仅是被动地遵守，还包括积极地创建。以主人翁的意识和责任感，主动创建一些新的富于时代和职业道德需要的职业规则和规范，更是具有积极职业道德态度的表现。

4. 高尚的职业道德行为

教书育人是一项影响社会，影响个体，具有重大社会责任的职业，来不得半点的马虎和失误。人误地一时，地误人一年。教师的一点失误，则可能贻误学生一世。因此，坚持科学严谨的治学态度，用科学的精神陶冶学生，用科学的知识培育学生，用科学的方法引导学生，是教师恪守职业规范，坚持高尚职业道德行为的表现。具体之：

①知识传授上的道德性，即以科学、准确的科学知识和例证等发展学生的身心，使学生获得对世界的正确认识。

②人格发展上的道德性，即以公正、健康、积极、向上的思想意识和行为，教育学生形成良好的人格，以身正而正身。

③思想品德教育上的道德性，即以道德的方式方法实施道德的教育。

高尚的职业道德行为是教师职业道德的综合表现和标志。坚持教师高尚的职业道德行为应成为我们从教的最高追求和鞭策。

（二）思想政治素质

现代教育所要培养的现代社会的公民、现代社会所要求的各组各类的人才，都必须具有正确的思想政治方向。我国学校教育明确提出把坚定正确的思想政治方向放在育人的首要地位，以培养社会主义事业的建设者和接班人。实现这一要求，对于承担着"人类灵魂工程师"光荣使命的人民教师必然提出更高的要求。要引导学生树立正确的政治方向，教师首先要具有正确的思想政治方向，自觉地坚持我国宪法规定的四项基本原则，为实现社会主义现代化而奋斗。这是对学生进行思想政治教育的根本条件。一个思想认识模糊、政治立场不鲜明的教师是无法对学生进行思想政治教育的。

良好的思想政治素质包括思想政治理论的武装，我国人民教师必须掌握马克思主义原理、毛泽东思想和邓小平理论的思想观点，这方面的学习要比从事其他职业的人要求更高，这是完成教书育人任务的特殊需要。我国教师具有重视政治理论学习，自觉提高理论修养的传统，适应现代教育的要求，理论学习的内容虽然在发展，这方面学习的要求绝不是降低，而要相应地提高。以保证在辩证唯物主义世界观与方法论的指导下，完成新的教育任务。

教师的思想素质还应包括现代思想观念的树立，学校培养现代人，要求具有现代的思想观念，教师应该走在前头。诸如培养学生具有全球意识和国家观念，了解世界大事、国家大事，在改革开放中与各国人民友好相处，将来积极参加国际交往活动，把热爱祖国、建设祖国的爱国主义精神与全球意识统一起来。教师首先就要重视时事学习、关心国际、国内大事，把自己从事的教育活动和世界的变化、国家的发展联系起来，在教育内容的选择上，既弘扬中华民族的优秀文化传统，又注意吸收各国宝贵的文化遗产，在与外国人的交往中，做到不卑不亢、维护国家和民族尊严。教师要能用自己的行动引导学生树立全球意识与国家观念。再如，培养学生的竞争意识与合作精神，鼓励学生积极参与、勇于竞争，同时又要善于与他人合作，同伙伴团结。教师自身在教师群体中首先就要能处理好竞争与合作的关系，在教学竞赛、班级评比中，既要带头参与竞争，又要恰当处理竞争过程中出现的矛盾，教师的行为给学生做出示范，才能有效培养学生的竞争意识与合作精神。又如，现代社会要求人们具有质量意识、效率观念，无论是产品或是服务，都要讲求优质，同时又注重效率，在单位时间内创造更大价值。为培养学生具有这种意识，教师在教育教学工作中，对自身的要求，对学生的要求，都应该是高质量、讲效率的。其他如科技意识、环境意识、可持续发展战略思想等，凡是培养现代人所要求的意识观念，要在学生身上形成这些时代发展需要的思想素质，教师都必须首先具备。这是现代教师培养现代社会公民、培养社会主义现代化建设人才的要求，也是教师适应教育现代化自身发展的需要。

（三）科学文化素质

教师是人类文化科学知识的传递者，是学生掌握真理、认识世界和发展智能的引路人。掌握系统的科学知识，具有良好的文化素养，是从事教育工作的前提条件。教师不仅要掌握较多的知识，还必须具有符合教育工作要求的合理知识结构，具有较高的文化素养，其科学文化素质的特点是：

首先，要扎实地掌握系统的基础知识。任何学科教给学生的知识首先都是基础知识，它是教材的主体内容。对于这些知识，教师不仅自己要懂得，还必须能够给学生讲解清楚，能够引导学生认识、理解、会用，这就要求教师不仅要知其然，更要知其所以然，对基础知识掌握得更扎实，理解得更深刻，以便做到从学生认知水平出发，进行深入浅出的讲解，对学生的观察与思维做出恰当的指点，以有效促进学生的智力发展。同时，教学活动有及时性的要求，教师对基础知识的掌握不仅要准确、深刻，还要熟练，能够敏捷而灵活地应用，以保证教学流畅地进行。

其次，要有较为广博的文化科学知识和良好的文化素养。掌握广博的知识，首先是教好功课的需要。按教学大纲的要求直接教给学生的知识是有限的，但教师要把握好所教知识在知识体系中的地位，正确理解其与相关知识的关系，则必须具有更为广博的知识。同时，在现代教育条件下，学生吸收知识的信息源是多方面的，每天学生都通过电视、广播、报纸、图书等扩展其知识视野，随时都可能向教师提出这样那样的问题，虽然教师不可能完满回答学生提出的所有问题，却应该在回答中给学生以有益的启发，用广博的知识引导学生学会思考，培养他们对未知世界的兴趣。另外，与掌握广博文化科学知识相联系的，教师要有良好的文化素养，包括尊重文化科学的态度，读书与探索的兴趣和习惯，参加文化活动的主动精神，以及艺术修养等，都是教师应该具备的。

再次，教师要有文化科学发展史知识，并对文化科学的新发展、新成果有所了解。文化科学发展史诸如文学发展史、文学史、科技发展史等，告诉我们科学知识的积累过程，劳动人民的智慧，科学家、文学家、艺术家们的伟大创造。它会帮助教师更深刻地理解教材，也为对学生进行热爱祖国、热爱科学的教育，培养科学探索创造精神，提供生动的实际材料。所以说，文化科学发展史蕴藏着十分丰富的教育资源，它是教师文化素养的重要内容。

最后，教师要了解文化科学领域的新发展，知道出现了哪些重大的新成果。尽管新的研究成果，新的科学知识，并不要求立即都教给学生，教师却是应该了解的。因为教材在不断改革与更新，不断吸收新思想、新观点、新方法，教师要理解教材中的新内容，就必须了解文化科学的新发展。在现代教育活动中，特别重视培养学生的科学兴趣与创造精神，而当代科学研究的新进展、新成果最能激发学生的兴趣与创造精神。教师要承担起新时代的教育任务，要具备符合时代发展要求的文化科学素质，就必须了解文化科学领域的新发展，学习新知识，不断充实与更新自身的知识结构，提高文化科学素养。

（四）教育理论素质

良好的政治思想素质、职业道德素养及文化科学素质是合格教师的必备条件，但并不是思想品德好、文化科学知识多的人就能成为一名合格教师。教师必须有良好的专业素质，首要的是教育理论素养。现代教育要求教师摆脱单凭个人经验那种匠人式的工作状态，掌握现代教育理论，具有教育科学、心理科学、教育发展史、学科教学论等方面的知识，懂得教育教学活动的规律，树立现代教育的思想观念，指导自身的教育教学工作。

现代教育思想观念的基本内容是指适应现代社会发展要求的教育观、人才观、教育质量观。首先表现于对现代教育功能的全面认识，现代教育要充分发挥两个基本功能，即满足社会发展的需要和促进人自身的发展。社会发展的需要是多方面的，教育为社会主义现代化建设服务，包括为物质文明建设服务，也包括为精神文明建设服务，对教育功能要有全面的认识。教育促使人的发展，使学生获得良好发展，也必须是全面的，思想品德、科学知识、心智能力、审美情趣、劳动技能、身体健康都要实现良好发展，这才是高质量的现代教育。单纯追求某一方面，忽视甚至抑制学生其他方面的发展，显然是背离现代教育思想观念的，为现代教师所不取。

现代教育思想的一个重要观点，认为教育应促进学生个性的充分发展。是否为学生个性的充分发展创造有利条件和良好机会，是一般教师与优秀的现代教师的重要区别。现代学校应是发展学生个人特点与优势更加明显的场所，绝不是把不同人变成相同人的场所。在这一教育观点指导下，教师才会走上培育现代人才的正确道路。

现代教育要促进学生的发展，不仅指眼前的发展，更指未来的可持续的发展。要使学生在未来有适应能力、继续学习能力、迎接挑战的能力，强调在教育过程中学会认知，学会做事，学会共同生活，学会生存。从培养现代人的整体目标看，教给学生知识只不过是促进学生发展的手段，而不是最终目的。有了面向未来、重视人的发展的教育思想为指导，教师组织教材、选用教法、开展教育活动、对学生进行引导都会站在时代发展要求的高度，进行真正面向未来，适应未来社会需要的教育。

从基础教育改革和发展的实际需要看，一名优秀的中学教师应具备的教育理论包括：教育概论、教学论、德育论、教师论、教育科学研究方法、心理与教育测评、青少年心理学及学科教学论、课程论、当代世界教育思潮。

（五）教育能力素质

教育能力即教师从教的专业能力，也是一名教师圆满地完成本职工作的专业本领。教师的专业能力，有的可以通过教师教育的专门训练去获得，有的也可能由于气质类型的缘故，天生不适宜做教师。这样的人即使经过教师教育的训练，恐怕也不会成为一名合格的教师。

作为一名合格乃至优秀的教师，他应具备的基本教育能力包括：

（1）了解学生及同学生交往的能力

了解学生是进行有效教育的前提，教育教学活动都必须从学生实际出发，贯彻因材施教的原则，促进学生的个性发展，都要求教师深入了解学生，教师就要善于了解学生，而了解学生可以采取多种方法，向家长了解，向同学了解，看成绩单与操行评语等，但是最重要的方法是教师的直接观察，教师要对学生的思想行为、智力活动、情感表现有敏锐的观察能力。这是在教育过程中发现问题，捕捉教育时机的重要条件，善于观察学生的教师能及时发现问题，主动去解决问题，可以收到良好教育效果。反之，问题没有及时发现，拖延很长时间，到了较为严重程度再去解决，教师就很被动。现代教育要求学生在生动活泼的教育过程中得到发展。师生交往，建立民主平等的师生关系，创造民主的教育气氛，是教育取得成功的必要条件。因而要求现代教师要善于同学生交往，使学生喜欢和他接近，愿意和他说心里话，显然，建立这种融洽的师生关系，教师要起主导作用，教师必须善于和学生交往，在较短的时间内就能成为学生信赖的教师，同时又成为他们的朋友。

（2）语言表达能力

语言是教师传播知识与学生交流的主要手段，从事教育工作必须具有较强的语言表达能力。对教师语言的基本要求是：第一，是语音正确，发标准音，说普通话，表达的内容能被学生顺利接受；第二，要用词准确，语句完整，准确传达思想内容，既保证科学性又通俗易懂，为学生所理解；第三，要系统连贯，逻辑性强，善于运用独白式语言，讲述知识或说明问题层次清楚，重点突出，结论明确；第四，要富于启发性，有感染力，掌握对话的语言艺术，在对话中善于鼓励学生动脑思考，勇于发表个人意见，进而形成生动、幽默的语言风格，在交流中引起学生在情感上的共鸣；第五，在音量、语速、声调等方面要符合环境和表达内容的要求，符合学生身心卫生的需要，适中而有变化。教师的语言表达能力是一项基本功，在提高文化、业务整体素质的基础上，在教育工作实践中要有意识锻炼，矫正缺欠，才能使语言表达能力达到更高水平。

为增强语言表达的效果，教师还应善于利用非语言的交流手段，使其同语言表达相配合，如表情、手势、姿态，与学生的距离、讲话方向等，这些处理恰当则能增强表达效果。

（3）运用现代教育技术手段的能力

随着科学技术的发展，现代教育技术手段不断进步，由传统教育采用的模型、标本、图表、画片等发展为幻灯、录音、录像、电影、计算机辅助教学，对教师运用教育手段的能力必然提出许多新的要求，教师要懂得先进技术手段的基本原理，掌握有关的知识，并有制作教学用软件的能力，绘制幻灯片，编制录音、录像带，乃至进行教学用的计算机程序设计。教育现代化必然实现教育技术手段的现代化，现代教师的业务素质也就必须包括运用现代技术手段的基本能力。

（4）组织管理能力

教师在教育过程中起主导作用，对学生来说是领导者、组织管理者，必须具有相应的能力。对学生的组织管理主要有两项：一是教学过程中的组织管理，二是学生集体的组织管理。在教学过程中既要建立良好的教学秩序，使学生遵守课堂常规，又要创造生动活泼的学习气氛，使学生处于活跃的思维状态，还要处理好一些偶发事件，保证教学的顺利进行，要求教师具有课堂的组织管理能力。教师对教学的知识内容掌握得再好，教学设计再科学，如果缺少组织管理能力，课堂秩序不好，学生学习积极性不高，甚至相互干扰，也不可能取得好的教学效果。对于学生集体的组织管理，教师同样起着关键作用，善于组织管理的班主任，总是给学生提出富有鼓舞作用的集体奋斗目标，发挥每个人的长处，进行适当的委托，把全班同学组织起来，形成集体的核心，树立正确舆论，培养优良班风，充分发挥集体的自我教育作用，寓教于管，使学生在团结友爱、积极上进的集体中健康成长。教师缺乏组织管理能力，往往费时很多。学生集体还是没有形成，教育难以顺利进行。

中学生的组织管理有时需要借助家长和社会力量的支持，教师的组织管理能力与社会交往能力存在密切联系，教师提高组织管理能力，需要了解社会，积极参与社会活动，清楚家庭和社会给予学生的种种影响，这是提高组织管理能力所不可缺少的。

教师的组织管理能力是对学生而言的，只有很好把握学生的年龄特征，针对学生身心发展的特点，进行恰当的管理，才能达到预期目的，这是教师组织管理能力的特点。

（5）教育科学研究能力

教育是富有创造性的工作，现代教育教学活动的规律，需要不断地研究与探索。每位教师在完成教书育人的工作任务的同时还要不断总结经验，参加教育科学研究。教师参加教育科学研究通常是与工作实践相结合的，从实际工作中提出课题，结合教育教学改革任务进行实验研究，通过对实际情况的观察，积累第一手资料，从中进行分析探索，求得对教育教学规律的认识。教师在参加教育科研的过程中，要有正确选择课题、科学设计研究方案、进行实验操作、做好观察记录、积累系统资料、深入分析研究、形成研究成果等一系列科研能力。教师虽不同于专职研究人员，从事研究的主客观条件都有一定限制，但基本的研究能力却是同样应该具备的，否则就无法承担起教育规律研究者的角色。现代学校普遍要求教师在完成教育教学任务中发挥创造性，进行一定的改革实验，定期提出研究报告或论文，因而教师必须懂得教育科研方法，具有教育科研能力，这是现代教师素质的必要组成部分。

（六）身体心理素质

身心健康是现代教师必备的重要条件。

教师劳动的繁重性、艰巨性，要求教师必须有健康的身体，以保证精力充沛地投入教育教学活动。同时教师的健康意识、健身习惯也是对学生有重要影响的教育因素，现代教师在学生面前不能是文弱书生的形象，他应该是体魄健壮的高素质的现代人。

教师的心理素质应该达到较高的水平，这是由教师的任务和劳动特点所决定的。适应社会现代化的要求，学校要培养的现代人必须具有良好心理品质，而要培养具有良好心理品质的学生，教师首先要有良好心理品质。例如，现代社会是充满竞争的社会，机会与挑战同在，要求每个人都要有较强的心理承受能力，需要教育学生遇到挫折时有承受力，在困难面前不失去信心，失败了也要有勇气从头做起；那么在教育过程中教师就要给学生做出榜样，在困难面前不低头，遇到挫折也能振奋精神迎难而上。只有教师具有良好心理素质，才能培养出心理素质良好的学生。教育工作的根本特点是培养人，是一种精神生产，不仅要求教师掌握较多的知识，有较高的智力水平，有良好品德，同时在非智力因素方面也要求达到较高的程度。

教师的良好心理素质包括认知过程中的良好心理品质，也包括情感、意志过程的心理表现，更反映于个性心理特征中。一位优秀教师自然需要在观察、注意、记忆、想象、思维等认知过程中有好的心理品质，但是仅有这些还很不够。教育需要在师生情感交往中进行，教育过程中需要克服许多困难，教师的情感因素，教师的意志力，对于教育取得成功发挥重要作用。另外，教师的个性心理，即需要、兴趣、气质、性格等也是教师不断提高工作能力、取得良好教育效果的重要条件。从一定意义上说，良好的心理素质是其他各项素质提高的基础，心理素质不好将影响其他素质的形成与发展。如果一位教师不仅观察、思维能力强，还富有热情，意志坚强，并具有广泛的积极兴趣，性格活泼开朗，那么在教育工作中就会更容易与学生交往，受到学生的欢迎，也会较快提高其组织管理能力。可见，良好的心理素质是做好教育教学工作的需要，也是教师自身发展的需要。

教师的这六项基本素质彼此联系，相互制约，相互促进，在一名合格教师身上构成统一的整体，现代教师的提高应是整体性的。

第五节 教师教育概览

20世纪初的1897年，中国诞生了现代意义上的师范教育。1897年，实业家盛宣怀在上海创办南洋公学，内设师范院，成为中国师范教育的发端。1902年京师大学堂师范馆开学，成为中国高等师范教育的萌芽。同年，实业家张謇在江苏南通创立通州民主师范学校，开创了中国师范学校的先河。如今一个世纪过去了，作为教育之母，她历经坎坷，为我国教育事业的发展立下了汗马功劳。我国的师范教育已从最初屈指可数的几所师范学校，发展成一个体制上独立设置、学历层次清晰、教育功能完备的体系。在100多年的历史长河中，前40多年处在半殖民地半封建的旧中国，师范教育岌岌可危，很难有什么发展。新中国成立后，师范教育才进入真正的发展时期。到1995年全国已有高等师范院校236所，全日制在校生58.3万人；中等师范学校897所，在校生约84.8万人；教育学院242所，在校学员51.6万人。初步形成了以独立设置的各级各类师范学校为主体，其他教育机构参与的多渠道、多层次、多规格、多形式的中小学教师培训和培养体系。师范教育为中小学教师队伍建设做出了历史性的贡献。中小学教师队伍素质明显提高，学历结构发生根本性变化。到1995年，小学、初中、高中教师队伍的学历合格率分别提高到8%、69%、55%。

我国的师范教育支撑了世界上最庞大的中小学教育，为基础教育的发展做出了令人瞩目的贡献，尤其是为普及九年义务教育立下了丰功伟绩。

一、教师的职前培养

我国的师范教育分别由中等师范学校（包括幼儿师范学校）、师范专科学校、师范学院和大学实施。

（一）中等师范教育

中等师范教育分为幼儿师范学校和普通师范学校。学制三至四年，招收初中毕业生。主要任务是为幼儿园及小学培养师资。

从普通师范学校看，其课程设置一般分为三类：①基础课，包括政治、语文、数学、物理学、化学、生物学、生理卫生、历史、地理、外语等科目；②教育专业课，包括心理学、教育学、小学语文教材教法、小学数学教材教法、小学自然常识教学法、体育及体育教学法、音乐及音乐教学法、美术及美术教学法等科目；③教育实践课，即教育实习，它是中等师范学校专业教育的主要组成部分，通过教育实习，使师范生理论联系实际，逐渐形成从事小学教育、教学工作的实际技能。实习期一般为八至十周。

（二）高等师范教育

高等师范教育培养中学教师。主要有三类机构：师范专科学校、高等师范院校和其他高等院校。

1. 师范专科学校

师范专科学校是培养合格的初级中学师资的二年制或三年制学校，招收高中毕业生。

师范专科学校的课程设置一般分为四部分：①政治理论课，包括中共党史、哲学、政治经济学等科目；②教育理论课，包括教育学、心理学、教学法（具有学科教学法性质）等科目；③专业课，一般根据具体培养目标设置，为讲授有关专业的基础理论、基本知识和基本技能的主干课程；④体育课。此外，三年制师范专科学校学生还要学习一门外语，为阅读本专业的外文图书、期刊打下基础。

教育实习是师范专科学校教育和教学工作的重要组成部分，是对学生进行实际教育、教学工作能力初步训练的基本形式。教育实习内容包括课堂教学实习与班主任工作实习两方面。教育实习成绩不合格者，不能获取毕业证书。

2. 高等师范院校（本科）

高等师范院校本科主要培养高中教师。其所设置的专业多达十几种。各专业的课程包括公共必修课、教育基础课、专业必修课、教育实践课和选修课。这5类课的总学分在4年内要达到160学分以上。

高师本科生必须完成学科专业训练和教育专业训练。这二者是独立的体系，不可相互替代，但又统一于培养合格的中学教师这一点上。

3. 其他高等院校（本科）

新中国成立以来，在我国经济、科技与教育发展急需大批思想端正、业务能力强的教师，而师范教育又远远不能满足这一迫切需要的前提下，我国也采取从其他高等院校选拔与培养教师的方法，加强中等教师队伍的建设。

在非师范的其他高等院校培养中学教师的办法主要有两个：①从其他高等院校选派相当数量的本科毕业生充实中学教师队伍；②在非师范的高等院校办师资班。随着科学的发展，中小学的学科内容也随之更新和充实，特别是职业技术教育及音体美等专门学科所需的师资仅由师范院校培养是不够的。为此，有较强师资力量和教学条件的综合大学、专门学院包括艺术学院，根据省、市和地区需要开设师资代培班，培养所需要的专门学校的师资。师资班学制2—4年不等，如北京的联合大学师资班就是其中一例。

二、教师的职后培训

师范生完成师范教育学业，获取师范院校毕业文凭，并不意味着他们已成为合格教师，只能说他们经过师范专业训练，已获得了从事教育教学工作的基础知识与基本技能。从教师社会化的观点看，师资养成包括：入学前的选择、入学后的教育、毕业后的服务、服务所受社会制度及其他条件的影响与服务奉献信念的培养过程。因此，必须重视教师的职后培训与提高工作。

我国对教师的在职教育工作一直是比较重视的，不仅制定、发布有关教师培训、进修工作的专门文件，如《关于加强中小学在职教师培训工作的意见》（1977）及《关于中小学教师队伍调整、整顿和加强管理的意见》（1983）等文件，具体规定了培训师资的方向与措施，明确要求提高中小学教师的业务水平。而且，在1993年10月颁布的《教师法》中，专门对教师的任职资格、使用与培训等做出规定，使教师培训工作法制化，对加强我国中小学教师的培训与提高工作具有重要意义。

我国现行在职教师进修与培训一般由以下几种机构实施：高等教育机构的有关专业、系和教师培训班、进修班或师资班，省级教育学院，地、市级教育学院和教师进修学院，县级教师进修学校。

在职教师的培训主要有两个目的：一是把不合格的教师提高到合格的水平；二是使合格教师的业务水平进一步提高。由此国家实行"中小学教师考核合格证书"制度。它分为"教材教法考试合格证书"和"专业合格证书"两种。凡不具备国家规定合格学历的在职中小学教师，都可申请参加"教材教法考试合格证书"考试。已取得"教材教法考试合格证书"者都可申请参加"专业合格证书"的文化专业知识考试。这种有领导、有计划地开展中小学教师的考核工作，对提高基础教育水平，提高中小学在职教师的素质具有重大的意义，深受广大教师的欢迎。

三、我国教师教育的发展趋势

新中国成立以来，我国师范教育在数量与质量上都有相当水平的提高，不仅为我国教育事业的发展输送了大批合格教师，而且由此推动了我国社会主义建设事业的发展，促进了科技的进步，可谓硕果累累。然而，巨大的成绩并不能掩盖师资教育存在的不足和问题，与世界发达国家师范教育发展水平相比，差距很大，因此，我国的师范教育必须不断改进、提高，使其能更好地适应经济与教育发展的需要，并逐步赶上发达国家的先进水平。

从世界范围的师范教育发展情况及我国师范教育目前发展的状况看，今后我国师范教育的改革与发展将呈现如下特点：

（一）师范教育将由低层次向高层次发展

教师的质量必须由一定的学位教育予以保证。"世界各国都在扩大和更新师范课程内容的同时，延长了师范教育的年限，取消了中等师范学校，而把师范教育纳入高等教育的范畴。在亚洲邻国中，日本、韩国、新加坡、泰国、马来西亚和印度，都已经把师范教育纳入高等教育的轨道了。"①而美国、加拿大和澳大利亚等国，则已不满足本科层次的师范教育，要求中小学教师逐步接受硕士研究生层次的教育，拥有硕士以上学位的人数也越来越多。因此，改变我国教师低学历状况、使初等教育师资的学历由中师提高到大专，逐步取消中等师范学校将是我国师范教育发展的必然趋势。

（二）师范教育体制逐步由封闭型走向开放型

我国现行师资教育体制是一种单一型、封闭型的体制。而世界各国的师范教育体制正由"定向型"向"混合型"与"非定向型"转变，以广开师源、提高教师的专业水准。我们应顺应世界师资教育改革与发展的潮流，根据我国的具体情况，分阶段、分层次、逐步改革师范教育体制，以适应教育发展的需要，特别要使高等师范教育适应中等职业技术教育及音体美等不同学科教育发展急需专门师资的需要，培养不同规格的全面发展的教师。

（三）教师的职前培养与职后培训更加统一

1975年，联合国教科文组织在日内瓦召开了第三十五届国际教育会议，在会议上通过了《关于教师作用的变化及对于教职的准备教育、在职教育的影响的建议》。这份建议书充分论证了教师培养与教师进修相统一的必要性，并且提出了付诸实践的可能措施。自此，世界各国便掀起一股教师的继续教育乃至终身教育的热潮，将教师培养与教师培训更紧密地联系、结合、统一起来，促使教师培养系统的更加完善。但是，我国教师在职教育还存在很多问题，一些师范院校与教育学院、教师进修学校也是脱钩的，而大多数进修都属补习文化、提高学历性质，远未达到真正提高教

---

① 杨爱程：《20世纪末的高师课程改革展望》，《西北师大学报（社科版）》，1994年第4期。

师的教育实践与研究能力之目的。而且，我国在职教师培训系统缺乏对职业技术教育师资机构的监管，致使中等职业学校师资质量难以得到培训与提高。因而，制订和实施切实可行的教师培训计划，加强教师培养与教师培训的衔接与统一，既符合国际师范教育改革的趋势，也是我国师范教育发展的大方向。

第十三章　学生

第一节　对学生的科学认识

一、学生的本质属性

1. 学生是现实社会的成员之一

学生是受教育者群体中的一员，在社会生活中又是现实社会成员之一，他同样具有人类社会成员的一般特征，这一点，常因学生处于少年儿童阶段而被忽视。然而，认识学生的一般特征却是确定对学生态度，提高教育要求的重要依据。

每一个社会成员都是自然人与社会人的统一，既是自然的生命实体，又是接受了社会知识经验、思想意识的社会人。学生也不例外，他既是学生，又是已经形成一定的思想意识，获得一定经验的社会人。因此，必须明确，少年儿童处于学生时代，同样具有人类社会成员的基本特征，即具有主观能动性、有思想情感、有个性。首先，学生在参与社会生活时同样有他自身的主观能动性，在教育过程中可能主动学习，富有主观积极性地参与教育活动，也可能拒绝某种教育要求，他是有主观思想认识，有自身选择的。其次，学生在掌握知识、提高认识的过程中，同时与教师、同学进行着情感交流、培养积极情感，既是教育内容，又是保证教育效果的重要条件。学生的情感因素在教育过程中起极大作用。另外，人类社会成员都是有个性特征的，每个学生同样有其个性。人人有个性既是客观存在也是社会发展的需要。教育者应该尊重学生个性，从学生实际出发，因势利导、因材施教，使每个学生的特长、兴趣都得到发展。

2. 学生是处于迅速发展时期的人

处于儿童阶段的学生，除了具有人类社会成员一般共同特点外，他自身独有的特点是正在发展中的未成年人。发展中未成年人的基本含义是：儿童的身体和心理都在成长发展中，是可塑性极大的时期，他们的品德、观念、行为习惯都在形成中，容易接受正面教育也容易受到不良影响。从入小学开始，学习成为学生的主要活动，他们在学校学习的内容、学习的方式方法、学习负担量以及学习过程中的人际关系等，构成影响学生发展的主导因素。

3. 学生是受教育的对象

学生的发展性与学生的不成熟性，是一个问题的两个方面，正因为不成熟，才有巨大的发展潜力，也正因为学生的不成熟性，学校和教师才大有可为。学校教育是有计划、有目的、有组织地培养人的社会活动，由教师根据一定的教育目的和具体教育场景选择教育内容，组织教材和教学活动，并采取一定的教学方法，对学生施加影响。与环境对个体自发的、零碎的、偶然的影响相比，学校教育对个体的成长起着主导作用。在这样的环境中，学生是学习者，是受教育者。由于他们的知识较少，经验贫乏，独立能力不强，因而他们对自然、社会和人类自身的认识，对中国五千年文明的继承，对世界优秀文化的吸取，都需借助教师的教诲才有可能。学生从无知到有知，从优良品德形成到各种技能获得，从能力的提高到智力的发展等也毫不例外地离不开教师的教育。

二、学生的社会地位

1. 青少年是权利的主体

从道义上讲，青少年是社会的未来，是国家的希望；从法制的角度讲，青少年也是独立的社会个体，他们不仅享受一般公民的绝大多数权利，而且受到社会的特别保护。1989年11月20日联合国大会通过的《儿童权利公约》的核心精神，确立了青少年儿童的社会权利主体地位。这一精神的基本原则是：

①儿童利益最佳原则。

②尊重儿童尊严原则。

③尊重儿童观点与意见原则。

④无歧视原则。

2. 青少年儿童的合法权利

青少年是社会权利的主体，享有法律规定的各项社会权利。

我国宪法与法律规定少年儿童的合法权利有：

（1）生存的权利

我国《宪法》规定："父母有抚养未成年子女的义务。"《未成年人保护法》更具体规定："父母或其他监护人应当依法履行对未成年人的监护职责和抚养义务，不得虐待、遗弃未成年人；不得歧视女性未成年人或者有残疾的未成年人；禁止溺婴、弃婴。"对儿童的生存权利法律给予保护。

（2）受教育的权利

我国《宪法》第46条规定："国家培养青年、少年、儿童在品德、智力、体质等方面全面发展。"《义务教育法》明确规定："国家、社会、学校和家庭依法保障适龄儿童、少年接受义务教育的权利。"我国《教育法》又从总体上规定："中华人民共和国公民有受教育的权利和义务。公民不分民族、种族、性别、职业、财产状况、宗教信仰等，依法享有平等的受教育机会。"都从法律上对少年儿童享有受教育权给予保证。

（3）受尊重的权利

我国《未成年人保护法》第15条规定："学校、幼儿园的教职员应当尊重未成年人的人格尊严，不得对未成年学生和儿童实施体罚、变相体罚或其他侮辱人格尊严的行为。"并在其他条款中具体规定："任何组织和个人不得披露未成年人的隐私"，"对未成年人的信件，任何组织和个人不得隐匿、毁弃；除对无行为能力的未成年人的信件由父母或其他监护人代为开拆外，任何组织或者个人不得开拆"，"国家依法保护未成年人的智力成果和荣誉权不受侵犯。"

（4）安全的权利

我国《未成年人保护法》第16条规定："学校不得使未成年学生在危及人身安全、健康的校舍和其他教育教学设施中活动。""严禁任何组织和个人向未成年人出售、出租或者以其他方式传播淫秽、暴力、凶杀、恐怖等毒害未成年人的图书、报刊、音像制品。"另条具体规定："任何人不得在中小学、幼儿园、托儿所的教室、寝室、活动室和其他未成年人集中活动的室内吸烟。"

三、学生在教育过程中的地位

关于学生在教育过程中的地位，在教育发展史上有两种相对立的观点，一种观点是"教师中心论"，以德国教育家赫尔巴特为代表，他认为在教育过程中，"学生对教师必须保持一种被动状态"，强调教师的权威，忽视学生的积极性、主动性。只把学生看成教育的客体，无视学生在学习和发展中的主体地位。另一种观点是"儿童中心论"，以美国教育家杜威为代表，他认为教师应该放弃向导和指挥官的任务，而只充任一名看守者和助理者。他提出：教师不要站在学生前面的讲台上，应该站到学生背后去。只在学生有困难时去帮助他。并认为教育由以教师为中心变为以儿童为中心是如同把地球当中心变成以太阳为中心的哥白尼式的革命。显然，"儿童中心论"强调了儿童的主体地位，却忽视了教师在教育过程中的主导作用。

从现代教育观点看，怎样完整认识学生在教育过程中的地位呢？必须看到两个方面：

（一）学生是教育的对象

学生是教育的对象，是教育的承受者，学校教育的成果表现在学生身上，这是由学校的使命和在教育过程中教师与学生的关系所决定的。学校的使命就是培养人才，促进学生的积极发展，校长、教师的一切工作从根本上说都是为学生服务的，学校的各项教育活动都是为了学生的健康成长。学生在学校中是受教育者，是教育教学工作的对象。从教育过程中教师与学生的关系看，由各自的任务与条件所决定，教师承担着教书育人的任务，要引导学生掌握知识、技能，使其智能得到发展，形成良好思想品德，培养优良身心素质，他必须成为教育教学活动的设计者、组织者、领导者，对教育教学工作的方向和质量负责，在教育过程中起主导作用。从教师的条件说，作为职业要求，教师是经过了专门培养，掌握了系统文化科学知识，具有教育理论与业务能力修养，有条件发挥主导作用，能够有效培育学生。而从学生的任务与条件看，学生在学校的任务是学习，特别是小学阶段的学生，处于"长知识、长身体"的发展初期，他们的知识、经验都还比较少，要获得顺利发展，在不很长的时间里，在品德、智力、体质等方面都打下良好的发展基础，离不开教师的培养教育。现代学校教育对于少年儿童的健康成长来说是不可缺少的，学生在学校接受教育，理所当然是受教育者，是教育的对象，也可以说是实施教育的客体，这是客观存在，是教育活动客观规律的体现。但是，学生是受教育者，是教育对象，并不排斥在学习和发展中成为主体，发挥其主观能动性。

（二）学生是学习的主体

教育过程的基本特点是从事精神生产，现代社会讲教育产业，教育产业的产品是人才，是人在品德、智力、体质等方面的发展，这种精神生产的过程，也就是对人的培养过程，不是简单地移植或给予的过程，只能是学生在教师的组织、引导、启发下，经过自身的努力才能实现的。学生掌握知识，发展智力，培养能力，形成良好品德，都必须通过自己的思维与实践，通过自身的思想矛盾运动才能实现。一切教育教学任务都不可能由教师单独完成，教师不能"越俎代庖"。传统教育派关于"学生对教师必须保持一种被动状态"的说法，是片面的，也是违背教育规律的。教育的总体任务是实现人的社会化，把每一个人都培养成合格的社会成员，社会对人在品德、智力、体质等方面的要求，通过学校和教师使其转化为学生自身的要求，实现这种转化，即使学生成为教育活动的主体，发挥主观能动性，积极、主动地接受教育，实现自身的发展，才能使教育的社会目的真正得以实现。

辩证唯物主义认为，事物发展的根本原因不是在事物的外部，而是在事物的内部，在于事物内部的矛盾性。外因是变化的条件，内因是变化的根据，外因通过内因而起作用。从外因与内因的关系来分析，在教育过程中，教师的引导教育是学生成长发展的外因，学生自身需要、认识、情感等方面的变化才是内因，外因只能通过内因而起作用。可见，学生在教育过程中的主体地位是任何人所不能取代的。学生主体性的具体表现有：学习任务完成的决定性、学生智力与非智力因素对教师教的制约性，学生的个性特征、年龄特征对教师的影响性。总之，学生不是一个可被教师任意加工的对象，他们有自己的主观能动性，他们的学习程度、态度、个性等制约着教师的教。

完整地认识学生在教育过程中的地位，一方面要肯定学生是教育对象，要接受教育，学校和教师不可松懈教育的职责，发挥其育人的主导作用。另一方面，必须强调指明学生是学习与发展的主体，充分发挥学生的主观能动性，这是以往的教育理论研究重视不够的方面，我们在教育工作中也常常讲教师应该吃透两头，即充分钻研教材和深入了解学生，而实际上，无论是开展教育教学研究还是在教师的经常工作中，多是把功夫下在研究教材上，很少去深入研究学生。如何使学生积极主动地学习，创造生动活泼的教育氛围，至今还是学校教育面临的重要课题。

贯彻在教育过程中以教师为主导，以学生为主体的思想，应该体现于一切教育活动之中，其基本要求可概括为：

1. 充分发挥教师主导作用，把教师主导作用与学生主体地位统一起来

教师主导作用，是指教师负责组织，引导学生沿着正确的方向，采用科学的方法，获得良好的发展。而这里所说的科学方法首先就是指使学生成为主体，充分发挥其积极主动精神的方法。教师主导作用发挥得越好，学生的积极主动精神越强，这两者本来是有机结合的，实践中必须完整理解，统一实践。

2. 树立"教是为了学"的观念

教师教完全是为了学生学，所以，教育过程要处处为学生着想，使学生打好基础，学会学习，有能力继续学习和提高，走上健康发展的道路。

3. 重视学生主体因素，从学生实际出发

学生是具有独立性的个体，既有一定年龄阶段的共同特征又有个别差异。学生是学习与发展的主体，教育要促进学生的发展，就必须从学生的实际出发。每个学生在接受系统的学校教育之前，已经积累了一定的知识经验，形成了一定的思想认识，有他的兴趣、爱好、性格特点，这些主体因素是学生进一步学习与发展的基础，制约着发展的方向和进程。教育内容的确定，教育要求的提出，教育方法的选择，都要从学生实际出发，才会充分发挥学生的主观能动性，使学生成为学习的主人、发展的主体。

4. 尊重学生的主动精神，让学生在活动中受锻炼得发展

学习是一种主动的认识过程，掌握知识由感知、理解，到巩固、应用，都离不开学生的主观努力，需要参与实践活动。不能只是要求学生听和论，必须给学生创造各种实践活动的机会，让学生自己去观察、研究、思考、体验，不仅要积极动脑，还要动口，发表意见，参加争论，还要敢于动手，去实验，去创造，真正成为学习的主人，在主动实践中得到发展。学生良好品德的养成更加需要重视其主体地位，只有让学生在学习和

社会生活实践中受锻炼，经过自己的观察、思考和体验，才会形成正确的思想认识与道德观念，自觉去养成良好品德行为习惯。现代教育十分重视培养学生自我教育能力，体现着对学生主体地位的认识，对学生主动精神的尊重。

可见，认清学生在教育过程中的地位，明确学生既是教育的对象又是学习与发展的主体，对于正确处理教与学的关系、教师主导作用与学生主体地位的关系提供了依据，它对认识教育规律，提高教育活动的整体水平，具有极为重要的意义。

第二节　学生的年龄特征与教育

一、学生年龄特征的概念

在教育活动中，我们发现，不同年龄阶段的学生在身心发展方面会表现出不同的特点，学生这种在不同年龄阶段所表现出来的特点，就是我们教育学中所说的学生的年龄特征。

所谓学生的年龄特征，是指在一定的社会和教育条件下，不同年龄阶段的学生在身体和心理发展方面所表现出来的一般的、典型的和本质的特征。这里包含着这样几层含义：

第一，年龄特征是与一定的社会和教育条件密切相联的，不同的社会条件或教育条件下的学生的年龄特征是不同的。如古代社会与现代社会、受教育条件好与受教育条件差的同年龄学生，其身心发展的年龄特征是不同的。

第二，学生的身心发展既有连续性又有阶段性。在学生的身心发展过程中，不同的年龄阶段具有其不同的特点，如童年期、少年期、青年期等不同年龄阶段的学生在身心发展方面都有彼此区别的典型特征，从而表现出学生身心发展的阶段性；另一方面，不同年龄阶段学生的身心发展并不是截然分开或毫不相干的，而是保持着其内在的连续性：前一阶段的身心发展水平为后一阶段的身心发展提供前提和基础，而后一阶段的身心发展水平又是前一阶段身心发展的必然结果；在每一阶段中，既带有上一阶段的部分特征，又孕育着下一阶段的新质。所以，不同年龄阶段学生的年龄特征，是连续性与阶段性的统一。

第三，学生的身心发展具有稳定性和可变性。稳定性可从两方面来看。其一，从生理学角度看，尽管学生的生理处在发展变化中，但这种发展变化总是严格地按照人的生理发展变化的固有程序和阶段有规律地进行着，特别是作为心理和物质基础的人脑的发展和完善，更是严格地受遗传物质的控制，大脑的发展过程制约着学生的身心发展过程和水平，从而使不同年龄阶段学生的身心发展具有相对稳定性。其二，从人的认知发展过程看，人类知识的产生、积累到形成体系是逐步完成的，学生掌握这些知识也必须是循序渐进的，这就使得处于同一年龄阶段的学生在知识的掌握上处于大致相当的水平，他们所表现出来的心理发展水平也基本相当。因此，我们说稳定性是学生年龄特征最本质的特性。但是，学生年龄特征的稳定性并非绝对的，而是相对的，它也有其可变的一面。这种可变性主要表现在，随着社会、教育和生活条件的改变，学生身心发展的速度可能加快或延缓。例如，现代生产力的发展，科学技术的广泛应用，人们物质文化生活条件的改善，都大大地加快了学生的身心发展速度。有研究表明，当代儿童在心理上较前三十年的儿童普遍早熟两年；十多岁的儿童每隔10年身高就要增加0.33厘米；1972年的儿童的平均智力水平较1960年的儿童普遍提高智龄六个月左右。

第四，学生的年龄特征反映的是这一年龄阶段绝大多数学生身心发展的典型特性和一般趋势，带有普遍性和共性，我们不能把这个年龄阶段上个别学生在特定场合中所表现出来的特点作为学生的年龄特征。因此，我们在认识学生的年龄特征时，要注意处理好个别性与一般性、典型性与多样性的关系，不能以个别性代替一般性，以典型性否定多样性，反之亦然。

总之，学生的年龄特征，反映的是同一年龄阶段学生身心发展的规律，它是我们开展教育工作的重要依据。只有遵循学生身心发展的规律，并处理好学生身心发展过程中的连续性与阶段性、稳定性与可变性、个别性与一般性的关系，才能处理好教育与学生发展的关系，提高教育的有效性。

二、童年期学生的年龄特征与教育

童年期是指六七岁至十一二岁的年龄阶段，这一阶段与我国的小学教育阶段基本吻合。在这个阶段，儿童开始接受正规的学校教育，为未来的进一步发展打基础，做准备。所以，有人把童年期称作人生发展的奠基时期。正因为如此，童年期学生的教育就显得尤为重要。

（一）童年期学生的年龄特征

从发展速度上看，童年期是一个相对平稳的时期，学生的身体缓慢生长，心理上一般也没有十分尖锐的自我冲突；从发展的性质上看，童年期是儿童超越家庭范围的社会化的起始阶段，也是儿童因角色、活动、他人评价的多样化而引起的对自我形象反思的开始时期。

在童年期，学生的身体发展相对稳定和平衡，速度比较均匀。十二岁的学生大脑的重量与成人相差无几，身高、体重、肌肉的强度与耐力以及体内的各个生理器官的发展平稳，整个体质向逐渐增强的方向发展，这为学生开始系统地学习奠定了生理基础。但是，童年学生的体质发展水平与其突然增加的学习任务相比，还是比较柔弱的。因此，安排适度的学习任务，保护学生的身体健康是教育者应当注意的问题。

进入童年期的学生，开始从家庭走向学校，随着生产环境的变化、知识的逐步增长和交往范围的扩大，其心理发展速度加快。这种变化不仅反映在其认知水平上，而且反映在学生的情感和意志水平上。

从认知方面看，与生活在家庭中的幼儿相比，童年学生的认知不仅有量的增加，而且有质的变化。在认知来源上，由口头语言、形象实物为主向以书面语言、不以实物伴随的概念为主转变。在认知过程中，由自然情景中的无意识学习向特定情景中的在教师指导下的有意识学习转变。这种变化，促进了学生对事物的认识由日常经验向科学概念转化，由逐个掌握个别、分散的知识向整体掌握系统化的知识转化。但也不能否认，童年学生的认知水平还是较低的，他们的思维还处于一种由低年级的具体形象思维逐步向高年级的抽象逻辑思维发展的过程中。童年学生在认知方面的另一个重要变化是道德认知也有了较大发展。他们开始逐渐理解社会道德规范，并据此规范对自己对他人的行为效果进行道德评价。当然，童年学生的道德认知和道德评价还是肤浅的，往往带有个人感情色彩，还不能达到高度的抽象的水平，其道德认知和道德行为还不能完全达到一致，但这时形成的道德认知对学生今后道德观的形成会产生重要影响。

在情感方面，童年学生的情感体验开始丰富和复杂起来。这既与学生生活环境的变化有关，也与学生知识的增加和理解能力的提高有关。学生通过参加各种形式的学生组织和学生活动以及同教师、成人和不同年级学生的多方面交往，能够进行多层次的情感交流，并从中得到不同的情感体验。他们这时的情感因素已不局限于个人的生理或心理需要的满足，别人的遭遇、感受，书中的情节、人物的命运，都有可能唤起学生丰富的情感活动。他们对自己在学习和各种活动中的表现以及他人的评价相当关心，不同的评价也会给他们以不同的情感体验。因此，教育者应当十分重视了解学生的情感状态。此外，童年学生的情感具有浅显性和易变性的特点。一方面，他们的情感易于被感知，因为他们还不会掩饰自己的情感；另一方面，他们的情感又是易变的，对童年学生来说，没有持久的悲伤，也没有不能忘怀的欢乐，情景的变化很容易引起他们情感的变化。只有在与成人交往中形成的，对某一特定对象产生的畏惧、亲近或崇拜的感情才能较稳定地保持。

童年学生的意志力也有了较大的发展。学习活动的目的性、持久性和复杂性客观上要求学生为完成学习任务而付出意志努力。无论是保持注意按时完成作业，还是遵守纪律克服学习中遇到的困难，都对学生的意志是一个磨炼。当然，童年学生的意志力从总体上讲还是比较薄弱的，他们对自己行为还缺乏较强的约束力。这就要求教育给予引导和帮助，为培养学生良好的意志品质做出努力。

（二）童年期学生的教育

童年期学生因其身体发展的平稳性和心理发展的无尖锐冲突性的特点，为教育提供了极为有利的条件。对教育者来说，由于童年学生所具有的天真、无邪，对成人的依赖、平静的心态，可塑的品格，极强的吸收能力等特点，使童年期成为接受教育的黄金时期。因此，无论是为国家还是为了学生个人的未来，人们都应该十分重视童年期学生的教育。

使学生热爱学习和学会学习是童年期教育的核心任务。教育者应教育学生学会在学校中生活并热爱学校、集体，做学校、集体的小主人，目的是为他们今后的学习和形成积极的、有所作为的人生态度打下坚实的基础。人的一生的生活道路是很难预测的，但从小打下的良好的知识基础、养成的良好的学习习惯和形成的积极的人生态度对学生未来的健康成长和发展将会产生深远的影响。因此，小学教育要使学生在获取知识的同时，养成良好的心理品质和发展多种能力，使学生的身心两方面都得到健康发展。

对童年学生来说，尽管其体质较幼儿有了明显的增强，但与他们在学校所承担的学习任务相比，仍是比较薄弱的。因此，教师应当把关心学生的健康，发展学生的体质作为重要任务。过重的学习负担，不仅会使学生的身体受到伤害，而且会使学生产生厌学、惧学的心理，这对学生的身心发展是十分不利的。因此，教师留给学生的学习任务要适当。与此同时，教师应针对学生不懂也不会保护自己身体和器官的实际，进行必要的保健教育，教育学生养成良好的作息习惯和卫生习惯。此外，教师还应当针对学生爱动、喜玩的特点，经常有目的地组织一些校内外课余集体活动，这不仅有利于促进学生的身心健康，培养学生广泛的兴趣，而且有利于学生集体主义精神的培养。总之，关心学生的身体健康，是小学教育应当十分重视的问题。

在学习方面，除教学内容外，教师要注意学生读、写、算和手工操作技能的训练和协调发展，这将对学生今后智力和学习能力的发展产生重要影响。在学习过程中，教师要注意引导学生独立自主地克服学习困难，完成学习任务，以培养他们的学习自主性，增强战胜学习困难的信心。需要指出的是，学生学习的独立性、自主性和战胜困难的自信心的培养和发展是与教师对他们的引导、信任或鼓励性评价分不开的，教师要相信学生会成功，并善于通过各种方法去引导和帮助学生学会运用自己的力量去克服困难，获得成功。这也是培养学生意志品质的有效方法。

对童年学生道德品质的培养也是教育的重要任务。童年学生道德品质培养的关键就是要使他们能做到言行一致、校内外一致。学生言行不一的现象既与学生的意志力薄弱有关，也与学生的道德行为的养成需要一定数量与强度的实践和训练有关，同时也与教师的具体做法欠妥当有关。脱离学生实际的空洞说教是无助于学生做到言行一致的。对童年学生的道德品质教育，一是要提高道德认知，使他们知道哪些行为是道德的，哪些是不道德的，哪些是可做的，哪些是不可做的；二是进行及时的道德评价，纠正不道德行为，强化道德行为；三是让学生进行道德实践，这一点教师应注意榜样教育，特别要注意利用他们身边的榜样，因为身边的榜样与他们的日常生活密切相关，他们容易模仿和实践。总之，只有针对童年学生的身心发展特点去进行道德品质教育，才能收到实际的效果。

三、少年期学生的年龄特征与教育

少年期是指十二三岁至十五六岁这个年龄阶段，大致相当于我国的初中教育阶段。这是学生开始向成熟期过渡的一个重要阶段。进入少年期的学生，随着其身心发展的急剧变化，年龄特征更为鲜明，如既走向成熟又带有童稚，既走向独立又具有依赖性，是学生在矛盾中发展的时期。有的心理学家因此把少年期称为"心理性断乳期"，既要离开成人保护又需要成人帮助的时期。

（一）少年期学生的年龄特征

进入少年期的学生，身心开始发生急剧变化，自我意识和独立意识明显增强，心理上的"成人感"日益显露出来。在与人特别是与成人的交往中，不再完全是被动的适应者、服从者和模仿者，而是力求成为主动的探索者、选择者和设计者。如果说童年期的学生主要是关注外部世界的话，那么，少年期的学生则开始由单纯的对外部世界的探究向更为关注内部世界转化。

少年期学生的变化，首先表现在其生理特点上。这一时期的学生，身高、体重迅速增长，肌肉、骨骼也迅速发育，肌肉力量增强，但还没有完全发育成熟。身体的迅速发育，使体内的各部分之间以及整个有机体与外部环境之间常常会出现暂时性的失衡现象，表现为运动、动作的不协调，有时还会出现头痛、头晕、易疲劳等现象。这些都表明，处于长身体阶段的少年学生，尚不能适应持久或过重的劳动与学习，适时注意休息和加强营养是非常重要的。

少年期学生生理发展的另一个重要特点是从性成熟开始。性成熟开始的标志表现在第一性征和第二性征上。第一性征的变化表现为生殖器官的发育。第二性征的变化主要表现在男学生的喉结增大，声音变粗，出现胡须；女学生声音变尖，乳腺发育，月经初潮，皮下脂肪增多等。女学生一般从十一至十二岁开始进入性成熟期，而男学生则一般要晚一至二年。少年学生的这种生理变化，使他们对此特别敏感，性角色意识增强，在异性面前常有不自然的羞涩感，同性别之间的群体活动增加，而异性间的群体活动则相对减少。

少年期学生不仅在生理上发生着急剧变化，在心理上的变化也十分显著。在认知方面，学生进入初中后，各种学科的开设以及学科知识体系的更加完整，使学生所学知识更为系统化，从而促进了学生思维能力的发展，抽象、概括和逻辑推理能力明显增强，其学习迁移能力也有了很大提高。在此期间，学生之间，男女性别之间，对事物的认识兴趣和方式的差异变得明显，学习上的个体倾向性开始显现出来。学生在认识上的另一个重要特点是，独立思考和判断能力增强，他们对发生在周围的人或事，不再人云亦云，而往往是以"成人"的姿态表明自己的独立的评价和见解。当与别人乃至成人的观点相左时，他们也往往不会轻易地放弃自己的看法。"成人意识"的产生，是少年学生认知发展的一个重要特点。此外，学生在认知方面的发展还表现在自我意识的增强，他们逐渐能有意识地把自己的思想和行为作为认识对象，除关心别人对自己的评价外，也注意自我评价。学生认知水平的提高和自我意识的增强，使他们往往会对他人的干预以执拗的态度予以反抗，甚至产生逆反心理。

在情感方面，由于少年学生正处于身体迅速发育时期，精力充沛，所以他们富有朝气，充满热情，但情绪不够稳定，易受外界刺激的影响而波动，忽而表现出充满激情和冲动，忽而又表现得悲观和失望。所以，不少心理学家认为，少年期是学生情感发展最困难，最令教育者操心的时期。

在意志方面，从总体上讲，少年学生的自控能力有了较大的发展。在正常情况下，他们能够把自己的行为和所要达到的目标结合起来，并为之付出意志努力。但是，由于他们的情绪易受外界的影响而波动，所以，当他们的自尊心受到伤害或者为了满足某种不正当的需求时，往往会失去理智和对自己行为的控制。特别是在坏人乘机诱惑或教唆时，他们极易染上恶习或走上犯罪的道路，有关青少年犯罪问题的研究已证明了这一点。因此，加强对少年学生情感和意志教育，既是一个教育问题，也是一个社会问题。

（二）少年期学生的教育

对于身心发展处于急剧变化的少年学生，教育者面临的任务是艰巨的，责任是重大的。良好的教育，将对学生顺利地完成由儿童向成人的过渡以及他们今后的健康成长，具有重要的意义。

教师应针对少年学生生理急剧变化的特点，加强对学生的"青春期教育"。教育者除了要教育学生充分保证休息时间和丰富的营养外，应着重加强对学生的青春期教育，引导学生懂得青春期生理变化的必然性及其对人生的意义，教育学生养成良好的学习、生活和卫生习惯。学校应当为学生开设性教育专题、系列讲座或开设生理卫生课程，增加学生的性知识，减少学生对性问题的神秘感。这有助于学生心绪平静，减少因生理变化引起的恐慌，逐步适应这种急剧性的生理变化。与此同时，教师要注意引导学生积极参加有意义的社会活动，把他们的热情和充沛的精力用到有意义的社会活动中去。此外，教师还应当针对学生生理变化的特点，教育学生自尊、自爱、自主、自强。要知道，这一时期对学生生理变化关注的意义远远超出了学生身体健康本身。

少年学生的心理变化，使得他们的内心世界和精神生活显得丰富多彩；充沛的精力使他们求知欲旺盛而不知疲倦。教师应充分利用这一有利时机，为学生提供丰富的文化生活和精神食粮。一方面，要引导学生积极地投入到他们感兴趣的活动中去，展示他们的才华，使之得到满足和消除疲劳，促进身心健康；另一方面，要引导他们到知识的海洋中去探索、追求，以不断丰富他们的知识，提高他们的认知水平，为他们今后的进一步发展打下基础。这一时期对学生学习的指导，应充分尊重并注意发挥学生的主体作用，积极引导学生利用已有的知识和方法，自己去探索，获取新知，使他们从中感受到通过自己努力取得成功所带来的喜悦和满足，从而进一步激发他们热爱科学、渴求知识、追求真理的热情、信心和勇气。如果忽视这一点，而一味地包办、代替学生，就有可能使学生对学习缺乏兴趣，疏于思考，养成依赖思想，这对学生的成长是极为不利的。

少年期是培养学生的积极情感、形成良好品德和初步形成正确的人生理想的关键时期，加强少年学生的情感、品德和理想教育是教育者的重要任务。有的教师以这个时期的学生情绪多变、难以把握为由而放松对其的教育,这是不足取的。少年学生的情感尽管多变,但都是与他们日常的生活相联系的。因此,对学生的情感、品德教育,应紧密地结合学生的生活实际,引导学生从对他们日常生活的诸多矛盾、冲突的讨论中去明辨是非,提高判断力,从而提高学生的道德认知水平,养成道德习惯,逐步清除不合理的需要,提高需要层次,发展积极情感。少年学生的身心发展,使他们开始考虑未来,憧憬未来,并往往从艺术作品或传媒宣传中选择英雄或名人作为自己的偶像,希望自己将来也能够成为英雄或名人。其实,少年学生这种崇拜往往看到的只是他们的成功,而看不到他们为此成功所做的付出。对此现象,教师应当给予正确引导,既要让学生从他们身上汲取精神力量,懂得人生的价值和意义,又要让学生认识到成功是艰苦努力和百折不挠的结果,从而使学生把对英雄或名人的崇拜同自己勤奋学习与树立人生崇高理想结合起来。

对少年学生的自我教育能力的培养,是教育者的又一重要任务。心理学研究表明,情绪的认知能力和调节能力发展的转折期在初中一、二年级,初中阶段也是人的认知倾向和道德品质初步形成并被自己意识到的时期。因此,教育者应当重视这一时期学生自我教育能力的培养。人若没有自我认识,就不能有自我教育,也不会有自律行为;没有自我完善与发展的愿望,就不会产生自我教育的需要。教育者在这一时期应多引导学生写日记、书评、影评,在对他人、他物的评价中提高自我评价能力。与此同时,教师要通过引导学生参加集体、公益活动,与教师、同学对话等形式,让大家彼此"画像",以调整和强化学生的自我形象。此外,教师还应经常引导学生对自己提出需要付出一定意志努力才能完成的任务,以克服学生身上的缺点,使之体验到通过努力战胜自己弱点的力量和欢乐,从而增强学生的自我教育能力。

四、青年初期学生的年龄特征与教育

青年初期是指十六七岁至十九、二十岁这个年龄阶段，大致相当于我国的高中教育阶段。这一时期是学生个体在生理、心理上接近成熟的时期，也是准备走向独立生活的阶段。

（一）青年初期学生的年龄特征

进入青年初期的学生，不仅身体发育趋于成熟，而且在心理发展上也有了质的变化。他们大多对世界、社会、自己和未来都开始有较清晰的认识和较深入的思考，人生观、世界观、价值观已开始形成。他们的认知水平迅速提高，情感丰富细腻，自我教育能力达到了较高水平，社会意识和社会责任感增强。所以，有人称青年初期是人生身心发展基本"定型"的时期。

青年初期是学生身体发育达到基本成熟的时期。在这个时期，学生生理发展再度趋于平稳，最后完成性的成熟。身高已接近成人，体重增加，骨骼已经骨化，肌肉力量迅速增长，神经系统，特别是大脑皮质结构和机能已逐步发展成熟，少年期所特有的体内生理系统不平衡状态消失，重新达到平衡。青年初期学生的生理变化还表现在体态上，男学生肌肉发达，富有力度，女学生则丰满婀娜，身材匀称，无论男女都透出一种青春美。他们也常常以此为骄傲，甚至去刻意地追求和炫耀。一般而言，这时的学生都较重视自己的仪表美，并追求自己的独特美。

青年初期的学生在身体发育趋于成熟的同时，在心理上也日益成熟起来。在认知上，他们已基本形成了自己的认知结构和对世界的基本观点。一方面，他们的逻辑思维和辩证思维能力增强，能从一般的理论、原则出发进行判断、推理得出结论，表现出较高的综合分析问题和解决问题的能力。同时，思维的独立性和批判性也达到了较高的水平，表现在他们在看问题时不轻信、不盲从，注重理性思考，并往往在独立地深入思考的基础上，提出自己的新见解。但他们也往往因此而固执己见。另一方面，青年初期学生认知水平的提高还表现在对社会、自我及人生意义的认识上。这一时期的学生，开始更加关注社会，关心社会的政治、经济生活以及国内外大事和热点问题，并经常就此发表个人见解。他们开始意识到社会上人与人之间关系的复杂多变，意识到社会对青年人的要求和希望，并注意把这种社会要求与自身联系起来，调整自己的行为和理想。他们考虑问题不再盲目、幻想，而是更为实际。但他们仍存在追求新鲜与创造，过高估计自己并急于求成的毛病，这反映了他们仍不够成熟和缺乏社会实践经验的缺点。显然，这一时期的学生，对外部世界和自我的认识都达到了较高的水平，内心世界更为丰富，人生观、世界观、自我观已初步形成，但还不够稳定。

青年初期学生的情感和意志也有了很大发展。他们的情感与少年学生相比，不仅更为丰富，而且也细腻、稳定和深沉得多。一般来讲，他们的情感不再像少年学生一样一场报告就可以使他们激动不已，甚至改变自己的主张，他们也不再完全把自己的情感"写"在脸上，表现在外部行动上，他们已开始有能力控制并进而掩饰自己的情感，有时甚至能"表演"得十分逼真。他们在意志方面也有了很大发展，不仅表现在处理外部世界人和事时具有较强的自控力，更重要的是表现在平衡内心世界的矛盾斗争中。我们经常可以看到，一个成熟的学生，有时为实现自己的目标，在战胜自身弱点，经受各种困难的考验上，往往能表现出惊人的意志力。我们也可以看到，一个一向表现欠佳的学生，在经受一次重大挫折或受到一次强烈的刺激后，能改掉他长期存在的缺点而成为品学兼优的学生。

（二）青年初期学生的教育

青年初期是学生初步确立自己未来发展方向的时期。面对升学与就业的社会选择，他们开始经常考虑自己的未来，其心理也会因此而发生剧烈的变化。对于这些已基本具备自我教育能力的学生，教育者应把更多的精力转移到教会学生如何正确地面对社会选择这个人生发展阶段的重要问题上去。

　　具体地讲，青年初期的教育主要应体现在如下几个方面：

　　第一，要引导学生继续努力学好科学文化知识，全面提高各方面的素养，为将来继续深造或就业打下坚实的基础。由于青年初期的学生对即将到来的升学与就业的社会选择问题考虑较多，往往会分散他们的学习精力，甚至会导致学生成绩的下降。教师应注意引导学生，使他们懂得，无论是升学还是就业，都需要有扎实的科学文化知识做基础，搞好学习仍是自己当前的主要任务。

　　这一时期，由于学生的学习成绩已经开始出现分化，不同程度的学生对学习的心态是不一样的，既有悲观失望、破罐破摔思想者，也有踌躇满志、志在必得者。教师应特别注意对学生平等对待、一视同仁，任何轻视甚至歧视学业差的学生的态度和做法，都是应当予以禁止的。这时的教师应更加关心学生，针对学生的不同思想状况，进行细致的思想工作，帮助成绩一般的学生放下思想包袱，调整不健康的心理状态，鼓励他们积极上进，努力争取取得好成绩；对于成绩较好的学生，要教育他们克服骄傲自满情绪，再接再厉。总之，教师应在这时消除学生在学习上的种种不健康心理，促使各类学生都能取得进步。

　　第二，要帮助学生处理好升学与就业的关系。对高中阶段的学生来说，能够继续升学读书，恐怕是绝大多数学生的共同愿望。但是，我国教育发展的现状，客观上决定了只有少数学生能够继续升学，实现自己的愿望，而对大多数学生来说，将来面临的选择只能是就业，这是我国的现实国情决定的。教师要引导学生正视这一现实，摆正自己的位置，正确地处理好升学与就业的关系。教师要运用现实生活中的实例教育学生，一个人成才的道路是多种多样的，升学并非是实现自己人生理想的唯一途径。现实生活中的自学成才者比比皆是，每一个有志的当代青年都可以在不同的岗位上找到自己发光发热、实现自己人生价值的位置。特别是在我国改革开放的新形势下，社会给每一个青年人提供了施展自己才华的舞台，一个人能不能成功，关键在自己。即使是那些学业优秀的学生，也应当对选择有足够的思想准备，否则就会在升学无望时出现严重的心理失衡，甚至酿成悲剧。这样的例子在现实生活中是很多的。作为教育者，对此应当引起高度重视。

第三，要教育学生正确处理好自我与社会的关系。长期在学校里生活的学生，对社会缺乏足够的认识，一旦走上社会，现实与理想的反差，很容易使他们处理不好个人与社会的关系。这种问题主要在两方面表现出来，一方面，他们往往较多地看到自己的长处并看重这些长处，而较易忽视自己的短处与原谅这些短处，所以对自我的评价就偏高；相反，对社会的认识，他们往往从自己的理想社会出发，从社会为实现自己的理想提供了什么条件的角度出发，去评价社会，所以会把社会问题、消极面看得严重。如此一宽一严的认知方式，很容易使学生的心理出现失衡。另一方面，在价值观上，这种偏颇现象也同样可能存在，即社会责任感差，把个人的价值看得高于一切。如果这种认识上和价值观上的偏差合于一人身上，就会造成自我欲望的膨胀，这无论是于个人还是于社会都是极为有害的。所以，教师应当教育学生认清自己的社会责任，把个人的理想与推动社会进步结合起来，用辩证的、发展的观点认识自己与社会，树立既远大又可行的奋斗目标。与此同时，教师应注意引导、组织学生参加社会实践，在实践中加深对社会的认识，调整原有的价值观念，把个人发展与社会进步结合起来。

第四，要帮助学生处理好学习与恋爱的关系。高中阶段的学生随着性发育的成熟，会逐渐产生对异性的追求，并希望与自己中意的异性建立恋爱关系，这是很正常的事情，教师对此不要用粗暴、简单的方式予以禁止。正确的做法应该是教育学生珍惜学习的大好时光，不要过早地恋爱。特别是学生尚未正式走向社会，人生观、价值观、恋爱观还没有正式定型，将来随着社会生活环境的变化，很多观念都会发生变化。因此，教师应当引导学生认识过早恋爱的害处，珍惜学生时代同学之间的友谊，把主要的精力用到学习上。

第三节　学生的个别差异与教育

个别差异是指学生个体之间身心发展过程中所显示出来的差别。事实表明，学生之间的个别差异是普遍存在的。同一年龄阶段的学生除了共同具有其年龄特征之外，每个学生还都存在着与其他学生不同的特点，这是实施"因材施教"的客观依据。现代教育要使学生个性得到充分发展，必须研究学生之间的差异，然而，个体之间的差异千差万别，为探索差异中的规律，从学生的性别、智力因素、非智力因素及在家庭中地位等方面的不同，分析不同类别学生的特点是研究教育对象时不可忽视的。

一、学生性别差异与教育

男女学生从小学阶段开始在身心发展上显示出一定差别，就总体而言，一般是女生观察事物比较细，记忆力强，表达能力较好，多擅长于形象思维。在作文中运用词汇进行描述常表现出优势。相比较看，男生则有兴趣广泛，好奇心强，胆大好动，对有兴趣的事物注意力更集中，有较好的抽象思维能力。但男生观察事物常常不细心，学习上也常有不够认真的表现。与此相关，小学生的学习成绩总体上女生优于男生。据我国学者调查，在小学和初中一、二年级，女生的学习成绩高于男生，学习成绩优秀的人数女生比男生多20%以上，这种情况到初中三年级开始逆转，这与这些教师们的经验一致。

产生男女学生学习成绩差异的原因有多方面：

1. 生理因素

生理学、遗传学研究表明：性别差异，其染色体构成不同，与其空间想象能力有关，形成男女生智力活动上的一定差别。其次，男女两性大脑两半球偏侧性功能和专门化的发展有区别。男孩右脑的专门化早于女孩，而女孩左脑支配语言活动的部位比男孩发展快。另外，从身体发育的整体上看，女生比男生成熟早，在智力发展上也有一定的早期优势，但女生进入青春期生理变化大，暂时的不适应性比男生明显，容易分散注意力。

2．传统观念的影响

中国长期封建社会留传下来的重男轻女观念，至今还有影响，家庭与社会对男孩与女孩从小的期待就不一样，为他们发展提供的条件也有所不同。一般说男孩参加活动的机会多，得到的鼓励支持也较多，而女孩参加社会活动的机会少，举止行为受限制的地方又比较多，所以从小学起，许多女生比男生拘谨，活动面比较窄，视野不够开阔，使她们的发展受到影响。

3．学校教育的不足

学校对性别差异提出的教育问题研究不够。教师很少针对男女生不同情况进行深入的教育工作。在小学阶段只注意女生学习认真，成绩好，很少注意培养思维能力的训练，对男生也很少进行提高观察能力，培养仔细认真精神的训练。使学生在发展前期出现的问题没能及时解决，影响到后来的发展。

基于上述分析，学校和教育应有的态度是：首先，要树立正确的观点，既要承认性别差异，给学生身心发展带来各自的特点，又要明确男女学生智力发展可能达到的高度是相同的，关键是教育要切合学生实际，有效促进其发展。其次，各阶段的教育，特别是基础教育时期，要切实把握学生发展过程中的特点，做到扬长补短，记忆力好就多教一些该熟记的知识内容，好奇心强就多给创造一些探索研究的机会，同时从发展的需要看到其不足，对多靠记忆获得好成绩的要提示他学会思考比记忆更重要，要更多地向他们提出动脑思考的问题。对于靠"小聪明"完成学习任务的要提示他们学习科学必须有老老实实的态度，要严格要求他们，帮助养成良好的学习习惯。另外，要把思想教育工作做得深入，使男女学生都有远大理想，富有社会责任感，自立、自强，不因某一阶段成绩不佳而气馁，要有自信心，不懈上进。

二、学生智力差异与教育

学生在智力发展上有差别是客观存在，统计材料表明：少年儿童中一般情况下智力超常与智力低下者各约占3%。西方国家通常采用智力测验的方法来鉴别智力发展水平。测定智商的公式是：

$$IQ（智商）= \frac{MA（心理年龄）}{CA（生理年龄）} \times 100$$

智商在140以上者为智力超常儿童，智商在20以下者为智障儿童。显然，智商的测定是否科学关键在于心理年龄怎样测定，某些测验的合理程度这里不去讨论，而一般认为智力超常与智力低下者是极少数，这是符合实际的。

古往今来，有许多关于"神童"的记载和报道。中国古代三国时期的曹植幼年写诗受人称赞，唐朝李贺七岁以"长短之制名动京华"，外国有大诗人但丁七岁开始作诗，大音乐家莫扎特五岁开始作曲，数学家高斯在四五岁时就能纠正父亲算题中的错误，现代控制论创始人维纳四岁能大量阅读，九岁读高中，十四岁达到大学毕业水平。近年来报纸、杂志上对"小画家""小书法家""小发明家"等时有报道。中国科技大学少年班是对早慧少年进行特殊教育的成功一例。自1978年创办少年班，前12期在全国各地选招457名少年大学生。入学时年龄最大的十五岁，最小的只有十一岁，原来读书年级最高的是高中二年，最低的是小学五年，经少年班的特殊培养，毕业生232人，其中有189人考取了国内外研究生，占毕业生总数的77.2%。[①]

智力超常的成因是研究中的课题，一般认为：良好的先天素质是发展的前提，但形成早的主要因素是优良的环境与精心的教育。智力超常的儿童少年都表现出精力旺盛、求知欲强、动脑好问、主动学习、有自信心、意志坚强、兴趣稳定、养成良好学习习惯等。

---

① 《中国教育报》1989年10月12日，第2版。

对智力超常学生进行教育的要求：首先，要注意早期发现、早培养。智力超常的儿童少年被早期发现则可能培养成才，不被发现就必然被埋没，只有早期发现才能不失时机，进行及时的培养。其次，在培养过程中要全面打好基础，发展个人特长。要实现优质成才，必须有较全面的基础，德、智、体各方面都要有良好的发展，知识面不可过窄。在全面打好基础的同时又要坚持发展个人特长，放弃了特长便失去了成长的优势。另外，要引导智力超常的学生树立远大理想，不满足于已有的成绩，坚持刻苦学习，对自己提出严格要求，树立"天才在于积累，聪明在于勤奋"的思想。

在实施义务教育的过程中，对智力发展缓慢及智障儿童的教育，同样是应该特别重视的。除设立智障学校、智障班进行特殊教育外，在普通学校教师对智力发展较晚的学生要给予更多的关心，针对其实际情况，适当降低要求，耐心施教，逐步促进其智力发展。

三、非智力因素差异与教育

非智力因素在个人发展中的作用日益被认识。所谓非智力因素，是指动机、兴趣、情感、意志、性格等心理因素。个体发展的差异不仅表现在智力活动中，也明显表现在非智力因素上。

非智力因素的个别差异呈复杂状态，通常表现为方向、性质、强度等方面的差别。如学生学习动机的差异，有的学生由好奇心引发的认识动机强烈，不断发问：这是什么？那是什么？为什么？有的学生自我提高的动机突出，迫切希望通过学习得到同伴的尊重；有的把获得家长与教师的表扬作为努力学习的动机。不仅有方向、性质的不同，同时有强度、水平的差别。再如兴趣，有的倾向于直接兴趣，有的倾向于间接兴趣，从个体发展看需要两者相结合，学生在发展的不同阶段和个体之间其倾向都是有所不同的，教师要根据学生各自的兴趣表现给予积极引导，实现有效的转化。又如，情感和意志，学生之间既有情感意志的指向性的区别，对不同事物表现出积极情感，在不同的活动中表现出具有意志力，也有强度、深度的不同，有的学生情感表现丰富而强烈，意志坚强而稳定，有的学生则表现出明显不足，需要创造条件给予特殊的关心和帮助。另如，学生的性格表现为对事物的稳定态度，每个人均有其性格特征，有的内向，趋于沉稳；有的外向，趋于鲁莽，由此形成不同的行为习惯。学校教育要贯彻因材施教的原则，对性格特征不同的学生进行同一内容的教育应有不同的手段与方法，否则就难以取得良好教育效果。

非智力因素是学生发展的重要方面，又对其智力发展起着调节和推动作用。在学生的发展过程中，智力因素与非智力因素的关系是相辅相成、相互促进的，但两者的发展表现在学生身上常是不平衡的。传统教育多注重智力发展，对非智力因素的发展重视不足，没能充分发挥非智力因素的调节与推动作用。学生学习成绩好坏、发展成才的快慢，往往不是取决于智力水平的高低，而是取决于非智力因素的差别。因此，重视非智力因素的差异，采取相应的教育措施，既是促进智力因素发展的重要手段，又是学生个体良好发展的重要内容。智力因素与非智力因素在发展过程中的不平衡状态，对贯彻因材施教原则提出了更高的要求。教师不仅要注意到学生智力发展上的差异，更要进一步考虑非智力因素方面的不同，从而更为深入地掌握学生之间的差异，进行有针对性的教育。

四、独生子女的教育

随着我国计划生育政策的落实，到21世纪初，我国少年儿童将有90%以上属于独生子女，这一基本事实说明，我国未来人口素质状况在极大程度上取决于独生子女的健康成长。从教育工作看，能否把握独生子女的特点，有针对性地进行教育，关系着教育的整体效果。每一位教育者都应该十分重视独生子女教育问题的研究。

独生子女的特殊性在于他是家庭中新一代的唯一成员，因而处于优越地位，在其成长过程中明显的特点是：身体发育普遍较好，从小得到家庭的精心护理、营养保健条件都比以往多子女家庭条件好，因而普遍身体发育好、成长快。与此相关联的另一个特点是智力发展比较早。现代优生学研究证明，头胎儿的遗传素质有一定优越性。有人统计，世界名人录中，头生和独生者占有统治地位，除了生理因素外，家庭为其提供较好的智力发展条件也是原因之一。在现代家庭中，把众多期望都集中在孩子身上，对孩子的智力发展格外重视，为孩子提供多种玩具和读物，用较多的时间和孩子一起游戏，辅导孩子学习，促进了孩子的智力发展。近年来我国学校对独生子女智力发展及学习成绩的统计分析，得出一致的结论，独生子女智力发展优于也早于非独生子女。

然而，独生子女在品德行为习惯上的缺欠却较为突出，表现为任性、自我中心、不知尊重他人、不合群；挑吃、挑穿，不知爱惜物品；缺乏劳动习惯、生活自理能力差。

品德行为方面的缺欠并非所有独生子女所固有，家庭教育好的独生子女就没有或很少有这些缺点。分析缺点产生的原因，主要是家庭教育不够科学，家长溺爱子女，过分地娇惯、过高地期待和过多地照顾；再加客观上没有兄弟姐妹和他生活在一起，分享各种生活条件、分享长辈对他们的爱，逐渐养成习惯，觉得"一切都属于我的"，满足自己的要求是理所当然的，很少想到关心他人，生活上也就形成依赖别人照顾的习惯。

对独生子女教育，首先是扬长补短，树立科学全面的教育思想。为使孩子健康成长，未来成为对社会有贡献的人才，在早期教育中一定要给他们的全面发展打好基础，克服单纯重视智力开发忽视养成良好品德行为习惯的倾向，早期教育的全面性对独生子女的发展具有特殊的重要意义。其次，独生子女的特殊性质在于其在家庭中的地位，所以要特别重视家庭教育。不良的品德行为习惯是在家庭环境中养成的，就要努力改善家庭教育，要帮助年轻的父母以及其他长辈掌握科学的教育观念与正确的教育方法。为了孩子的健康成长，家庭要克服溺爱、娇惯等违背教育要求的做法，代之以科学的培养教育。在家庭生活中要注意避免四位老人、两位年轻父母围着一个孩子转，所谓"四二一综合征"给孩子成长带来的消极影响。初等教育学校要在学区内开展家庭教育的辅导工作，提高家庭教育质量。另外，学校要加强集体主义和劳动教育。因为大多数学生都是独生子女，他们的家庭环境容易带来有关的缺失，学校教育要做好这方面的补偿。学生在家庭中缺少同伴，在学校教育中就要格外注意培养他们的集体观念，引导他们和伙伴友好相处，学会关心他人，以帮助同学为荣，积极参加集体活动，在集体生活中养成良好品德。许多独生子女在家庭很少劳动，缺乏勤劳习惯，入学后同样应该得到弥补，以自我服务劳动开始，清扫教室和校园应是教育中不可缺少的一课，绿化、美化校园环境一定要组织学生自己动手，既是学会劳动，培养劳动习惯的过程，又是环境保护教育的实际内容，可以在独生子女教育过程中发挥十分重要的作用。重要的是学校教育活动要组织得有针对性，学校和教师要研究独生子女的特殊需要，精心设计教育活动，调动学生的主动性，引导学生在自觉锻炼、自我教育中发扬优长，弥补不足，获得健康成长。

总之，上述讨论的几个方面，学生性别、智力因素、非智力因素的差异，以及独生子女的特点与教育的关系，都是研究学生个别差异与教育的重要课题。但这只是说到不同类别学生的特点对教育活动提出的一些特殊要求。因材施教更进一步的要求是使教育符合每个学生的实际，真正做到这一点，就必然要求教育深入了解每个学生在个性发展上的差异，进而采取有针对性的具体教育措施，这是很高的要求，但为切实提高育人的效果，却是每位教育工作者都要努力做到的。

参考文献

1．厉以贤．现代教育原理［M］．北京：北京师范大学出版社，1988.

2．叶澜．教育概论［M］．北京：人民教育出版社，1991.

3．孙喜亭．教育原理［M］．北京：北京师范大学出版社，1993.

4．陈桂生．教育原理［M］．上海：华东师范大学出版社，1998.

5．石佩臣．教育学基础理论［M］．长春：东北师范大学出版社，1996.

6．金一鸣．教育原理［M］．合肥：安徽教育出版社，1995.

7．瞿葆奎．《教育学文集》有关各集［M］．北京：人民教育出版社，1993.

8．国家教育发展研究中心．发达国家教育改革的动向和趋势（1—5集）［M］．北京：人民教育出版社，1992.

9．贺乐凡．现代教育原理［M］．北京：科学出版社，1996.

10．黄济，等．现代教育论［M］．北京：人民教育出版社，1996.

11．安文铸．教育科学引论［M］．南昌：江西教育出版社，1997.

12．田正平．近代西方教育理论在中国的传播［M］．广州：广东教育出版社，1997.

13．成有信．现代教育引论［M］．郑州：河南教育出版社，1992.

14．成有信．教育学原理［M］．郑州：河南教育出版社，1993.

15．罗伯特梅逊．西方当代教育理论［M］．陆有铨，译．北京：文化教育出版社，1984.

16．筑波大学教育学研究会．现代教育学基础［M］．钟启泉，译．上海：上海教育出版社，1986.

17．大河内一男，海后宗臣，等．教育学的理论问题［M］．曲程，等译．北京：教育科学出版社，1984.

读者须知

　　本书已接入版权链正版图书查证溯源交易平台，"一本一码、一码一证"。扫描上方二维码，您将可以：

　　1.查验此书是否为正版图书，完成图书记名，领取正版图书证书。

　　2.领取吉林人民出版社赠送的购书券，可用于在版权链书城购买吉林人民出版社其他书籍。

　　3.领取数字会员卡，成为吉林人民出版社读者俱乐部会员。

　　4.加入本书读者社群，有机会和本书作者、责任编辑进行交流。还有机会受邀参加本社举办的读书活动，以书会友。

　　5.享受吉林人民出版社赠予的其他权益（通过读者俱乐部进行公示）。